이탈리아 사람들이라서

국립중앙도서관 출판예정도서목록(CIP)

이탈리아 사람들이라서: 지나치게 매력적이고 엄청나게 혼란스러운
존 후퍼 지음; 노시내 옮김. — 서울: 마티, 2017
338p. ; 145×215mm

원표제: The Italians
원저자명: John Hooper
영어 원작을 한국어로 번역
ISBN 979-11-86000-50-2 (03920): ₩18,000

역사 문화[歷史文化]
이탈리아(국명)[Italy]

928-KDC6
945-DDC23
CIP2017018483

This Korean edition was published by MATI Publishing CO. in 2017
by arrangement with Scripta & Verba Limited c/o Aitken Alexander Associates
Limited through KCC(Korea Copyright Center Inc.), Seoul.

이 책은 (주)한국저작권센터(KCC)를 통한 저작권자와의 독점계약으로
도서출판 마티에서 출간되었습니다. 저작권법에 의해 한국 내에서 보호를 받는 저작물이므로
무단전재와 복제를 금합니다.

존 후퍼 지음 / 노시내 옮김

마티

이탈리아 사람들이라서: 지나치게 매력적이고 엄청나게 혼란스러운

감사의 말

마치 석회암이 수많은 미세한 결정들로 이루어지듯, 이런 종류의 책 역시 무수한 관찰과 인상들이 쌓여 만들어진다. 그런 의미에서 내가 다른 누구보다 진지하게 감사해야 할 사람은 이곳 이탈리아에서 머무는 동안 만난 현지인들—친구, 이웃, 지인들—이다. 이들이 들려준 자신에 관한 이야기, 이탈리아 사회에 관한 설명, 갖가지 조언과 소개, 심지어 암시와 묵언마저도 중요한 역할을 해주었다.

열여덟 살 때 생전 처음 이탈리아에서 잠깐 살아본 이후 1994년 로마에 남유럽 특파원으로 가지 않겠냐는 『가디언』(The Guardian) 해외부 편집자 폴 웹스터의 제안이 없었더라면 아마 이탈리아는 그냥 가끔 휴가나 가는 곳이 되었을 것이다. 당시 5년간 근무를 마치고 현지를 떠날 때는 이탈리아로 돌아올 계획이 없었으나 『이코노미스트』(The Economist)의 유럽 담당 편집자 젠 스마일리와 빌 에모트가 내게 또 한 차례 이탈리아 특파원 자리를 주선하는 바람에 결과적으로 이 책이 탄생할 수 있었다. 『가디언』, 『이코노미스트』 양 매체에서 동시에 일할 수 있도록 해주고 이 책의 집필을 위한 무급휴가에도 동의해준 『가디언』 편집자 앨런 러스브리저에게 감사드린다. 『이코노미스트』의 현 편집자 존 미클레스웨이트는 내가 벌인 일을 끝까지 마무리할 수 있도록 유급휴가를 허락해주었다. 『이코노미스트』 유럽 담당 편집자 존 피트는 내가 책을 쓰느라 종종 칩거하는 일을 잘 참아주었다.

이탈리아에 특파원으로 올 때마다 이탈리아 신문사들의 신세를 많이 졌다. 특히 전국 일간지 『라 스탐파』(La stampa)와 『코리에레 델라 세라』(Corriere della Sera)로부터 이탈리아와 이 나라 국민에 관한 풍부한 자료를 제공받았다. 방문할 때마다 도움을 준 이 두 신문사의 편집자 에치오 마우로, 카를로 로셀라, 스테파노 폴리, 파올로 미엘리, 페루치오 데 보르톨리, 그리고 더 직접적으로 나와 인연을 맺었던 로마 지국장들 마르첼로 소르기, 우고 마그리, 안토니오 마칼루소, 마르코 치앙카, 안드레아 가리발디, 고프레도 부치니에게도 감사드린다.

이 지면을 빌어 두 신문사 소속 일반 기자, 전문기고가, 지역 특파원들에게도 고마움을 표하고자 한다. 이탈리아 기자들은 외국인 기자에게 도움과 조언을 아끼지 않는다. 수년간 외부자에게 지식과 통찰을 나눠주는 일을 서슴지 않은 『라 스탐파』와 『코리에레 델라 세라』 소속 기자들에게 큰 신세를 졌다. 특히 마시모 프랑코, 로렌초 푸카로, 다리아 고로디스키, 스테파노 레프리, 디노 마르티라노, 일라리아 사케토니는 이 책 내용에 직접적으로 기여했다.

일라이자 애펄리, 엘리자베스 베일리, 라라 브라이언, 시몬 체임버스, 비앙카 쿠오모, 줄리아 디 미켈레, 베아 다우닝, 캐서린 포스터, 윌 하먼, 소피 잉게, EF 에듀케이션 퍼스트의 예리 킴, 톰 킹턴, 플라비 마니니, 마리아 루이자 마니니, 해나 머피, 로라 나소, 마리 오빌라이, GBGC의 로리언 필링, 해나 심스, 헬런 타로, 캐서린 트래버스, 에드 벌리아미, 톰 워치틀, 선 와이어에게도 감사의 마음을 전한다.

패디 애그뉴, 안토니오 망카 그라치아데이, 이자벨라 클로 마리나로는 이 책 14, 18, 19장에 전문가적 식견을 아낌없이 제공했다. 프란체스카 앤드류스와 마리아 벤치베니는 이 책의 상당 부분을 읽고 의견을 주었다. 이탈리아와 영국의 양쪽 사회와 문화를 둘 다 충분히 경험한 사람만이 지닐 수 있는 관점과 조언은 정말 소중했다. 물론 책에 오류가 있다면 그것은 오로지 내 책임이다.

루시 러크만큼 열정적이고 착실하고 집요한 에이전트는 없다. 그리고 성공적인 작가이면서 저작 분야도 나와 비슷한 사이먼 윈더 같은 편집자를 만난 것은 대단한 행운이었다. 그의 통찰력 있는 조언은 그래서 더욱 효과적이었다. 미국 팽귄 그룹 소속 멜라니 토토롤리도 내내 (참을성 있게) 힘을 보태주었다.

아내 루신다 에번스는 전직 신문사 편집인의 날카로운 눈으로 원고를 읽어주었다. 아내의 훌륭한 판단력과 언어 감각은 큰 도움이 되었지만 핵심적인 기여는 더 섬세한 부분에서 이루어졌다. 이제까지 아내가 이탈리아 모험의 동반자로서 나와 나눈 생각과 통찰이 이 책의 거의 모든 꼭지에 담겨 있기 때문이다.

1
아름다운 나라

아펜니노 산맥이 가로지르고 알프스와 바다에 둘러싸인 아름다운 나라.
—페트라르카.

포르타 피아(Porta Pia)로 책의 서두를 여는 사람은 아마 없을 듯싶다.

포르타 피아는 로마 중심부에서도 별 매력 없는 구역에 있다. 이 구역의 건축물들은 세워진 시기가 제각각이어서 마치 서로를 의심하는 사돈간마냥 불편한 모습으로 모여 있다. 그중 가장 덩치가 큰 건물은 영국 대사관으로 1970년대에 지어졌다. 이 건물을 설계한 배질 스펜스 경은 건물이 주변 경관과 어우러지도록 심혈을 기울였으나 과연 그 시도가 성공했는지는 의심스럽다. 대사관의 외관은 마치 초대형 컴퓨터의 마더보드에서 뜯어낸 거대한 콘크리트 반도체처럼 보인다.

포르타 피아는—'포르타'는 대문을 뜻한다—미켈란젤로의 마지막 후원자였고 트리엔트 공의회를 성공적으로 마무리하여 종교개혁에 맞선 비오 4세(Pius IV)의 이름을 땄다. 미켈란젤로의 친구이자 전기 작가 조르조 바사리는 미켈란젤로가 비오 4세에게 세 가지 설계도를 보여주자 교황이 가장 비용이 저렴한 것을 골랐다고 적고 있다.*

---

[*] 미켈란젤로는 이에 대해 미묘한 복수를 했던 듯하다. 출입구 바로 위로 이어지는 탑 중앙과 좌우 양편에는 수건이 드리워진 세면대처럼 생긴 이상한 문양이 있다. 일부 견해에 따르면 이것은 교황 비오 4세가 밀라노 이발사 집안 출신이라던 소문을 빗댄 것이라 한다.

미켈란젤로가 건설한 대문은 오늘날 더 큰 구조물의 한쪽 면을 이루면서 로마 도심을 바라본다. 현재 남아 있는 대문의 얼마만큼이 그의 원래 설계에 해당하는지는 확실치 않다. 그가 대문 건설에 착수한 1561년에 주조된 동전과 완공 후 3년 뒤 다시 동전에 새겨진 도안을 비교하면 구조가 상당히 다르다.

19세기에는 또 다른 비오 교황이 — 이번에는 비오 9세 — 미켈란젤로의 대문(그 대문을 여전히 미켈란젤로의 작품으로 볼 수 있다면) 바로 후면에 안뜰을 조성하고, 도심 반대편을 향하는 쪽에는 신고전주의 스타일로 새 외벽을 짓게 했다. 두 외벽 사이의 안뜰을 둘러싸며 올라간 새 건물들은 관세청으로 사용했다. 8세기 이래 교황들이 지배해온 로마는 당시에도 여전히 교황령의 수도였고 교황 비오 9세는 로마를 신생 국가 이탈리아에 내어주기를 고집스럽게 거부하고 있었다.

포르타 피아의 양편으로는 아우렐리아누스 성벽이 펼쳐진다. 이 성벽은 기원후 3세기에 고대 로마의 수호를 위해 건설되었다. 높고 튼튼하여 이후 약 1,500년 동안 그럭저럭 도시를 방어했다. 그러다 결국 이탈리아군이 포르타 피아에서 서쪽으로 50미터가량 되는 지점에 폭탄을 터뜨려 구멍을 뚫고 진격해 들어왔다. 이로써 이탈리아 반도의 통일이 완성되었고 교황의 통치 시대는 막을 내렸다. 1870년 어느 9월 아침, 그렇게 뚫린 돌격로를 통과한 병사 가운데 다수는 이탈리아 신생 군대의 엘리트 정예부대 '베르살리에리'(Bersaglieri, '명사수'라는 뜻) 소속 대원들이었다. 포르타 피아 경내의 관세청은 나중에 베르살리에리 기념박물관으로 개장했다.

대문 주변 일대는 온갖 형태의 건물이 뒤섞여 뒤죽박죽이다. 그러나 이 몇백 제곱미터 면적 안에 함께 자리한 건축물들은 로마 제국, 르네상스, 리소르지멘토(Risorgimento, 이탈리아 통일운동)* 등 이탈리아 사람들이 심히 자랑스러워하는 역사의 단면들을 구체적으로 보여준다. 어떤 이들은

[*] '재기', '부활'을 뜻하는 리소르지멘토는
이탈리아를 지배하던 외세를 몰아내고
국가의 통일을 도모한 19세기 이탈리아
통일운동을 가리키는 용어다.

이 목록에 화려한 바로크 양식의 교회를 탄생시킨 교황권과 종교개혁 반대 운동을 덧붙이기도 한다.

이렇게 굉장한 성취의 목록을 내밀 수 있는 국민이 과연 얼마나 될까. 이 하나의 국민이 — 비록 최근까지도 스스로 하나의 국민으로 인식하지 못했다고는 하나 — 유럽을 통일했던 유일한 제국을 낳았고, 오늘날 우리의 근대적(modern) 세계관을 형성한 서양사상 가장 위대한 문화 변동을 일으켰다. 그 과정에서 이탈리아 반도는 전 세계 기독교도의 특별한 중심지로 자리 잡았다.

레오나르도 다 빈치, 미켈란젤로, 라파엘은 물론, 도나텔로, 베르니니, 피에로 델라 프란체스카, 보티첼리, 티치아노, 카라바조 등 이토록 쟁쟁한 회화와 조형물의 거장 목록을 자랑하는 나라 역시 이탈리아 말고는 없다. 앞에 열거한 거장급이 아니어도 다른 유럽 국가에서는 틀림없이 국가대표급으로 숭배받을 만테냐 같은 화가도 있고, 브루넬레스키, 브라만테, 팔라디오 같은 건축가, 단테, 페트라르카, 보카치오 같은 저술가도 있다. 또한 이탈리아는 비발디, 스칼라티, 베르디, 푸치니 같은 작곡가를 선사했다.

성 베네딕토, 성 프란체스코, 시에나의 성녀 가타리나 모두 이탈리아 출신이다. 갈릴레오, 크리스토퍼 콜럼버스, 마리아 몬테소리도 마찬가지다. 무엇보다 오늘날 통용되는 그레고리력, 음악 용어, 표준시간대, 복식부기 회계 시스템 전부 이 나라에서 유래한다. 전신, 지진계, 전기 배터리 또한 이탈리아인이 발명했다.

이들은 우리에게 오페라와 베네치아, 산피에트로 대성당, 산마르코 대성당, 밀라노와 피렌체의 두오모(duomo), 피사의 사탑, 트레비 분수를 선사했다. 가보지 않았어도 거의 누구나 볼로냐, 페루자, 나폴리 같은 역사적인 도시의 이름을 알고, 외국인은 잘 모르는 트라니, 마체라타, 베르첼리, 코센차 같은 도시도 미국 전체를 통튼 것보다 더 많은 문화재를 보유한다.

이탈리아를 찾은 사람들이 이 경탄을 금치 못할 유산에 매료되는 것은 무리가 아니다. 그러나 여행을 마치고 돌아가는 방문객이 간직하는 인상은 고대 로마 시대 이후의 이탈리아와는 별 관계가 없다. 다시 말해, 로마 제국이 멸망한 이후 지금 이탈리아에 사는 사람들의 삶과는 전혀 상관없는 이미지라는 뜻이다. 이를 가장 잘 드러내는 예가 포르타 피아에서 서쪽으로 몇백 미터 거리에 서 있는 탄탄히 요새화된 중세 탑이다. 이 탑은 9세기에 세워진 이래 12~14세기 사이에 재건됐다. 아우렐리아누스 성벽에는 군데군데 이런 탑들이 박혀 있어서 포르타 피아 양편으로 길게 펼쳐지는 성벽을 일정한 간격으로 끊어주고 있다.

거의 1,500년에 달하는 세월 동안 우리가 지금 이탈리아 사람이라고 부르는 대다수가 외세 치하에 살았거나 아니면 너무 작거나 약한 영토에 살아 끊임없이 외세의 위협에 시달렸다. 왜일까? 이탈리아인에 관한 아마도 가장 잘 알려진 책[1]을 쓴 작가 루이지 바르치니는 이를 두고 "이탈리아의 모든 문제 중에서도 핵심 문제"라면서 질문한다. "활기차고, 깨어 있고, 지적인 사람들로 가득한 나라 이탈리아가 도대체 왜 그렇게 늘 나약하게 행동하는 걸까? 왜 이탈리아는 매 세기마다 침략, 유린, 약탈, 모욕을 당하면서도 자기 방어를 위해 간단한 조치조차 취하지 못했을까?"

이 물음에 대한 해답의 일부는 이탈리아의 분열된 지리적 환경에서 찾을 수 있다. 우선 이탈리아인은 거의 열 명에 한 명꼴로 육지에서 동떨어진 섬에 산다. 지중해 최대의 섬이자 노르웨이에 맞먹는 인구를 자랑하는 시칠리아는 그 자체로 국가를 이루어도 충분할 만큼 크다. 섬의 경관도 그 넓이만큼이나 다채롭다. 모래 해변이 있는가 하면 암석 해변도 있고, 가파른 경사면에 레몬 나무가 자라고, 부드럽게 언덕진 들판에 밀밭이 펼쳐진다. 동쪽으로는 카타니아 바로 외곽에 드넓은 평원과 몇 개의 산맥이 있다. 그 중 한 봉우리의 높이는 2,000미터에 달한다. 그렇게 높아도 3,000미터가 넘는 유럽 최대의 활화산 에트나 산에 비하면 꼬마로 보인다. 시칠리아를 교량이나 터널로 육지에 이으려는 계획은 고대 로마 시대로 거슬러 올라간다. 그러나 섬과 육지 사이의 최단 구간이 불과 3킬로미터인데도 실현된 적은 없다. 최근에 있었던 계획은 행여 그런 거대 건설 사업이 시칠리아 마피아 '코사 노스트라'나 메시나 해협 건너편 칼라브리아 지역에서 활동하는 마피아 '드랑게타'(Ndrangheta)에게 횡재를 안겨줄 것이 우려되어 좌초되었다.

여객선으로 로마 북쪽에 위치한 항구 치비타베키아까지 다섯 시간, 제노바까지는 열 시간이 걸리는 사르데냐는 지중해에서 두 번째로 큰 섬이다. 사르데냐 북동쪽의 코스타 스메랄다는 할리우드 스타나 유럽 명사, 아랍 왕족, 러시아 재벌의 놀이터로 변했지만, 그 외에는 적막한 지역이 남아 있고 고지대는 야생 그대로다. 외지고 언덕진 바르바자 지역은 왕년에 산적들이 설쳤던 곳으로 유명한데, 지금도 수십 년 전 일로 복수에 복수를 거듭하는 끔찍한 사건들이 벌어진다.

겨울이면 시칠리아 섬 서쪽 해안에 있는 에올리에 제도와 에가디 제도, 로마와 나폴리 사이에 놓인 티레니아 해의 폰차네 제도, 토스카나 제도, 심지어 나폴리 만의 카프리 섬마저 악천후로 며칠씩 고립된다. 북아프리카 해안에서 100킬로미터 떨어진 람폐두사 섬 주민과 이탈리아 알프스 지역 주민 간의 지리적 거리는 뉴욕과 애틀랜타 사이의 거리보다 멀다.

육지에 사는 이탈리아 사람들도 서로 분리되어 살기는 마찬가지인데 이번엔 물이 아니라 바위 때문이다. 그렇게 묘사되는 일이 드물어서 익숙지 않지만, 이탈리아는 사실 유럽에서 가장 산이 많은 나라에 속한다. 북부는 알프스 산맥이 뻗어 있어 청명한 겨울날이면 동으로는 베네치아, 서로는 토리노에 이르기까지 눈 덮인 산봉우리의 극적인 모습을 볼 수 있다. 북부 지역 거의 전체를 동서로 가로치르는 포 강 유역 남쪽으로도 수많은 산이 솟아올라 있다. 아펜니노 산맥은 반도 전체에 걸쳐 길게 뻗다가 "장화"의 "발가락" 부분에 해당하는 칼라브리아 주까지 듬성듬성 이어진다. 그런데도 우리가 이탈리아인을 산사람으로 생각하지 않는 이유는 절대 다수가 영토 전체의 4분의 1도 안 되는 저지대, 특히 포 강 유역에 해당하는 지역 일대와 반도의 해안에 집중적으로 거주하기 때문이다.

이탈리아 반도의 남부는 단일하고 균질한 지역으로 간주되곤 하지만 실은 지역에 따라 차이가 심하다. 칼라브리아 주의 해안 지역은 전형적인 지중해 해변의 모습을 하고 있지만, 내륙으로 들어가면 바위투성이인 넓은 고지대가 나온다. 북쪽에 있는 고지대가 실라(Sila)이고 남쪽이 아스프로몬테다. 이와 대조적으로 장화의 "뒤꿈치"에 해당하는 풀리아 주는 밀대로 민 피자 반죽처럼 전체적으로 평평하다. 끝없이 펼쳐지는 모래 해변 덕분에 풀리아는 최근 인기 있는 관광지로 각광받고 있다.

칼라브리아 주와 풀리아 주 사이에 놓인 바실리카타 주는 무척 아름답지만 비교적 덜 알려진 곳이다. 전체적으로 산과 언덕으로 이루어져 있다. 이탈리아에서 가장 가난한 지역에 속하나 대규모 석유 매장지인 템파 로사 유전이 발견되면서 수혜를 입게 되었다. 칼라브리아에서 기승을 부리고 풀리아에도 일부 존재하는 조직범죄가 이곳에 미치는 영향력은 아직 제한적이다.

좀 더 북쪽에 있는 몰리세 주와 아브루초 주 역시 산지다. 아브루초 주민, 특히 내륙 쪽에 사는 사람들(이 지방에도 길게 이어지는 해변이 있다)에게서는 육체적으로나 정신적으로 강인한 산사람의 기질이 느껴진다. 이 지역의 주도 라퀼라에는 '메초조르노'(Mezzogiorno, 이탈리아 남부)*에서 유일하게 쓸 만한 럭비팀이 있다. 라퀼라는 남북이 산이고 그 사이의 넓은 평원에 들어 앉은 숨 막히게 아름다운 곳이다. 주민들은 자연 경관의 장엄함에 감탄하면서도 한편으로는 그 흉포함에 불안해한다. 아브루초는 지진이 심해서 라퀼라 시는 2009년에 역사상 벌써 네 번째 대규모 지진을 겪었다. 이 지진으로 300명 넘게 목숨을 잃었다.

나폴리를 포함하는 캄파니아 주는 우리가 이탈리아 남부 하면 쉽게 떠올리는 이미지를 제공한다. 나폴리 남쪽에는 유명한 아말피 해변이 있고, 살레르노 시 남쪽에는 아름답지만 덜 알려진 또 하나의 지역 칠렌토가 있다. 나폴리의 경관은 라퀼라만큼이나 극적이다. 연기가 솟아나는 베수비오 화산이 항만을 굽어보고 있는 풍광은 예로부터 수많은 인쇄물에 등장했다. 초창기에 나폴리는 일종의 지상 낙원으로 여겨졌다. 1787년에 이 도시를 방문한 괴테는 나폴리에 늘 만연했던 빈곤은 무시한 채 이곳을 "모든 사람이 몰아(沒我)상태에 빠져 살아가는" 곳으로 묘사했다. 그가 오늘날이 도시와 주변 지역을 살펴봤으면 뭐라고 했을지 궁금하다. 캄파니아 주는 이탈리아에서도 가장 가난하고 비애감에 젖은 지역이다. 휴가를 즐기러 온 사람들은 주로 카프리 섬이나 소렌토, 포시타노 같은 리조트만 보고 가지만, 캄파니아 주민 대다수는 나폴리와 살레르노의 거대한 배후지의 위험하고 열악한 주거지에 살며 부정부패와 곳곳에 스며들어 활동하는 이 지역 마피아 '카모라'의 횡포에 노출되어 있다.

캄파니아 주 북쪽에 면한 라치오 주는 라틴족의 땅으로 고대 라티움을 기원으로 하며, 전체적으로 평평한 편이다. 라치오 주의 도시 라티나는 이름은 고전적이지만 1930년대 베니토 무솔리니 시절에 주변 늪의 물을 빼고 건설한 신도시이다. 라치오에는 '콜리 로마니'(Colli Romani, 로마의 언덕들)라는 이름으로 알려진 산지도 있다. 한 사화산의 언저리에는 교황이 여름 별장으로 쓰는 궁전이 있다. 아펜니노 산맥의 일부 구간이 이 지역을 지난다. 로마의 전경을 보려고 자니콜로 언덕으로 향하는 겨울철 여행객들은 언덕 바로 뒤편으로 보이는 눈 덮인 산맥을 보고 깜짝 놀란다. 보기보다 가깝지는 않지만, 로마에서 자동차로 두 시간도 안 되는 곳에서 스키를 즐길 수 있다. 수도 로마를 지나면 시골 풍경이 슬슬 움브리아나 토스카나스러워진다. 이탈리아를 남북으로 잇는 주요 통로인 A1 고속도로를 타고 라치오를 채 빠져나오기도 전부터, 옆면은 수직으로 깎아지른 절벽이고 위쪽은 평평한 거대 바위산들이 여기저기 솟은 독특한 지형이 눈에 들어온다. 오르비에토 시를 비롯해 이탈리아 중부의 여러 도시가 이른바 '뷰트'(butte)라고 일컫는 이런 외딴 산꼭대기에 형성되어 고대 이래 은신처의 역할을 해왔다.

움브리아 주는 육지에 둘러싸인 지형이지만 남동부를 제외하면 그리 산세가 험한 편은 아니다. 그보다는 주로 언덕이 많고 겨울철(때로는 여름철에도) 풍부한 강수량 덕택에 초록빛을 띤다. 이 비가 강으로 흘러들지도 바다로 흘러나가지도 않는 내륙호인 얕은 트라시메노 호수를 채워준다.

토스카나 주는 시에나 주와 피렌체 사이에 놓인 키안티 지방에서 찾아볼 수 있는 언덕이 너울너울 굽이치는 독특한 풍경으로 유명하지만, 잘 보면 무척 다양한 표정을 가지고 있다. 시에나 남쪽은 '크레테 세네지'(Crete Senesi)—말 그대로 "시에나 점토"—라 하여 건기인 여름철에는 푸석푸석한 달 표면처럼 보인다. 한편 피렌체 북쪽은 광범위한 공업 지대이며, 여느 도시처럼 산이 있다. 가장 유명한 곳은 고대 로마 시절부터 조각가들에게 대리석을 제공해온 카라라 대리석 채석장이 있는 북서 지방이다. 미켈란젤로의 다비드상과 피에타도 카라라 산악 지대에서 채석한 돌로 만들어졌다. 토스카나 주를 지나가는 아펜니노 산맥의 또 다른 구간은 넓은 해안평야로 이루어진 이웃 마르케 주와의 경계선 역할을 한다.

왼편으로 방향을 트는 아펜니노 산맥을 따라 북진하면 점점 넓어지는 평야가 에밀리아로마냐 주에서 포 강 유역과 만난다. 이름에서 짐작할 수 있듯이 에밀리아로마냐 주는 두 개의 지역으로 이루어져 있다. 남쪽 로마냐는 리미니 시를 비롯해 잘 개발된 관광지를 갖추고 있고, 포 강에 거의 맞닿은 북부의 에밀리아는 최고 품질의 농산품과 이탈리아 내에서도 가장 훌륭한 음식으로 유명하다. 프로슈토 햄과 파마산 치즈의 고향 파르마가 바로 에밀리아에 있다.

포 강 유역에서 가장 빼어난 곳은 베네토 주와 롬바르디아 주다. 베네토 주는 평평한 배후지에 사는 내지 주민과 그들을 무식한 농민으로 깔보는 베네치아 시민으로 날카롭게 분리된다. 내지에도 파두아, 베로나, 빈첸차처럼 역사적인 도시가 많지만, 비교적 최근까지도 이탈리아에서 가장 빈곤한 지역에 속했다. 제1차 세계대전 직전까지 이 지역에서 다른 나라로 이민 간 인구가 이탈리아 남부 다음으로 많았다. 1950년대 초에서 1960년대 초까지 이어졌던 이탈리아의 "경제 기적"도 이곳을 발전시키는 데는 별 영향을 주지 못했다. 베네토는 1970년대에 이르러서야 비로소 급속히 발전하기 시작했고, 초고속으로 성장하여 오늘날 롬바르디아와 라치오에 뒤이어 이탈리아에서 세 번째로 부유한 주가 됐다. 베네토의 음울한 경관을 수놓는 소규모 공장과 창고 들은 번성하는 수출 주도형 산업의 증거다.

남부는 포 강 유역 평야, 북부는 산지라는 점에서 롬바르디아 주의 지형도 다른 주와 비슷하다. 이 지역의 독특한 점은 아름다운 호수가 많다는 것이다. 스위스까지 이어지는 마조레 호수와 코모 호수, 가르다 호수는 굉장히 크기까지 하다. 한편, 이탈리아의 금융 중심지 밀라노가 있으며, 베네토 주와는 달리 중세 이래 상업 전통을 바탕으로 번영을 누렸다. 오늘날 밀라노는 베네치아와 피에몬테 주의 중심지 토리노를 잇는 거대한 산업 벨트의 중간 지점이다.

지금은 프랑스 땅인 사부아 지방과 한때 정치적으로 한 영토였던 피에몬테 주는 프랑스를 비롯한 외국의 각종 사상을 여과시켜 이탈리아에 전하는 통로였다. 이 지역 지도자들은 이탈리아 통일에 누구보다도 앞장섰으며, 신생 통일국가에 헌법, 행정, 사법의 기틀을 제공했다. 피아트 자동차의 탄생지인 토리노는 이탈리아 경제 기적에 밀라노보다도 훨씬 크게 기여했다. 피에몬테의 중요성은 정치나 경제 측면에서 그치지 않는다. 에밀리아가 이탈리아 요리의 중심지라면, 토리노 남쪽의 랑게가 이탈리아 최고의 와인 생산지라는 데에는 거의 이견이 없다. 가파르고 기복이 심한 언덕으로 이루어진 랑게 지역은 바롤로 와인과 그보다는 조금 덜 유명하지만 높이 평가받는 바르바레스코 와인의 고향이다. 안개가 자주 끼는 랑게 지역은 이탈리아에서 흰 송로버섯이 가장 많이 나는 곳이기도 하며, 여기서 나는 헤이즐넛은 누텔라 스프레드에 들어간다.

좀 더 남쪽으로 내려가면 바위가 많은 리구리아 주가 있다. 프랑스 국경을 향해 서쪽으로 휘어지는 아펜니노 산맥과 지중해 사이에 낀 리구리아는 작지만 인구밀도가 높다. '이탈리아 리비에라'로 불리는 리구리아 해변은 아말피 해변과 더불어 20세기 초부터 외국인 여행객이 일찌감치 발견한 인기 휴가지이다. 리구리아의 주도이자 핵심 항구인 제노바는 수 세기 동안 베네치아 공화국과 라이벌이던 (때로는 더 잘나가던) 해양국의 수도였다. 크리스토퍼 콜럼버스는 제노바 공화국이 낳은 수많은 뱃사람 가운데 하나다.

롬바르디아와 베네토 주 북쪽 경계선과 면한 곳에 트렌티노알토아디제 주가 있다. 북부는 독일어를 쓰고 남부는 이탈리아어를 사용한다. 이 알프스 산악 지대는 한때 오스트리아-헝가리 제국 영토였다. 제1차 세계대전에서 연합국에 참가하는 쪽으로 마음을 바꾼 이탈리아에 포상으로 주어졌다. 1972년 이후 알토아디제(이 지역 독일어 사용자들은 쥐트티롤[Süd-tirol], 즉 남[南]티롤이라고 부르는 편을 선호한다)와 트렌티노는 자치주로서 일정한 자치권을 누려왔다.

트렌티노알토아디제는 헌법상 특수 지위를 지니는 다섯 개 주 가운데 하나다. 다른 네 개 주는 시칠리아, 사르데냐, 프랑스와 긴밀한 관계에 있는 발레다오스타 그리고 프리울리베네치아줄리아 주이다. 슬로베니아와 맞닿은 프리울리베네치아줄리아는 북쪽의 산지와 남쪽의 평지로 대략 반반 나뉜다. 지난 수 세기에 동안 베네치아 공화국, 합스부르크 제국, 이탈리아 왕국, 오스트리아-헝가리 제국, 구유고슬라비아 등에 부분부분 속했다 나왔다 하기를 여러 차례 반복한 이 지역을 알프스 산맥에서 흘러내려 오는 강줄기들이 편리하게 경계 지어준다.

프리울리베네치아줄리아의 고난의 역사는 이탈리아인에 관한 한 가지 중요한 점, 그러니까 물리적인 분리가 이탈리아 사람들 사이의 많은 차이를 설명해준다는 점을 암시한다. 그들을 고립시켜온 산과 바다와 호수—아직 고속도로, 비행기, 고속철이 없던 시절 엄청난 장애물로 작용했다—는 이탈리아의 언어, 문화, 음식의 다양성에 지대한 영향을 끼쳤다. 시칠리아에 들어맞는 이야기가 트리에스테에도 들어맞을 가능성은 희박하다. 심지어 움브리아 주 스폴레토 마을에 적용되는 이야기가, 같은 주에 있고 채 30킬로미터도 떨어지지 않았지만 자동차로 구불구불한 산길을 따라 45분간 운전해야 갈 수 있는 노르차에는 적용되지 않을 수 있다.

이탈리아 각 지역 간 상호 교류를 방해한 가장 큰 요인이 물리적 장애물이라면, 거대한 아펜니노 산맥만한 장애물은 없을 테고 따라서 이탈리아 동부와 서부의 차이가 극심하리라 짐작해볼 수 있다. 그런데 사실상 동서 차이는 미미하고, 남북 차이가 극심하다. 왜냐고? 이 질문에 대한 답은, 그리고 바르치니가 제기한 "문제 중에서도 핵심 문제"에 대한 답은, 이탈리아 사람들이 잊고 싶어 하는—그리고 외국인은 거의 인식하지 못하는—이탈리아 역사의 특정 부분에서만 찾아낼 수 있다.

2
난폭했던 과거

이탈리아는 보르자가 통치하던 30년 동안 전쟁과 공포, 살인과 피비린내 나
는 참사를 겪었지만, 미켈란젤로와 레오나르도 다 빈치를 낳았고 르네상스 시대를 열었네.
스위스는 형제애와 500년간의 민주주의와 평화를 누리면서 무엇을 만들어냈나?
뻐꾸기시계가 전부였지.
—해리 라임의 대사, 영화 「제3의 사나이」 중에서.

서기 800년 성탄절이었다. 프랑크 왕국의 국왕 카롤루스 대제는 옛 산피
에트로 대성당에서 열린 축일 미사에 참석했다. 그보다 몇 해 앞서 전임 교
황이 지금으로 치면 독일과 프랑스에 해당하는 지역과 피레네 산맥 일대
를 지배하던 게르만족 프랑크 왕국에 보호를 요청한 바 있었다. 카롤루스
의 아버지 피핀은 교황권 구제에 나섰고, 아들 역시 교황의 수호자를 자처
했다. 카롤루스의 전기 작가 아인하르트에 따르면, 그는 교황 레오 3세가
로마인들에게 습격당해 "눈이 뽑혀 장님이 되는"[1] 사건이 발생하자 질서를
재확립하려는 목적으로 로마에 행차했다. 카롤루스는 이 방문을 끝으로
다시 로마를 방문하지 않았다.

훗날 또 다른 역사가는 이렇게 기록했다. "왕이 기도를 마치고 일어나
는 순간, 교황 레오가 왕의 머리에 왕관을 씌워주었다. 그러자 모든 로마인
이 그를 찬양했다."[2] 이후 역사가들은 카롤루스가 정말 교황의 의도를 전
혀 몰랐는지 의심스러워했다. 그러나 "카롤루스는 처음에 ['황제'라는 호칭

에] 심한 거부감을 느껴서 만약 교황의 의도를 미리 알았더라면 교회에 발도 들어놓지 않았을 것이라고 주장했다"[3]고 아인하르트는 강조했다.

진실이야 어떻든 레오 3세의 결단과 이를 둘러싼 일련의 사건은 유럽의 향방과 특히 이탈리아의 미래에 중대한 결과를 초래했다. 그 파장의 일부는 지금도 감지된다. 이 점을 먼저 이해하지 못하면 이후 펼쳐지는 이탈리아 반도의 역사를 이해하기 어렵다.

교황이 카롤루스를 로마 황제로 선언하기 전까지 이탈리아 역사는 나머지 서유럽의 역사와 유사한 패턴으로 진행되고 있었다. 서로마 제국이 약해지면서 로마군은 게르만족에게 군사적 우위를 넘겨주었고 넓은 영토는 침략 위협에 노출되었다. 원조 로마 제국의 심장부로써 로마 문화와 번영이 절정에 달한 이탈리아 반도는 게르만족에게 특히나 탐나는 지역이었다.

5세기 말에는 동고트 왕국의 유능한 국왕 테오도리쿠스가 오늘날 이탈리아에 해당하는 지역 대부분을 통치했다. 이 왕국이 유지되었더라면 후세에게 이탈리아 전체가 하나의 자연스러운 정치적 구성 단위라는 느낌을 좀 더 진하게 물려주었을지 모른다. 그러나 동고트족이 이탈리아를 지배한 기간은 60년에 불과했다. 라벤나 시 교외에 있는 흰 대리석으로 지은 웅장한 테오도리쿠스의 묘는 그들이 남긴 몇 안 되는 유산 가운데 하나다.

비록 독립된 실질적 권한을 누리기는 했으나 테오도리쿠스는 일종의 총독이었다. 그는 콘스탄티노폴리스(현 이스탄불)를 수도로 하는 동로마 제국—후대 역사가들이 비잔티움 제국이라 일컫는—나라에서 이탈리아 반도로 파견된 사람이었기 때문이다. 비잔티움 황제는 이탈리아가 여전히 자기 영역임을 잊지 않았고, 이탈리아 사람들은 곧 그 사실을 매우 난폭한 방식으로 인지하게 된다.

서기 535년, 비잔티움 황제는 테오도리쿠스의 후계자들로부터 이탈리아를 되찾으려고 군대를 파견한다. 역사상 가장 잔혹했던 전쟁 가운데 하나가 바로 그렇게 시작되었다. 약 20년간 지속된 이 '고트 전쟁' 때문에 인구가 거의 절반으로 줄었던 것으로 추정된다. 비잔티움 제국은 결국 승리했다. 하지만 심한 인명 피해와 자원 고갈을 겪은 이탈리아 반도는 랑고바르드족이라는 새로운 게르만족 침략자의 습격을 막아낼 재간이 없었다.

랑고바르드족은 비잔티움 제국을 몰아내느라 또 약 30년간 이탈리아를 피비린내 나는 전쟁터로 만들었다. 하지만 완벽한 성공은 거두지 못했다. 7세기 초엽까지도 시칠리아, 사르데냐 그리고 이탈리아 남부 대부분을 여전히 콘스탄티노폴리스가 지배했다. 또한 비잔티움 제국 총독의 근무지인 북동부의 라벤나에서 교황의 세력이 점차 커지던 로마 일대에 이르는 드넓은 지역이 적어도 명목상으로는 비잔티움 제국의 영토였다.*

751년 라벤나가 랑고바르드족에 함락되자, 이론상 비잔티움 제국의 보호를 받는 로마도 같은 운명에 처할 소지가 다분했다. 교황 레오 3세의 전임자가 프랑크족에게 구조를 요청했던 것도 그 때문이다. 프랑크족은 요청받은 임무를 정확히 완수했을 뿐 아니라 부탁받지 않은 일까지 했다. 카롤루스 대제의 아버지 피핀은 랑고바르드족을 제압한 다음, 로마와 그 주변 지역의 통치권만 교황에게 넘긴 것이 아니라 명목상 비잔티움 제국의 땅인 북부 한가운데의 넓은 땅덩어리에 대한 지배권까지 교황에게 이전했다. 그렇게 해서 유럽 심장부에 탄생한 교황령은 1,000년 넘게 지속했다.

레오 3세가 집전한 카롤루스 대제의 대관식은 그런 의미에서 단순히 프랑크 왕국의 군사 지원에 대한 감사 표시가 아니었다. 교황은 카롤루스 대제를 부활한 서로마 제국의 황제로 선언했다. 그와 같은 직함은 후계자들에 의해 잠시 포기되었다가 10세기 중반에 다시 사용된 이래 꾸준히 유지됐다. 이 황제들이 다스린 지역은 나중에 '신성' 로마 제국이라는 이름으로 알려지게 된다. 교황권과 신으로부터 정당성을 부여받으려는 의도가 반영된 명칭이다. 교황령과 함께 신성 로마 제국은 19세기까지 살아남는다.

[*] 로마의 비잔티움 시대 유산 가운데 현존하는 가장 중요한 기념물은 포룸 로마눔 옆에 있는 반쯤 허물어진 산타마리아 안티쿠아 교회다. 프레스코화 보수 작업을 위해 오랫동안 일반인의 입장을 금지했다가 2014년에 잠시 문을 열었다.

가장 영토가 넓었던 시기에는 이탈리아 북부, 사르데냐, 프랑스 동부, 스위스, 독일, 폴란드 서부, 오늘날 체코공화국과 슬로베니아에 해당하는 지역까지 지배했다.

교황과 프랑크 왕국 지배자들의 상호 작용은 중대하면서도 심히 역설적이었다. 피핀은 비잔티움 제국의 영토를 교황에게 넘길 권한이 없었다. 한편 레오 3세도 피핀의 아들에게 로마 황제라는 직함을 수여할 권한이 전혀 없었다. 이후 교황들은 '콘스탄티누스의 기증장'이라는 문서를 근거로 자신이 아우구스투스의 진정한 계승자라고 주장하게 된다. 로마 황제로서는 최초로 기독교로 개종한 콘스탄티누스가 330년에 수도를 비잔티움으로 옮기기에 앞서 서방의 통치를 당시의 교황에게 맡겼다는 것을 증명하는 문서다. 그러나 콘스탄티누스의 기증장은 위조된 거짓 문서였다. 8세기 어느 시점에 교황청에서 조작된 것이다.

교황 레오 3세는 카롤루스에게 황제의 관을 씌워줌으로써 서방 제국의 황제를 결정할 권한이 교황에게 있다는 점을 주장하고 싶었는지 모른다. 그러나 교황은 그로써 고대 로마의 유산에 대한 라이벌 상속자를 창조해낸 셈이었다. 이후 교황권과 카롤루스 후계자들 사이에서 벌어진 허세 어린 경쟁과 대립은 중세 이탈리아에 거듭 수많은 죽음과 파괴를 초래했다. 독일인들이 황제에 오르게 되는 962년부터는 황제들이 금고를 다시 채워야겠거나 권력을 전시할 필요성을 느낄 때마다 군대가 알프스 산맥을 넘어 진격해 왔다. 각 도시와 그 주변 일대는 철저히 파괴되었고, 살해, 강간, 약탈이 자행됐다.

이 새로운 신성 로마 제국의 탄생은 전쟁뿐 아니라 이탈리아와 독일 땅에 비정상적일 정도로 지나친 정치 분열을 일으켰다. 통치의 장소로 드물게 로마를 택한 신성 로마 제국 황제도 있었으나 대다수는 알프스 북쪽에서 평생을 보냈다. 한편 교황들은 지루한 민사 행정의 세부 사항보다는 교회와 신학적 문제에 더 신경 쓰는 경우가 많았다. 게다가 어차피 군사 자원은 한정적이어서 교황은 도덕적 권위와 용병 부대에 의존해야 했다.

그 결과 이탈리아 북부에 권력 공백이 생겼다. 원조 로마 제국 시대에 일정한 자치권을 누린 바 있던 이 지역의 수많은 도시가 다시 스스로 통치하기 시작했다. 신성 로마 황제들의 권력에 제동을 걸고 싶던 여러 교황들은 이런 소규모 준(準)민주주의 공화국 공동체의 확산을 일부러 더 부추겼다. 14세기에 좀 더 독재적이고 전제적인 정부 형태가 이 공동체들을 대체하면서 교황령 북쪽의 이탈리아는 반(半)독립적 공국, 공작령, 후작령, 백작령, 기타 작은 영지들을 누덕누덕 덧붙이고 거기다 잔존하는 소수의 공화국을 군데군데 수놓은 조각보의 형상이 되었다. 자기들끼리 전쟁도 잦았다.

중세 후기의 북부 이탈리아 주민은 분열되었고 외부의 습격에 취약했다. 하지만 공동체가 존속하는 한 거기에 소속된 시민은 자신들의 사안을 스스로 통제할 수 있는 일정한 권한을 누렸다. 나머지 유럽 지역에서는 상상할 수 없는 일이었다. 또한 경제도 번성했다. 11세기 말부터 힘을 받은 경제 성장은 14세기 초까지 일정하게 유지되어 르네상스 시대를 여는 데 물질적인 기반을 제공했다.

북부에서 가장 강하고도 가장 덜 전형적인 공화국은 베네치아였다. 베네치아 석호 지대에 사는 주민들은 원래 게르만족이 침략할 때 도망쳐 온 피난민들로, 신성 로마 제국의 지배를 받아본 적이 없었다. 이들은 8세기에 비잔티움 제국에서 벗어나 자기들의 첫 지도자 '도제'(doge)를 선출했다. 동방과의 무역으로 특히 십자군 원정 이후에 부유해진 '가장 평온한'(Serenissima)* 공화국 베네치아는 중요한 해양 세력으로 발전했다. 15세기 말쯤 되면 베네치아의 도제들은 멀리 키프로스에 이르는 넓은 제국을 다스리게 된다.

[*] 베네치아 공화국의 정식 명칭은 '가장 평온한 공화국 베네치아'(La Serenissima Repubblica di Venezia)다. 바람 없는 날 베네치아 석호의 전경을 본 사람이라면, 그와 같은 명칭이 얼마나 적절한지 절감하지 않을 수 없다.

신성 로마 제국 황제들은 이탈리아 북부와 중부에 일종의 보호막을 침으로써 이 지역에 내부 분열과 남부와의 단절을 부추겼다. 카롤루스의 대관식 이후 1,000년 동안 남부의 이런저런 나라와 동맹을 맺기도 하고 때때로 황제의 군대가 남부로 진군하기도 했다. 남북이 명목상 제국의 일부로서 잠깐 재통일을 이룬 적도 있었지만, 이때를 제외하면 남북은 갈라진 채 서로 상당히 다른 사회를 발전시켰다.

시칠리아는 9세기에 이슬람 세력에 정복당하여 11세기 말까지 이슬람 토후국으로 존속했다. 이탈리아 반도를 장화라 했을 때 발가락과 뒤꿈치에 해당하는 지역은 비잔티움 제국의 직접적인 지배 아래 있었지만, 이슬람 침략자들은 9세기에 바리(Bari) 일대에도 잠시나마 또 다른 토후국을 세웠다. 랑고바르드족이 베네벤토 지역에 세운 공국은 프랑크족의 침공 이후에도 거의 300년간 존속했다. 그리고 이슬람 세력이 시칠리아를 지배함으로써 콘스탄티노폴리스에 있는 황제들이 그보다 더 서쪽에 있는 영토로 접근할 수 없게 되자, 비잔티움 제국에 속했던 몇몇 영토가 실질적으로 독립을 얻었다.

사르데냐가 바로 그런 예다. 지역 행정관 겸 판사들이 사르데냐 섬을 구성하던 몇 개의 독립국 '주디카티'(giudicati)의 통치를 담당했다. 얼마 안 있어 주디카티는 각기 세습 왕국이 되었고, 그중 하나는 15세기까지 독립국으로 존속했다. 이탈리아 본토 서해안에 위치한 몇몇 항구와 그 배후지도—가장 먼저 나폴리, 그다음으로 가에타, 아말피 그리고 잠깐이지만 소렌토도—자치를 시작했다. 특히 아말피는 비잔티움 제국과의 교역 및 상당히 기회주의적인 외교 정책(아말피 지도자들은 다른 남부 해양 세력과 마찬가지로 이슬람 세력이나 심지어 해적과 동맹 관계를 맺는 데 주저함이 없었다)을 통해 세력을 넓히고 부유해져 10~11세기에 황금시대를 누렸다.

시칠리아는 번성했을 뿐 아니라 번영의 기간도 더 길었다. 토후의 지배

아래 있던 팔레르모 시는 유럽에서 콘스탄티노폴리스 다음으로 큰 도시였다. 이슬람 세력의 시칠리아 지배는 육지에서 비잔티움의 지배가 약화한 것과 똑같은 방식으로 약화했다. 즉, 이탈리아 남부의 자잘한 소국들이 자기들끼리 싸우거나 또는 비잔티움 세력에 맞서 싸우기를 끊임없이 지속하는 틈을 타 노르만족 용병들이 침략해 이슬람 세력을 밀어냈다. 1071년에 비잔티움 제국의 이탈리아 지배는 막을 내리고, 그로부터 20년 후 노르만족은 시칠리아의 지배자가 된다.

바이킹의 후예로서 열렬한 기독교도인 노르만족은 의외로 관대하고 영리한 지배자였다. 이들은 이슬람, 유대교, 비잔티움, 노르만 문화의 상호 융합으로 시칠리아에 눈부시게 다채로운 문화가 탄생할 여지를 허락했다. 또한 12세기에 시칠리아와 본토를 합쳐 하나의 통일 왕국을 형성한 것도 노르만인이었다. 이후에도 시칠리아와 본토는 대체로 분리 통치되었으나 그래도 약 700년 동안 남부 이탈리아는 하나의 군주 아래 통일된 영토를 유지할 수 있었다.

1194년 신성 로마 제국의 황제 하인리히 6세가 시칠리아 왕국을 정복함으로써, 이후 70년간 사르데냐를 제외한 현재 이탈리아에 해당하는 전역이 신성 로마 제국의 지배하에 들어가게 된다. 그중 30년은 팔레르모에서 자란 프리드리히 2세가 시칠리아에 머물면서 발트 해까지 이르는 신성 로마 제국의 광대한 영토를 다스렸다. 프리드리히 2세는 하나의 통일된 세력이 이탈리아 반도 전체를 직접 지배할 수 있도록 각별한 노력을 기울였다. 그와 같은 시도는 19세기나 되어서야 다시 보게 된다. 각 공동체가 황제의 노력에 저항하여 30년 가까이 분쟁이 벌어졌다. 교황권마저 거세게 저항하자 프리드리히의 시도는 실패로 돌아갔고, 그가 죽은 지 몇 년 되지 않아 프랑스는 신성 로마 제국의 손에서 시칠리아 왕국을 가로챘다.

이후 시칠리아 왕국은, 오늘날 카탈루냐에 해당하는 지역을 포함한 스페인 동북부에 존재했던 아라곤 왕국의 지배를 받는다. 그런데 15세기에 아라곤의 왕 알폰소 5세가 시칠리아(와 사르데냐)를 다시 본토에 통합시킨다. 아라곤 왕국과 카스티야 왕국이 결합한 후 이탈리아 남부는 앞으로 지중해는 물론 더 넓은 영역으로 세력을 확장하게 될 신생 스페인 왕국의 활동 영역에 놓이게 된다.

외국 군주들 밑에서 경험하는 남부의 일체감은 분열이 계속되는 북부와 날카롭게 대조된다. 흑사병을 비롯해 14세기에 일련의 재앙이 지나간 후 이탈리아 반도의 경제는 회복되어 점차 활기를 되찾는다. 시에나와 피렌체에서 르네상스 미술과 문학이 처음으로 모습을 드러낸 것도 바로 이 시기다.

해리 라임이 관찰한 대로 이탈리아인은 가장 심한 위험에 처했던 바로 그 시대에 가장 위대한 문화적 성과를 배출했다.* 그러나 공동체를 대체하거나 흡수한 소국들의 번영과 문화적 탁월함은 그들이 처한 위험을 가리고 있었다. 르네상스 절정기인 15세기 중반에 이르면 이탈리아 북부는 열몇 개의 나라로 분열되고, 저 아래쪽 남부에서는 교황권이 지방 귀족들의 권세에 크게 눌리는 상태에 놓인다.

북부와 중부 이탈리아의 주민들은 신성 로마 제국의 보호막이 드리워진 동안에는 간혹 있었던 황제의 폭정이나 지역 내 분쟁을 제외하면 안전하게 살았다. 그러나 프리드리히 2세의 선의에도 불구하고 그의 시대가 저물면서 보호막은 거두어졌다. 그리고 5~6세기에 동고트족과 랑고바르드족이 이탈리아를 탐냈던 것처럼, 신성 로마 제국의 위상에 도전하던 신생 국민국가들에게 르네상스의 탄생지이자 유럽에서 가장 부유하던 이곳은 도저히 거부하기 어려운 유혹이었다.

흔히 독일인을 가리켜 17세기에 겪은 30년 전쟁의 트라우마를 완전히 극복하지 못했고 구교와 신교의 그 참혹했던 전쟁이 그들의 국민성에 떨

[*] 하지만 뻐꾸기시계에 대한 언급은 부정확하다. 뻐꾸기시계는 스위스가 아니라 독일 남부에서 발명됐다.

칠 수 없는 불안감을 심어놓았다고들 말한다. 1494년 프랑스 군대가 이탈리아 반도로 진군하면서 시작된 이른바 '이탈리아 전쟁'에 관해서도 비슷한 이야기를 할 수 있을 듯하다. 거의 60년간 프랑스, 스페인, 독일, 스위스 군대가 이탈리아를 사방으로 누비고 다니는 동안 교황과 외국 군주들, 오스만 제국의 술탄 술레이만 대제, 그리고 서로 분열되어 경쟁하던 이탈리아 각지의 통치자들은 어지러운 외교전을 펼쳤다.

1527년, 전 유럽을 충격으로 몰아넣은 로마 약탈 사건으로 참상은 극에 달했다. 독일인 루터교도가 다수인 2만 병사가 로마 장벽을 넘어 쏟아져 들어와 8일간 무차별 약탈을 자행했다. 교회를 약탈하고, 수녀를 강간하고, 신부를 살해하고, 귀족의 저택을 불사르고, 귀중한 고대 문화재를 파괴하거나 탈취했다. 부자로 보이는 로마인들을 고문해 재산을 빼앗고 가진 재산이 없으면 잔인하게 살해했다. 그리하여 로마 인구의 거의 4분의 1이 피살됐다.

이탈리아 전쟁은 여러 외세가 이탈리아 반도에서 힘을 겨룬 최초의 전쟁도 아니고, 이전의 전쟁보다 특별히 더 파괴적이었던 것도 아니다. 그러나 치욕적이라는 점은 확실히 달랐다. 이탈리아 전쟁은 이탈리아인이 서로 차이점을 잠시 접어두고 공동의 이익을 위해 협력할 능력이 없다는 점을 너무나 적나라하게 드러내고 말았다. 결국 이 전쟁은 이탈리아 역사상 문화적으로 가장 찬란했던 시대에 참혹하고 피비린내 나는 종지부를 찍었다. 그리고 북부도 남부처럼 외세의 지배를 받는 시대가 열렸다. 분쟁의 결과 강자로 떠오른 세력은 프랑스가 아니라 이미 남부를 장악하고 있던 스페인이었다. 스페인은 정전협정을 통해 밀라노 공국의 넓은 영토를 얻었다. 베네치아와 일부 공국 및 공화국들은 독립을 유지할 수 있었지만, 제국을 꿈꾸는 중앙집권적 대규모 국민국가의 시대에 그들이 누릴 수 있는 자유란 지극히 제한적이었다.

당시에는 분명하게 드러나지 않았지만 16세기는 이탈리아 경제가 다른 서유럽 지역에 뒤처지기 시작하는 시기이기도 했다. 원인은 여러 가지였으나 가장 중요한 요인은 국제 무역에서 일어난 변화였다. 이제 대서양 무역은 거래량과 부의 창출 면에서 지중해 무역을 훨씬 능가했고, 점점 부유해지는 서유럽이 소비할 자원을 수입해 올 장소도 근동 지역에서 극동으로 곧 바뀌게 된다.

이탈리아 전쟁의 종결과 함께 시작된 이 새로운 정치 질서는 150년간 지속했다. 그렇다고 그 기간이 평화로웠던 것은 아니다. 17세기 전반에 이탈리아는 점차 세력을 불리던 사보이 공국 때문에 또 여러 차례 전쟁을 겪었다. 한편 18세기 이탈리아의 운명을 결정할 전쟁은 오히려 반도 바깥에서 벌어지고 있었다. 이것은 이탈리아가 유럽이라는 더 넓은 체스판에서 벌어지는 체스 게임의 말이 되었고, 말들의 주요한 이동이 국외에서 이루어진다는 것을 뜻했다. 이제 오스트리아가 스페인을 대신해 반도의 운명을 좌우하는 결정권자가 됐지만, 남부는 부르봉 왕가의 스페인 분파에 빼앗긴다.

이후 이탈리아의 정치 지형도는 크게 바뀌지 않고 유지되다가 1796년에 이탈리아 혈통이 섞인 나폴레옹 보나파르트가 이전에 수많은 장군이 그랬듯 군대를 이끌고 알프스를 넘어 진군해 오면서 변화를 맞았다. 그 후 몇 년간은 프랑스가 이탈리아를 지배했다. 나폴레옹은 여러 소국의 경계선을 다시 긋고 고대의 명칭을 빌려 새 이름을 지어주었다(예를 들면 토스카나에 에트루리아 왕국이 생겼다).

혁명의 물결이 잦아든 후 다른 유럽 지역과 마찬가지로 이탈리아에서도 구질서가 회복되었다. 그동안 완전히 이탈리아에 동화된 스페인 부르봉 왕실은 남부 본토와 시칠리아를 되찾았다. 철저히 보수적, 권위적, 친왕정주의적이던 19세기 초의 유럽 지도자들은 공화국들을 용인할 수 없었다. 그중 두 곳은 나폴레옹 전쟁의 전후 처리 과정에서 멸망했다. 제노바 공화

국은 사르데냐와 알프스 동쪽의 피에몬테, 알프스 서쪽의 사부아를 지배
하던 사보이 공국이 집어삼켰다. 1,000년 동안 자랑스럽게 자유를 누렸던
베네치아 공화국은 드넓은 배후지와 함께 오스트리아에 주어졌다. 오스트
리아는 옛 밀라노 공국의 영토도 얻음으로써 이탈리아 북부의 대부분을
지배하게 되었으며, 이들의 지배는 이탈리아 통일이 이루어질 때까지 계속
됐다.

　서로마 제국 마지막 황제의 폐위로부터 1870년 포르타 피아 부근에서
아우렐리아누스 성벽을 뚫고 통일을 이룩하기까지 거의 1,400년이라는 세
월이 걸렸다. 이탈리아인은 약 60세대에 걸쳐 외국 지배자들의 변덕과 외
국 군대의 횡포에 시달리며 분열과 불안 속에 살았던 것이다.* 그런 경험은
한 민족에게 흔적을 남기게 마련이다.

[*] 1799~1800년에는 심지어 러시아
군대까지 이탈리아 땅에서 프랑스 혁명군과
싸웠다.

3
어떤 양면성

우리는 과거의 산물이고 과거에 젖어 산다.
— 베네데토 크로체.

이탈리아 특파원으로 근무하기 시작한 지 얼마 안 되었을 때 내 앞으로 온 독자 편지를 런던 본사로부터 전달받았다. 당시에는 그런 식으로 독자의 소감을 듣는 일이 무척 드물었다. 1990년대 중반까지도 이메일은 아직 너무 새로운 도구여서 기사에 이의가 있으면 (또는 드물게 칭찬을 해주고 싶으면) 타자기로 치거나 손글씨로 편지를 작성해 봉투에 넣고 우체통까지 가는 수고를 감수해야 했다. 그러니 실행에 옮기는 독자가 별로 없었다. 실제로 그렇게 하는 사람들은 대개 정신이 약간 이상하거나 아니면 기사 때문에 너무 기뻤거나 격분한 경우였다. 내가 받은 편지는 격분한 경우에 해당했다.

　그에 앞서 몇 주 전, 나는 진지한 분석이라기보다는 문학적 수사로서 이탈리아를 "매력적이지만 부정부패가 심하고 혼란스럽다"고 표현한 바 있었다. 그중 마지막 "혼란스럽다"라는 말이 내 기사를 읽은 한 영국 독자의 분노를 샀다. 그는 대체 무슨 근거로 이탈리아가 혼란스럽다고 주장하는지 물었다. 자기는 몇 달 전부터 이탈리아에 거주하고 있는데 혼란은커녕 이탈리아의 일상이 영국보다 훨씬 더 체계적으로 잘 정돈되어 있더라고 했다. 나는 안 그래도 얼마 전 나폴리를 돌아보고 로마로 돌아온 참이라 독자의 말을 더욱 이해하기 어려웠다. 그러다 문득 발신인의 주소가 눈에 들어왔다. 독자는 볼로냐에 살았다. 그의 이탈리아와 나의 이탈리아는 완전히 별개의 세상이었다.

그가 사는 도시는 냉전 시대에 이탈리아 공산당이 사회주의 정부의 모범 도시로 바꿔놓은 곳이다. 얼마 후 직접 가보고 깨달았지만, 볼로냐에서는 버스가 정시 운행을 할 뿐 아니라 승객들은 정류장에 설치된 전광판을 통해 버스의 도착 시각을 안내받았다. 이 전광판 시스템은 다른 유럽 도시들보다도 훨씬 여러 해 전에 도입된 것이었다(로마는 20년 늦은 지금에야 설치되고 있다). 반면에 나는 북부와는 너무나 다르고 훨씬 무질서한—뉴스거리도 다른 데보다 더 풍부한—이탈리아 남부에서 일하고 생활했다. 남부는 버스도 낡았고 운전자는 보행자가 길을 건너려고 양편에서 기다려도 거리낌 없이 쌩쌩 횡단보도를 통과했다.

볼로냐가 남부의 도시들과 다른 이유는 단지 공산주의자들의 야심 때문만은 아니었다. 로마에서 북상할수록 공공정신, 사회적 책임, 또는 공공예절쯤으로 번역되는 '치비스모'(civismo)*가 눈에 보인다. 도시의 공공장소와 건물의 공용 공간이 좀 더 깨끗하고 깔끔해진다. 공동체 의식도 더 확실하게 느껴진다.

전통적으로 이탈리아는 북부, 남부, 중부, 이렇게 세 지방으로 나뉜다. 중부는 보통 옛 교황령과 토스카나를 아우르는 지역이다. 그런데 이 같은 구분은 예를 들어 기상학자에겐 편리할지 몰라도 나라의 속성을 이해하는 데는 별 도움이 안 된다. 볼로냐는 에밀리아로마냐 주에 있다. 로마는 라치

[*] 영어로 '공공'(the public)이나 '사회'(society)라는 용어가 좀 더 광범위한 공동체에 대한 존중심을 자아내는 데 반해서 '치비스모'는 라틴어로 도시국가의 주민을 가리키는 시민(civis)과 시민권(civitas)에서 유래한다. 그래서인지 이탈리아인에게 가족 단위보다 큰 공동체로서 직관적으로 무리 없이 존중심을 느낄 수 있는 유일한 단위는 자기가 사는 마을이나 도시뿐이라는 주장도 있다.

오 주에 있다. 두 도시는 모두 중부에 속한다. 그러나 두 도시에서 몇 시간만 있어 보면 서로 얼마나 다른 세상인지 분명해진다.

이에 대안이 될 만한 분류가 1990년대에 미국 정치학자가 펴낸 중요한 저서에서 등장했다.[1] 로버트 퍼트넘과 그의 공동 연구자들은 왜 어떤 민주주의 체제는 성공하고 어떤 민주주의 체제는 실패하는지 그 이유를 알아내고자 했다. 그래서 이들은 이탈리아 각 지방정부의 기록을 분석했고, 각 지역의 성과는 해당 지역의 주민과 단체 들이 얼마나 상호 협력과 신뢰의 전통을 발전시켰는가 하는 점과 높은 상관관계를 갖는다고 결론 내렸다. 그리고 그와 같은 전통은 중세에 공동체 자치를 경험했던 지방에서 가장 강하게 나타났다고 밝혔다. 퍼트넘의 연구는 이탈리아에는 그냥 남부와 북부, 두 지역만 존재한다는 것을 암시한다. 옛 교황령 변두리에 있으면서 실질적으로 로마의 직접 지배에서 벗어나 대체로 독립된 역사를 누렸던 볼로냐 같은 도시는 북부에 속할 것이다. 퍼트넘의 논지가 모든 경우에 들어맞는 것은 아닐 수 있다. 이를테면 남부 바실리카타 주 마테라 시에는 상당한 정도로 '치비스모'가 확산되어 있다. 하지만 이탈리아 역사가 자국 내에 다양성을 초래한 중요한 방식 하나를 퍼트넘이 밝혀낸 것만은 확실하다. 물론 다른 방식들도 존재한다.

외세의 통치는 지방마다 각각 다른 발자취를 남겨놓았다. 시칠리아와 본토의 남쪽 일부 지역에 정착했던 그리스 정착민은 지역 문화에 지울 수 없는 흔적을 남겼다. 무엇보다 칼라브리아 마피아의 명칭인 '드랑게타'도 그리스어에서 유래한다. 그리스인이 시칠리아에 남긴 유산은 아랍인과 베르베르인의 유산과 뒤섞여 풀리아의 일부 지역에까지 영향을 미쳤다. 수 세기에 걸친 이슬람교도의 영향은 왜 시칠리아에서 전통적으로 여성의 지위가 낮았는지, 풀리아 여성 중에 왜 그렇게 머리칼과 눈동자가 검은 미인이 많은지를 설명해주는 하나의 단서를 제공한다. 한편 100년 넘게 지속한 노르만인의 지배 때문에 역설적으로 본토보다 시칠리아에서 금발이나 붉은 머리칼을 지닌 사람을 마주칠 가능성이 더 높다고 말하는 이탈리아 사람도 있다. 확실한 것은 스페인이 이탈리아 남부 전역에 영향을 주었다는 사실이고, 남부의 상류계급이 노동을 경시하고 오로지 땅에만 투자하는 것도 스페인이 주입한 사고방식 때문이라고 탓하는 경우가 많다. 끊임없이 게르만족의 침략에 시달린 북부는 오랜 세월 동안 남부와 정반대의 가치관을 정립했다. 고트족과 랑고바르드족은 북부와 일부 남부 지역의 인종적 구성을 바꾸어놓았다. 18~19세기에 북부를 지배한 오스트리아의 영향도 밀라노와 동부 도시들의 중유럽식 건축물에서 확연히 드러난다. 수백 년간 동방과 교역해 짭짤한 이득을 본 베네치아 사람들이 세운 산마르코 대성당에는 동방정교회의 영향이 배어 있다.

오늘날 이탈리아라 부르는 땅에 존재했던 온갖 나라의 경계선이 쉼 없이 변했던 역사 덕택에 이탈리아는 굉장한 언어학적 놀이터가 되었다. 변경 지역에서는 완전히 다른 수 개의 언어가 공용된다. 발레다오스타 주민의 4분의 3 이상이 프랑스어나 지역 방언인 프로방스어를 구사한다. 피에몬테 서부 지역에서는 약 10만 명이 옥시타니아어(Occitan)를 쓴다. 알토아디제에서는 주민 70퍼센트에 해당하는 35만 명이 독일어를 사용할 뿐 아니라 2만 명이 라딘어(Ladin)를 모어로 구사한다. 라딘어는 약 30만이 사용하는 프리울리어와 밀접한 관련을 맺는다. 프리울리베네치아줄리아 주에서는 프리울리어 외에도 슬로베니아어, 고대 슬로베니아어에 속하는 방언 레시아어(Resian, 일부 전문가는 완전히 별개의 언어로 분류한다), 그리고 다양한 독일어 방언 등이 사용된다.

몰리세 주에서는 크로아티아어가 일부 사용된다. 그리고 본토 남부와 시칠리아에 알바니아어를 사용하는 공동체 50여 개가 흩어져 있다. '아르베레쉬'(Arbëreshë)라는 이름으로 알려진 이들은 15세기 초 오스만 제국의 지배에서 도주한 피난민의 후예다. 주류 사회로 통합되면서 구성원의 수가 계속 줄었음에도* 이탈리아 내에서 알바니아어 사용자는 10만 명에 이를 것으로 추산된다. 또한 이탈리아인 가운데 약 2만 명은 '그리코'(Griko)라고 부르는 그리스어 방언을 구사한다. 풀리아와 칼라브리아의 소수 마을과 레조디칼라브리아 시에서 명맥을 이어가고 있다. 사르데냐 북서쪽 알게로 시 일대에서는 약 1만 명이 카탈루냐어를 모어로 사용한다.

외국어를 사용하는 소수자 집단은 다른 나라에도 있다. 그러나 이탈리아의 독특한 점은 이탈리아인 대다수가 방언을 쓴다는 점이다. 어디까지가 방언이고 어디서부터가 별개의 언어냐를 가리는 작업은 매우 섬세한 일이며 불가피하게 논란을 부른다. '사르두'(Sardu)라고 부르는 사르데냐어는 일반적으로 별개의 언어로 간주하며, 이탈리아어와의 차이는 이탈리아 본토와 별도로 전개된 사르데냐 섬의 역사에서 비롯된 것으로 추정된다. 실제로 이탈리아어와 사르데냐어가 공유하는 단어는 이탈리아어와 프랑스어가 공유하는 단어보다 적다. 글로 써놓으면 두 언어의 차이가 확실히 보인다. 예를 들어 '피는 물보다 진하다'는 금언을 이탈리아어로 적으면 'Il sangue non è acqua'이고, 사르데냐어로 적으면 'Su sambene no est abba'다. 2014년 현재 인구수가 160만 명인 사르데냐에서 100만에 달하는 압도적 다수가 사르두를 사용하며, 사르두 자체도 방언이 세 가지나 된다.

160만 명이 쓰는 피에몬테어와 470만이 사용하는 시칠리아어도 별개의 언어로 충분히 인정할 수 있을 만큼 이탈리아어와 다르다. 베네치아, 롬바르디아, 나폴리 방언도 있다. 심지어 같은 도시나 지방 안에서도 말하는 방식이 무수히 변형된다. 한 지역에서 사물, 생물, 활동을 일컫는 사투리 용어가 몇 킬로미터 떨어진 곳에만 가도 완전히 달라질 수 있다. 이를테면 옷걸이는 지역에 따라 오메토일 수도 있고 스탐펠라나 안졸레토일 수 있으며, 또 다른 데에 가면 그루차, 아타카판니, 크로체, 아펜디아비티, 크루차, 스탄

[*] 이탈리아 통일의 영웅 가운데 한 명이며 초기에 이탈리아 총리를 지낸 프란체스코 크리스피는 알바니아계였다. 학자이자 정치가로서 이탈리아 데이터보호국 초대 국장을 지낸 스테파노 로도타는 칼라브리아 주의 아르베레쉬 마을 출신이다. 그의 딸 마리아 라우라 로도타는 일간지 『코리에레 델라 세라』의 유명 칼럼니스트다.

펠라, 크로체타, 크로체라, 아펜디노로 변한다.[2]

이탈리아인은 자기들이 사는 도시나 지역이 독특한 이유를 열정적으로 강조하는 반면에, 공통점은 잘 인식하지 못하는 경향이 있다. 하지만 차이를 양산해낸 저들의 역사는 공통점도 부여했다. 자신들의 조상이 로마 제국을 정복하고 세상에 르네상스를 선사했다는 사실이 이탈리아인에게 자신감을 준다는 점은 이탈리아인과 어울려 생활하는 사람이라면 금방 깨닫는다. 그리고 ─ 이웃 스페인 사람들에게는 완전히 결여된 ─ 일종의 개인주의 경향에서도 그런 자신감이 엿보인다. 사회학자 주세페 데 리타는 그리스와 비슷하게 이탈리아의 역사가 이탈리아인에게 단순한 자신감 이상의 어떤 것, 즉 '우리는 우월하다'는 내적 확신을 안겨주었다고 주장한다.

"이탈리아 사람에게서 드러나는 인종주의는 고전적인 의미의 인종주의와 전혀 다르다고 생각합니다." 그가 한 인터뷰에서 말했다. "이탈리아 사람이 스스로 우월하다고 확신하는 이유는 초자아가 그들이 남긴 역사에 연결되어 있기 때문입니다. 어떤 경우에도 그들은 자신이 더 지적이고, 똑똑하고, 나은 사람이라고 느낍니다."[3]

필시 이런 언급에 코웃음을 치는 이탈리아인도 많으리라 짐작된다. 바실리카타 주 외딴 시골 마을에 살거나 포 강 유역 어느 산업 황무지의 저소득층용 공영 주택 주민이라면, 자기를 아우구스투스나 레오나르도 다 빈치가 남긴 전통의 후계자로 인식하지 않을 것이다. 그러나 데 리타가 묘사한 자부심은 확실히 토스카나, 베네치아, 로마 등지의 여러 주민에게서 포착된다. 그리고 이탈리아인이 자기가 남들보다 더 똑똑하다고 생각한다는 말은 의심의 여지가 없는 진실이다.

그와 동시에 이탈리아인에게는 자신들이 끊임없는 침략과 압제의 희생자라는 의식이 있다. 게다가 최악인 것은 자신들을 침략하고 압제한 것이 자기와 같은 유럽인이었다는 사실이다. 그래서 국민 정서 안에 자부심과 함께 분개의 감정과 쉽게 상처받는 경향이 공존한다. 「이탈리아인의 노래」 또는 작사가의 이름을 따 「마멜리의 찬가」라고도 불리는 이탈리아 국가를 살펴보자.* 국가란 대개 자국이 얼마나 아름답고 장점이 많은지를 온 세상에 자랑하면서, 동시에 강한 우리나라를 함부로 건들지 말라고 타국에 경고하는 기능을 수행한다. 미국 국가는 자기 나라를 "자유인들의 땅이자 용자들의 고향"이라고 선언하며, 영국 국가는 신에게 자신들의 여왕을 지켜달라고 요청한다.

> 여왕 폐하의 적들을 변방으로 흩으사
> 패배하게 하소서!
> 그들의 간교한 계략에 좌절을,
> 그들의 정치에 혼란을 가져다주소서.

그럼 이탈리아 국가는 어떨까? 2절을 한번 보자. 이탈리아인은 세상에 이렇게 선포한다.

> 우리는 수 세기 동안
> 짓밟히고 비웃음을 받았다네.
> 하나의 국민이 아니어서,
> 분열되어서.

물론 「마멜리의 찬가」는 시대의 산물이라는 이의가 제기될 수 있다. 이 곡이 작곡, 작사된 1847년도 이래 1870년 '베르살리에리'가 아우렐리아누스 성벽을 뚫고 통과함으로써 통일이 완성되기까지 23년이 더 걸렸고, 그동안 이탈리아인은 계속 분열과 짓밟힘을 겪었기 때문이다(하지만 이때는 비웃

[*] 놀랍게도 고프레도 마멜리가 이탈리아 국가의 가사를 지었을 때 나이가 불과 스무 살이었다.

음을 사지 않았다. 이탈리아 민족주의자들과 특히 주세페 가리발디의 용맹함은 유럽 전역에서 존경과 칭송을 받았다). 그리고 평소에는 2절을 듣기 힘들다. 군대 행진이나 국제 축구 시합에서는 1절만 부르는 것이 관례다.

그래도 국가에 "하나의 국민이 아니어서, 분열되어서"라고 밝혀가며 자기 나라가 과거에 겪은 모욕에 대해 그토록 솔직한 구절을 남겨둔 나라가 있다는 사실이 내 시각으로는 굉장히 놀랍다. 더 희한한 것은 「마멜리의 찬가」가 이탈리아 통일 직후 바로 국가로 채택된 것도 아니었다는 점이다. 이탈리아는 통일 후 일단 왕국이 되었고 사보이 왕가의 「왕의 행진」이 국가로 사용됐다. 이탈리아 공화국이 「마멜리의 찬가」를 국가로 삼은 것은 1949년의 일이며, 2005년에야 비로소 법으로 정식 국가의 지위를 인정받았다.

이탈리아와 같은 역사를 지닌 국민이라면 외국인에 대해 어느 정도 모호한 감정을 지닐 수밖에 없다. 영국, 스페인, 터키 사람은 정복자나 지배자의 입장에서 이방인과 접촉했지만, 이탈리아인은 야만족의 침략 시대 이래 피지배자의 처지에서 이방인을 접해왔다. 본능적인 자기방어 성향과 함께 나라의 미래에 관한 중요한 결정을 외국인이 내리는 것은 특별한 일이 못된다는 운명론적 수용의 자세가 공존하는 것은 아마 그 때문일 것이다.

심지어 정부나 정당이 정책을 세울 때 이탈리아 외부의 요소를 고려해야 하는 현상을 가리키는 용어 — '완곡어법'이라는 표현이 더 맞을지도 모르겠다 — 까지 존재한다. 통상 이를 가리켜 '빈콜로 에스테르노'(vincolo esterno), 즉 '외재적 제약'이라고 부른다. 냉전 시대에 여당이었던 이탈리아 기독교민주당에게 외재적 제약은 특정 사안에 관한 미국 정부, 특히 CIA의 견해였다. 야당인 이탈리아 공산당에게 부과된 외재적 제약은 구소련 정부가 채택하는 최신 강령이었다. 베를린 장벽이 무너진 이후 이탈리아 정치가들에게 가장 핵심적인 외재적 제약은 브뤼셀에 있는 유럽연합 집행위원회와 프랑크푸르트에 위치한 유럽 중앙은행이다. 외재적 제약은 성가시기도 하지만 요긴하기도 하다. 국내에서 온갖 압력을 받는 이탈리아 정치인 입장에서 유권자에게 인기는 없어도 꼭 필요한 조치를 밀어붙일 유일한 방법은 외재적 제약이라는 말로 정당화하는 길밖에 없는 경우가 허다하다.

외국인에 대한 양가감정은 이탈리아의 내정에 가장 끈질기게 간섭해온 독어권 국민에 대해 유난히 심하다. 일례로, 유럽연합과 유로화가 유럽에서 독일의 패권 확립으로 이어질 가능성에 대해 영국은 수년 전부터 우려를 표명해온 데 비해, 이탈리아는 최근에야 이 문제에 반응하기 시작했다. 그러면서도 독일과 독일인에 대한 의심과 분노는 확실해서 뜻하지 않은 순간에 불쑥 불거져 나오곤 하는데, 2003년 유럽의회에서 실비오 베를루스코니 총리는 연설 도중 자기를 비판한 독일 사민당 정치가를 나치 강제 수용소 간수에 비유해 물의를 일으킨 바 있다.

균열과 폭력이 난무하는 이탈리아 역사는 또한 이탈리아인이 왜 일반화된 숙명론에 경도되고 전쟁 공포증을 보이는지 설명해준다. 다른 나라도 물론 전쟁을 두려워하고 대체로 분쟁을 겪은 일이 최근일수록 전쟁에 대한 혐오감도 더 크다. 하지만 일부 국가에서는 오히려 전쟁을 영웅주의, 모험, 영예 등의 긍정적인 관념과 결부시키기도 한다. 이를테면 영국에서 전쟁은 대영제국의 식민지 정복과 결부되고, 더 이상 제국 개념을 찬미하지 않는 영국인들조차 로버트 클라이브 총독, 허레이쇼 넬슨 제독, 찰스 조지 고든 총독 같은 인물을 돌아보며 여전히 자부심을 느낀다. 세르비아를 비롯한 발칸반도의 여러 나라는 전쟁을 오스만 제국에 용감하게 저항했던 과거와 연결시킨다.

그러나 이탈리아에서는 직업 군인을 제외하면 그런 시각은 극렬 네오 파시스트들 사이에서나 찾아볼 수 있다. 군인이 되는 것도 영국이나 미국에서처럼 영예로운 일로 여겨지지 않는다.

개인적인 경험에 비추어볼 때 내가 분쟁 지역을 방문하고 돌아오면 사람들은 보통 내 경험담을 듣고 싶어 한다. 딱히 죽음과 폭력에 비정상적인 관심이 있어서가 아니라, 무력 분쟁이라는 것이 특이한 상황, 기이한 일화, 엄청난 흥분과 긴장을 낳기 때문이다. 그러나 이 측면에서도 이탈리아인은 예외라는 점을 곧 깨달았다. 다른 기자나 내가 전쟁을 취재했던 일을 언급하면 이탈리아인은 대체로 금방 교묘하게 이야기를 끊거나 화제를 사회적으로 좀 더 용인될 만한 것으로 살짝 바꾼다. 절대 다수 이탈리아 사람에게 전쟁은 그저 흉측할 뿐이며 정중한 자리에서 전쟁을 화제로 삼는 것은 피해야 할 일로 간주한다.

물론 이탈리아의 일상에서 폭력 행위는 흔하다. 마피아가 살인을 저지르고, 축구 훌리건들이 난동을 부리며, 여성에게 가해지는 가정폭력도 심하다. 그러나 신체적 폭력보다는 주로 언어폭력이 더 흔하고, 말싸움이 몸싸움으로 번지는 일은 많지 않다. 그래서 이탈리아인은 다른 나라 같으면 주먹질이나 칼부림으로 이어질 만한 지독한 언사를 서슴지 않을 때가 많다. 실제로 나는 현지 사무실에서 일하다가 격렬한 말싸움을 꽤 자주 목격했다. 저러다 못 참고 주먹질이라도 하는 것 아닌가 싶지만, 대개 상황은 싸움이 일어난 속도만큼이나 재빨리 진정되고 하루만 지나면 그렇게 싸웠던 당사자들이 지극히 정중하게 대화하는 모습을 볼 수 있다.

정치도 마찬가지다. 이탈리아 정치인들의 폭력적 언사는 깜짝 놀랄 정도다. "그는 영웅이 아니다. 그는 도덕적으로 무용지물에 불과하다." 2006~08년 로마노 프로디 제2차 내각의 법무장관 클레멘테 마스텔라가 한 말이다. 이런 식의 모욕 언사를 하원에서 의원들끼리 서로 내지르거나 어느 대통령 후보가 상대 후보에게 내뱉을 수는 있다 치자. 하지만 마스텔라가 모욕한 상대는 같은 내각의 각료인 안토니오 디 피에트로 인프라·교통 장관이었다. 동료끼리도 이러니 정적들 사이에선 어떤 말이 오갈지 상상이 될 것이다.

역사상 완력 사용은 이탈리아인에게 문제 해결 방법이 되어주지 못했다. 이탈리아 역사를 통틀어 이탈리아를 지배했던 교황 특사나 총독들은 피지배자들보다 군사력 면에서 훨씬 월등했고, 이탈리아 내정에 간섭한 외국도 마찬가지였다. 이탈리아가 정보력, 외교력, 권모술수에 그토록 집중하게 된 것도 아마 그런 이유에서였을 것이다. 그와 같은 능력이야말로 자국을 지배했던 외세에 잠시라도 맞설 수 있도록 허락하고 심리적 위안을 주는 자질이었기 때문이다.

이탈리아 영화 가운데 이탈리아인이라면 누구나 아는 유명한 장면이 하나 있다. 「토토트루파 62」(Totò Truffa 62)에서 코미디언 안토니오 데 쿠르티스("토토")가 어느 미국인에게 트레비 분수를 사기로 팔아넘기는 장면이다.* 토토가 연기하는 캐릭터 대부분은 이탈리아인이 '푸르보'(furbo)라는 형용사로 표현하는 기질을 지닌다. 해석하면 영리하다, 교활하다, 약삭빠르다는 정도의 의미다. '파레 일 푸르보'(Fare il furbo)는 새치기한다는 뜻이고, 누가 '논 파레 일 푸르보'(Non fare il furbo)라고 강경하게 말하거든 "나를 속이려 들지 말라"는 뜻으로 대략 풀이하면 된다. '푸르보'는 칭찬은 아니지만 대체로 긍정의 의미를 내포한다. 만약 이탈리아 사람이 당신의 행동을 보고 '푸르보' 또는 '푸르바'(여성형)라는 표현을 썼다면, 십중팔구는 놀라움과 인정이 뒤섞인 어조로 그렇게 말했을 것이다.

그렇다고 해서 교활함이 이탈리아인의 국민성이라고 단정하는 것은 공정치 못하다. 저널리스트 주세페 프레촐리니는 벌써 1920년대에 교활한 인간들이 그가 '페소'(fesso)라고 표현하는 또 다른 종류의 이탈리아인과 공존(하거나 그들의 약점을 이용)하며 살아간다고 최초로 언급한 바 있다. '페소'야말로 절대로 칭찬이 아니다. '바보'라는 뜻이기 때문이다. "만일 당신이 기차표를 정가에 사고, 제 돈 내고 극장에 가고, 힘깨나 쓰는 삼촌도

[*] 외국에는 잘 알려지지 않았지만 토토는 알베르토 소르디, 로베르토 베니니와 함께 이탈리아 국내에서 가장 사랑받는 희극배우이다. 채플린처럼 '서민'을 전문적으로 연기했지만 실제로는 귀족 출신이다. 어느 후작의 사생아로 태어나 나중에 친자로 인정받았다. 그의 직위에는 "전하", "궁정백작", "신성 로마 제국 기사" 등의 호칭이 포함된다.

없고, 아내의 친구 중에 사법부나 교육부에 연줄 있는 사람도 없고, 프리메이슨 단원이나 예수회 신자도 아니고, 국세청에 소득을 정직하게 신고하고, 손해를 보면서도 약속을 지키는 사람이라면" 프레촐리니는 당신을 가리켜 '페소'라고 표현할 것이다.

두 집단의 구별은 지능과 무관하다고 프레촐리니는 주장한다. 다만 '페소'는 "원칙에 따라" 행동하는 반면에, '푸르보'는 "오로지 목적 달성에만 집중한다". 그가 포착한 두 집단의 구분은 현재까지도 유효하다. 사실 근대이탈리아의 역사 전반을 '푸르보'와 '페소' 간의 끝없는 갈등이라는 관점에서 바라볼 수 있다. 엄청나게 우직했(지만 절대 아둔하지는 않았)던 마리오 몬티가 자기처럼 우직한 인물들로 구성된 내각을 이끌고 통치했던 2011년 말에서 2013년 초처럼 짤막했던 몇몇 기간을 제외하면 역시나 대개는 교활한 무리들이 이겼다.

그렇다고 교활한 사람이 반드시 다수라는 의미는 아니다. 이에 관한 (내가 아는) 가장 체계적인 조사에 따르면 결론은 예상과 정반대였다. 한 이탈리아 저널리스트가 줄 서기에 관한 책을 집필하려고 이탈리아 시민 100명에게 새치기를 시도한 적이 있는지 질문했다.[4] 그랬더니 54명이 "없다"고 답했다. 35명이 "때때로 한다"고 대답했고, "언제나 한다"고 답한 사람은 11명이었다.

'푸르보' 관념을 비롯해 내가 아는 한 표현할 용어조차 없는 이탈리아인의 복잡미묘하게 뒤엉킨 사고와 태도의 조합은 전부 고대 이후의 이탈리아 역사에 뿌리를 두고 있다. 세력 교체가 자신들의 영향력 바깥에서 일어나는 현상을 오랜 세월 겪으면서, 이탈리아인은 어느 한 세력에 충성하는 일을 심히 꺼리게 되었다. 역사에 비추어볼 때 원칙, 이상, 헌신 같은 개념은 위험했다. 무슨 생각을 하는지 드러내지 않고 권력 다툼의 최신 결과를 살펴 재빨리 교묘하게 입장을 바꾸는 자들이야말로 살아남을 수 있었다.

몇 년 전 제2차 세계대전 관련 기념식에 참석했다가 어느 이탈리아 귀족에게 저녁 식사 초대를 받았다. 초대받은 날 저녁, 나는 그 백작에게 전쟁에 관한 기억을 물었다. 알고 보니 전쟁 중 그의 역할은 꽤 극적이었다. 당시 소년이었던 그는 아버지의 지시대로 진군해 오던 연합군에게 달려가 독일군이 좁은 길에 매복해 있다고 알려주었다.

"아버지는 이 지역 '파르티자니' 지휘관이었습니다." 그가 말했다. '파르티자니'는 파르티잔(partisan), 즉 제2차 세계대전 중에 활동하던 이탈리아 저항군 유격대를 가리켰다.

굉장히 특이한 일이었다. 공산주의자가 다수인 저항군에서 귀족 지주가 지휘관 역할을 맡는 일은 결코 흔치 않았다. 내가 그렇게 언급하자 그가 이렇게 말했다.

"네, 아버지는 과거 행적을 만회하기 위해 1944년에 꽤 많은 노력을 기울여야 했습니다. 무솔리니의 최측근이었거든요."

그의 아버지처럼 양다리를 걸쳐 위험을 분산한 사람들이 한둘이 아니다. 이탈리아 북부의 주요 기업가 다수는 무솔리니 실각 이후 북부를 장악한 독일에 협조하는 척하면서, 그와 동시에 연합군에 몰래 정보를 제공하고 때로는 파르티잔에 자금도 댔다.

무솔리니 퇴출과 추축국 이탈로 이탈리아는 파시즘을 몰아내고 연합국 편으로 돌아섰다. 그 결과 이탈리아는 계속해서 파시스트 정권이 통치했던 스페인과 포르투갈과는 달리 전후 미국의 원조를 얻어낼 수 있었다. 1943년 이탈리아가 연합국 편으로 돌아섰을 때 독일이 느낀 배신감은 저들이 제1차 세계대전 때도 진영을 싹 바꿨던 기억과 맞물려 더욱 복잡했다. 이탈리아는 원래 독일, 오스트리아-헝가리 제국과 함께 삼국 동맹을 맺었으나 1914년 제1차 세계대전이 발발하자 동맹을 탈퇴했다. 하지만 전혀 근거 없는 행동은 아니었다. 오스트리아-헝가리 제국은 세르비아에 선전포고를 하고 최초의 세계대전을 일으키기에 앞서 동맹국인 이탈리아와 의논하지 않음으로써 삼국 동맹의 규정을 먼저 위반했다. 이에 따라 이탈리아 정부는 다른 동맹국에 대해 더는 의무를 질 필요가 없다고 보았다. 영국과 프랑스가 승전 시 영토를 주겠다고 이탈리아 정부에 비밀리에 약속하자 이듬해 이탈리아는 진영을 바꾸어 참전했다.

지금은 이탈리아로 통일된 여러 나라의 동맹 관계는 자주 급변했지만 막상 역사적으로 결정적인 전환점이라 할 만한 사건은 거의 없다. 혁명이나 쿠데타도 지극히 드물었고, 발생했어도 대개 성공하지 못했다.[*] 예외적으로 이탈리아가 이상주의에 고무되어 과거와 갑작스레 단절한 사례는 이탈리아 통일운동과 무솔리니의 집권 정도일 것이다.

파시즘 시대 이전과 이후에 있었던 훨씬 긴 민주주의의 시대야말로 나머지 이탈리아 역사의 특징을 더 잘 드러낸다. 이 기간에 집권했던 지도자들이 가리발디나 무솔리니만큼 유명하지는 않더라도 말이다. 예컨대 이탈리아를 벗어나면 아고스티노 데프레티스라는 인물을 누가 알겠는가? 심지어 이탈리아 국내에서도 잘 모를 것이다. 데프레티스를 기리는 기념물이나 그의 이름을 딴 광장은 고사하고, 그의 고향인 파비아 지역을 제외하면 그의 이름을 딴 거리도 몇 개 없다. 그 몇 안 되는 거리 가운데 하나는 무슨 이유에서인지 남부 안드리아 마을에 있다.

그러나 데프레티스는 이탈리아 정치를 완전히 장악했던 몇 안 되는 정치인 중 하나다. 그는 아홉 차례나 총리직에 올랐다.[†] 이탈리아 통일 이래 다른 어떤 정치인보다 여러 번 집권했다. 그의 내각 중에는 88일로 단명한

[*] 현대사에서 네오파시스트가 집권을 시도한 일이 적어도 두 차례 있었다. 1961년에는 조반니 데 로렌초 헌병 대장이 '피아노 솔로'라는 명칭의 음모를 꾸몄고, 1970년 12월 7~8일에는 주니오 발레리오 보르게제 왕자가 쿠데타를 시도했다. 그러나 얼마나 진지한 시도였는지에 관해서는 회의적인 시각이 있다. 특히 전자는 더욱 그렇다.

[†] 이탈리아 헌법 제도를 겉으로만 보면 불안정성이 과장되는 경향이 있다. 이탈리아에서는 총리가 개각을 단행하면 신정부가 수립된 것으로 보기 때문이다. 다른 대다수 민주국가의 기준으로 치면 데프레티스가 총리직을 맡은 것은 사실상 세 차례로 볼 수 있다.

내각도 있었다(잦은 정권 교체는 이탈리아 민주주의의 오랜 전통이며 일부에서 주장하는 것처럼 냉전의 산물이 아니다). 그럼에도 1876년부터 1887년 사망할 때까지 데프레티스는 21세기의 첫 10년을 집권했던 실비오 베를루스코니만큼이나 자기 개성을 뚜렷하게 드러내며 통치했다.*

　그렇다면 데프레티스는 왜 국민의 기억에서 지워졌을까? 아마도 이탈리아 사람들이 잊고 싶어 하는 두 가지 사건에 그가 결부되기 때문일 것이다. 하나는 그가 총리직에 있는 동안 이탈리아가 홍해의 항구 마사와를 점령하면서 식민국가로 데뷔한 일이다. 지금은 우파마저도 이탈리아의 옛 제국주의적 모험을 미화하지 않는다. 또 하나는 데프레티스가 통일 후 몇 년 뒤에 등장한 '트라스포르미스모'(trasformismo), 즉 '탈바꿈' 현상에 결부되어 있다는 점이다. 이것은 생물학 용어를 정치에 차용한 것으로, 정치인들의 탈당을 독려하여 국회에서 다수를 점하는 전략을 말한다. 의원들은 보직(또는 좀 더 구체적인 혜택)을 약속받거나 아니면 단순히 패자 쪽에 선다는 두려움 때문에 탈당해 다른 당으로 옮긴다. 데프레티스가 냉소적으로 이 '탈바꿈' 전략을 널리 구사한 일은 통일의 고매한 이상에 걸맞게 결속되고 독립된 모습의 이탈리아를 보길 원했던 동시대 사람들을 충격에 빠뜨렸다. 저널리스트 페르디난도 페트루첼리 델라 가티나는 데프레티스를 가리켜 "어떤 사람들은 타고나길 시인이나 도둑으로 태어나듯 그는 천생 정치적 악한"[5]이라고 묘사했다. 그러나 이탈리아의 정치는 지금도 가리발디만큼이나 데프레티스의 철학에 크게 빚지고 있다고 볼 수 있다.

　대다수 민주주의 국가의 헌법은 당선된 의원이 당적을 바꿀 수 있는 요건을 규정해놓고 있다. 그러나 선진국 가운데 이탈리아만큼 당적을 바꾸는 정치인이 많은 나라를 찾아보기 어렵다. 2005~10년에 영국 의회에서 당적을 바꾼 의원은 단 한 명뿐이었다. 무소속이 된 의원 열 명은 대부분 스캔들에 휘말리거나 해서 당에서 퇴출당하기 전에 스스로 탈당한 경우이다.

[*] 11년 사이에 데프레티스가 총리직에서
내려왔던 기간은 31개월에 불과하다.
베를루스코니가 총리에서 물러났던 기간은
10년 반 동안 24개월이었다.

이에 비해 2008~12년 이탈리아 의회에서는 하원의원 630명 가운데 100명 이상이 원래 적을 두었던 정당에서 이탈했다. 그중 절반은 다른 당으로 이적해버렸고 나머지는 무소속이 되었다.

이념적 모호성은 1946년 공화국 설립 이후 이탈리아 정치의 전형적인 특질이다. 바티칸의 지원을 받는 정당으로서 냉전기 내내 이탈리아 정계를 지배했던 기독교민주당은 좌우 어느 쪽으로도 규정하기 어렵다. 흔히 중도로 분류되지만 그마저도 정확한 묘사는 아니다. 가톨릭 교리를 엄격히 따른다는 점에서 스페인의 프랑코파나 포르투갈의 살라자르 지지자들만큼이나 극단적인 보수반동파에 속하지만, 다른 한편으로는 기독민주 노조연합이 존재할 뿐 아니라 정당 설립 초기에는 당원 중에 주세페 도세티 같은 진정한 급진주의자도 있었다.

기독교민주당의 두드러진 성격이 이념적 모호성이라면, 이탈리아 공산당의 특징은 온건성이다. 그들이 자랑하는 최고의 이론가 안토니오 그람시는 벌써 1930년대에 부르주아 계급의 문화 헤게모니를 장기적으로 꾸준히 약화시키는 끈질긴 "진지전"을 펼칠 것을 주장했다. 이 같은 전략은 한동안 혁명의 전 단계로 인식되다가 점차 혁명의 대안으로 변화했다. 제2차 세계대전 후 그람시의 후계자 팔미로 톨리아티는 기독교민주당과 협력하고 중소기업 사업자를 비롯해 사회 각계각층에서 널리 지지자를 규합하는 정책을 도모했다. 1956년 흐루쇼프의 스탈린주의 비판 이후 톨리아티는 서구 유럽 공산당 지도자 중에서는 최초로 소련과 거리를 두면서, 공산주의에는 복수의 참조점이 있을 수 있으며 소련 정부에만 의지하지 않는다는 "다중심 체제"(polycentrism) 개념을 수용했다.

1969년 이탈리아 공산당은 소련 정부와 공개적으로 마찰을 빚었다. 그로부터 4년 뒤 새로 당 서기장에 취임한 사르데냐 출신의 귀족 엔리코 베를링게르는 공산당, 사회당, 기독교민주당의 3당 연합을 제안하며 이를 "역사적 타협"이라 일컬었다. 극렬 우파들이 칠레에서 살바도르 아옌데 정권을 전복한 것 같은 사건이 이탈리아에서 일어나지 않도록 3당이 힘을 합쳐 방벽을 구축하자는 취지였다. 베를링게르는 그람시의 이론을 바탕으로 구축된 민주적이고 비혁명성을 내포하는 "유럽공산주의"(Eurocommunism)의 주요 옹호자였다.

　　모호성과 온건성은 이탈리아 정치의 핵심이지만 겉으로는 그 반대로 보이는 경우가 많다. 정당 지도자나 정부 각료들이 서로 험한 말을 던지고 최후통첩을 남발하고 상대방을 위협하는 모습을 보면, 마치 나라가 위기로 치닫거나 망하기 직전인 것처럼 보인다. 그러나 그 사나운 표면 밑으로는 대개 타협과 상식이 통하는 공간이 존재한다. 무슨 이슈든 논쟁할 여지가 있으면 협상할 여지도 있는 법이다. 이탈리아의 삶에도 같은 원칙이 적용된다. 전반적으로 부정확성을 높이 쳐준다. 반대로 선명한 개념 정의나 깔끔한 분류는 의심의 대상이 된다. 유연성을 유지하려면 복잡하거나 모호해야 하고, 둘 다면 더 좋다. 다음 장에서 등장하는 괴상한 정부 직책도 바로 그래서 생긴 것이다.

4
하나 이상의 진실

해변의 소녀: 지금 몇 시예요?
접의자에 앉은 남자: 그걸 누가 알겠니? 진짜 진실은 아무도 몰라.
— 2004년 7월 15일 자 『레스프레소』에 실린 프란체스코 알탄의 만화 중에서.

로베르토 칼데롤리는 지난 십수 년간 이탈리아 정치 무대를 휘젓고 다닌
발칙한 인물 중 하나다. 한번은 자기가 집에서 호랑이를 길렀는데 함께 기
르던 개를 잡아먹는 바람에 없애버렸다고 밝힌 일도 있다. 극우 정당 '북부
동맹'(Lega Nord)의 고위 간부인 그는 이슬람 사원 건립 예정 부지에 이슬
람이 금기시하는 돼지를 끌고 돌아다니며 시위를 하는가 하면, 2006년 월
드컵 결승전에서 이탈리아에 진 프랑스 팀을 가리켜 "깜둥이,* 무슬림, 공
산주의자"로 이루어진 팀이라고 말해 논란을 일으켰다. 같은 해 초에 칼데
롤리는 베를루스코니 정부에서 장관직을 잃었다. 덴마크의 한 일간지가 예
언자 무함마드를 풍자하는 만화를 실어 전 세계 무슬림들이 격렬하게 항의
하던 시기였다. 텔레비전 인터뷰 중에 칼데롤리는 자기 내복에 논란이 된
만화를 인쇄했다며 셔츠 단추를 풀어 보였다. 사흘 후 그는 마지못해 장관
직을 사임했다.

　베를루스코니 차기 내각에 재합류한 그는, 내가 아는 한 그 어떤 나라

[*] 칼데롤리가 사용한 용어는 단순히
혹인을 뜻하는 '네리'(neri)가 아니라
확실하게 욕으로 쓰이는 '네그리'(negri)였다.

에도 존재한 적 없는 직책을 맡았다. 바로 "간소화 장관"이었다. 마리오 몬 티가 이끄는 다음 내각에서 이 장관직은 사라졌다. 그러나 "간소화" 관련 직책이 없어진 것은 아니어서 차관급으로 유지된다. 칼데롤리가 맡았던 간 소화 임무는 입법 간소화였고 그의 후임자는 행정 간소화를 담당했다. 그 런 직책이 있다는 사실은 이탈리아에 관한 한 가지 중요한 특징을 드러낸 다. 이 나라의 온갖 것이 지나치게 복잡하다는 점이다.

최근 한 논문은 "복잡하고 분량도 엄청난 이탈리아의 성문법전은 가 장 능수능란한 법률가에게도 미궁"[1]이라고 언급했다. 법률이 대체 몇 개나 되는지 정확히 아는 사람도 없다. 2010년 칼데롤리는 자기 부서가 무효화 한 법규가 37만 5,000개라고 주장하면서 모닥불을 피워 해당 문서들을 소 각하는 전형적인 쇼맨십을 보여주었다. 그중 가장 오래된 것은 1864년에 제정된 법이었다. 칼데롤리의 재임 시절 현행 성문법의 수는 지역이나 주 단위 입법기관에서 제정한 법규를 빼고도 1만 3,000~16만 개로 광범위하게 추산된다. 정부는 간소화부의 활약 덕택에 그 수가 약 1만 개로 줄었다고 선언했다. 그렇다 해도 여전히 독일의 두 배, 영국의 세 배나 되는 숫자였다.

이탈리아 법이 복잡하다면 법이 시행되고 집행되는 방식은 더더욱 복 잡하다. 우선 국가 경찰 조직만 해도 벌써 다섯 개다. 국립 경찰(Polizia di Stato) 외에도 준군사 조직에 해당하는 군 경찰 '카라비니에리'(Carabin- ieri)가 있고, 탈세, 돈세탁 수사 및 이탈리아 영해 정찰을 담당하는 '재무 경 찰'(Guardia di Finanza)이 있다. 또한 교도소 경비와 수감자 호송을 담당 하는 '교도 경찰'(Polizia Penitenziaria)과 숲과 국립공원을 순찰하는 '산림 경찰'(Corpo Forestale dello Stato)이 있다. 그 외에도 지역마다 경찰 조직 이 또 따로 있어서 전부 합치면 유럽연합 국가 중에 이탈리아만큼 경찰이 많은 나라는 없다.* 그러니 업무 중복, 경쟁, 혼란이 상당할 수밖에 없다.

관료주의도 극심하다. 이탈리아 농업협동조합연합이 실시한 조사에

---

[*] 이탈리아 경찰은 다른 나라 경찰보다 더 광범위한 직무를 수행한다는 점에서 이런 직접적인 비교는 공평하지 않을 수도 있다. 특히 군조직의 일부이고 평화유지군으로 해외에 파병되기도 하는 카라비니에리와 세무조사관·세관원·국경경비대원의 임무를 수행하는 재무경찰의 경우는 더욱 그러하다.

따르면 서류 업무 및 각종 형식적 절차를 거치는 데 이탈리아 국민 1인당 1년에 평균 20일을 낭비하는 것으로 드러났다. 예를 들어 한때 여권 갱신을 매년 반복해야 했던 시절이 있었다. 지금도 여권을 유효하게 사용하려면 1년에 한 번씩 수입인지를 사 붙여야 한다.

관료주의의 강화는 종종 부정부패에 대한 대응책으로도 이용됐다. 관료주의로 뇌물이나 뒷거래를 막는다는 발상이다. 인도 역시 같은 이유를 내세워 전설적인 관료주의를 내내 정당화해왔다. 그러나 애초 취지야 어떻든 관료주의는 부정부패를 방지하기는커녕 오히려 조장하고 말았다. 사람들이 번거로운 행정 절차 때문에 힘들어하다 못해 담당 공무원에게 뇌물을 주는 방법으로 지름길을 찾으려 들기 때문이다. 그 점을 익히 아는 공무원들은 일부러 뇌물을 받아내려고 일 처리를 질질 끌기도 한다.

바실리카타 주에서 템파 로사 유전이 발견된 것은 1989년의 일이다. 그러나 정부가 석유 채굴을 허가한 것은 23년이 지나서였다. 채굴을 준비하던 컨소시엄은 그때까지 약 400건의 공식 허가를 받아야 했다. 이탈리아의 행정구역은 국가, 주, 현, 주민 공동체, 이렇게 네 개 층위로 이루어져 있어서, 대규모 사업을 시도하려면 하나 이상의 층위에서 허가를 받아야 하는 경우가 대부분이고 네 개 층위에서 전부 허가를 받아야 하는 경우도 허다하다. 게다가 허가를 내주는 당국은 층위마다 정치적 성향이 다를 수 있어서 한 층위에서 해당 사업을 반갑게 생각해도 다른 층위에서 적대적인 대접을 받을 수 있다. 때로는 기업이 중앙정부의 전폭적인 지지를 받아도 절차상 필요한 합의에 도달하지 못하는 상황이 벌어진다. 2012년 다국적 가스 개발 업체 BG그룹은 브린디시 항구 부근에 거대한 액화 천연가스 저장소를 지으려고 11년 동안 층층 구조의 관료주의와 씨름하다 결국 포기하고 말았다. 그러는 동안 업체가 쓴 비용은 2억 5,000만 유로(한화 약 3,000억 원)에 달했다.

이탈리아에서 권력 분산은 역사적 전통이 깊다. 오늘날 '주'에 해당하는 지역 가운데 여러 곳이 과거에 하나의 독립된 나라였다. 특히 중부와 북부 여러 도시에는 시민 스스로 온전히 제 일을 꾸려갈 권한을 누렸던 시절에 대한 집단 기억이 남아 있다. 이런 지역에서 선출된 대표자들은 대체로 상부의 간섭에 맹렬히 저항한다. "모든 마을은 하나의 공화국"(Ogni paese è una repubblica)이라는 격언도 있을 정도다. 그러나 이처럼 복잡한 이탈리아의 행정 및 통치 방식은 간소함에 대한 철저한 불신을 반영하는 것처럼 보일 때가 많다.

여행객이 로마에 와서 흔히 느끼는 점 하나는 너무 오랫동안 새로 칠하지 않고 방치된 횡단보도가 많아서 거기가 횡단보도가 맞는지 아닌지 알아차리기 어렵다는 점이다. 한동안 나는 재정 부족 때문일 거라고 생각했다. 그러다 어느 날 우리 부부가 바로 그렇게 칠이 다 벗겨진 횡단보도 앞 아파트로 이사했다. 밤에는 운전자가 횡단보도 표시를 보지 못해 사고가 자주 났다. 급기야 어느 날 밤 길을 건너던 일가족이 차에 치이는 사건이 터졌고, 비로소 조치가 취해졌다. 일꾼 한 팀이 와서 횡단보도를 눈부시도록 하얗게 칠해 놓은 것이다. 도대체 사람 건너는 길이 맞나 알쏭달쏭하던 곳이 갑자기 그 일대에서 가장 확실한 횡단보도로 변신했다. 그런데 그게 지나치게 하얘서 시 당국 누군가의 눈에 거슬렸던 모양이다. 몇 주 후 다시 일꾼들이 와서 그 위에 탁한 무언가를 덧칠해 하얀색을 부드럽게 한 톤 낮추어 놓았다.

횡단보도가 '이 지점에서는 보행자에게 차도를 건널 무조건적인 권리를 부여한다'고 반박의 여지 없이 선언하는 것은 객관적 진실을 인정하는 일에 위험할 정도로 근접하는 일이 되는 것이다. 객관적 진실이란 관념은 이탈리아에서 흔히 불안감을 초래한다.

어쩌면 그런 성향은 가톨릭 교리와 관련 있을지 모른다. 모든 기독교도는 진실이란 오로지 신만 아는 것이고 신이야말로 진리의 체현이라고 배운다.[2] 특히 가톨릭 신도의 경우 그 개념은 고해성사를 통해 각인된다. 많은 비가톨릭 교도—그리고 일부 가톨릭 교도—의 믿음과는 달리 신부는 고해성사하는 자의 죄를 용서하지 않는다. 신부는 신자가 얼마나 진정으로 회개하느냐에 따라 일종의 잠정적 용서를 한다. 그러나 정말로 죄를 용서받았느냐 여부는 참회가 얼마나 진심인가에 달렸고, 그것은 오로지 신만 알 뿐이다. 그렇다고 해서 가톨릭 교리가 주관적 진실을 옹호하는 것은 아니다. 오히려 교황 베네딕토 16세는 윤리의 절대성이나 확실성을 부인하는 "도덕 상대주의"를 가리켜 기독교를 심각하게 위협하는 철학적 일탈이라고 비판했다.

이유야 어떻든 확실한 진실이나 명백한 사실에 대한 신뢰 부족은 언론, 사법제도, 정치, 거시 경제에 이르기까지 이탈리아 사회 도처에서 발견된다. 분야를 막론하고 문제가 된 쟁점에 아무리 움직일 수 없는 증거들이 떠올라도 논란은 끈질기게 이어진다.

해수면 상승으로 인한 침수를 막기 위해 베네치아 석호 입구에 이동식 방벽을 건설하는 '모세 프로젝트'*를 예로 들어보자. 이 계획은 1970년대부터 고려되었다. 찬반 논쟁이 끝없이 이어지자 민간단체 '위험에 처한 베네치아 기금'(Venice in Peril Fund)은 균형 잡힌 과학적 의견을 확보하기로 하고, 2003년 전 세계 토목공학, 해양생태학, 석호수문학 분야 최고 전문가 130명을 초청해 영국 케임브리지에서 학회를 열었다. 결론은 명확했다. 방벽이 베네치아가 직면한 문제를 근본적으로 해결해줄 수는 없지만, 장기적 해결책을 찾아내기까지 단기적으로 매우 유용할 것이라는 결론이었다.

'위험에 처한 베네치아 기금'이 이로써 논쟁에 종지부를 찍었다고 여겼다면 그것은 큰 오산이었다. 모세 프로젝트 반대자들에게 케임브리지에 모였던 공학자, 과학자, 환경 전문가의 학술 논문은 없는 것이나 마찬가지였

[*] '모세'(MOSE)는 실험적 전기기계식 모듈(Modulo Sperimentale Elettromeccanico)의 앞글자를 딴 것이지만, 성경에 나오는 홍해를 가른 예언자 모세를 가리키는 중의적 의미도 지닌다.

다. 모세 프로젝트 착공 후 나는 베네치아에 방문했다가 공항에서 이탈리아 고위 관료 한 사람과 함께 수상택시를 탄 적이 있다. 어쩌다 방벽 이야기가 나와서 나는 착공되어 다행이라고 언급했다. 그랬더니 그의 얼굴에 그늘이 드리워졌다. 그런 식의 확실성 표명이 편치 않은 것이 분명했다.

"글쎄요." 그가 불편해하며 말했다. "베네치아의 내 친구들은 그렇게 확신하지 않습니다…."

그 관료는 케임브리지 학회의 결론을 잘 알고 있었다. 그러나 그는 세계 최고 전문가들의 견해와 자기 베네치아 친구들의 견해에 똑같은 비중을 부여했다.

확실한 결론에 도달하기란 불가능하다고 보는 회의주의는 이탈리아어에도 반영되어 있고 거꾸로 이탈리아어가 그런 사고방식을 부추기는 면도 있다. '베리타'(verità)는 진실이라는 뜻이지만 '버전'이라는 뜻도 있다. 어떤 논쟁이 일어나면 나의 베리타, 너의 베리타, 그리고 당연히 다른 수많은 사람의 다양한 베리타가 있을 수 있다. 이탈리아 신문을 보면 이런 헤드라인이 많다. "포르토피노 살인사건: 무수히 많은 진실과 가장 최근에 떠오른 진실."

하나 이상의 진실을 암묵적—때로는 명시적—으로 인정하다 보니 이탈리아 저널리즘은 독특한 특징을 띠게 된다. 먼저 확실히 말해두지만, 이탈리아에서 일해본 대다수 외국인 특파원들이 공감하듯 나도 여기서 일하면서 이탈리아 기자들의 뛰어난 감각, 열정, 끈기, 스토리의 핵심을 잡아내는 능력 등에 경의를 품게 되었다. 또한 이들은 내가 아는 다른 어느 나라 기자보다 매일 늦게까지 장시간 일한다. 하지만 그들이 따르는 관례는 기사의 명료성을 흐릴 때가 많다. 예컨대 앵글로색슨 국가들을 비롯해 사실상 여러 나라에서 종이 신문이나 온라인 신문 기사의 도입 부분에 간명한 사실관계의 요지를 담는 것이 바람직하다고 여긴다. 이를테면 이런 식이다. "작년에 발생한 아크메 이탈리아 공장 재난 사건 재판에서 담당 현장 관리자의 아내가 사건 전날 그와 결별을 선언했던 것으로 드러났다." 지역 일간지들이나 『일 솔레 24 오레』(*Il Sole 24 Ore*) 같은 경제신문은 실제로 기사를 그렇게 시작한다. 그리고 온라인 신문에서도 이런 방식이 확산되고 있다. 그러나 이탈리아의 대다수 전국 일간지들은 여전히 스토리를 "갑자기 시작"하고 요지는 뒷부분에서 천천히 밝히는 관례를 따른다. 다른 다수 국가에서는 이런 식의 기사 전개는 대개 특집 기사에 한정된다.

예컨대 이탈리아 일간지가 위와 같은 재판 기사를 싣는다면, 파리 한 마리가 판사의 머리 주변을 끈질기게 돌고 있다는 식으로 시작해 사건에 영 석연치 않은 점이 있음을 상징적으로 묘사하면서 이를 기사의 나머지 부분과 교묘하게 연결지을 것이다. 아니면, 확인된 사실보다는 기자의 추측에 근거한 사건의 재구성으로 서두를 시작할 수도 있다. "그 운명적인 수요일에 아크메 이탈리아 공장 바깥에 정차한 버스에서 내린 루이지 로시니는 생산라인에서 몇 달째 반복해 발생한 문제점이 아니라 여자를 생각하고 있었다. 아주 특별한 여자, 바로 그의 아내였다." 둘 중 어떤 방식을 취하든 무미건조한 앵글로색슨인들이 원하는 '요지'는 이탈리아 신문 기사에서는 뒤쪽에, 심하면 맨 끝에 등장한다. 그렇게 하면 독자는 이야깃거리 하나를 들은 것 같은 느낌을 받는다. 대개는 인상 깊고 재미있게 잘 쓴 이야기이지만 그렇더라도 이야기는 그냥 이야기일 뿐이다. 사실로 받아들이든, 허구로 치부하든, 세부사항을 논박하든, 그것은 독자 마음이다.

공인의 발언이 진실인지 판단하는 데 필요한 사실관계를 독자에게 제공하기를 꺼리는 이탈리아 언론의 태도에서도 비슷한 경향이 드러난다. 이탈리아 정치가들은 전 세계 어디나 그렇듯 자기이익만 추구하며 말도 안 되는 소리를 할 때가 많다. 다른 대다수 나라의 기자들은 정치가가 주장하는 사실을 통계나 기타 공식 기록과 대조해 확인하는 일을 의무로 여긴다. 얼마 전에 실제로 있었던 일이지만, 총리가 기자 회견에서 이탈리아의 학교 예산 지원 규모가 유럽에서 최고라고 말하면, 기자들은 이를 확인하고 유럽연합 통계라도 인용하면서 이탈리아의 학교 예산 지원액은 사실 유럽연합 평균치보다 약간 높을 뿐이라고 밝히는 문단을 기사에 추가하기 마련이다. 일부 이탈리아 기자들은 실제로 그렇게 한다. 그러나 표준적 관례는 아니다. 그러면 예의에 어긋나는 것으로 생각한다. 총리에게도 총리만의 '베리타'가 허락되어야 한다고 여긴다. 그렇다고 정적들이 총리의 주장을 논박하지 않거나 그들이 내세우는 '베리타'가 언론 매체에 실리지 않는다는 뜻은 아니다. 하지만 언론은 어느 쪽이 옳은지 독자가 결정하도록 내버려둔다.

그런 의미에서 이탈리아 저널리스트들은 인터넷이 몰고 온 언론 보도 방식의 변화를 수년 먼저 앞서간 셈이라고 주장할 수 있다. 이탈리아 저널리스트는 나머지 세계의 저널리스트만큼 정보 판별자 — 업계 용어로는 "게이트키퍼"(gatekeeper) — 의 역할을 적극적으로 수용하지 않았다. 하지만 이탈리아식 접근법의 문제점은 정치인이나 특히 이익집단이 노골적으로 아니면 은근하게 거짓을 퍼뜨리는데도 아무 반박도 받지 않고 넘어갈 수 있다는 점이다.

1990년대의 불법 이민자 "추방"은 그 점을 보여주는 좋은 사례다. 아프리카, 아시아, 남미 사람들이 남유럽에 유입되기 시작하던 시기에 이탈리아 정부는 일정 기간 내에 불법 이민자 수천 명을 잡아 추방했다는 통계를 제시하며 국민을 안심시키고자 했다. 이후 몇 년 사이 버스나 지하철에서 보이는 검은 얼굴, 갈색 얼굴이 하루가 다르게 늘어나자 사람들은 정부의 말이 완전한 진실이 아니라고 의심하기 시작했다. 결국 1990년대 말이 되어서야 "추방"의 정확한 의미가 언론을 통해 대중에게 알려졌다. 불법 이민자로 판명된 사람들은 일단 추방 명령을 받은 뒤 풀려났다. 그 얘기는 다시 잡힐 경우 교도소에 갈 수 있다는 의미였다. 그러나 검거를 피하는 경우 일정하게 한 번씩 내려지는 사면 조치를 기다리든지, 아니면 자신들의 지위가 좀 더 모호한 다른 유럽연합 국가로 옮겨갈 수 있었다.

그 밑에 깔린 진실은 이렇다. 다른 유럽 국가와 마찬가지로 이탈리아 정치인들도 자국에 이민자가 필요하다는 사실을 인식했다. 사석에서는 그들도 인정했다. 이탈리아의 극도로 낮은 출생률 때문에 경제 성장과 복지제도, 특히 연금제도의 유지를 위해서는 국외로부터 인구 유입이 있어야 했다. 그러나 이민 문제, 특히 불법 이민은 유권자들에게 예민한 이슈였다. 그런 상황에서 서류상의 "추방"은 편리한 탈출구였다. 로마노 프로디는 약간 과장을 보태 이렇게 말했다. "이탈리아 정치 토론을 보면 절대 거론되지 않는 진짜 이슈와 맹렬한 논쟁의 대상이 되는 가짜 이슈가 서로 구분이 안 된다."*

2011년 유로존 부채 위기로 이탈리아가 파국으로 치닫고 있던 시기, 빌 에머트 전 『이코노미스트』 편집자는 『라 스탐파』에 기고한 칼럼에서 이탈리아의 경제 논의에 근거 없는 소리가 얼마나 많이 회자되는지 놀라워했다. 특히나 사실 확인이 수월할 것으로 예상되는 경제 분야에서 말이다. 그런 근거 없는—그러나 국민을 안심시키는—사실을 퍼뜨리는 것은 정치인뿐 아니라 유명한 금융전문가, 기업가, 정부 고위 관료도 마찬가지였다. 이를테면 이탈리아가 유럽연합에서 두 번째로 수출 규모가 크다거나(사실 5위로 하락했다), 이탈리아가 여전히 유럽 최고의 저축국이라거나(사실 독일과 프랑스에 뒤진다), 남부의 마이너스 성장이 나머지 지역의 플러스 성장을 다 갉아먹었다는 악의에 찬 소리도 나왔다. 그러나 현실적으로 이전 10년간 이탈리아 남부의 전반적인 성장률은 중부나 북부에 앞섰다.

당시 아무도 반박하지 않던 더욱 위험한 허구는, 이미 국내총생산의 120퍼센트에 달하던 이탈리아의 엄청난 부채가 이탈리아 국내 문제이지 외부에서 상관할 일이 아니라는 믿음이었다. 정부가 발행하는 차용증서인

[*] 이른바 "추방" 조치를 둘러싼 혼란을 걷어내지 못한 것은 프로디 정권도 마찬가지였다.

국채의 대부분을 이탈리아 국민이 보유한다는 것이 그 이유였다. 그러나 이는 진실이 아니었다. 당시 국가채무의 약 절반이 외국인에게 진 빚이었다. 따라서 이탈리아의 재정 위기는 다른 유럽 지역이나 전 세계에 경제 위기를 초래할 가능성이 컸다. 하지만 이탈리아 국민은 그런 얘기를 거의 듣지 못했다.

이탈리아 법원에서 재판 과정을 지켜본 사람이라면 '반박하지 않는 공손함'라는 원칙이 사법부에도 똑같이 적용된다는 것을 잘 알 것이다. 미국인 유학생 어맨다 녹스와 그녀의 이탈리아인 남자친구 라파엘레 솔레치토가 녹스의 영국인 룸메이트 메레디스 커처를 살해한 혐의로 기소된 일은 이탈리아 사법 역사상 가장 선정적으로 다루어진 사건 가운데 하나다. 검사는 괴상한 섹스 게임이 폭력적인 비극이 되면서 피살자가 살해되었다고 주장했고, 두 피고인은 장기 징역형을 선고받았다. 그런데 1심 후 법의학 전문가들이 검찰이 제시한 법의학적 증거의 문제점을 꼬집었고, 결국 2심 법원에서는 항소한 두 젊은이뿐 아니라 이탈리아의 수사 및 기소 방식도 심판대에 올랐다.

이 재판은 언론의 주목을 너무나 집중적으로 받은 나머지, 변호인이 항소 이유를 설명할 때쯤이면 온 세계가 프레스코화로 장식된 페루자의 지하 법정에서 진행되는 항소심을 지켜보고 있었다고 해도 과장이 아니었다. 그런 점에서 판사가 1심에서 완전히 일축된 내용을 또다시 사실로 주장하는 변호인을 제지하지 않은 점은 더욱 놀라웠다. 변호사들도 각자 그들만의 '베리타'를 갖고 있었다. 따라서 그것을 공개적으로 표현하는 일이 허락되어야 공정했다. 도대체 직업 판사 옆에 앉은 시민 참심원(lay judge)들이 어떻게 진실을 판단할지는 아무도 알 수 없었다. 그러나 사건 종료 후 인터뷰에서 담당 수석 판사는 그런 작업은 어차피 판사에게도 불가능하다고 언급했다.

"이번 무죄 판결은 재판 과정에서 형성된 진실이 낳은 결과입니다." 그가 말했다. "진짜 진실은 미확인으로 남을 것이고 우리가 생각하는 것과는 또 다를 수 있습니다." 아마 루이스 캐럴도 이보다 더 잘 표현하지는 못했을 것이다.*

나는 종종 "진짜 진실은 미확인으로 남을 것이고 우리가 생각하는 것과는 또 다를 수 있다"는 그 발언을 대리석에 새겨 로마 시내 중심가에 기념물로 세워 놓을 만하다는 생각을 하곤 한다. 행위자마다 제각기 자신만의 특정한 '베리타'를 진술함에 따라, 이탈리아 근대사의 중요한 전환점들은 매번 불일치와 모순의 짙은 안개에 휩싸였다. 우선 파시스트 독재자 베니토 무솔리니의 최후를 살펴보자.

1945년 4월 27일 아침, 코모 호반의 마을 동고(Dongo)에서 파르티잔 지도원 우르바노 라차로는 독일군을 싣고 이탈리아를 빠져나가는 트럭들을 조사하다가 그중 한 트럭에 숨어 있던 무솔리니를 발견했다. 그는 안경을 쓰고, 군인용 외투를 입고, 얼굴이 가리도록 헬멧을 푹 눌러쓴 차림이었다. 이틀 후 동틀 무렵 일찍 집을 나선 밀라노 시민들은 로레토 광장에서 끔찍한 광경을 목격했다. 무솔리니와 그의 첩 클라라 페타치를 비롯한 고위 파시스트 3인의 시체가 정유소 지붕에 부착한 갈고리에 거꾸로 매달려 있었다. 하지만 그전 48시간 동안 정확히 무슨 일이 일어났는지는 아마도 영원히 알려지지 않을 것이다.

공식 버전에 따르면 무솔리니 처형은 파르티잔 지도자들이 회의로 결정해 콜로넬로 발레리오라는 가명으로 알려진 공산주의자 지휘관 발테르 아우디시오에게 맡겨졌다. 그러나 라차로는 1962년에 펴낸 책에서 자기가 콜로넬로 발레리오라는 사람을 봤는데 발테르 아우디시오가 아니라 공산당 최고위 간부로서 2년 후 이탈리아 공산당 서기장에 오르는 루이지 롱고

[*] 2013년 3월 검찰의 상고로 이탈리아 대법원은 무죄를 선고한 2심을 깨고 사건을 피렌체 고등법원으로 돌려보냈다. 2014년 1월 녹스와 솔레치토는 다시 유죄 판결을 받았다. 솔레치토는 25년형을, 녹스는 1심의 26년형보다 늘어난 28년 6개월형을 선고받았다. 그러나 2015년 최종심에서 대법원은 고등법원의 유죄 판결을 기각하고 무죄를 선고했다.

였다고 밝혔다. 다시 말해서 최고위직에 오를 인물에게 오명이 남지 않도록 룽고가 무솔리니 처형에 연루된 사실을 덮어버렸다는 얘기다. 한편 아우디시오는 원래 라차로가 처형 현장에 있었다고 진술했다가 30년이 지나 펴낸 회고록에서는 다른 사람을 거명했다.

무솔리니와 페타치는 체포된 다음 날 오후 코모 호수를 굽어보는 한 빌라 입구에서 죽었다는 것이 공식 기록이다. 그러나 1995년 라차로는 그들이 그전에 피살됐다고 말해 논란을 가중시켰다. 원래는 두 사람을 밀라노로 이송해 공개 처형할 예정이었으나 페타치가 이송 임무를 수행 중이던 파르티잔의 총을 빼앗으려고 시도하다 처형되었다는 것이다.

그와 함께 또 다른 버전이 등장했다. 과거에 공산주의 파르티잔이었고 지금은 은퇴한 피아트 회사 임원 브루노 로나티가 입을 열었다. 로나티는 영국 비밀첩보원의 지시에 따라 자기가 직접 무솔리니를 처형했으며 처형은 다른 버전보다 훨씬 이른 오전 11시에 이루어졌다고 진술했다. 2005년 라이(Rai) 국영 텔레비전 방송국은 로나티의 버전을 뒷받침하는 새로운 증거가 담긴 다큐멘터리 영화를 방영했다. 이에 따르면 그 영국 첩보원의 임무는 무솔리니를 죽이고, 공개되면 곤란한 윈스턴 처칠이 보낸 편지를 되찾아오는 것이었다고 한다. 전쟁 중에 처칠이 무솔리니와 비밀리에 별개의 평화 협상 가능성을 타진했다는 주장인데, 만일 그랬다면 모든 추축국이 무조건 항복할 때까지 평화는 없다고 했던 프랭클린 루스벨트 대통령과의 약속을 확실하게 위반한 것이 된다.

군중이 로레토 광장에서 이탈리아의 독재자와 그의 첩의 시체에 돌을 던지는 동안 슬슬 냉전이 시작되고 있었다. 며칠 전에는 러시아군이 베를린에 입성해 5월 2일 제국의회 건물에 붉은 깃발을 꽂았다. 이후 시작된 유럽의 분열은 이탈리아에 온갖 미스터리가 번성할 비옥한 토양을 제공했다. 그와 같은 현상은 특히 68 학생운동 이후 몇 년간 특히 심했다. 혁명의 기운이 전 유럽을 휩쓸던 이때 미국 및 각국 정부는 혹시 이탈리아가 마르크스주의자들의 손에 함락되는 건 아닌지 두려워했다.

1969년 12월 12일 밀라노 대성당에서 불과 100여 미터 떨어진 폰타나 광장에서 폭탄이 터져 16명이 희생됐다. 지금까지도 정확히 누가 왜 그 폭탄을 설치했는지 아무도 모른다. 경찰은 애초에 무정부주의자들을 의심했지만 증거가 부족했고, 곧 네오파시스트 몇 사람을 용의자로 지목했다. 이탈리아 비밀정보부 내에 있는 골수 극우 요원이 용의자 가운데 한 명과 긴밀한 관계를 맺고 있었다. 용의자들은 기소됐으나 결국 무죄로 풀려났다. 지금도 매년 범행일에 희생자의 친지들이 기념 집회를 갖고 사건 해결과 정의를 요구하고 있지만 별다른 성과는 없다.

폰타나 광장 폭탄 테러는 이후 15년간 연이어 발생한 미해결 테러 사건의 시발점이었다. 기차 안에서, 그리고 파시즘 반대 집회에서 폭탄이 터졌다. 가장 치명적인 사건은 1980년 볼로냐 기차역 폭탄 테러였다. 네오파시스트들과 독자적으로 행동하는 악의적인 국가정보요원들의 합작품으로 의심되는 이 공격으로 150명 이상이 목숨을 잃었다. 그렇게 지속적인 공포 분위기를 조성해 국민이 보수주의나 심지어 전체주의를 지지하도록 유인하는 것이 테러의 목적이었다고 추측하고 있다.

경찰과 사법부의 무력함을 드러낸 것은 비단 폭탄 테러만이 아니었다. 1974년 한 젊은 치안판사가 '로사 데이 벤티'(Rosa dei Venti, 바람개비)라는 조직이 존재한다는 증거를 발견했다. 이 조직은 테러 모의 혐의를 받았으며 나토(NATO)가 세운 한 조직과 관련을 맺고 있다는 의심을 받았다. 이탈리아 비밀정보부 수장에 대한 구속영장 발부와 함께 수사권이 로마로 이전되면서 수사는 빠른 속도로 탄력을 잃었다.* 로사 데이 벤티는 이후 완전히 잊혔다. 그 조직의 정체가 정확히 무엇이었고 무슨 일을 했는지는 아마도 영원히 밝혀지지 않을 것이다. 그뿐 아니라 1980년에 우스티카 섬 부

[*] 1980년대에 로마 검찰청은 "안개 긴 항구"라는 별명을 얻었다. 수많은 예민한 사건들이 검찰 수사 과정에서 안개 속으로 사라져 다시 나타나지 않는다고 해서 붙여진 별명으로, 벨기에의 추리소설 작가 조르주 심농의 1932년 작 『안개의 항구』(Le port des brumes)에서 따온 표현이다.

근에서 일어난 여객기 추락 사건과 이듬해 일어난 교황 요한 바오로 2세 암살 미수 사건 역시 미궁의 수수께끼다.

그러나 미궁의 사건에 탐닉하는 덕후들에게 피에르 파올로 파솔리니의 마지막 미완성 소설 『페트롤리오』(Petrolio)를 둘러싼 이야기만큼 감질나고 어리둥절한 것도 없다. 시인·소설가·영화감독이었던 파솔리니가 1975년에 살해된 후—그의 사인 자체가 하나의 미스터리다—그가 남긴 500페이지가 넘는 원고가 발견됐다. 원고는 번호를 매긴 여러 개의 꼭지로 나뉘어 있었고, 저자는 매 꼭지를 '아푼토'(appunto, 메모)라 불렀다. 『페트롤리오』의 주인공은 국영 석유가스업체 에니(Eni)에 근무하는 남성(소설 중반부터는 여성으로 변신한다)이다. 이 책은 파솔리니 사후 17년이 지나서야 발간됐는데, 그때는 이미 21번 메모가 사라진 상태였다. 파솔리니의 가족들은 그 부분의 도난 가능성을 꾸준히 부인했다. 그러나 "아푼토 21번"에 에니 경영진에 관한 당혹스러운 사실이 담겨 있기 때문에 누가 일부러 없앴을 것이라는 추측이 오랫동안 무성했다. 한 가지 가설은 극적인 행동을 자주 했던 에니 사장 엔리코 마테이가 1962년 비행기 추락으로 목숨을 잃은 사건에 대한 열쇠가 그 없어진 부분에 담겨 있을 거라는 설이다. 또 한 가지 가설은 후임 에우제니오 체피스 에니 사장에 대한 비밀을 밝히는 몇 안 되는 소책자 가운데 한 부를 파솔리니가 소유하고 있었다는 사실이 "아푼토 21번"의 행방불명과 모종의 관련이 있으리라는 것이다. 그 소책자는 1972년 출간된 지 얼마 안 되어 시중에서 자취를 감췄다.

파솔리니가 세상을 떠난 지 35년, 즉 그의 이상한 미완성 소설이 출간된 지 18년이 지난 시점에 또 다른 논란 많고 불가사의한 인물 마르첼로 델 루트리가 로마 연례 고서 전시회 개막식에 앞서 기자회견에서 충격적인 발언을 했다. 애서가이자 광고맨이고 베를루스코니의 측근 정치인인 그의 말에 따르면 누가 자기에게 『페트롤리오』 원고의 일부를 주겠다고 했다는 것이다. 그 발언으로 인해 그가 보았다는 타자로 친 그 원고에 사라졌던 "아푼토 21번"이 포함되어 있을 것이라는 추측과 기대가 무성했다. 델루트리는 고서전이 열리는 동안 받은 원고를 전시하겠다고 말했지만 실행에 옮기지 않았다. "원고를 주겠다고 약속한 사람이 사라졌다"는 것이 이유였다.

그 사라졌다는 사람은—그게 누구였든 간에—시칠리아 출신의 극작가 루이지 피란델로의 희곡에 등장했으면 딱 알맞았을 듯하다. 1997년, 마피아 코사 노스트라와 결탁한 혐의로 법정에 서기도 했던 시칠리아 동향 사람 마르첼로 델루트리도 그렇기는 마찬가지다.*

현실과 허구, 광기와 제정신, 과거와 현재의 경계를 끊임없이 무너뜨린다는 점에서 피란델로는 이탈리아 작가의 전형—어쩌면 궁극의 전형—이라고 할 수 있다. 피란델로의 연극을 보는 관객은 당황스럽다. 겉으로 보이는 확실성은 무너지고, 당연해 보이는 사실이 허구로 드러난다. 다시 말해 그의 작품은 이탈리아에서 살아가는 경험과 무척 닮았다.

『작가를 찾는 여섯 명의 등장인물』(*Sei personaggi in cerca d'autore*)은 피란델로의 희곡 가운데 아마 가장 유명할 것이다. 하지만 『여러분이 그렇다면 그런 거죠』(*Così è se vi pare*)는 앞서 다룬 내용와 한층 더 관련 깊다. 객관적 진실이라는 관념을 맹렬히 공격하는 작품이기 때문이다. 한 지방 소도시의 중산층 남녀 주민이 새로 이사 온 폰차 가족, 특히 폰차 부인의 정체를 알아내려 한다는 것이 핵심 줄거리다.

이에 두 가지 설명이 제시된다. 폰차 씨의 장모 프롤라 부인은 폰차 부인이 자기 딸이며 의처증이 있는 사위가 딸을 잔인하게 집에 가두었다고 주장한다. 한편 폰차 씨는 장모가 미쳤다고 말한다. 전처의 모친인 장모가 자꾸만 자기 후처를 딸로 착각한다는 것이다. 이에 프롤라 부인은 미친 건 자기가 아니라 사위라고 말한다. 그러자 사위는 장모의 말을 인정하는 것처럼 행동하다가 장모의 환상을 깨지 않으려고 그랬을 뿐이라며 다시 부인

4 하나 이상의 진실

[*] 공판은 17년이나 계속되었다. 델루트리는 7년형을 받고 대법원에 상고한 뒤 2014년 확정판결이 내려지기 전에 레바논에서 체포됐다. 이에 따라 상고는 기각되고 이탈리아 정부는 델루트리의 본국 송환을 요청했다.

한다. 결국 폰차 부인이 등장하여 자신은 프롤라 부인의 딸인 것도 맞고 폰차 씨의 후처인 것도 맞다고 선언한다.

그런 다음 이렇게 말한다. "여러분이 저보고 그렇다면 그런 겁니다."

5
판타지아

미켈레 미세리*: 내가 했어요. 내가 했어요. 내 손으로 사라를 죽였습니다.
신에게 물었습니다. 왜 그 순간에 내가 벼락을 맞지 않았느냐고요.
왜 내가 그 아이를 살해하게 내버려두었냐고요.
기자: 미세리 씨, 어떻게 당신의 말을 믿을 수 있습니까?
미켈레 미세리: 나는 언제나 진실을 말했습니다.
심문을 받을 때 처음부터 내가 했다고 고백했습니다.
기자: 당신은 8개월 동안 일곱 번이나 말을 바꾸었습니다.
— 2011년 6월 1일 자 『라 레푸블리카』 기사 중에서.

이탈리아가 낳은 운명의 사내 베니토 무솔리니가 무장한 30만 파시스트를 이끌고 로마로 진군해 국왕에게 최후통첩을 하는 모습은 분명히 강렬한 이미지였을 것이다. 무솔리니 집권기에 아이들은 학교에서 30만 "파시스트 순교자"가 반란 중에 희생되었으며 기원전 49년 율리우스 카이사르가 그랬듯이 무솔리니와 '검은 셔츠단'도 루비콘 강을 건너 로마로 진군했다고 배웠다.

그러나 전부 헛소리였다. 로마 진군에 참가한 인원은 3만 명 정도였다. 무장하지 않은 사람도 많았다. 그리고 절대 다수는 무솔리니가 합헌적으로 총리에 임명된 뒤 기차를 이용해 로마에 도착했다.

무솔리니는 대담한 환상을 창조해내는 실력을 빼면 시체였다. 1938년 히틀러가 이탈리아를 방문했을 때, 무솔리니는 공항에서 오는 총통의 눈에 보이는 로마의 풍경이 적어도 자기가 몇 년 전 베를린에서 보았던 것 이상으로 인상적이어야 한다고 생각했다. 그래서 도로변 주택들을 잔뜩 단장

[*] 2010년 8월 29일에 행방불명됐던 피살자
사라 스카치의 삼촌.

하거나 철거했다. 그 정도로 끝났다면 그리 별나다고 할 수 없을지도 모른다. 그런데 무솔리니는 거기서 멈추지 않고 훨씬 더 나갔다. 그는 길가에 가짜 나무를 심고, 판지로 된 가짜 초호화 빌라를 일정 간격으로 세우라고 명령했다. 히틀러에게 — 적당히 멀리서 — 보여준 대포 중 일부도 나무로 만든 가짜였다.

전체주의 체제가 신화와 허구를 활용하는 것은 그리 드문 일이 아니다. 놀라운 것은 무솔리니 몰락 후 들어선 민주주의 정부도 비슷한 일을 했다는 점이다. 예컨대 이탈리아 공화국은 독일군의 점령과 나치와 동맹한 이탈리아 파시스트에 저항하는 과정에서 탄생했다는 것이 1990년대까지 통했던 공식 버전이다. 해마다 해방일인 4월 26일을 비롯해 매번 적당한 기회가 있을 때마다 전후 이탈리아에서 권력을 장악한 기독교민주당과 그들의 연합 세력은 파르티잔의 저항운동과 영웅적 활약에 경의를 표했다.

"영웅적"이란 사실상 전혀 과장된 형용사가 아니다. 역사가들은 저항군에 참가한 수십만 이탈리아인 가운데 3만 5,000명이 목숨을 잃은 것으로 추정한다. 이탈리아 전장에 참가했던 다른 다수 연합군 부대와 비교했을 때 사망률이 충격적으로 높았다. 파르티잔의 사망률은 제2차 세계대전 중 이탈리아인이 나라를 위해 목숨 바치기를 꺼렸다는 인식을 정정하기에 편리한 방편이었다.

하지만 파르티잔의 약 70퍼센트는 공산주의자였다. 그리고 공산주의자들이 절대로 집권하지 못하게 막는 것이 기독교민주당과 이후 40년간 온갖 형태로 기독교민주당과 동맹을 맺어온 네 개 정당의 주요 목표였다. 파르티잔 중 일부가 기독민주파였던 것은 맞지만, 기독민주파 파르티잔 대다수는 무솔리니가 몰락한 후에야 저항군에 합류했다.

제2차 세계대전 후 시작된 냉전은 '환상'과 '창의성' 중간 어디쯤의 의미를 지니는 이른바 '판타지아'를 실천에 옮길 풍성한 기회를 제공했다. 아마 가장 독특한 예는 '육군 제3군단'(Terzo Corpo Designato d'Armata)일 것이다. 이 30만 규모의 부대는 1950년대에 소련의 침공에 대비하기 위해 베네치아의 평평한 배후지에 배치된 것으로 알려졌으나 실제로는 존재한 바 없다.

수십만 병사를 모집하고 훈련하고 무장시키는 수고를 하는 대신 이탈리아 육군이 대안으로 생각해낸 초대형 허풍이었다. 이 가짜 군단의 지휘관으로 진짜 육군 중장이 임명되었고 파두아에 본부도 설치했다. 거기서 일하는 소수의 참모들은 상당한 분량의 서류를 꾸미고 이를 일부러 적절한 정보원들에게 흘려 소련권 국가에 혹시 이탈리아 북동부를 통해 서유럽을 침공하려 할 경우 맹렬한 저항에 부딪힐 것이라고 경고하는 메시지를 보냈다. 육군 제3군단에 소속된 가상의 병사들은 가짜로 모집되고, 승급하고, 제대했다. 연료와 탄약도 지급됐다. 서류상으로만 그랬다.

육군 제3군단은 냉전이 끝나고 나서야 비로소 그 존재—아니, 비존재라고 하는 편이 맞겠다—가 밝혀졌다. 2009년에 한 일간지가 제3군단이 육군에 초래한 문제를 보도하면서였다. 부대는 1972년에 해산되었으나 부대가 생성한 수많은 문서는 폐기할 수 없었다. 이탈리아에서는 서류를 폐기하려면 우선 기밀문서 목록에서 해제되어야 한다. 그리고 기밀 해제는 해당 문서를 작성한 부서나 부대만 할 수 있다. 그런데 부대가 존재하지 않으니 문서를 폐기할 수 없었다.

역사적으로 판타지아는 이탈리아인에게 가장 소중한 자원이었다. 판타지아를 활용해 이탈리아인은 자신을 점령하고 침략하고 간섭하는 외세에 한 수 앞설 수 있었다. 판타지아는 독보적인 문화유산을 창조하는 데 이바지했고, 그 때문에 이탈리아에서 전투를 치르던 외국 군대도 이탈리아 도시를 폭격하기를 주저했다.* 엔지니어링에서 패션에 이르기까지, 판타지아는 창의성의 원천이다. 심지어 일상의 가장 사소한 부분에서도 이를 확

[*] 제2차 세계대전 중 북으로 퇴각하던 독일군은 로마와 피렌체를 보호하려고 군사행동을 차례로 단념했다. 오르비에토는 영국군과 독일군 지휘관이 약속을 맺어 피해를 면했다.

인할 수 있다. 예를 들면 다른 나라의 정당 이름은 신우파당, 사회노동당 따위로 뻔하고 재미없다. 하지만 이탈리아에서는 당명에서도 판타지아가 드러난다. 베를루스코니는 1994년 의회에 진출할 때 축구 응원 구호인 '포르차 이탈리아!'(가자, 이탈리아!)를 당명으로 채택했다. 그러더니 이번에는 라이벌인 로마노 프로디가 '올리브 연합'을 형성했다. 그 연합에 참여한 한 정당의 이름은 '마르게리타'(데이지)였다. 이후 '오성운동'(Movimento 5 Stelle)도 등장했다. 마찬가지로 다른 나라 텔레비전 시사방송은 멋대가리 없이 '포커스', '파노라마', '월드투데이' 같은 명칭을 쓰는데, 이탈리아는 좀 달라서 '포르타 아 포르타'(가가호호), '발라로'(팔레르모의 장터 이름), '야만인 침공' 같은 제목이 붙는다.

그러나 판타지아는 양날의 검이다. 좋게 쓸 수도 있지만, 좋지 않게 쓰일 수도 있다. 이탈리아에서 삶을 힘들게 하는 온갖 속임수의 저변에도 이 판타지아가 깔려 있다. 이탈리아어로 쓰인 책 가운데 가장 사랑받는 작품의 핵심 주제가 바로 그것이라는 점은 우연이 아니다. 1883년 작 『피노키오의 모험』(*Le arrenture di Pinocchio*)는 거짓말의 위험성을 경고하는 동화다. 거짓말을 할 때마다 코가 길어지는 인형 피노키오는 어디에서나 통하는 캐릭터로 금세 유명해졌지만, 모국 이탈리아에서만큼 큰 반향을 일으킨 곳은 없다. 돈 키호테의 터무니없는 이상주의와 예민한 자긍심이 즉각 스페인 사람들의 심금을 울렸던 것처럼, 이탈리아 국민의 여러 미덕과 악덕을 희화된 모습으로 보여주는 피노키오 역시 이탈리아인에게 특별한 울림을 주었다. 주인공은 총명하고(금방 걸을 줄 알게 된다), 주의가 산만하고, 기본적으로 착하다. 과장됐다고 할 정도로 교활함(푸르보, furbo)과 우직함(페소, fesso)을 동시에 갖춘 존재이기도 하다. 거짓말쟁이면서 순진하다. 곤경에 처할 때마다 편리하게 거짓말을 하지만 자기 생각만큼 그리 똑똑지 않다. 노력 없이 부자가 될 수 있다고 믿고 싶은 나머지 속임수 전문가인 여우와 고양이에게 쉽게 속아 넘어간다.

『피노키오의 모험』의 저자 카를로 콜로디*는 자기가 창조한 캐릭터가 출간 후 100년이 넘도록 여전히 인기를 누린다는 사실을 알면 분명히 기뻐할 것이다. 하지만 동화가 경고했던 내용이 조국 이탈리아에 아직 생생히 남아 있다는 점을 알면 실망할지도 모른다. 예를 들면 중고등학교나 대학에서 시험 부정행위가 일어나도 다른 나라에서처럼 심하게 비난받지 않는다. 이에 대한 용어도 남을 속이는 행위를 의미하는 '바라레'(barare, 속이다), '트루파레'(truffare, 사기), '임브롤리아레'(imbrogliare, 속이다)를 사용하는 대신 완곡하게 '코피아레'(copiare), 즉 '베낀다'고 표현한다.

루카 코르데로 디 몬테체몰로는 존경받는 기업가다. 그는 피아트와 페라리 회사의 회장이었다. 한동안 경영자총협회 회장도 지냈다. 그런데 루이스 대학 학생들과 만난 자리에서, "나는 학창 시절 '베끼기'의 세계 챔피언급 명수였다"[1]고 자랑했다. 실비오 베를루스코니의 첫 돈벌이는 돈 받고 대학 리포트를 대리 작성하는 일이었다.

학생들의 부정행위를 감싸거나 심지어 칭찬하는 기사도 그리 어렵지 않게 찾아볼 수 있다. 예를 들어 『일 조르날레』(Il Giornale)의 한 칼럼은 이렇게 적고 있다. "부정행위를 하는 것은 속이려 드는 것이므로 당연히 비난받아야 한다. 그러나 솔직히 말해서 악의적으로 심각한 기만행위를 저지른 것으로 보지는 않는다. 부정행위는 항상 존재했고 앞으로도 계속될 것이다. 이것은 매우 인간적인 약점을 보여준다. 심리적으로 불안하거나 어쩌다 보니 준비를 못 했을 때 조금만 도움을 받으면 어려움을 극복하고 시험도 통과할 수 있을 것이다."

이탈리아에서는 학생들이 부정행위로 공정치 못한 이익을 얻는 일은 그들의 영리함을 증명하는 것이므로 감탄할 만한 일로 여겨진다. 세계 어디서나 수험생이 조그만 커닝 종이를 몸에 숨기고 수험장에 들어가는 일을

[*] 콜로디는 필명이다.
본명은 카를로 로렌치니이다.

흔히 볼 수 있다. 그런데 이탈리아에는 '카르투치에라'(cartucciera, 탄띠)라고 부르는 아예 커닝 종이 보관용으로 만들어진 부대 용품이 있다. 면직물로 만든 탄띠같이 생긴 (그래서 그런 이름이 붙었다) 물건으로 겉옷 밑으로 허리에 매고, 주머니마다 각각 다른 커닝 종이를 보관해 어떤 시험 문제가 나와도 대비할 수 있게 고안되었다.

인터넷이 등장하면서 부정행위는 한층 더 교묘해졌다. 커닝 종이를 숨길 수 있는 펜, 시계, 트레이닝복 등을 파는 웹사이트가 생기는가 하면, 전자제품이 발달하면서 특히 스마트폰을 이용하는 비양심적인 수험생도 등장했다. 교육 당국이 스마트폰을 재빨리 금지했으나 규칙을 피할 방법은 얼마든지 있었다. 두 대를 가져가서 하나만 내놓는 식이다.

디지털 기술이 공정한 시험 절차에 초래한 가장 큰 문제점은 해킹이다. 옛날에는 시험지를 각 학교로 우송해서 시험 당일까지 담당 교사가 이를 보관했다. 도난당할 가능성은 있었지만 그런 일은 드물었다. 설사 도난이 발생해도 훔친 학생 혼자나 친구 몇 명만 볼 뿐이었다. 그러나 시험 문제가 전자 데이터로 전송되기 시작하면서 10대 해커들이 이를 전국적으로 노출할 수 있게 됐다.

이탈리아 학생들의 인생에서 가장 중요한 시험은 '마투리타'(maturità), 즉 대학 입학 자격시험이다. 한동안은 매년 3일간 치를 필기시험 직전에 시험 문제가 인터넷에 공개됐다. 그러자 2012년부터 교육부는 CIA 작전을 방불케 하는 방안을 도입했다. 출제자들은 로마에 있는 교육부 건물 지하 벙커에서 폐쇄 회로 TV의 감시와 카라비니에리의 경호를 받으며 시험 문제를 냈다. 오로지 여덟 명만 그 장소에 드나들 수 있었다. 그렇게 준비된 시험 문제는 알파벳과 숫자를 조합한 25자리 패스워드로 열 수 있는 디지털 봉투에 담겨 전국의 고등학교로 보내졌다. 패스워드는 두 부분으로 나뉘어 앞부분은 시험 수일 전에 각 학교로 전송되고, 뒷부분은 매 시험이 시작되는 시각 30분 전에 전송됐다. 인터넷이 작동하지 않는 학교는 국영 방송 라이(Rai)에서 오전 8시 30분부터 화면 밑에 자막으로 나오는 패스워드를 볼 수 있었다. 전기마저도 끊긴 학교에서는 교장이 종이에 적힌 패스워드를 요청할 수 있었다. 이 종이는 내무부의 각 지역 대표자 사무실 금고에 보관되었다가, 요청이 있으면 카라비니에리가 경찰차로 해당 학교에 신속히 배달했다.

부정행위를 주제로 한 책 『얘들아, 다들 베낀단다』(Ragazzi, si copia)에 따르면—저자가 이 주제 하나로 책 한 권을 쓸 만큼 충분한 자료를 찾을 수 있었다는 사실 자체가 의미심장하다—10~13세 아동 가운데 한 번도 부정행위를 한 적이 없다고 설문에 답한 비율은 26퍼센트에 불과했다. 이 책에도 부정행위를 정당화하는 특유의 언급이 담겨 있다. "부정행위는 재가공 행위다. 부정행위도 지식이 있어야 할 수 있다." 학생이 아니라 밀라노 소재의 어느 학교 교장이 한 말이다. 몇 년 전 토리노에서 있었던 교장 자격 시험에서 수험자 460명 가운데 아홉 명이 사전 속에 커닝 종이를 숨겼다가 발각되어 실격한 사건도 그러고 보면 별로 놀랍지 않다.

이탈리아의 일부 지역에서는 비교적 수수한 대가만 제시해도 당신을 위해 법정에서 거짓으로 증언해줄 사람을 구할 수 있다. 예컨대 당신이 반대 방향 차선에 들어섰다가 사고를 냈다고 치자. 그러면 그 사람은 맹세코 당신이 반대 차선을 침범하지 않았다고 위증한다. 2010년 나폴리에서 정말로 당사자들이 짜고 서로 위증해준 사례가 발각됐다. 민사 제1심 소송에서 발생한 일이었는데 25~100유로를 받고 고용되어 허위 진술한 증인이 100명이 넘었다. 로마에서는, 1,000유로 및 기타 비용 일체를 지급하고 전문 위증꾼을 로마로 불러오려던 사설탐정 두 명의 통화를 경찰이 감청한 사건이 있었다.

꼭 돈을 목적으로 위증을 하는 것도 아니다. 이탈리아에서 재판은—

특히 세간의 주목을 받는 재판은—모순되는 증거들로 진창이 되기 일쑤다. 비명을 들었을 때 부엌에 있었다고 진술했던 아내가 나중에 자기는 집에 없었다고 말을 바꾸고, 친구가 슈퍼마켓에서 그녀를 보았다고 증언한다. 한편 그날 다른 도시에 있었다고 증언한 로사리오 삼촌은 사실 동네에 있었던 것으로 드러나고, 자갈길을 걷는 선명한 발소리를 들었다던 그의 아내는 범행 현장에서 도주한 사람이 처음에는 두 명이라고 했다가 이제는 한 명이라고 말한다.

"우리를 바보로 알아요." 그런 사건 하나를 담당했던 판사가 말했다. "판사 면전에서 얼마나 뻔뻔하게 거짓말을 하는지 놀랍기만 합니다. … 신빙성이 하나도 없는 소리를 하면서도 말이죠." 그는 이제까지 자기 앞에서 정직한 증언을 한 증인은 약 20~30퍼센트일 것으로 추측했다. "사람들이 거짓말을 즐거워하고 재미있어하죠." 그가 말했다. "거짓말을 해도 사회적으로 경멸받지 않습니다."

이탈리아에서 감청이 만연한 이유도 아마 진실을 알아내기 어려워서일 것이다. 2003년에 발표된 막스 플랑크 연구소의 연구 결과에 따르면 이탈리아에서 연간 발부된 감청 허가 영장은 국민 10만 명당 76건으로 다른 어느 나라보다 높은 수치였다. 독일은 10만 명당 15건, 프랑스는 5건, 영국은 6건, 미국은 단 0.5건이었다.[*] [2]

영국 이동통신사 보다폰(Vodafone)은 2000년에 이탈리아 기업 옴니텔을 인수해 이탈리아 시장에 성공적으로 진출한 몇 안 되는 외국 회사에 속한다. 이후 보다폰의 이탈리아 시장 점유율은 3분의 1에 이르렀다. 이들이 성공한 원인은 여러 가지다. 마오리 혈통이 섞인 독특한 외모의 호주 출신 모델 겸 배우 메건 게일이 등장하는 초창기 광고가 우선 큰 몫을 했고 이탈리아 정서에 맞는 인상적인 구호도 주목을 끌었다. 그러나 성공의 또 다른 이유는 특유의 서비스 때문일 것이다. '대체 자아'(Alter Ego)라는 이

[*] 하지만 영국과 미국의 수치는 더 이상 정확하다고 말하기 어렵다. 전직 NSA 요원 에드워드 스노든은 영국과 미국 국민은 다른 수단으로 감시당하고 있다고 밝혔다.

름으로 알려진 이 서비스는 SIM 카드 한 개로 두 개의 전화번호를 사용할 수 있다. 회사는 설명한다. "고객은 메뉴 선택으로 손쉽게 한 번호에서 다른 번호로 전환할 수 있으며, 수신은 둘 중 한 번호로만 받든 두 번호로 다 받든 고객이 정할 수 있다." 바람피우는 남편이나 아내에게 안성맞춤이었고, 임시로 수신을 불가능하게 만들고 싶은 사람에게 매우 유용했다. 보다폰에 따르면 '대체 자아' 서비스는 이탈리아에서만 가능했다. 이 아이디어는 "현지 시장에서 구상된 것"이라고 대변인은 말했다.

환상에 열광하는 경향은 이탈리아의 가면 문화에도 꽤 영향을 주었으리라 추측해볼 수 있다. 고대 로마의 귀족 가문들은 조상들의 데스마스크를 보관했다. 16세기 베네치아에서 등장한 즉흥극 '콤메디아 델라르테'(Commedia dell'Arte)에서도 가면은 필수 요소였고, 같은 시기에 베네치아에서는 가면무도회가 발달했다.

가면무도회에서 쓰는 가면은 진정한 얼굴은 가리고 가짜 얼굴로 정체성을 숨기는 도구다. 카를 융은 타인에게 보여주는 외적 인격을 가리키는 용어로 라틴어로 가면을 뜻하는 '페르소나'(persona)를 골랐다. 그러나 가면은 여러 가지 용도로 사용될 수 있다. 콤메디아 델라르테에서 연기자가 쓰는 가면은 현실 도피용이 아니라 등장인물의 성격을 희화하여 보여줌으로써 오히려 현실감을 고조시키는 장치로 쓰인다. 고대 로마에서 가면은 현실을 거울처럼 비추는 역할을 했는데, 예컨대 귀족이 죽으면 망자 애도가 직업인 사람들이 그 집안 조상들의 데스마스크를 나눠 쓰고 장례식에 참석했다.

환상과 허구는 물론 기만하기 위한 것이다. 하지만 의사소통에 쓰일 수도 있다. 셰익스피어의 『오텔로』(Otello)에 나오는 사건은 실제로 있었던 사건이 아니다. 미켈란젤로의 다비드상이나 보티첼리의 비너스도 실제 인물이 아니다. 그렇다고 셰익스피어를 거짓말쟁이라고 부르거나 미켈란젤로나 보티첼리를 사기꾼이라고 욕하지 않는다. 아이디어를 전달하고 이상을 상징하는 그들의 창작물은 진정성 논의를 초월한다. 그리고 허구가 메시지 전달에 발휘하는 강력한 힘을 이탈리아만큼 본능적으로 이해하고 널리 활용하는 나라는 없다.

남유럽인이 대개 그렇듯 이탈리아인에게 극적인 성향이 있는 것도 한 가지 원인이다. 물론 예외는 있다. 내가 아는 이탈리아인 중에는 스웨덴 사람보다 더 음울한 사람이 여럿이다. 하지만 이탈리아에서, 특히 스낵바나 식당에서 조금만 시간을 보내면 침착한 북유럽인보다 훨씬 활기차고 '극적' 인 표정과 손짓으로 이야기 나누는 사람들을 볼 수 있다.

이것 때문에 이탈리아인과 외국인의 관계가 복잡해지기도 한다. 내가 여기 처음 왔을 때 만난 외국 특파원 하나는 동아시아에서 특파원 생활을 오래 했는데, 그는 이탈리아인이 북유럽인·북미인을 바라보는 시각이 유럽인·미국인이 아시아인을 바라보는 시각과 비슷하다고 확신했다.

"동남아시아인이나 동아시아인이 우리가 알아볼 수 있는 방식으로 감정을 드러내지 않는 것을 보고 우리는 그들이 감정이 결여되었거나 아니면 아예 '불가사의'하다고 치부합니다." 그가 말했다. "이탈리아인이 바로 우리를 보고 그렇게 생각하는 것 같아요. 놀람, 실망, 짜증의 감정 표현이 이탈리아인만큼 명확하지 않아서 우리의 의도가 이탈리아인에게 도저히 '포착되지 않는' 겁니다."

이탈리아 사람에게 내가 화났다는 사실을 알아차리게 하는 것은 정말 어렵다. 그래서 자유자재로 성질을 내는 능력을 익히게 된다. 목청을 높이고 몸동작을 점점 크게 하노라면 이따금 상대방의 얼굴에서 무슨 뜻인지 알겠다는 표정과 함께 거의 유쾌한 놀라움이 뒤섞이는 것을 감지할 수 있다. 그 순간 내가 문헌학이나 의미론과는 전혀 무관한 방식으로 갑자기 저들의 언어를 구사하고 있음을 깨닫는다.

피란델로가 이탈리아 작가의 전형이라면, 애끓는 감정을 거리낌 없이 드러내는 오페라는 이탈리아 예술 형식의 전형이다. 이탈리아는 오페라의 유일한 발상지이며 기원은 16세기로 거슬러 올라간다. 피렌체의 작가, 음악가, 지성인 집단 '카메라타'(Camerata)의 논의와 실험 정신 속에서 탄생했다. 이들의 목표는 고대 그리스 극에 존재했던 말과 음악의 혼합을 부활시키는 것이었다.* 이탈리아 작곡가 자코포 페리가 역사 최초의 오페라 『다프네』(Daphne)를 작곡, 1598년에 처음 공연되었고, 대중을 위한 최초의 오페라 극장 '테아트로 산 카시아노'(Teatro San Cassiano)는 1637년 베네치아에 문을 열었다.

19세기에 들어서면서 오페라는 국민국가로서의 이탈리아라는 관념과 뒤엉키기 시작했다(독일에서도 바그너 오페라가 그랬다가 논란 많은 결과를 초래했다). 특히 주세페 베르디가 여기에 크게 기여했다.† 그의 초기작 『나부코』(Nabucco)는 바빌론에 붙잡혀 있던 유대인 이야기를 다루었다. 이 오페라에 나오는 감동적인 「히브리 노예의 합창」은 도입 부분 가사를 딴 제목 '바 펜시에로'(Va Pensiero)로도 널리 알려져 있는데, '잃어버린 너무나 아름다운' 고향 땅에 대한 그리움을 노래하는 곡이다. 최근에 학자들은 베르디가 『나부코』에 정치적 메시지를 담았는지 여부에 의문을 제기했다. 그러나 베르디는 이탈리아 민족주의 운동의 열렬한 지지자였고, 이 곡이 외세에 점령당한 이탈리아인에 대한 은유라는 점에는 의심의 여지가 없다. 이후에 작곡한 『레냐노 전투』(Battle of Legnano) 같은 작품은 공공연하게 민족주의적이었다. 1861년에 그는 이탈리아 초대 의회 의원이 됐다.

지금도 이탈리아 정치와 오페라, 아니면 적어도 오페라스러운 연출기

[*] 가장 영향력 있던 카메라타 회원 가운데 하나는 갈릴레오 갈릴레이의 아버지 빈첸초 갈릴레이였다. 그는 극 중 음악을 다성음악에서 단성음악으로 단호히 옮겨가자고 제안했다.

[†] 우연이지만 베르디의 성 자체도 상징적이다. 사람들은 그의 이름을 통일된 이탈리아의 국왕이 되는 비토리오 에마누엘레("Vittorio Emanuele, Re d'Italia")의 앞 글자를 딴 암호로 이해했다. 그래서 "베르디 만세"를 외치던 관객은 자신들이 단순히 작곡가를 찬양하는 것 이상의 행동을 취하는 것처럼 느꼈다.

법 간에 긴밀한 관계가 있는 것처럼 보일 때가 많다. 예를 들어 사람들은 어쩌면 이탈리아 정당 가운데 북부동맹이 제일 소박할 거라고 생각하기 쉽다. 설립자 움베르토 보시의 말대로 북부동맹은 찬란한 라틴족이 아니라 수 세기에 걸쳐 이탈리아 북부에 정착한 갈리아, 고트, 랑고바르드족의 후예인 강인하고 내성적인 포 강 유역 서민을 대변한다고 주장하니 말이다 (참고로 북부동맹은 「히브리 노예의 합창」을 당가로 사용한다). 이 지역 주민은 자신들이 "제대로 기능하는 이탈리아"에 산다고 여기고 싶어 한다. 보시는 북부 이탈리아를 "파다니아"(Padania)라는 명칭으로 부르면서 몇 차례에 걸쳐 자치권 내지 독립을 촉구한 바 있다.

1990년대 중반에 움베르토 보시는 자기 정당의 분리주의 성향을 강화할 필요가 있다고 판단했다. 이 경우 다른 나라 정당 같았으면 당수는 임시 당대회를 소집하고 독립을 주장하는 열렬한 연설을 한 뒤 실무단과 정책위원회를 구성해 당의 강령을 변경할 것이다. 그런데 보시는 당시 어느 신문 칼럼에 등장한 표현대로 "유럽 최대의 정치적 광대놀음"을 택했다.

연극은 어느 일요일에 시작됐다. 이날 보시와 북부동맹의 최고위 간부들은 알프스 산맥 2,000미터 높이에 위치한 포 강의 원천이 되는 샘을 찾아갔다. 보시는 유리병에 "신성한 포 강물"을 담는 의식을 거행한 후 그 유리병을 들고 지지자들과 함께 여러 보트에 나눠 타고 포 강을 따라 내려갔다. 베네치아에 도착한 보시는 토머스 제퍼슨 인용구로 시작하는 독립 선언을 낭독했다.

"우리 파다니아의 주민들은 파다니아가 연방 독립 주권 공화국임을 엄숙히 선포한다." 그가 진지하게 선언했다. 그런 다음 이탈리아 국기를 내리고 녹색과 흰색으로 된 북부동맹기를 게양했다. 그와 동시에 배포된 이른바 "과도기 헌법"은 분리가 당장 일어나는 것은 아님을 확실히 했다. 과도기 헌법은 보시가 이미 구성한 "임시정부"가 중앙정부를 상대로 분리 합의에 관한 회담을 열 권한을 부여했다. 하지만 시한은 1997년 9월까지였다. 그때까지 합의에 이르지 못하면 북부동맹의 일방적인 독립 선언은 "완전한 효력"을 발휘하게 된다는 것이다.

전쟁은 이보다 훨씬 사소한 일로도 터진다.

그러나 이탈리아에서는 그렇지 않다. 헌법재판소장이 보시의 체포를 촉구했으나 허사였다. 경찰은 보시의 행동에 항의하는 극우와 극좌 양편 모두와 잠시 충돌을 겪었다. 하지만 이탈리아 국민 절대 다수는 포 강을 따라 하산한 그의 행동을 그냥 현란한 상징적 제스처로 받아들였다. 결국 국민이 옳았다. 1997년 9월이 지났지만 파다니아는—그런 게 존재한다고 말할 수나 있다면—아직도 확실하게 이탈리아에 속했다. 기한이 지났다는 사실을 인식한 사람도 별로 없었다. 그렇지만 북부동맹의 성향이 변했다는 점은 누구나 알게 되었다. 적어도 다음번에 또 편의에 따라 입장을 바꿀 때까지 말이다.

이탈리아 마피아가 흥미를 자극하는 이유 중 하나는 이들도 신호로 소통한다는 점이다. 보시의 극적인 포 강 하산이 있은 지 아직 1년이 채 지나지 않았을 때, 나는 포 강 유역과는 완전히 별세계인 에트나 화산 기슭의 카타니아 시를 방문했다. "상어"라는 암호가 붙은 경찰차를 얻어 타고 범죄가 기승을 부리는 뒷골목을 둘러보았다. 당시 카타니아는 코사 노스트라가 다른 온갖 조직범죄단과 대결하며 세를 불리던 싸움터로, 이탈리아에서 가장 범죄가 심한 도시였다. 인구 30만 정도 되는 도시에서 매주 평균 두 명이 살해됐다.

내가 그곳에 도착한 날 밤에 새로 피살자가 발견됐다. 얼굴과 목에 총탄을 맞았다. 총을 맞기 전인지 후인지 확실치 않으나 돌로 맞아 두개골이 손상된 상태였다. 참혹한 죽음이었으나 모스크바나 마카오 폭력배에게 당했어도 그보다 못하지 않았을 것이다. 다만 여기서 눈에 띄는 것은 그를 살해한 방식 자체가 어떤 메시지라는 점이었다. 코사 노스트라가 선호하는 우지(Uzi) 기관단총이 사체의 무릎 바로 윗부분에 놓여 있었다.

나와 새벽을 함께 보낸 경찰들은 그것이 정확한 단서라고 확신했다. 다른 폭력배들도 이 신호를 금방 알아볼 것이며, 경찰이 그 의미를 밝힐 수만 있다면 이 도시에서 벌어지는 조폭들의 전쟁을 수사하는 데 큰 도움이 될 거라고 했다. 순찰을 도는 내내 경찰들은 왜 하필 사체의 그 위치에 총이 놓였는지, 정말 그 총이 코사 노스트라의 것인지, 안전장치의 상태나 피살자의 팔다리 자세에서도 어떤 의미를 읽어낼 수 있을지 토론했다.

경찰은 이탈리아인이 새롭거나 극적이거나 범상치 않은 것을 접할 때 본능적으로 취하는 태도를 그대로 보여주었다. 세상에 우연이란 없다는 것이다. 아마 이게 북유럽인과 남유럽인, 특히 이탈리아인의 가장 큰 차이점일지 모른다. 북유럽인은 이탈리아인이 음모론에 빠져 있다고 비웃는다. 이탈리아인이 음모론을 좋아하는 것은 맞다. 게다가 이탈리아인은 말할 때 비유법을 좋아하고 상징으로 소통한다. 워낙 속임수나 환상이 만연하다 보니 단순한 설명과 복잡하게 꼬인 설명 가운데 하나를 고르라면 후자를 골랐을 때 맞을 확률이 전자에 못지 않다.

어떤 사건의 진짜 동기나 원인을 점치는 지극히 이탈리아적인 "숨은 의도론"(dietrologia)이 만연하는 이유도 여기에 있다. 만일 어느 장관이 장애인 재정 지원을 늘리는 데 성공하면, "숨은 의도론자"는 그 장관이 정말로 장애인 복지를 중요하게 여겨서라고 믿지 않고 장관의 처남댁이 의족 제조업체의 이사로 있기 때문이라고 지적할 것이다. 만약 외국 독재자에게 몰래 도청장치를 파는 회사를 어느 신문사가 비판하면, 숨은 의도론자는 도마에 오른 도청장치 제조회사의 경쟁 업체가 그 신문사의 주주이기 때문이라고 말할 것이다. 숨은 의도론의 핵심은 사람이 순수하게 도덕적 신념에 따라 행동한다는 관념을 거부하는 것이다.

실제로 보고 듣는 것과 실상이 일치하는 경우가 드물다. 한번은 동료 기자와 커피를 마시며 그 주에 일어난 사건 이야기를 했다. 선거철이었는데 실비오 베를루스코니가 로마에서 선거운동을 마무리하던 때였다. 여론조사는 일관되게 로마가 선거 결과에 중요한 영향을 미칠 것으로 보았다. 그러나 밀라노 출신 베를루스코니에게 로마는 영 쉽지 않은 곳이었다. 그랬으니 AS 로마 축구팀 주장 프란체스코 토티가 베를루스코니가 미는 로마 시장 후보에 투표하지 않겠다고 했을 때 베를루스코니 쪽 선거팀이 어떤 반응을 보였을지 짐작하기 어렵지 않다. 토티는 AS 로마 팬들 사이에 거의 신과 같은 존재였고, 축구가 스포츠가 아니라 컬트인 도시에서 그의 발언은 선거 결과를 뒤집을 수 있었다. 전날 밤 마지막 선거 유세에서 베를루스코니가 토티를 가리켜 "제정신이 아니다"라고 말하는 바람에 상황은 더 악화됐다.

그러나 아침에 베를루스코니의 어조가 싹 바뀌었다. 그는 라디오 인터뷰에서 로마팀 주장을 "대단한 젊은이이고 대단한 선수"라며 칭찬했다. "내가 항상 좋아하던 선수입니다. 게다가 그의 아내는 내 미디어 그룹 소속 TV 채널에서 일합니다."

"그럼 베를루스코니가 감정을 푼 거네요." 스낵바에서 사무실로 돌아오는 길에 내가 그렇게 말했더니 이탈리아인 동료 기자가 길에서 갑자기 멈춰 서서 너무나 놀랍다는 얼굴로 나를 쳐다봤다.

"정말로 이해를 못 하셨나 봐요?" 그녀가 물었다.

"뭘요?"

"그건 감정을 푼 게 아니에요. 제가 볼 때는 경고예요. '조심해 토티, 네 아내가 우리 회사에서 일하거든. 선거일 전날 또 그따위 소리 해봐, 네 아내는 딴 직업을 알아봐야 할걸.' 그렇게 말하고 있는 거예요. 이탈리아인들은 아마 전부 그렇게 이해할 겁니다."

상징과 은유의 사용, 환상과 현실의 끊임없는 상호작용, 상식적인 진실에 도달하기 어려운 문화, 이런 모든 요소가 이탈리아를 답답하면서도 끝없이 흥미진진한 곳으로 만든다. 특히나 남의 가면이나 외관의 이면을 꿰뚫는 데 그렇게 시간을 들이는 사람들이 왜 또 겉으로 보이는 것들에는 그리 신경을 쓰는지 알다가도 모를 일이다.

6

겉보기의 중요성

> 남을 파악하는 가장 확실한 방법은 겉보기로 판단하는 것이다.
> — 안토니오 아무리.

산드로 베로네시의 소설 『과거의 힘』(*La forza del passato*)에서 주인공은 아버지와 늘 사이가 좋지 않았다.[1] 무엇보다도 그의 아버지는 열렬한 우파였다. 베로네시가 창조한 영웅이자 화자인 주인공은 1970년대의 어느 날 밤을 회상한다. 부자는 당시 네오파시스트 정당이던 '이탈리아 사회운동'(M-SI)의 당수 조르조 알미란테의 기자회견을 보고 있었다. 어머니는 부엌에서 케이크를 구웠다.

"중재자 없이 아버지와 나 둘이만 있으니 문제가 생기기 딱 좋았다. 알미란테가 말하는 동안 나는 아버지 먼저 공격 시점을 결정하시라고 조용히 입을 다물고 기다렸다. 하지만 그날따라 이상하게도 아버지는 평소처럼("확실히 옳은 말이네" 같은) 도발적인 발언을 개시하는 대신 아무 말이 없으셨다. 알미란테가 네 번째 질문에 답변할 때가 되어서야 아버지는 비로소 입을 여셨다. '양복 속에 반소매 와이셔츠를 입는 사람은 절대 신뢰할 수 없어.'"

화자는 그 말에 깜짝 놀라 알미란테를 자세히 살폈다. 햇볕에 그을린 MSI 당수는 얼핏 보기에 완벽한 옷차림을 하고 있었지만, "나무랄 데 없는 푸른 양복 상의의 소매 끝으로 드러나는 팔목이 맨살인 것을 볼 수 있었다. 일단 눈치채고 났더니 그 미세한 부분 하나 때문에 그가 다소 상스럽게 보였다."

많은 사람들—특히 미국인들—은 정치인이 보기 좋은 외양을 갖추기를 바란다. 그러나 이탈리아인은 정치인의 옷차림이 완벽하길 바랄 뿐만 아니라, 소위 그들의 '룩'(look)을—영어를 그대로 차용해 쓴다—끊임없이 품평하며 겉모습으로 그들의 진정한 인격을 재단한다. 어느 일간지는 총리 자리를 놓고 경쟁하던 실비오 베를루스코니와 라이벌 로마노 프로디의 '룩'을 비교하는 데 한 면을 몽땅 할애했다. 그 기사는 넥타이부터 시작해서 (베를루스코니는 남색 바탕에 하얀 물방울 무늬를, 프로디는 다양한 색상의 군대식 사선 무늬를 고수했다) 팬티에 이르기까지 차례대로 다뤘다. 프로디는 헐렁한 사각팬티를, 베를루스코니는 꼭 맞는 삼각팬티를 선호한다고 했다. 팬티에 관한 정보를 어떻게 입수했는지 출처는 적혀 있지 않았다.

대통령도 새로 뽑힐 때마다 머리끝부터 발끝까지 품평을 당한다. 이런 면에서 이탈리아 최초의 공산당 출신 대통령 조르조 나폴리타노는 꽤 문제가 있었다. 그의 패션 감각이 전형적인 80세 초반 남성의 스타일이었기 때문이었다. 그러나 스타일 전문가들은 주저하지 않고 보르살리노 모자에서 구두끈에 이르기까지 꿋꿋하게 그의 "세련된 남부 중산층 룩"을 분석했다. 독자들은 새로 당선된 대통령이 "검정이나 갈색, 그리고 항상 가죽 제품을 선호한다"는 정보를 엄숙하게 전달받았다.

옷차림에 대한 이런 세세한 평가는 외국 정치인도 피할 수 없다. 이탈리아계 미국인 낸시 펠로시가 연방 하원의장에 선출됐을 때 "선조의 나라" 이탈리아의 신문들은 그 사실을 자랑스럽게 보도했다. 그러나 기사의 초점은 아마도 펠로시의 예상과 어긋났을 것이다. 미국 역사상 여성 정치인으로서 최고의 자리에 오른 인물의 큼직한 사진 밑에는 이런 설명이 달렸다. "낸시 달레산드로 펠로시, 66세. 볼티모어 출생. 캘리포니아로 이주. 아르마니 브랜드 옷을 선호."

그로부터 몇 년 후 영국 선거철에 『코리에레 델라 세라』 로마 사무실에서 일하던 내게 전화가 걸려 왔다. 『가디언』 정치부 소속 동료 기자였다.

"존, 나 방금 『코리에레』 기자라는 사람한테 정말 이상한 전화를 받았어요." 그녀가 말했다.

"그 사람 기자 맞아요." 내가 말했다. "내가 전화번호를 줬어요."

"오, 그렇다면 다행이네요. 각 후보의 아내들이 어떻게 옷을 입는지 딱 그 사실만 알고 싶어 하더라고요. 진짜 희한했어요."

지금 이 부분을 쓰고 있는 내 앞에 바로 그 기사가 있다. 제목은 "스타일 비교"다. 각 주요 정당의 당수와 배우자의 모습이 가로로 한 면을 꽉 채웠다. 그리고 그들의 패션 감각에 대한 대략적인 설명을 덧붙인 뒤 추가로 세부 사항을 확대해 적나라하게 드러내는 사진을 원형으로 삽입했다. 세라 브라운, 노동당 당수 아내, "빨간 웨지힐에 불투명한 푸른 스타킹(€63)." 미리엄 곤살레스 두란테스, 자유민주당 닉 클레그의 스페인 출신 아내, "깡통 뚜껑에 달린 고리 1,000개로 만든 브라질 수제 백(€52)." 서맨사 캐머런, 보수당 후보의 아내, "직소 브랜드 벨트(€33)."

캐머런 여사는 "멋을 내되 사치스럽게 보이지 않으려고" 비싸지 않은 장신구를 골랐고, 브라운 여사는 어울리지 않는 옷을 입는다고 혹평을 받지만, "일부는 너무 완벽한 서맨사와 대조되도록 일부러 그렇게 입는다고 생각한다"는 이야기를 독자에게 들려준다.

영국 신문이라면 배우자는 물론이고 후보자의 패션 감각을 그렇게 상세히 분석하는 일을 상상할 수 없다. 그러나 이탈리아에서 외양은 그 밑에 감춰진 것을 드러내는 힌트로서 항상 면밀한 검사의 대상이 된다. 이것은 앞 장 맨 끝에서 언급한 역설에 대한 해답을 일부 제공한다. 이탈리아 사람이 겉모습에 집착하는 한 가지 이유는 그게 겉보기와 다른 무언가를 드러낸다고 상정하기 때문이다. 너무나 많은 것이 상징과 제스처로 소통되는 사회에서만 있을 수 있는 태도다.

세상에 이탈리아인만큼 시각적으로 자신의 의사를 표현하는 국민은 없다. 물론 손동작은 전 세계 어디에나 존재하고, 그중 몇 가지는 여러 나라에서 공통이다. 예컨대 엄지와 검지를 비비는 동작이 돈을 뜻한다는 사실은 누구나 안다. 하지만 각기 정확한 의미를 지닌 손동작을 그처럼 다양하게 사용하는 건 이탈리아 사람뿐이다. 때로는 대화를 못 듣고 그냥 눈으로 보기만 해도 무슨 내용인지 대강의 요점을 파악할 수 있다.

배고픔, 동의, 반대, 결혼, 교활함, 고집, 부정, 풍만함, 공모를 의미하는 손동작이 있을 뿐 아니라, 물을 마시는 동작과 와인을 마시는 동작이 따로 있다. 손짓 하나로 "또 보자", "핵심을 말해" 같은 표현도 대체할 수 있다. 한번은 내가 아는 손동작을 전부 세어봤더니 금방 97개에 이르렀다.

"손짓의 수위"는 개인이나 상황에 따라 꽤 달라진다. 대체로 대화가 격해질수록 손짓을 더 많이 사용한다. 그리고 일반적으로 사회경제적 지위가 높을수록 몸동작을 덜 사용한다.

예를 들어 변호사가 당신 앞에서 '그가 욕심이 많은 것 같다'고 말하는 대신에 턱을 치켜들고 자기 검지를 벌린 입 안으로 반복해서 찔러 넣는 동작을 할 가능성은 적다. 하지만 아무리 변호사라도 만약 자기가 아는 어느 아름답고 우아한 여성이 찾아오면, 아마 두 팔을 활짝 펴고 손바닥이 위를 향하는 자세로 "당신 너무 멋지네요" 하고 말하고 싶은 유혹을 받을 것이다.

바로 이것이 겉모습을 중요하게 여기는 또 하나의 이유다. 아름다움에 대한 순전한 열광은 이탈리아에 생기를 불어넣는다. 고대 로마 시대를 제외하면 이탈리아인은 영예롭고 자랑스러운 제국을 갖지 못했다. 상당했던 베네치아 제국도 스페인이나 포르투갈 제국, 더 최근으로 내려와 영국이나 프랑스 제국보다 훨씬 왜소했다. 물론 이탈리아 중부와 북부에 있었던 국가들이 유럽 다른 어떤 지역보다 부유했던 순간이 있었다. 그리고 갈릴레오 갈릴레이에서 엔리코 페르미에 이르기까지 과학적 발견에 제몫 이상으로 크게 이바지했다. 그러나 이탈리아가 인류에 진정으로 탁월하게 기여한 분야는 예술, 특히 미술 분야다. 역사적으로 이탈리아인은 르네상스 예술이건 현대의 자동차 디자인이건 시각적인 것과 관련된 것이면 무엇이든 두각을 나타냈다. 회화, 건축, 조각, 영화 그리고 음악에 시각적 표현을 부여하는 오페라 등의 분야에서 출중했다. 패션으로 말하자면, 셰익스피어의 희곡 『리처드 2세』(*Richard II*)에서 요크 공이 다음과 같이 말한 이래 세계 패션 트렌드를 선도해왔다.

> 자부심 강한 이탈리아의 패션을 보고
> 뒤늦게 흉내나 내는 우리 국민은 그들의 방식을 여전히
> 천박하게 모방하며 절룩거리며 뒤쫓아간다.

이탈리아에서 외양은 실용성에 우선할 때가 많다. 예컨대 다른 나라라면 컴퓨터나 다른 첨단 전자 제품을 광고할 때 메모리가 몇 기가바이트냐, 화면 해상도는 얼마냐, 포트가 몇 개냐 등등 성능과 사양을 알리는 데 집중할 것이다. 그러나 이탈리아 소비자를 위한 광고는 다르다. 2010년 대만 업체 아수스의 노트북 컴퓨터 광고는 자기 회사가 제조한 최신 슬림형 노트북 옆에 샴페인 잔들을 멋지게 줄 세워 놓았다. "스타일 돋는 기술"이라는 구호가 박혔고, 그중 "스타일"이라는 단어는 폰트가 너무 커서 한 페이지를 꽉 채울 지경이었다.

다른 여러 국가에서는 여성 경찰관이 머리가 길면 범죄자에게 머리채를 잡힐 위험이 있어 짧게 자른다. 그러나 이탈리아에서 그런 일은 용납되지 않는다. 여성 경찰관의 경찰 모자 밑으로 탐스러운 머리채가 흘러내리는 모습을 흔히 볼 수 있다. 준군사조직인 카라비니에리는 머리를 반드시 묶는 것이 규칙이지만, 여성 대원들이 멋을 내는 일을 막지는 않는다. 내가 일하는 로마 사무실 근처의 카라비니에리 경찰서에 근무하는 여성 경찰관 한 명은 뒤로 묶은 칠흑 같은 레게머리를 등까지 치렁치렁 늘어뜨린 채 있곤 했다.

몇 년 전에는 한겨울에 감기에 걸려 멋내기 어려울 때 이를 어떻게 극복하느냐에 관한 기사가 어느 신문에 실렸다. 표제는 이랬다. "열이 나도 나는 섹시하게 입는다. 란제리에서 스카프까지, 멋으로 독감을 이겨내는 법." 기사는 "재채기가 나도 자기 존중을 잃지 않는" 방법에 관해 다양한 조언을 했다. 그와 함께 예쁜 잠옷과 ("영 매력 없는 실내화" 대신) 밝은 색깔의 두툼한 양말, 뜨거운 물병은 "필수"라고 했다. 그리고 "명품을 고르는 편이 좋다"고 독자들에게 충고한다. 기사에는 머리가 아주 살짝만 헝클어지고 뜨거운 액체가 담긴 머그를 쥐고 편안한 자세를 한 모델의 사진이 일러스트로 담겨 있었다. 그러나 배꼽까지 열린 그녀의 잠옷은 잠자리 날개처럼 얇아서 정말 "독감"에라도 걸렸으면 폐렴으로 번지기에 딱 알맞은 차림이었다.

가게에서 선물 포장에 들이는 시간과 정성도 놀랍다. 물건 가격과는 무관하다. 할인된 문고판 도서이건 다이아몬드 귀걸이이건 같은 정성을 들인다. 기다리는 사람의 줄이 얼마나 길든지 전혀 상관하지 않고 점원은 참을성 있게 포장지의 가장자리를 완벽한 이등변 삼각형으로 접고, 다양한 색상의 포장지를 이용해 (언제나 색을 세련되게 대비시켰다) 겉 포장에 사선 무늬를 내고 리본으로 묶은 뒤, 리본 끝을 나선형으로 예쁘게 돌돌 만다.

그리고 포장이 다 된 물건을 침착하게 손님에게 건넨다.

　이탈리아인이 시각을 강조하는 경향과 현대 이탈리아의 최장기 집권 총리가 TV 업계의 거물이라는 점은 완전히 일관된다. 사실 실비오 베를루스코니가 처음부터 미디어 업계에서 일한 것은 아니었다. 원래는 부동산 개발업자였다. 30대 초반에 자기 고향 밀라노 외곽에 '밀라노 2'라는 이름으로 알려진 거대한 주택 단지 건설을 주도했다. 그가 처음으로 TV와 인연을 맺은 것은 '밀라노 2' 주민들을 위해 케이블 TV 회사를 설립하면서였다. 그러면서 그는 같은 시간대에 같은 방송을 보여주는 지역 방송국들을 하나의 전국망으로 합쳐 공영방송 라이(Rai)의 독점 구조를 깨뜨리는 구상을 세웠다. 사회당 당수이자 총리였던 베티노 크락시의 도움을 얻어 베를루스코니는 이탈리아의 일곱 개 채널 가운데 세 개를 소유하게 됐고, 이로써 미디어 분야에 다른 민주국가에서는 찾아보기 어려운 엄청난 영향력을 발휘하는 지위에 올랐다.

　크락시가 스캔들에 휘말려 외국으로 도주한 후 베를루스코니는 정치에 눈을 돌렸다. 1994년 그는 그해 총선에 후보로 나선다고 선언했다. 그의 선언 방식은 이후 그의 나머지 공직 생활의 분위기를 확립했다. 다른 후보들은 언론 발표문을 내든지, 아니면 주목받는 모임에서 출마를 선언했다. 베를루스코니는 달랐다. 그는 세련된 동영상을 만들어 모든 주요 TV 채널에 내보냈다. 총리나 대통령이 대국민 TV 연설을 할 때처럼 집무실 책상에 앉아서 찍은 동영상이었다. 내가 이미 그 자리를 접수했다는 분명한 메시지였다. 도도한 인상은 그의 어휘 선택으로 더욱 강화되었다. 자기는 따분하게 단순히 정계에 입문하거나 선거에 출사표를 던지기로 결정한 것이 아니라, "경기장으로 내려가기로"(scendere in campo) 결정한 것이라고 표현했다. 영어로 치면 "출전하다"(take to the field)에 해당하는 스포츠 용어이지만, 이탈리아어로는 "내려간다"고 표현하는 점을 이용한 것이다. 이 9분

30초짜리 메시지에서 그는 자신을 개인의 자유, 자유경제, 정치 혁신의 수호자로 묘사했다.

그중 마지막 주장은 확실히 맞다. 그의 정당 포르차 이탈리아는 이전 어느 정치 운동과도 달랐다. 이 정당은 베를루스코니 미디어 제국의 광고 부서 총책임자인 마르첼로 델루트리*의 활약으로 1년도 안 걸려 조직되었다. 포르차 이탈리아의 초창기 간부들은 거의 다 델루트리의 측근이었다. 선거운동 초기에는 독단적인 북부동맹과 무솔리니의 이념적 후계자인 네오파시스트 당과 연합한 베를루스코니에 기회를 주려는 사람이 거의 없었다. 그러나 금방이라도 무너질 것 같던 연합은 불과 2개월 후에 실시된 선거에서 결정적인 승리를 거두었다.

베를루스코니의 1차 집권 기간은 길지 않았다. 아직 극우 정당으로 진화하지 않은 북부동맹은 스스로 "포스트파시스트"라고 주장하던 네오파시스트와 계속 마찰을 빚었고 베를루스코니와도 자주 의견이 어긋났다. 결국 8개월 만에 북부동맹 당수 움베르토 보시가 연합을 깨고 야권에 합류하면서 베를루스코니의 집권이 종료됐다. 이후 장기간 야당 신세를 면치 못하던 그는 2001년 보시를 다시 한 번 새로운 연합에 합류하도록 설득하면서 압승을 거두고 5년간 집권했다.

2006년 총선에서 근소한 차이로 패배한 그는 2년 후 다시 총리직에 올랐다. 3차 집권†은 출발이 순조로웠다. 그러나 선거에서 승리한 지 1년 뒤부터 그는 일련의 스캔들에 휘말리기 시작했다. 베를루스코니가 어느 쇼걸의 생일파티에 참석한 일이 밝혀지자 그의 아내는 남편이 "미성년자와 사귀는 역겨운 인간"이라는 놀라운 성명을 발표했다. 이후 2년 동안 총리는 관저에 여성을 잔뜩 초청해 남녀 비율이 1 대 4에 이르는 파티를 여는가 하면, 매춘부와 잠자리에서 나눈 대화를 녹음한 내용이 인터넷에 올려지기도 하고, 아직 17세일 때 밀라노 부근 그의 저택에서 열린 이른바 "붕가붕가" 파

[*] 이 책의 4장 끝에서 파솔리니의 "아푼토 21" 원고를 찾았다고 주장한 바로 그 인물이다.

[†] 엄밀히 말하면 4차다. 2005년에 개각이 있었기 때문이다. 개각이 있으면 신정권이 수립된 것으로 간주하므로 2005~06년이 4차 집권기다.

티에 참석했던 모로코 출신의 불법 이민자 카리마 엘 마루그*가 경찰에 체포되자 석방하도록 압력을 행사해 비난을 받았다.

그러나 여론조사에 따르면 유권자는 2007년 미국에서 서브프라임 주택담보대출 시장 붕괴 사태로 시작해 2009년 유로존으로 번진 세계 금융 위기에 대한 베를루스코니의 대응을 더 중요하게 여겼다. 베를루스코니의 삶의 지침 가운데 하나는 어떤 경우에도 꿋꿋하게 긍정적인 태도를 유지하는 것이었다. 정계에 입문하기 훨씬 전부터 그는 자기 세일즈 담당 직원들에게 "주머니에 햇살을 담고 갖고 다녀라"[2]고 요청한 바 있다. 따라서 그는 폭풍이 몰려오는데도 이탈리아는 영향받지 않을 것이라고 말했다. 어떤 의미에서 그의 말은 맞았다. 이탈리아의 은행들은 미국이나 영국 금융기관들보다 피해를 덜 입었다. 그러나 금융 위기의 충격파는 다른 어느 유럽 국가보다 이탈리아 경제를 더 심하게 뒤흔들어 놓았다. 2009년 베를루스코니가 문제없는 척 밝은 얼굴을 하는 동안, 이탈리아 국내총생산은 5.5퍼센트 하락했다. 그의 전략은 한동안 유효했다. 그러나 실업률이 상승하고 부도가 증가하자 이탈리아 국민은 총리가 말하는 것처럼 상황이 그리 만만치 않다는 점을 깨달았다.

투자자들은 이탈리아가 엄청난 채무 때문에 부도가 날 수 있다고 우려했다. 정부 자금 조달 비용은 점점 더 빠른 속도로 상승하기 시작했다. 그러나 베를루스코니는 사태의 심각성을 시인하지도, 사태를 해결하는 데 꼭 필요한 조치를 취하지도 못했다. 국제시장에 패닉이 고조되는 가운데, 2011년 말 결국 그는 총리를 사임하고 전 유럽연합 집행위원을 역임한 경제학자 마리오 몬티에게 자리를 내주었다.

한숨 돌리는 분위기가 역력했다. 대통령에게 사임서를 제출한 베를루스코니는 헨델의 「할렐루야」를 부르는 군중을 피해 대통령 관저인 퀴리날

---

[*] "루비"라는 예명을 쓰는 엘 마루그는 봉가봉가 파티에 참석했을 때 성관계에 동의할 수는 있는 연령이었으나 성적 서비스를 제공하고 그 대가를 받을 수 있는 연령에는 이르지 못한 상태였다. 2013년 베를루스코니는 미성년자와 매매춘을 하고 자신의 직위를 이용해 경찰에 외압을 가한 혐의로 유죄판결을 받았으나 2014년 항소심에서 무죄를 선고받았다.

레 궁전 옆문으로 몰래 빠져나갔다. 그런 굴욕적인 사퇴를 한 총리도 드물었다.

그를 비난하는 사람들은 수긍하지 않겠지만 사실 현대사에서 베를루스코니는 가장 성공한 정치인에 속한다. 총리 사임으로 그의 정치 생명은 끝났다는 세간의 예측과 2년 후 탈세 혐의로 받은 유죄 선고에도 불구하고 그는 정계에 들어선 지 20년이 지나서도 여전히 이탈리아 정치의 핵심 인물이었다. 무솔리니 이후로 이탈리아에서 베를루스코니만큼 강한 개성으로 국가에 결정적인 영향을 끼친 인물은 없다. 구공산권 국가들을 제외하면 유럽 어느 나라에서도 이 작은 체구의 미디어 거물만큼 개인숭배 현상을 불러일으키는 데 성공한 정치인이 없다.

샤를 드 골도 베를루스코니 지지자들이 정치 집회에서 부르는 찬양가는 들어보지 못했다. "위대한 꿈이 있네 / 우리 안에 살아 있는 꿈 / 우리는 자유로운 민족이라네 / 총리여 우리는 당신을 지지한다 / 실비오가 있어 얼마나 다행인가!"[3]

마거릿 대처도 티셔츠, 가방, 앞치마 등의 물품을 지지자들에게 제공하는 팬클럽 홈페이지는 가져보지 못했다. 베를루스코니 팬클럽 사이트에 올려져 있는 아리스토텔레스 인용구는 민주주의에 대한 베를루스코니 지지자들의 관점을 잘 드러낸다.[4] "국가는 좋은 법보다 좋은 인물에 의해 통치되는 것이 낫다."*

그는 이를 대체 어떻게 이룬 걸까? 어떻게 그는 자기가 바로 그들이 원하던 "좋은 인물"이라고 몇천만 이탈리아 국민을 설득할 수 있었을까? 왜 국민은 그를 한 번도 아니고 두 번도 아니고 세 번씩이나 총리로 뽑았을까?

이에 대한 해답은 여러 가지다. 옛 공산당이나 기독교민주당 내 좌파에 뿌리를 둔 그의 정적들은 이념적으로 균질하지 않고 옥신각신하는 경향이 있었다. 포르차 이탈리아와 동맹 정당들도 그건 마찬가지였지만, 좌파와 중

[*] 사실 아리스토텔레스는 이런 말을 한 적이 없다. 그가 질문을 던진 적은 있다. "이제 우리가 고려해야 할 첫 번째 문제는, 좋은 인물에 의한 통치가 최선이냐 아니면 좋은 법에 의한 통치가 최선이냐 하는 것이다."

도 좌파 정당의 문제점은 실패한 두 신념을 대변했다는 데 있었다. 기독민주주의는 베를린 장벽이 무너진 후 공산주의만큼 입지를 잃지는 않았더라도 1990년대 초까지 장기 집권하는 동안 부정부패를 악화시키면서 상당히 체면을 구겼다.

베를루스코니가 성공한 또 다른 중요한 원인은 의사 전달에 능하다는 점이다. 애초부터 그는 미사여구가 없는 소박한 이탈리아어로 유권자와 소통했으며, 가정법을 피하고, 가족관계에 관한 비유를 사용하고, 서민들이 금방 이해할 수 있는 단순한—때로는 거친—용어를 선택했다. 그는 또한 정치인이 아닌 듯한 이미지를 내세워 대단히 유리한 위치를 점했다. 그는 처음부터 유권자에게 자신을 외부자로 어필했고 여러모로 그런 면모를 유지했다. 보좌관들이 자주 언급하듯 베를루스코니는 즉흥적이고, 경솔하고, 엉뚱하고, 유머 넘칠 때 가장 큰 성공을 거뒀다. 그의 잦은 실수는 오히려 잠재적 지지자들에게 결국 '저이나 나나 똑같다'는 인식을 심어주었다.

베를루스코니는 밀라노의 중하류층 가정에서 태어났다는 점에서 많은 이탈리아인과 비슷한 사회적 배경을 공유했다. 자영업자들은 탈세에 너그러운 태도를 베를루스코니의 최대 매력으로 쳐주었다. 베를루스코니는 자신을 자유주의자로 묘사했다. 그러나 그가 제시하는 자유는 수많은 이탈리아 사람이 갈망하는 종류의 자유, 즉 뭐든지 내 맘대로 할 자유였다. 납세 문제만큼 그런 갈망이 더 두드러지는 분야도 없었다.

물론 총리라는 사람이 국민이 탈세해도 기꺼이 눈감아주겠노라고 공공연히 말할 수는 없는 노릇이며, 베를루스코니는 그러지 않았다. 대신 그는 2004년 세무조사관의 기능을 수행하는 재무경찰 창립기념식에서 자신의 의견을 피력했다. "자연법에 따르면 국가가 국민이 땀 흘려 번 대가의 3분의 1을 요구하는 것은 정당하며, 국민은 납세를 하는 대신 국가로부터 서비스를 제공받습니다." 그가 청중에게 말했다. "만일 국가가 훨씬 더 많은 세금을 요구한다면, 국민은 압도되어 절세나 탈세 방법을 고안하게 되고, 그것이 자기 개인적인 도덕관념에 맞는다고 여겨 양심의 가책을 느끼지 않습니다."[5] 그로부터 4년 후 그는 선언했다. "세율이 50~60퍼센트로 너무 높으면 절세나 탈세 행위가 정당화된다."[6] 역설적이게도 베를루스코니 정권은 세금을 내리지 않았다. 2008년 그는 선거 공약이었던 주택세 폐지를 실행에 옮겼지만, 전체적인 세금 부담은 증가했다.

베를루스코니는 두 가지 이례적인 이점을 갖고 정계에 진출했다. 첫째, 그는 세계에서 손꼽히는 부자였다. 그가 총수로서 거느리는 기업 왕국은 미디어뿐 아니라 소매업, 보험, 자산관리 그리고 프로축구 클럽 AC 밀란을 포함했다. 『포브스』(Forbes)에 따르면, 그의 재산은 2000년에 거의 130억 달러로 최고치를 기록했다.[7]

자금이 많으니 정치에 유리했다. 2001년 총선에서 370억 리라(미화 2,650만 달러)를 들여 칭송 일색인 자신의 전기를 전국 가가호호에 배포한 일은 재집권에 크게 이바지했다. 그가 아슬아슬했던 불신임 투표를 부결시키고 실각의 위기를 넘긴 것도 무한대의 자금 때문이라고 그의 정적들은 반복해 주장했다. 불신임 결의 직전에 적어도 열 명 이상의 하원의원이 베를루스코니를 지지하는 쪽으로 마음을 바꿨다. 2013년에는 7년 전 중도 좌파를 떠났던 상원의원이 지지의 대가로 베를루스코니에게 300만 유로를 받았다고 주장했다. 이를 부인했던 베를루스코니는 이듬해 뇌물 제공 혐의로 재판을 받았다.

그가 누린 또 다른 이점은 그가 미디어 업계의 실력자라는 점이다. 정계에 진출할 때 그는 출판사 몬다도리(Mondadori)와 주간지 『파노라마』(Panorama)의 사주였고, 남동생을 통해 일간지 『일 조르날레』를 지배했다. 그러나 무엇보다 결정적이었던 요소는 베를루스코니가 TV 업계의 거물이었다는 점이다.

이탈리아 사람은 뉴스와 정보의 원천으로서 특이할 정도로 TV에 의존한다. 인터넷이 일반화되기 전에도 일간지를 사보는 이탈리아인은 열 명 중 한 명도 채 되지 않았다. 비교적 최근인 2014년에 실시한 대규모 여론조사에서도 인터넷 확산에도 불구하고 유권자 절반 이상이 대체로 또는 오로지 TV를 통해 뉴스를 접한다고 밝혔다.8

야권에 있는 동안 베를루스코니는 자신이 소유한 미디어 그룹 '미디어세트'에 속한 세 개 채널을 활용했다. 그리고 집권한 후에는 국영 방송 라이에 속한 세 개 채널에 영향력을 발휘할 수 있었다. 이와 같은 '비디오크라시', 즉 영상에 의한 통치의 효력은 계량이 불가능하지만, 예를 들어볼 수는 있다.

2010년에 시행된 국민의 경제 인식을 묻는 설문조사 결과를 보자. 최근 몇 년 동안 언제 실업률이 최고치를 기록했는지 묻는 4지 선다형 질문에 베를루스코니가 재집권하기 전인 2007년에 가장 높았다는 답변이 가장 많았다. 사실 실업률은 그가 재집권한 이래 계속 상승했다. 전반적인 경제 건전성에 대한 인식에도 오류가 있었다. 평균적으로 설문 참가자들은 경제 축소를 대단히 과소평가했다. 이듬해가 돼서야 이탈리아 국민은 상황이 얼마나 나쁜지 깨닫기 시작했다.

1994년 이래 베를루스코니와 그의 미디어 업계 하수인들은 인식뿐 아니라 말의 의미까지 바꾸는 데 성공을 거뒀다. 이 미디어 재벌이 처음 정계에 진입할 때는 핸디캡이 컸다. 지지자를 규합하러 다니던 그가 찾아낸 사람들은 북부동맹 말고는 전후 이탈리아 정치에서 외면받던 네오파시스트들뿐이었다. 그가 네오파시스트를 옹호하자 대다수 국민은 충격을 받았다.

그리고 나서 그는 자기가 극우 연합의 우두머리가 됐다는 사실을 인정하는 대신에 자기 지지자와 동맹 정당들을 "온건파", "중도 우파"로 포지셔닝하기 시작했다. 처음에 사람들은 말도 안 되는 소리로 여겼다. 그러나 베를루스코니와 그가 소유한 TV 채널은 이를 국민의 머리에 끈질기게 반복 주입했고, 결국 그 용어들은 수년에 걸쳐 서서히 보편화했다.

인터넷 업계의 권위자로 '오성운동'을 공동 창설한 잔로베르토 카살레조는 베를루스코니 치하의 이탈리아에서 사는 것은 영화 「매트릭스」의 가상현실 속에서 사는 것과 비슷하다고 비꼬았다.[9] 정말로 국내의 인식과 외부에서 이탈리아를 바라보는 인식에는 뚜렷한 차이가 있었다. 나머지 유럽 지역에서는 어릿광대로나 치부되는 인물이 그토록 집착적으로 남의 눈을 의식하는 사회에서 그리 높은 지지를 얻어냈다는 역설도 바로 그 점 때문이라고 나는 생각한다.

'벨라 피구라'(bella figura)라는 표현은 외국에도 꽤 알려져 있다. 그러나 들어봤어도 그 의미를 제대로 이해하는 사람은 드물다. 영어 사용자가 이 표현을 영어로 옮기면 아마 의미가 정확히 들어맞지 않을 것이다. 영국이나 미국에서 아름다움과 미덕은 거의 언제나 별개다. 그러나 이탈리아에서 두 관념은 겹친다. '벨라'(남성형은 bello)는 '아름답다', '예쁘다', '잘생겼다'로 해석되지만, '좋다', '훌륭하다', '선하다'는 뜻도 있다.[*] '우나 벨라치오네'(una bell'azione)는 착한 행동이라는 뜻이다.

'피구라'는 '그림'에서 '남에게 주는 인상'에 이르기까지 다양한 의미를 지닌다. 영어로 가장 비슷한 단어를 찾으라면 '이미지'(image)를 들 수 있다. 단, 피구라는 내가 남에게 보이고 싶어 하는 모습과 무관하게 남들이 보는 내 이미지와 관련이 있다.

'파레 우나 벨라 피구라'(fare una bella figura)는 좋은 인상을 준다는 뜻이지만, 반드시 시각적일 필요는 없다. 예컨대 앞서 선물 포장을 해준 그 점원이라면 아마 남의 집을 방문할 때 큼직한 과일 젤리 한 상자나 빈티지

[*] 이 점을 지나치게 강조할 일은 못 된다. 독일어의 쇤(schön)이나 다른 언어에도 그와 같은 형용사가 존재하기 때문이다. 하지만 이탈리아에서 '벨로'와 '벨라'가 얼마나 자주 사용되는지를 보면 매우 인상적이다. '벨라'는 여성을 사랑스럽게 부르는 용어로도 사용되는데, 특이한 점은 남성끼리도 서로 '벨로'라고 부른다는 점이다. 영국의 '메이트,' 미국의 '버디,' 스페인의 '마초'나 '티오'와는 달리, 이탈리아 남성들은 서로를 '훈남'이라고 부르는 셈이다.

몰트위스키*한 병을 선물하면 '좋은 인상을 줄 것'이라고 조언할지 모른다 (물론 선물을 예쁘게 포장해야 초대한 사람에게 좋은 인상을 주지, 포장도 안 하거나 그냥 종이봉투에 넣어 들고 가면 아무리 비싼 선물이어도 '파레 우나 브루타[brutta] 피구라', 즉 '흉한' 인상을 주게 된다).

여러 가지 의미에서 '피구라'는 동아시아의 '체면' 관념과 상통한다. 이 탈리아인은 서로 체면을 잃지 말아야 한다는 데 대체로 동의하므로 중국 인이나 일본인처럼 남의 체면이 손상되지 않도록 상당히 애쓴다. 기업 경영 을 엉망으로 한 사장을 연차 주주총회에서 공개적으로 망신 주거나 금융 관련 매체가 맹비난하는 사례는 드물다. 대신 사장직에 두기에 능력이 부 족하다고 관련자 모두가 조용히 합의를 본 뒤에, 가능한 한 신중한 방식으 로 해임을 시켜서 당사자의 존엄성과 평판을 지켜준다.

체면 손상에 대한 두려움은 이탈리아 사회에 보편적이다. 바로 그래서 빨래방이 거의 없고, 몇 안 되는 빨래방은 전부 가난한 이민자나 외국 유학 생만 이용한다. 해변이나 수영장에 가기 전에 인공 태닝용 로션을 바르고, 도시마다 시의회의 결정으로 중앙광장에는 가장 잘생긴 경찰을 배치하고 교통 정리를 맡기는 것도 바로 그 때문이다. 사회적 지위가 어느 수준 이상 이 되면 대중교통을 이용하기 꺼리는 것 역시 같은 이유에서이다.

'벨라 피구라'는 이탈리아 남녀 모두가 겉치레 때문에 굉장한 불편함 을 감내하는 원인이기도 하다. 스페인에서 이스라엘에 이르기까지 다른 지 중해 연안 국가에서는 6월쯤부터 찾아오는 무더위에 대처하려고 남성 직 장인들이 반소매 와이셔츠를 입는다. 그러나 이탈리아에서 그랬다가는 앞 서 조르조 알미란테처럼 남의 눈에 "다소 상스럽게" 보일 위험을 감수해야 한다. 그래서 35도가 넘는 7월 말에도 직업상 정장을 입어야 하는 직장인

[*] 이탈리아인들이 처음으로 위스키에 맛을 들인 것은 영화 「달콤한 인생」의 시대인 1960년대 초엽이다. 1990년대 초까지 이탈리아는 전 세계적으로 봤을 때 열렬한 몰트위스키 소비자에 속했다. 특히 인기 있던 글렌 그랜트 몰트위스키는 2005년 캄파리 그룹이 인수했다. 그러나 이후 소비량은 감소하기 시작했다. 이탈리아는 지금도 여전히 세계 5위의 몰트위스키 시장이지만, 소비가 최고에 달했던 시기에 비해 매출액은 3분의 1로 줄었다.

들은 고집스럽게―그리고 기꺼이―와이셔츠 커프스가 재킷 소매 끝으로 나오도록 잡아 뺄 수 있는 긴소매 와이셔츠의 노예가 된다. 시선을 밑으로 내리면 아마 그들은 단단한 가죽 구두와 (모양이 일그러지지 않으므로) 긴 양말을 신고 있을 것이다(이탈리아에서 최악의 패션 실수는 바짓단과 양말 사이로 맨살이 드러나는 것이다). 한편 여성은 대개 몸에 달라붙는 상의와 타이트한 치마나 바지를 입는다. 남성복과 마찬가지로 편안하지 않지만, 자신이 '좋은 인상을 주고 있다'고 느끼는 것이 몸이 편한 것보다 중요하다.

이탈리아에서 성형수술이 유행하는 이유도 남에게 인정받고 싶은 욕구인 듯하다. 이 분야의 국제 통계는 매우 엉성하지만, 국제미용성형외과학회(ISAPS)가 발표한 보고서와 2010년 통계자료에 따르면, 이탈리아인은 각종 성형수술을 받는 일에 유난히 거리낌이 없는 것으로 드러났다. 25개국을 비교한 자료에서 국민 10만 명당 성형외과의사의 수를 기준으로 했을 때 이탈리아가 그리스에 이어 2위를 차지했다. 외과적·비외과적 시술의 인구 대비 빈도수를 기준으로 하면, 한국과 그리스에 이어 3위였다. 2010년 이탈리아에서 이루어진 인구 대비 성형수술 빈도는 미국보다 30퍼센트 높은 수치였다. 프랑스, 스페인, 독일도 전부 이탈리아에 뒤졌고, 영국은 이탈리아의 4분의 1 수준이었다.

잘생긴 남녀가 유난히 많다고 알려진 나라이기 때문에 이 같은 수치가 더더욱 놀랍다. 나는 입술확대수술을 받은 이탈리아 여성의 숫자를 보고 깜짝 놀랐다. 더구나 많은 여성이 저렴한 병원을 찾았다가 잘못된 시술로 부작용을 겪은 증거가 괴롭도록 분명했다. 처음부터 불필요한 시술이었을 것이라는 점에서 더욱 비극적이다. 대다수 이탈리아 여성은 전혀 손댈 이유가 없는 예쁘고 도톰한 입술을 갖고 있기 때문이다.

거식증에 걸려 비쩍 마른 10대 소녀들이 거울 속에서 뚱뚱한 자신의 모습을 보는 현상과도 비슷하다. 실제로 미국에 본사를 둔 건강보조식품

업체 허벌라이프의 2005년 설문조사에 따르면 이탈리아인 일곱 명 가운데 한 명이 자신을 실제보다 뚱뚱하다고 여기는 것으로 나타났다. 자신을 과체중으로 여긴 이탈리아인은 40퍼센트였는데, 실제로 과체중인 사람은 26퍼센트였다.

'벨라 피구라'에 대한 집착은 대체로 무해하다. 오히려 그 덕분에 사람 사는 환경이 더 아름다워지고, 이탈리아에서의 생활이 더 매력적이고 즐겁다는 주장도 가능하다. '벨라 피구라' 사고방식 속에는 사회의 다른 구성원과 잘 어울리고자 하는 염려의 마음이 담겨 있다. 따라서 어떤 의미에서는 이탈리아인이 말하는 '메네프레기스모'(menefreghismo), 즉 타인에 대해 전혀 신경쓰지 않는 뻔뻔한 이기주의를 견제해주는 역할을 한다.

그러나 그와 동시에 벨라 피구라는 메네프레기스모와는 외려 정반대인, 뿌리 깊은 불안감을 시사한다. 이탈리아인의 허약했던 역사와 연약한 국가 정체성의 반영이다. 게다가 '보기 좋은 것'에 대한 숭배의 필연적 결과로서 '흉한 것'(으로 판단되는 것)은 멸시하고, 피하고, 숨기는 경향이 나타난다.

이탈리아에서 몇 달 또는 몇 년 살다 보면 조만간 이상한 점을 깨닫게 된다. 거리나 스낵바나 레스토랑에서 장애인을 거의 찾아보기 어렵다는 점이다. 대도시에는 장애가 있는 걸인들이 물론 있다. 그러나 이들은 십중팔구 외국인이다. 휠체어를 이용하는 관광객 역시 주로 외국인이다.

그럼 신체 장애가 있는 이탈리아인은 대체 어디에 있는 걸까? 시각장애인이나 하반신 마비 환자들은 어디로 갔나? 저 잘생긴 사람들 중에 다운 증후군이나 뇌성마비가 있는 사람은 왜 안 보일까? 때로는 가족의 불편과 수치감 때문에, 때로는 장애인을 위한 제도 마련에 무심한 사회라 시설이 부족해서, 대다수 장애인은 남의 눈에 띄지 않게 집에만 있다는 것이 서글픈 진실이다.

6 겉보기의 중요성

이탈리아에서 장애인이 눈에 띄지 않는 현상은 일정 부분 가톨릭 교회의 영향력 탓으로 돌릴 수도 있다. 장애는 신이 내리는 벌이라는 관념은 중세에 비롯된 것으로서 이미 헛소리로 치부된 지 오래지만, 아직도 미묘하게 사회에 영향을 미치고 있다.

이탈리아에서 눈에 보이지 않는 존재는 장애인뿐만이 아니다. 나나 내 친구들의 경험에 따르면 이탈리아인은 중병이나 불치병에 걸렸을 때 남 앞에 모습을 드러내기를 대단히 꺼린다. 공공장소에서 만삭의 여성을 보기도 힘들다. 이탈리아에서 얼마나 온갖 미사여구로 임신을 격려하는지를 생각하면 역설적이다. 이를테면 출산을 앞둔 여성은 "달콤한 기다림 중"이라고 표현된다. 친척 어른들이 듣기 좋으라고 쓰기도 하지만, 공항에서 임산부 우선 탑승을 안내할 때도 사용한다. 이론적으로나 실제로나 임산부는 숭배의 대상이다. 세상에서 가장 소중한 선물인 생명을 품고 있기 때문이다.

7
삶의 기술

세상의 유일한 기쁨이 시작된다. 살아가는 일은 멋지다.
삶은 언제나 매 순간 시작되기 때문이다.
— 체사레 파베세.

타이슨은 골치 아픈 네발짐승이었다.

대대로 투견용으로 교배되어 엄청난 턱을 자랑했다. 불행히도 투견 시
대는 막을 내렸지만, 타이슨에게 그 점을 이해시킬 방법은 없었다. 녀석은
동네 어느 개라도 상대할 준비가 되어 있었다. 주인은 녀석이 사람과 친근
하다고 우리를 안심시키려 했다. 하지만 어느 날 내 아내가 타이슨을 쓰다
듬으려다 손을 물릴 뻔했다.

남들은 타이슨의 장점을 알아보지 못해도 주인은 녀석을 무척 아꼈다.
타이슨이 늙고 약해지자 주인은 개한테 점점 더 많은 관심을 주었다. 반려
견에 대한 그의 헌신은 정말 대단했다.

시간이 지나면서 나는 그냥 안락사로 고통을 줄여주는 것이 타이슨을
위한 일이 아닌가 하는 생각을 지울 수 없었다. 밤마다 주인은 걷기는커녕
제대로 서지도 못하는 개를 밖에 데리고 나가 후들거리는 힘겨운 발걸음을
조금씩 옮기고 용변을 보도록 무한한 참을성으로 독려했다. 결국 그것조

차 못하게 됐을 때 안락사시켰다.

이것은 전혀 예외적인 경우가 아니다. 내가 아는 수의사는 이탈리아인이 영국인이나 미국인보다 반려동물을 안락사로 떠나보내기를 훨씬 꺼린다고 했다. 생명은 너무나 소중해서 어떤 경우에도 최대한 끝까지 연장하고 보호해야 한다는 믿음은 이탈리아에서 대단한 영향력을 발휘한다. 사람들은 이 신념을 동물에게도 적용한다.

사형제도에 반대하는 것도 같은 이유다. 이탈리아에서는 아무리 보수적인 정치인이라도 미국에서 흔하게 집행되는 사형 방식을 보며 경악한다. 가끔 미국인 사형수 이야기가 이탈리아 잡지나 텔레비전 다큐멘터리의 소재가 되면서 스캔들처럼 다뤄진다. 이따금 사형수가 이탈리아계 미국인일 때가 있는데, 그러면 이탈리아 사람들은 사형수가 정말로 유죄인지 의문을 제기하기 일쑤다. 그런 사례가 이탈리아에 알려지면 해당 주지사는 이탈리아 국민들로부터 편지와 이메일을 잔뜩 받고 어안이 벙벙해진다. 사형 집행일이 다가올수록 이탈리아 정치인과 워싱턴에 있는 이탈리아 외교관들은 로비를 벌여 형 집행 유예를 받아내라는 압박에 시달린다. 그런 노력은 대개 허사로 돌아가고, 이탈리아 국민은 크게 분노한다. 이탈리아인이 다른 면에서는 아무리 분열이 심해도, 이 문제 하나만은 일심단결이다.

왜? 가장 자명해 보이는 해답은 생명의 신성함에 대한 로마 가톨릭 교회의 가르침에 있다. 그러나 정말 그것이 유효한 답일까? 교회의 '생명신학'은 비교적 최근에 발전한 사상으로 사형에 대한 입장과 인공피임, 체외수정, 줄기세포 연구 등에 관해 일관된 원칙을 세우는 역할을 해왔다. 하지만 진실을 말하자면 옛 교황령에서 죄수를 처형하는 일은 흔했고, 바티칸 시국은 미시간 주가 미국 최초로 사형을 폐지한 지 123년 뒤인 1969년에야 비로소 사형제를 폐지했다.*

이탈리아인이 가톨릭 교회에 끼치는 영향도 대단하므로 이탈리아인의

[*] 그러나 집행은 하지 않았고, 교황에
대한 암살 또는 암살미수에 선고를 내리는
용도로만 이용했다.

열렬한 생명존중 사상이 바티칸의 교리에 영향을 준 것이지 그 반대가 아니라는 주장도 가능하다. 근세 최초의 사형 폐지는 다름 아닌 이탈리아의 토스카나 대공국에서 실현됐다. 1786년의 일이었다. 형법에서 사형 조항이 삭제된 날인 11월 30일을 토스카나 주는 2000년에 공휴일로 선포했다. 당시 토스카나 대공국의 지배자는 오스트리아인이었지만, 사형 폐지를 실행에 옮기도록 그에게 영감을 준 사람은 세계 최초의 형법학자로 여겨지는 이탈리아인 체사레 베카리아였다. 단명한 로마 공화국은 1849년 사형을 폐지한 두 번째 국가이고, 곧이어 산마리노 공화국이 이에 동참했다.

생명은 무한히 고귀하다는 시각은 인생을 충실하게 살겠다는 이탈리아인의 단호한 결의와 상통한다. 지루한 현실을 개선하고, 따분함을 최소화하고, 즐거움을 최대화하고, 존재의 조악한 부분을 매끈하게 다듬기 위해 최선을 다한다.

아무 때나 칭찬도 잘한다. 로마에서 택시를 타고 사람들이 잘 모르는 동네에 간다고 해보자. 기사에게 거리 이름을 말하면 그가 이렇게 말할지 모른다. "어딘지 압니다. 세템브리니 거리와 페라리 거리 사이에 있지요." 이럴 때 승객이 런던 사람이라면 "정확합니다", 뉴요커라면 "맞아요" 정도로 답할 것이다. 하지만 이탈리아에서는 "잘했다", "영리하다"는 의미를 지닌 "브라보!"를 외쳐주지 않으면 인색한 사람이 될 확률이 높다. 그렇게 칭찬받은 택시 기사는 기분이 좋아져서 승객을 목적지까지 편안하게 모시려고 애쓴다. 마찬가지로 모든 여성은 자동으로 '벨레'(belle)이며, 정말 예쁜 여성에게는 최상급 형용사 '벨리시메'(bellissime)가 사용된다.

이처럼 풍부한 매력 발산으로 지루한 일상을 날려버리는 이탈리아인의 재능은 1년 내내 넉넉하게 발휘되지만, 특히 사순절 기간에 가장 두드러진다. 가톨릭 전통에 따르자면 사실 사순절은 예수의 재판과 고통스러운 죽음을 생각하며 회개와 금욕의 시간을 보내는 가장 엄숙한 40일이어야 한다. 그러나 이탈리아에서는 별로 그래 보이지 않는다.

우선 다른 나라와 마찬가지로 이 기간에 카니발이 있다. 몇 주간 금욕에 들어가기 전에 잠시 방종을 즐기는 것이다. 어린아이들은 공주, 귀신, 슈퍼히어로, 해적 등으로 분장하고 거리로 나온다. 해마다 다르지만, 카니발 행사는 2월 초에서 3월 초 사이 기간에 열린다. 아이들의 코스튬은 음울한 계절에 밝은 색깔을 부여한다.

'카르니발레' 기간에는 이탈리아에서 열리는 다른 축제와 마찬가지로 '스프라폴레'(sfrappole, 얇고 긴 모양으로 튀겨 설탕을 뿌린 과자), '카스타뇰레'(castagnole) 또는 '프리텔레'(frittelle, 설탕을 뿌리고 크림을 넣은 작은 도너츠)처럼 그때만 접할 수 있는 먹거리가 시장에 나온다. 높은 칼로리를 자랑하는 이 간식들은 사순절이 시작되면 가게에서 자취를 감춰야 하지만, 재의 수요일로부터 몇 주가 지나도 구하기 어렵지 않고, 성 요셉 대축일(3월 19일)이 지나야 비로소 확실하게 시야에서 사라진다.

마리아의 남편을 기리는 성 요셉 대축일은 언제나 사순절 기간에 찾아오며, 가톨릭 신자에게는 육식을 금하는 날로 지정되어 있다. 그러나 적어도 로마 이남의 남부 지방에서 고기의 결핍은 크림을 넣고 설탕에 절인 과일을 얹은 페이스트리 '체폴레'(zeppole)로 충분히 보상되고도 남는다. 마지막 체폴레가 소비되고 나면 사순절은 거의 끝난다.

하지만 교회력에 따르면 사순절이 끝나기 전에 거쳐야 하는 엄숙한 날이 하나 더 있다. 바로 예수의 십자가 수난일인 성금요일이다. 이날은 교회 제단에서 장식을 제거하고, 신부들은 검정 옷을 입고 미사를 집전하며, 교회 종도 울리지 않는다. 사순절 기간 중 가장 구슬픈 이 날은 이탈리아인의 눈에 이교도쯤으로 비치는 영국, 덴마크, 스웨덴 같은 나라에서 공휴일이고, 가톨릭교도가 다수가 아닌 인도네시아에서도 명절로 지정되어 있다. 그런데 오히려 이탈리아에서는 이날을 특별하게 여기지 않는다. 상점, 은행,

극장 모두 문을 연다. 그런 의미에서 혹시 성금요일이 이탈리아 사람들에게 1년 중 가장 "흉한" 날이어서 그런 식으로 반응하는 것은 아닌지 의문을 품지 않을 수 없다.

어쨌든 모든 것이 끝나면 온 국민은 부활절 일요일을 축하할 준비를 한다. 달걀 모양의 초콜릿, 비둘기처럼 생긴 '콜롬바'(colomba) 케이크, 나폴리식 리코타 치즈 파이 '파스티에라'(pastiera), 나폴리타나, 움브리아 등지에서 많이 먹는 치즈 스펀지케이크 '피자 파스콸레'(pizza pasquale)를 즐긴다.

평범한 일상으로 되돌아온 것이다. 여러 가지 의미에서 이탈리아의 평범한 일상은 정말 산뜻하다. 적어도 지난 몇십 년 동안은 그런 식으로 발전해왔다. 도시나 시골이나 아름답고, 의복은 우아하고, 햇빛도 풍부하다.

시인 아리오스토는 이렇게 적었다. "나는 부유함보다 고요함을 원한다." 그의 동포들도 대체로 같은 시각을 갖고 있다. 이탈리아인은 절대 게으르지 않다. 굉장히 열심히 일하고, 가업을 운영하면 더욱 그렇다. 그러나 노동을 단순한 필요악으로 생각하는 사람이 많다. 주간지 『파노라마』에서 실시한 2006년 설문조사에 따르면 한 달에 5,000유로 정도의 수입만 확보된다면 일을 그만두겠다는 사람이 응답자의 3분의 2에 달했다. 대개는 은퇴를 매우 긍정적으로 본다. 앵글로색슨 사회에서처럼 은퇴 후 정체성 상실을 어떻게 극복할지 염려하는 현상은 찾아보기 어렵다. 나는 퇴직한 이탈리아인을 많이 알고 있지만, 길에서 마주치거나 옛 직장에 찾아온 그들이 은퇴생활에 관해 부정적으로 말하는 것을 단 한 번도 들어본 적이 없다.

나는 이탈리아 신문사 두 군데에서 객원 기자로 생활했는데, 둘 중 어디에서도 직장생활에 활력을 불어넣기 위한 행사를 추진하는 꼴을 보지 못했다. 그런 일은 무의미하다는 일반화된 합의가 있는 듯했다. 크리스마스 때 함께 술을 한잔씩 하는 경우를 제외하면, 영국이나 미국 직장처럼 직원의 사기를 드높이고 단체정신을 불어넣으려는 목적의 행사는 전무했다.

더 놀라운 것은 의례가 전혀 없다는 점이다. 은퇴하는 직원은 그냥 사라진다. 어제 책상에 앉아 있던 사람들이 내일 그냥 없어진다. 상사가 조촐한 파티를 열고 "감사하다, 장차 좋은 일만 있으시길 기원한다"는 취지의 연설을 하는 일도 없고, 동료들이 돈을 모아 선물을 하지도 않고, 20~30년 회사에서 일한 사람의 은퇴를 기리는 메모 한 장 게시판에 꽂히지 않는다. 그들은 그냥 떠난다. 루이스 캐럴의 스나크처럼, 그들은 "살그머니 그리고 갑자기 증발했다".

이것은 대다수 이탈리아인이 일과 여가에 날카롭게 선을 긋는 경향과 수미일관한다. 어떤 때 나는 점심시간에 밥을 먹으면서 편안하게 읽으려고 보고서나 자료를 갖고 나간다. 그럴 때마다 이탈리아인 동료들이 다가와 경악과 못마땅함이 뒤섞인 표정을 지어 보인다.

"있잖아요, 그거 몹시 나쁜 버릇입니다." 회사 근처 카페에서 뭘 먹으면서 신문을 읽고 있는 나를 본 신문사 고위 간부가 말했다. 점심도 다른 식사와 마찬가지로 앞에 놓인 음식과 와인에 집중하거나 대화를 즐기는 신성한 의식이어야 했다.

이탈리아인에게 여가가 소중하다면, 매끼 먹는 즐거움은 신성하다. 음식에 관한 글을 쓰는 영국 작가 엘리자베스 로머는 이렇게 적고 있다. "한번은 이탈리아 기차에서 서로 초면인 두 회사원의 대화를 우연히 들은 적이 있다. 기차가 이동하는 두 시간 내내 그들은 카르보나라 스파게티를 비롯해 파스타 소스를 만드는 방법에 관해 열정적으로 논의했다." 이탈리아에 살아본 사람은 누구나 같은 경험을 했을 것이다. 어떤 의미에서 이탈리아인에게 요리란 영국인의 날씨와 비슷해서, 타인과 대화할 때 정치, 종교, 축구를 건드리는 위험을 피하기에 딱 알맞은 화제다. 하지만 때로는 음식을 갖고도 논쟁이 붙는다. 사람들은 요리에 판체타 돌체(pancetta dolce, 훈제하지 않은 베이컨)를 쓰느냐, 판체타 아푸미카타(pancetta affumicata, 훈제

베이컨)을 쓰느냐를 가지고 열렬히 논쟁한다. 문제 되는 이슈가 판체타가 아니라 돼지 볼살이나 턱살로 만든 '관찰레'(guanciale)라면 논쟁은 더 매서워진다. 이탈리아 중부 사람 중에는 부카티니 알라마트리차나(bucatini all'amatriciana)에 돼지 턱살 이외의 재료를 써도 된다고 인정하느니 차라리 한 달 치 급료를 못 받는 편이 낫다고 생각하는 사람이 정말 있다.

이런 현상을 설명해줄 한 가지 이유가 있다. 이탈리아에서 요리는 가족과 연결되는 정체성이기 때문이다. 엄마가 딸에게 물려주는 레시피는 가족 정체성의 일부가 된다. 음식은 가족의 유대를 강화하는 중요한 역할을 한다. 아무리 바빠도 자녀들은 저녁식사 때는 식탁에 와 앉아야 한다. 하루에 있었던 일을 이야기하고, 문제가 있으면 의논하고, 불만이 있으면 꺼내놓는 곳도 바로 저녁 식탁에서다. 이 자녀들이 성인이 되면, 엄마가 차리는 일요일 점심을 함께한다. 일요일 점심시간 직전이면 시내에 어김없이 교통체증이 심해진다. 가족이 후식으로 먹을 케이크나 파이를 사서 부모님 댁으로 향하기 때문이다.

이탈리아의 일상에서 식탁의 역할은 온갖 광고에서 끊임없이 강조되고 심지어 문법에도 반영된다. '일 타볼로'(il tavolo)는 단순히 식탁이라는 사물을 의미하는 데 반해, 같은 단어의 여성형인 '라 타볼라'(la tavola)는 번역하기가 까다롭다. 이 표현은 식사와 그 준비 과정, 음식의 질과 소비, 그리고—가장 중요한—식사의 즐거움을 포괄적으로 함축한다. '일 타볼로'는 식기를 놓는 가구이지만, '라 타볼라'는 총체적인 경험을 상징한다. 거기서 접시와 잔, 포크와 나이프는 매우 작고 기능적인 역할만 수행할 뿐이다. 이탈리아인은 식사의 즐거움을 '식탁의 즐거움'(i piaceri della tavola)이라고 표현한다.

하지만 이탈리아 요리가 프랑스 요리보다 못하다는 인식을 벗어나 널리 인정받게 된 것은 이탈리아인 사이에서조차 최근의 일이다. 자기 나라 사람을 '교활한' 무리와 '우직한' 무리로 처음 분류했던 문인 주세페 프레촐리니는 벌써 1954년에, "스파게티에 비하면 단테의 영예가 별건가?"라는 질문을 던지는 선견지명을 보인 바 있다. 그러나 그 후에도 적어도 15년간은 이탈리아 요리란 여전히 짚으로 병을 감싼 싸구려 저질 와인, 산더미처럼 쌓인 파스타, 뻘건 체크무늬 식탁보를 의미할 뿐이었다.

이후 인식이 바뀐 데에는 몇 가지 요소가 작용했다. 우선 이탈리아 와인의 질이 눈에 띄게 좋아졌다. 그리고 지중해식 식사법 열풍이 불었다. 옛날에는 외국 여행객들이 이탈리아 식단에 고기가 부족하다는 점을 유감으로 여기거나 업신여겼다. 동물성 지방과 단백질이 풍부한 음식을 고급으로 여겼고, 그게 건강한 음식이라는 인식이 있었다. 그런데 미국 생리학자 안셀 키스가 포화지방과 심장질환의 관계를 발표하면서 사정이 달라졌다. 키스는 아내 마거릿과 함께 1975년에 펴낸 『지중해식으로 건강히 사는 식사법』(How to Eat Well and Stay Well the Mediterranean Way)에서 올리브유, 채소, 콩류, 생선을 중심으로 하는, 대안적이지만 여전히 맛있는 식사법을 제시했다.* 게다가 이탈리아 요리는 조리가 쉬운 편이다. 식당이나 호텔뿐 아니라 집에서 해 먹는 음식에 대해서도 사람들의 기대치가 높아지면서 간편한 조리법은 점차 중요한 요소로 고려되었다.

그러나 토스카나나 나폴리 항만에서 경험한 잊을 수 없는 저녁 식사를 버밍엄이나 보스턴에서 재현하는 일은 생각만큼 쉽지 않다. 이탈리아 요리는 다른 나라 요리처럼 복잡한 소스나 특이한 향료보다 재료의 질에 좌우된다. 바질과 토마토소스를 곁들인 리가토니 파스타 같은 너무나 평범한 음식도, '파사타'(passata, 생토마토를 으깨 체로 내린 것)의 질이 좋으면 절묘한 식도락 경험이 될 수 있다. 지금도 이탈리아의 도시 거주민들은 시골에 본인이나 친척이 소유하는 밭에서 자란 토마토로 직접 파사타를 만들어 병에 담아 저장한다.

[*] 키스 박사는 제2차 세계대전 당시 미군에게 지급된 소형 전투식량을 고안했다. 이 전투식량은 그의 이름을 따서 K레이션이라고 불렀다. 그는 이탈리아 남부에서 여러 해 살다가 100세에 사망했다.

요리의 질과 재료의 질 사이의 이 같은 밀접한 상관관계는 슬로푸드 운동의 핵심이다. 슬로푸드 운동은 1986년 로마의 스페인 계단 부근에 맥도날드가 문을 열자 이에 대한 저항으로 시작됐다. 슬로푸드 운동의 목표는 지역 식문화를 보존하고 지역에서 키운 채소와 가축을 재료로 사용하는 것이다. 꼭 유기농 식자재를 쓸 필요는 없지만, 슬로푸드를 지향하는 많은 식당이 유기농 재료를 쓰고 유기농 와인을 들여놓는다. 이제 슬로푸드 운동은 150개국에 10만 이상의 동참자를 두고 있다. 음식 전문 기자 겸 슬로푸드 창시자 카를로 페트리니는 2004년 토리노 근처에 있는 자신의 고향 브라에 미식과학대학(University of Gastronomic Sciences)을 설립했다. 이 대학 캠퍼스 안에는 호텔과 미슐랭 별점을 받은 레스토랑이 있으며, 식품영양과학, 미각화학, 음식역사, 음식미학, 음식사회학 등을 가르친다.

이탈리아에서 패스트푸드의 침입은 제한적이다. 인구가 대략 비슷한 프랑스와 영국에 1,200개의 맥도날드가 있는 데 비해 이탈리아에는 450여 개가 있을 뿐이다.[1] 스타벅스는 아직 이탈리아 진출에 성공하지 못했다.• 독일, 프랑스, 스페인 등 커피의 질이 높은 나라를 포함해 60여 개국에 지점을 열었지만, 이탈리아에는 하나도 못 열었다. 스타벅스 CEO 하워드 슐츠는 그 이유에 대해 이탈리아의 "정치와 경제 이슈"에 휘말리지 않기 위한 결정이라고 답했다.[2]

이탈리아 음식 몇 가지는 역사가 수백 년이나 된다. 교황 비오 5세의 요리사 바르톨로메오 스카피는 1570년 이탈리아 최고의 치즈는 파마산과 마르촐리노 치즈라는 기록을 남겼다. 그 두 가지 치즈는 지금도 어느 식품점에서나 쉽게 찾아볼 수 있다. 스카피는 "카시 카발리"(casci cavalli)도 언급했는데, 지금도 남부 전역에서 생산되는 카치오카발로 치즈를 가리키는 것이 분명하다.

당시 나폴리는 "두께가 1인치 이하이고 위를 반죽으로 덮지 않은" 밀

[•] 2016년 2월 밀라노에 스타벅스 1호점이
개점했다. — 옮긴이 주

가루 음식으로 유명했다. 나폴리 사람들은 이를 피자라 불렀다. 그러나 단어만 봐서는 속기 쉽다. 재료나 음식을 일컫던 용어가 지금과는 꽤 다르기 때문이다. 보카치오의 『데카메론』(Decameron)에서 익살꾼 마소 델 사지오는 바스크 지역에 "파마산 치즈 가루"로 된 산이 있고 "거기 사는 사람들은 마카로니와 라비올리를 만드는 것 말고는 다른 일은 하지 않는다"고 했지만, 그가 말하는 음식은 지금 우리가 이탈리아 식당에서 보는 음식과는 다르다. 마카로니는 아마 말린 콩으로 만든 경단일 것이고 라비올리는 크로켓에 가까울 것이다. 보카치오는 또한 자기 등장인물을 통해 "베르나치아 와인이 흐르는 개울"을 상상했으나, 그 와인이 과연 오늘날 토스카나에서 접할 수 있는 가볍고 상큼한 동명의 와인과 얼마나 비슷한지 알 길이 없다. 예컨대 오르비에토 와인은 지금은 대체로 드라이하지만, 과거 수백 년간 꿀처럼 달았다.

올리브유도 여러 세기 존재한 음식이고, 이탈리아에서 올리브유의 역사는 의심의 여지 없이 1,000년은 족히 된다. 그러나 비교적 최근까지도 여러 지방에서 비싼 고급 식품으로 여겨졌다. 중세에 대다수 이탈리아인은 요리에 돼지비계를 썼다. 15세기부터는 북부, 남부 할 것 없이 점차 버터가 인기를 끌었다.

이와 비슷하게 파스타도 이탈리아 음식의 일부였던 역사는 오래지만, 지금처럼 지배적인 위치를 차지하게 된 것은 꽤 최근의 일이다. 가장 오래된 형태의 파스타는 라자냐로 고대 로마에서도 즐겼다고 알려져 있으나 요즘 조리하는 방식과는 달랐다. 한편 건조 파스타는 따로 발명되었다. 북아프리카에서 사막을 건너다니던 대상이 여행을 위한 장기 보관용으로 고안했다. 이것을 아마도 무슬림 정복자들이 시칠리아로 가져왔을 것이다. 1154년에 발간된 고문서에서 모로코 출신의 지리학자 겸 식물학자 알 이드리시는 팔레르모 부근에서 파스타 제조 산업이 번성하고 있으며, 여기서 생산한 파스타를 무슬림 국가와 기독교 국가 양편에 수출한다고 기록하고 있다. 그중에는 '이트리야'(itrija)라고 부르던 줄처럼 생긴 긴 파스타가 있었다. 건조 파스타가 낙타로 이동하던 사람들에게 편리했다면 선원들에게도 마찬가지였을 테니 파스타가 그다음 등장한 곳이 제노바라는 점은 그리 놀랍지 않다. 제노바에서 파스타가 문헌에 언급된 것은 1279년이며 14세기부터는 제노바 특산 파스타인 베르미첼리(vermicelli)의 생산이 개시되었다. 그런데도 사람들은 파스타 하면 계속 시칠리아를 떠올렸고, 18세기부터는 나폴리 사람들에게도 "마카로니 먹는 사람"이라는 별명이 붙게 되었다. 1785년에 나폴리에서 파스타를 파는 가게는 280군데에 달했다.

치즈 가루는 일찍부터 음식 맛을 내는 데 쓰였고, 설탕과 계피 역시 풍미를 끌어올리는 양념으로 인식됐다. 파스타는 요즘과는 달리 물보다는 육수나 우유에 끓이는 경우가 많았다. 알베르토 카파티와 마시모 몬타나리의 이탈리아 음식사에 관한 논문을 보면 "마카로니는 반드시 두 시간 끓여야 한다"는 어느 초기 음식비평가의 단호한 주장이 나온다.[3]

토마토소스는 비교적 최근에 등장했다. 스페인을 통해 전해진 것이 분명한 토마토는 벌써 1568년쯤에는 '포모 도로'(pomo d'oro), 즉 '황금 사과'라는 의미의 이름을 얻는다. 그러나 미국이나 다른 나라에서도 그랬듯이 이탈리아인도 이를 무척 회의적으로 취급한 나머지 토마토가 식자재로서 이탈리아 요리에 스며든 속도는 매우 느렸다. 토마토를 재료로 기록한 최초의 레시피는 17세기 말에 등장했다. 이후 100년에 걸쳐 토마토는 나폴리 지역에서 확고한 식재료로 자리 잡았다. 그러나 이탈리아 중부에서는 19세기 말까지도 음식에 신맛을 더할 때는 시큼한 포도 과즙으로 만든 '아그레스토'(agresto) 소스를 썼다.

신세계 음식 중에 가장 신속하게 퍼진 것은 옥수수다. 소개된 지 얼마 안 되어 베네토 지역에서 경작되기 시작했고, 이전에는 오로지 메밀로만 만들었던 '폴렌타'(polenta)의 기본 재료가 되었다.

수많은 외국인이 언급해온 대로 이탈리아 음식은 궁극의 '위로 음식'이고 이탈리아인도 그 점을 알고 있다. 각종 상을 수상한 에토레 스콜라 감독의 코미디 영화 「우리는 그토록 사랑했네」(C'eravamo tanto amati)를 보면, 스파게티를 가리켜 "모든 근심을 가라앉히는, 사랑보다 더 위대한 치유제"라고 일컫는 장면이 나온다. 그리고 책 도입 부분에서 설명했듯, 지난 수 세기 동안 이탈리아인들은 많은 위로와 치유가 필요했다.

잦은 전쟁과 사회 갈등은 대개 궁핍으로 이어졌고, 이것이 이탈리아 음식의 목록을 폭넓게 만드는 데 지대하게 기여했다. 1990년대나 되어서야 비로소 영미권에서 유행하게 되는 이탈리아식 루콜라 샐러드는 사실 이탈리아 사람들이 제2차 세계대전 기간과 전후 시대에 잡초 중에서 식용 가능한 것을 뒤진 데서 기원한다. "기근을 겪을 때 땅에서 나는 가장 사소하고도 기본적인 자원을 식량으로 바꾸는 기술은—야생 열매와 포도 씨로 빵을 만드는 기술, 덤불 뿌리와 도랑에서 캐낸 허브로 수프를 만드는 법 등이 수많은 고대와 근대 문헌에 기록되어 있다—재난에 끊임없이 일상을 위협받는 사람들의 고난을 너무나 생생히 증언한다"고 카파티와 몬타나리는 적고 있다.

이탈리아 요리가 끊임없이 변해왔다는 점을 고려할 때 오늘날 이탈리아인이 자기 나라 요리에 일어나는 혁신에 대해 종류를 막론하고 지극히 의심스러운 눈초리로 바라보는 현상은 역설적이다. 대도시의 고급 레스토랑이나 5성급 호텔 요리사라면 즉흥성이나 실험 정신을 발휘해볼 수 있지만, 집밥이나 근처 스낵바나 동네 식당의 음식은 지난주, 지난달, 작년과 똑같이 변함이 없어야 사람들에게 인정받는다.

런던이나 뉴욕에서 이탈리아 이민자나 그들의 후손이 운영하는 샌드위치 가게에 가면 온갖 다양하고 창의적인 재료가 들어간 샌드위치를 보며 놀라게 된다. 그러나 이탈리아 본토에서는 의식적으로 트렌디한 가게를 운영하는 소수의 사례를 제외하면 햄과 모차렐라, 모차렐라와 토마토, 토마토와 참치, 참치와 아티초크 등 샌드위치에 들어가는 재료는 늘 뻔하다. 다맛있지만, 언제나 똑같다.

이탈리아인은 아직도 타국의 고유 음식을 심히 미심쩍게 여겨서, 그런 레스토랑은 주로 이민자만 이용할 정도다. 영국인에게 중국 음식은 인도 음식과 마찬가지로 "싸고 격식 없는 음식 뭐 있지?" 할 때 찾는 것으로 자리를 잡았지만, 이탈리아에서 중국 음식은 이탈리아 음식과 비슷하게 변질됐다. 만두는 라비올리와 비슷하고, 국수는 페투치니나 링귀니를 닮았다. 놀랍게도 수입된 식문화 가운데 그나마 가장 인기를 얻은 것은 다른 음식보다 더 이국적인 초밥이다. 그런데도 여행 어플 트립어드바이저(TripAdvisor)에 따르면 로마에 있는 식당 가운데 일식당의 비율은 1.25퍼센트에 불과했고, 에스닉 레스토랑이 전체에서 차지하는 비율은 6퍼센트에 못 미쳤다. 좀 더 국제적인 도시 밀라노에서 에스닉 레스토랑 비율은 17퍼센트였고 나폴리는 7퍼센트였다.

마찬가지로 대다수 소비자는 수입 식품에 매우 회의적이어서 식품 제조 업체는 자기 제품이 이탈리아산이라고 열심히 강조한다. 이탈리아인과 영국인 부모 사이에서 태어난 여성이 해준 이야기가 있다. 그녀는 어렸을 때 이탈리아에 있는 할머니와 여름을 함께 보냈다. 그때 할머니는 손녀가 가지고 온 피넛버터 병을 들고 살피더니 손녀를 하염없는 연민의 눈길로 바라보았다.

그다음 할머니가 한 말은 번역이 불가능하지만 의역하면 대략 이렇다. "아이고 내 새끼, 어쩌다 이런 것까지 먹는 처지가 되었단 말이냐?"

유럽연합 단일시장이 형성된 지 수십 년이지만 이탈리아 슈퍼마켓에서 외국 식료품은 거의 찾아보기 어렵다. 독일 맥주나 공장에서 대량생산한 프랑스 치즈, 네덜란드 치즈 정도는 물론 찾아볼 수 있지만, 그것 말고는 외국인이 자기네 기이한 입맛을 충족시킬 콘비프나 죽순 같은 이국적인 식품을 파는 코너는 작고 미미하다.

질 좋은 외국 치즈를 잘 팔지 않는다는 점은 사실 놀랍다. 이탈리아의 미식 문화에 대한 기여도가 비교적 낮은 음식이 바로 치즈이기 때문이다. 물론 모차렐라나 파마산 치즈가 있지만, 그것들은 그 자체로 즐기기보다는 주로 요리 재료로 사용된다. 고르곤졸라와 마르촐리노 정도를 제외하면 이탈리아 치즈는 좀 밋밋하다. 이 점은 스페인도 마찬가지지만 최근 몇 년 사이 스페인 치즈 산업은 일취월장하고 있다. 이탈리아와 스페인은 이 분야에 관한 한 도저히 경쟁할 수 없는 나라인 프랑스와 국경을 공유한다. 그러나 스페인 마트에서는 다양한 프랑스 치즈를 구할 수 있지만, 대다수 이탈리아 마트에서는 브리 치즈나 카망베르 치즈 몇 점을 발견할 수 있으면 운이 좋은 편에 속한다. 한번은 토스카나에 있는 어느 마트에서 페타 치즈가 있는지 물었다. 그때까지 나는 페타 치즈를 전형적인 그리스 것으로 생각했다.

"이거 아주 맛있어요." 점원이 치즈를 싸주면서 말했다. "이탈리아 산이에요."

나는 아주 교양 있는 이탈리아인 중에서도 이탈리아 음식이 아니면 단호히 먹기를 거부하는 사람을 여럿 봤다. 외국 음식을 잘 먹는 이탈리아인 지인 하나가 몇 년 전 프랑스로 휴가를 갔다. 그는 인생을 즐기며 사는 사람이었고 내가 아는 한 음식과 술에 돈을 아끼는 사람이 아니었다. 나는 휴가를 마치고 돌아온 그에게 어땠느냐고 물었다.

"괜찮았어요." 그가 말했다. 그는 노르망디까지 운전해서 올라갔다가, 파리를 들러 다시 브르타뉴로 내려온 뒤, 프랑스를 가로질러 리옹, 론 강 유역, 프로방스를 차례대로 섭렵했다. "아주 즐거웠습니다." 그러더니 이렇게 덧붙였다. "음식은 별로였지만요…."

또 이런 일도 있었다. 우리 부부는 로마에 사는 프랑스 여성에게 저녁 식사 초대를 받았다. 손님들은 전부 30대나 40대였다. 그중 몇 명은 예술계에 종사했다. 이탈리아 수도에서 가장 세련되고 글로벌한 사람들의 모임이라 할 만했다. 내 옆에 앉은 여성은 어느 국영 박물관의 큐레이터였다. 콩, 토마토, 양파가 들어간 맛있는 애피타이저가 첫 코스로 나왔을 때 그녀는 입을 다물지 못했다.

"파스타는 어디 있죠?"

주인은 프랑스에서는 첫 코스로 파스타를 내는 관습이 없다고 설명하고, 대신 빵과 감자가 식사 내내 나오니 탄수화물 보충에 문제없다고 안심시켰다. 그러나 그 큐레이터는 납득이 안 가는 표정이었다. 첫 코스에 거의 손도 대지 않았고, 두 번째 코스도 먹는 둥 마는 둥 했으며, 식사 내내 불만스럽고 허기져 보였다.

이렇게 고집스럽게 전통을 지키는 습성은 이탈리아 요리의 온전성과 정체성을 보존하는 데 도움을 준다. 그러나 다른 분야에서 그런 습성은 심한 부작용을 일으킬 수 있다. 무엇보다 경제 분야에서 더욱 그렇다.

8
목요일은 뇨키 먹는 날

신질서 도입에 앞장서는 것보다 더 착수가 어렵고,
실행이 위험하고, 성공이 불확실한 일은 없다는 점을 잊지 말아야 한다.
혁신가는 구체제하에서 이익을 얻던 모두를 적으로 돌리게 되고,
신체제에서 이익을 얻을지도 모르는 자들의 지지는 미온적이기 때문이다.
— 니콜로 마키아벨리.

외국 특파원들은 현지에 도착해 조금만 지나면 폭탄 폭발음과 자동차 배기가스 폭발음, 총성과 폭죽을 구별할 줄 알게 된다. 그리고 내가 로마에서 그날 아침에 들은 소리는 의심의 여지 없이 날카로운 권총 사격음이었다. 내가 사는 이 골목은 말할 것도 없고 이 세상에 무슨 흉악한 일이 벌어질 거라고는 도무지 믿어지지 않을 만큼 아름다운 봄날이었다. 몇 초 동안 나는 내 귀로 똑똑히 들은 그 소리를 부인했다. 곧 비명과 소란이 일었다.

1999년 5월 20일 오전 8시가 조금 지난 시각, 로마와 나폴리에서 고용법을 가르치는 대학 교수 마시모 단토나가 출근길에 새로 부활한 붉은여단 조직원의 총탄에 쓰러졌다. 암살자는 51세의 교수에게 총탄 아홉 발을 발사했고 그중 한 발은 심장에 박혔다. 신(新)붉은여단(the reborn Red Brigades)의 관점에서 단토나의 죄목은 당시 중도좌파 정권의 요청으로 고용과 해고를 용이하게 하고 노동시장 유연성을 높이는 법안을 마련했다는 것이었다.

후임자 마르코 비아지 교수는 2001년 실비오 베를루스코니의 중도 우파 정권에서 자문역을 맡았다. 이듬해 그 역시 거리에서 신붉은여단의 총에 맞아 암살당했다.

단토나와 비아지 암살 사건은 이탈리아에서 급진적인 변화를 시도하려는 자는 좌우를 불문하고 누구나 험한 꼴을 당할 수 있다는 사실을 끔찍한 방식으로 상기시켰다. 수백만의 삶과 생계에 직접 영향을 주는 고용법 개혁이 극좌 운동가와 음지에서 어슬렁거리는 테러 분자들을 자극한 특수한 사례라고 주장할 수도 있다. 그러나 다른 나라에서는 노동시장 자유화가 실행돼도 사람이 죽지는 않았다. 변화에 대한 공포와 안정에 대한 욕구는 이탈리아 사람들 삶의 날실과 씨실이다.

로마에 조금만 살아보면 최고급 레스토랑에서 수수한 셀프서비스 식당에 이르기까지 로마에서 영업하는 모든 종류의 요식업소에서 매주 목요일이면 뇨키(gnocchi, 밀가루나 감자 또는 둘 다 넣어 만든 경단)를 판다는 사실을 알아차리게 된다. 그리고 목요일 외에는 뇨키를 찾아보기 어렵다. 이처럼 일상의 소박한 관례들 속에서 안정감을 확보하는 일은 매우 이탈리아다운 특징이다. 목요일에 점심을 먹으러 가면 웨이터가 자부심과 만족감이 뒤섞인 미소를 지으며 이렇게 말한다. "오늘 메뉴는 라구 소스를 곁들인 뇨키입니다." 식당에 따라 페스토 소스를 곁들이기도 하고 소렌토 식으로 오븐에 구울 수도 있고, 온갖 변주가 가능하다. 만일 당신이 뇨키는 별로고 파스타나 리소토를 주문하고 싶다고 말하면 아마 웨이터의 얼굴에서 미소가 걷히고 어리둥절한 표정으로 바뀔 것이다. 대세를 거부하다니. 당신은 지금 보편적으로 인정된 질서에 역행하고 있는 것이다.

이 전통의 유별난 점은 첫째, 로마에만 존재하는 전통이라는 점이고, 둘째, 왜 그런 전통이 생겼는지 아는 로마인이 아무도 없다는 점이다(적어도 내가 만난 로마 사람 중에는 없었다). "목요일은 뇨키, 금요일은 생선, 토요일은 소 위장 요리"라는 로마의 격언에 미루어 금요일에 육식을 금하는 로마 가톨릭 교회의 원칙에서 비롯된 것이 아닐까 싶다. 생선과 채소만 먹는 날 전후로 든든한 음식을 먹는다는 것은 이해가 된다. 그러나 지금은 금요일 육식 금지를 딱히 지키지 않는다는 점에서 꼭 그 이유 같지는 않다. 그런데도 대다수 로마 시민은 목요일마다 뇨키를 먹는다. 목요일에는 뇨키를 먹는 것이 관습이니까.

익숙한 것을 사랑하고 새로운 것을 경계하는 이탈리아인의 습성에 관해 여러 가지 분석이 존재한다. 그중 하나는 이탈리아가 자연재해에 취약해서 사람들이 두려움이 많다는 주장이다. 화산, 지진, 산사태, 토사 유출, 홍수 모두 비교적 흔한 편이고 20세기까지도 각지에서 말라리아가 유행했다. 나폴리와 카타니아 주민은 예나 지금이나 베수비오나 에트나 화산이 폭발하면 목숨을 잃거나 순식간에 삶이 바뀔 수 있다는 사실을 인식하며 살아간다. 제2차 세계대전 이후 치명적인 지진만 해도 평균 6~7년에 한 번씩 발생했다. 가장 심했던 지진은 1980년에 캄파니아 주와 바실리카타 주 중간 지점에서 발생한 지진으로, 2,570명의 목숨을 앗아갔다. 산사태와 토사 유출은 지진보다 훨씬 흔하고 사상자를 내는 경우도 드물지 않다. 최근 들어 가장 심했던 사례는 1998년 나폴리 남쪽 사르노에서 있었다. 며칠간 지속된 폭우로 토사와 돌멩이가 쓸려 내려와 마을을 휩쓰는 바람에 161명이 사망했다.

로마나 나폴리 등 몇몇 도시는 독특한 지형적 특성 때문에 지면이 갑자기 푹 꺼지며 구멍이 생기는 이른바 싱크홀 현상이 생긴다. 승용차나 버스가 싱크홀 가장자리에서 위험하게 균형을 잡고 있는 장면을 촬영한 사진이 지역 신문에 자주 등장한다. 가끔은 자고 일어났더니 거실 한가운데 싱크홀이 생겨 울상을 짓고 있는 가족의 모습이 사진에 담길 때도 있다.

이탈리아에서의 삶이 불확실한 것은 맞다. 그러나 역사적으로 이탈리아를 그토록 살기 위험한 곳으로 만든 주범은 천재지변이 아니라 인간이다. 그리고 내 생각에, 이탈리아인이 급격한 변화를 본능적으로 꺼리는 이유는 폭력과 억압에 짓눌렸던 긴 세월이 큰 몫을 했을 것이다. 외국 군대의 침략이든, 회교도 해적과 노예상인의 습격이든, 지역 폭군의 타도든, 어떤 급작스러운 변화가 있을 때마다 삶은 더 피폐해지기 일쑤였다.

무솔리니와 검은 셔츠단은 그런 인식을 더욱 강화했다. 이탈리아인은 역사상 처음으로 급격한 변화를 수용하고 지지했지만, 결국 재앙에 빠지고 말았다. 제2차 세계대전 이후 변화는 대부분 조심스러운 조정과 긴 토의 과정을 거쳐서만 이루어졌고, 대체로 점진적이고 비효과적이었다. 독재정권의 경험은 과단성에 대한 반발을 초래했다. 독일도 마찬가지지만, 일인독재 체제에 온 나라가 굴복했던 경험 때문에 이탈리아 국민은 앞으로 권력을 가능한 한 널리 고르게 분산하겠다는 의식적인 결정을 내렸다.

독일은 지리적 권력 분산을 택했다. 지방정부에 큰 권한을 주고 국가기관도 각지에 분산시켜서 정부 부처, 대법원, 경찰 본부, 중앙은행을 전부 다른 도시에 두었다. 이에 반해 이탈리아는 원래 토지 구획 분할을 일컫는 용어에서 따온 이른바 '로티차치오네'(lottizzazione) 시스템을 점진적으로 도입했다. 연정에 참여하는 다섯 개 정당에 정부 요직을 골고루 배분하는 나눠먹기식 체제다. 나중에는 공산당도 여기에 참여했다.

이런 식의 권력 분산은 근본적으로 보수성을 띠었다. 무한히 복잡한 견제와 균형의 거미줄이 급진적인 개혁을 방해했기 때문이다. 그와 동시에 오래 패권을 유지한 기독교민주당은 집권 기간에 불가피하게 수구반동 세력이 되어 보수주의 확산에 기여했다. 가톨릭 교회의 지지를 받은 기독교민주당은 정치나 그 외 분야에서 본질적으로 변화를 경계하는 사회를 구축했다.

포르투갈과 스페인 정권은 물론 수구성이 훨씬 심했다. 그러나 이 두 나라 독재정권은 국민에게 자기들 방식을 강제하다가 대중의 진보적 반발을 불러일으켰다. 반면에 이탈리아는 포르투갈의 카네이션 혁명이나 스페인에서 일어난 독재 종식과 민주화에 비견할 만한 일을 겪어본 적이 없다. 이탈리아 젊은이들이 전개하고 지지한 좌파운동은 1968년 이후 기득권 질서에 과격하게 — 때로는 폭력적으로 — 도전했지만, 결국 기독교민주당의 수명에 못 미쳤다. 1990년 초에 '전후 질서'가 마침내 붕괴하자 급진 좌파는 심지어 개혁 좌파도 아니고 실비오 베를루스코니가 이끄는 신우파로 대체됐다. 이탈리아가 좌파 정권을 경험한 것은 제2차 세계대전 이후 1996~2001년, 2006~08년, 이렇게 두 차례뿐이다. 다 합쳐봐야 7년이다.

2001년 재집권한 베를루스코니는 2011년까지 10년 사이에 총 8년을 통치하면서 사회의 보수성을 한층 강화했다. 이탈리아 정치의 무게 중심이 다른 여러 유럽 국가보다 오른쪽으로 치우치는 현상은 이탈리아 사회가 전반적으로 오랫동안 보수성을 유지해왔기 때문인 것도 있다. 물론 그렇다고 해서 진보적이고 급진적인 사상을 지닌 이탈리아인이 적다는 소리는 아니다. 하지만 여론조사를 해보면 다양한 이슈에 보수적인 태도를 견지하는 국민이 높은 비율로 나타난다. 2005~08년에 시행된 세계 가치관 조사에는 동성애가 정당화될 수 있는지 1(절대 안 된다)~10(당연히 된다) 사이의 점수로 답하라는 문항이 있었다. 이탈리아에서 "절대 안 된다"고 응답한 사람의 비율은 51퍼센트로, 프랑스(15퍼센트)나 스페인(10퍼센트)보다 훨씬 높았다. 영국은 20퍼센트, 미국은 33퍼센트였다. 낙태에 관한 설문에도 이탈리아인은 다른 서유럽 국가 국민보다 덜 관용적이었다. "절대 안 된다"고 답한 응답자의 비율은 이탈리아가 39퍼센트였고, 스페인은 17퍼센트, 프랑스는 14퍼센트였다.

이탈리아의 보수주의는 정계나 정치 토론에 흔히 등장하는 이슈에만 한정되지 않는다. 예외가 꽤 많지만, 이탈리아 사람들은 신기술 수용에도 소극적이다. 예컨대, 그렇게 여름이 무더운데도 냉방을 대단히 꺼린다. 사무실에서는 냉방장치를 사용하는 편이지만, 가정에서의 냉방은 놀라울 정도로 드물다. 매년 7월이면 기온이 40도 가까이 치솟는 날이 많아서 열대야 때문에 한숨도 못 잤다고 불평하는 사람들이 흔한데도 그렇다. 그리고 다른 곳은 모르겠지만 적어도 로마의 택시 기사들은 스위치 하나만 켜면 될 냉방을 고집스럽게 안 하고 버티다가 나중에는 결국 짜증을 내는 경우가 부지기수다.

그뿐 아니라 식기 세척기에 돈을 쓰는 것도 꺼린다. 2005년 대형 가전제품 제조 업체들이 실시한 국제 조사에 따르면, 미국 가정 70퍼센트, 영국 가정 40퍼센트가 식기 세척기를 소유하는 반면에 이탈리아는 31퍼센트에 그쳤다. 이탈리아 가정의 평균 수입이 미국이나 영국보다 낮다는 점에서 특별히 놀라운 수치는 아니다. 주목할 만한 부분은 식기 세척기를 갖고 있지 않은 이탈리아인의 답변 내용이다. 이들 가운데 약 3분의 1은 누가 선물로 줄 때만 받겠다고 했고, 5분의 1은 누가 선물로 줘도 돌려보내겠다고 했다.

에어컨이나 식기 세척기의 사용을 꺼리는 현상은 순전히 보수주의 때문만은 아니다. 냉방이 건강에 안 좋아서라고 말하는 이탈리아인도 많다. 냉방된 곳과 더운 곳을 왔다 갔다 하면 경련이 일어나거나 더 큰 병도 얻을 수 있다는 주장이다. 어느 정도 맞는 말이다. 하지만 온도를 지나치게 낮추지 않고 적당히 시원한 정도로 맞춰놓으면 그런 위험은 줄어든다. 집에서 에어컨을 켜면 전기요금이 많이 나오고 자동차 냉방은 추가로 연료비가 든다는 것도 또 다른 이유다. 이탈리아는 유럽에서 전기요금이나 자동차 기름값이 비싼 편에 속한다.

그렇지만 절약 정신이 이탈리아인의 기술공포증을 백퍼센트 설명해주지는 못한다. 예를 들어 이탈리아는 컴퓨터 장만과 인터넷 사용에 관한 한 유럽에서 가장 뒤진 그룹에 속했다. 이탈리아 통계청(Istat) 설문조사에 따르면 2000년대 중반까지도 절반 이상의 가구가 컴퓨터를 소유하지 않았고 인터넷을 쓰는 가구도 약 3분의 1밖에 되지 않았다.[1] 컴퓨터를 구입하지 않는 이유로 제시된 가장 빈번한 응답은 "쓸모없어서" 또는 "흥미 없어서"였다. 그 후 실시된 또 다른 설문조사는 이탈리아인의 인터넷 사용 시간이 2007~08년에 감소했음을 보여주었다.[2] 이 조사에 따르면 이탈리아는 인터넷 접속에서 스페인과 포르투갈에 뒤지는 것으로 나타났고, 프랑스나 영국에는 한참 뒤처졌다. 이탈리아에 고령 인구가 많은 것이 한 가지 이유이기는 하다. 하지만 각 가정뿐 아니라 정부도 같은 현상을 겪고 있다. 실비오 베를루스코니와 그 밑의 각료들이 공약한 바와는 달리 공공행정 디지털화에 지출된 비용은 국내총생산 대비로 비교했을 때 슬로바키아보다도 낮아서 유럽연합 회원국 가운데 가장 낮은 편에 속했다.*

　새것에 대한 불신은 기술 분야에만 한정되지 않는다. 최근 몇 년간 이탈리아는 유난히 현대미술에 거부반응을 보였다. 베네치아 비엔날레, 미래파, 아르테 포베라(Arte Povera)를 세상에 선사한 나라에서 2010년 5월에야 비로소 국립현대미술관을 설립했다. 이탈리아는 20세기 말~21세기 초를 대표하는 세계적으로 가장 저명한 예술가 중 한 명인 마우리치오 카텔란을 낳았다. 그러나 카텔란이나 그의 동료 화가, 조각가 들이 1990년대 영국에서 '영 브리티시 아티스트'들이 누렸던 지위나 1960년대 미국에서 앤디 워홀이 점했던 위치를 자국 이탈리아에서 확보했다고 말하기란 어렵다. 이탈리아에 존재하는 여러 현대미술 전문 갤러리나 협회 등은 운영이 순탄치 못해 때때로 문을 닫기도 한다. 2012년에는 나폴리 부근에 있는 한 현대미술관의 관장 안토니오 만프레디가 이른바 '예술 전쟁'에 나섰다. 그는 행정관료와 대중의 무심함에 대한 처절한 항의의 몸짓으로써 자신이 소장한 컬렉션의 일부인 회화 몇 점을 작가들의 동의를 얻어 불태웠다.

　주류 문화에서 현대미술을 찾아보기 어려운 데 반해 추억의 문화, 특

[*] 이탈리아는 밀레니엄 버그를 대비하는
데에 다른 선진국보다 훨씬 적게 지출했다.
이것은 나중에 잘한 일로 드러났다.

히 1950년대와 60년대 문물들은 깜짝 놀랄 만큼 그대로 남아 있다. 아무 신문 가판대나 한번 살펴보라. 아마 어김없이 토토나 알베르토 소르디 같은 옛날 코미디 배우가 나오는 영화 DVD를 최소한 하나는 발견할 것이다. 오후에 (심지어 저녁 황금시간대에도) 텔레비전을 틀면 그들이 나오는 영화를 보여줄 때가 많고 기념품점에 가도 이 배우들 사진이 들어간 달력, 엽서, 냉장고 자석 등을 쉽게 찾아볼 수 있다. 이탈리아 전국 방방곡곡의 스낵바들은 토토와 소르디가 출연하는 영화 명장면 포스터로 벽을 장식한다. 토토가 함께 출연한 여배우의 솟아오른 가슴을 은근슬쩍 보는 장면,* 그리고 소르디가 시골 오토바이 경찰을 연기하는 장면이 인기 있다. 이들이 출연한 코미디 작품이 이탈리아 생활의 본질을 잘 포착해낸 건 사실이지만, 이미 고인이 된 배우들의 수십 년 전 인기작에 이렇게 계속 큰 관심과 애정을 주는 사회는 내가 아는 한 이탈리아밖에 없다.

토토와 소르디의 전성기가 이탈리아가 경제 기적을 경험한 시기와 일치하기 때문에 이 배우들이 희망과 번영의 시대를 향한 향수의 일부가 되어버린 것은 아닌가 싶기도 하다. 그리고 매우 끈질기게 권력을 추구했던 세대의 젊었던 나날을 즐겁게 해주었던 배우가 바로 그 두 사람이었다.

실비오 베를루스코니는 75세에 여전히 총리였다. 2011년 베를루스코니의 후임으로 총리에 오른 마리오 몬티는 68세였다. 구습을 깨끗이 쓸어버리고 광범위한 개혁을 단행할 새로운 빗자루로서 들어선 몬티 내각의 평균 연령은 당시 유럽연합국 가운데 최고령이었다. 그리고 몬티 정권이 무너지고 선거를 치른 뒤 새 의회가 선출한 대통령 조르조 나폴리타노의 나이는 87세였다.

아무 제약 없는 '노인 파워'로 말하자면 대학만 한 데가 없다. 몬티와 그의 각료들이 집권할 즈음 발표된 한 연구에 따르면 이탈리아 교수의 평균 연령은 63세였고, 70세를 한참 넘겨서도 연고자들의 비호 아래 교수직을 유지하는 사람이 많았다. 63세라는 평균 연령은 다른 어느 선진국과 비교해도 가장 높았다.

이 사실은 정말 중요하다. 이것이 무엇을 의미하느냐 하면, 이탈리아 젊은이들이 단순히 하나 앞선 세대의 이론과 태도를 흡수하는 데 그치지 않고 두 세대, 심한 경우 세 세대 전의 것을 답습한다는 얘기다. 2013년 엔리코 레타와 2014년 마테오 렌치, 이 두 젊은 총리의 선출은 정부 최고 층위에 젊은 활기를 불어넣었다. 렌치는 39세에 총리에 오름으로써 이탈리아 역사상 최연소 총리가 됐다. 그리고 그는 자기 내각에 같은 정당 출신의 33세 여성을 포함시켰다. 그러나 그와 같은 변화가 이탈리아의 다른 분야로, 특히 대학가로 확산될지는 미지수다. 이탈리아의 미래 엘리트를 배출하는 일에 노인들이 중요한 역할을 맡고 있는 점은 기득권에 젖은 사고를 변화시키고 혁신과 현대화를 추구하는 데 여전히 큰 장애물이다.

너무나 많은 이탈리아 젊은이들이 부모의 문화를 열정적으로 수용하는 현상이 어쩌면 이와 관련 있지 않을까. 아마도 가장 놀라운 예는 록 음악 분야에서 찾아볼 수 있을 것이다. 현재 이탈리아에서 가장 인기 있는 대중가수 3인의 나이는 각각 52, 56, 60세다. 물론 다른 나라에서도 롤링스톤스처럼 나이 든 록 가수들이 인기를 누리는 경우가 있다. 그러나 롤링스톤스 팬들의 연령대는 대략 밴드 멤버의 연령대와 비슷하고 젊은 시절의 추억에 젖어 콘서트에 가는 데 반해서, 바스코 로시 같은 이탈리아 가수 팬들은 주로 20대이고 10대도 찾아볼 수 있다.

질주하는 스포츠카나 밀라노 패션쇼에서 도나텔라 베르사체나 로베르토 카발리의 도발적이고 별난 옷을 걸치고 무대를 걷는 모델을 보여주는 미디어 속 이미지만 봐서는, 현대 이탈리아에서 노인과 그들의 사고방식이 갖는 중요성을 간과하기 쉽다. 위험 회피 경향이 무척 심하다는 점 또한 놓치기 쉽다.

전통적으로 이탈리아 부모들의 꿈은 아들을 (요즘은 딸도) 폼 나고, 안전하고, 일의 강도가 그리 심하지 않고, 절대 잘릴 일 없는 공무원으로 '만드는' 것이었다. 여기서 '만든다'는 표현은 이탈리아어로 '시스테마레'(sistemare)인데 '중매로 결혼시켜버린다'는 뜻이기도 하다. 하지만 2000년대 초부터 자녀들이 재미도, 도전도, 전망도 없는 직업을 그런 식으로 강요당하고 싶어 하지 않는다는 조짐이 보이기 시작했다. 2001년 국제 인력서비스 기업 아데코에서 이탈리아 직장인을 상대로 벌인 광범위한 설문조사 결과, 가장 선호하는 직종은 자영업인 것으로 드러났다. 공무원직에 대한 선호도는 거리 청소부나 공장 노동자가 되는 것보다 아주 약간 높을 뿐이었다. 그러나 그로부터 10년 후 같은 기업에서 재차 시행한 설문조사의 결과는 완전히 딴판이었다. 장기 경제 침체를 겪고 난 후였다. 가장 선호하는 직업은 국가공무원이었다.

수년간 이어진 성장세 약화와 경기침체에 타격을 입기 전까지 이탈리아는 선진국 가운데 가계저축률이 가장 높은 축에 속했다. 늘 영국의 두 배 이상이었고, 미국보다는 여러 배 높았다. 서구 주요 국가 중에 이탈리아만큼 저축에 열심인 국민은 독일이 유일했다. 독일도 유럽 한복판에 위치하고 이탈리아 역사와 비슷하게 늘 외국의 침략에 취약한 곳이었으니, 양국 국민의 저축 성향은 어쩌면 우연이 아닐지 모른다.

이탈리아인의 저축 방식도 많은 것을 시사한다. 전통적으로 이들은 잠재적인 수익은 커도 위험부담이 있는 주식보다는 안전한 채권을 선호해왔다. 이 현상은 오랫동안 위험대비수익률이 좋은 이탈리아 국채 때문이라고들 했다. 이탈리아가 유로화를 채택하기 전에는 평가절하 위험이 도사리고 있기 때문에 정부는 높은 이자율로 외국 투자자를 유인했다. 그러나 평가절하의 영향을 거의 받지 않는 일반 국민은—이탈리아 국내에서는 리라화의 가치가 동일하게 유지됐으므로—국채의 높은 수익률은 유리한 거래였다. 이탈리아의 두터운 중산층에게 더욱 매력적이었던 상품은 BOT(Buono Ordinario del Tesoro)라는 명칭으로 알려진 무이자 단기 할인채다. BOT는 이자를 지급하지 않지만, 만기가 되면 구입한 할인가보다 높은 액면가를 돌려받는다. 액면가와 할인가의 차이에는 현행 이자율이 반영된다. 그래서 이탈리아인 수백만 명이 자기 투자 포트폴리오에 BOT를 추가했고, 이들에게는 농담으로 "보트피플"(BOT people)이라는 별명이 붙었다.

이탈리아가 유로화를 도입하고 이자율이 급격히 하락한 후에도 변동이 심하지 않은 고정금리 투자상품에 대한 인기는 지속됐다. 10년 후 이탈리아 총 가계금융자산에서 채권이 차지한 비율은 20퍼센트였다. 이에 비해 미국은 10퍼센트 미만, 영국은 2퍼센트 미만이었다.[3]

각종 금융자산에 대한 이탈리아인의 욕구는 부동산 투자에 비하면 별 것 아니다. 경제협력개발기구(OECD)에 따르면, 2008년 이탈리아의 부동산과 금융자산 투자 비율은 18 대 1에 달했다. 미국은 2 대 1이었다. 경제 기적의 시기에 이촌 향도한 이탈리아인들이 떠나온 고향 집을 계속 소유하고 있는 것도 이 현상을 설명하는 한 가지 이유가 된다. 또 한 가지 이유는 부모들이 자녀가 결혼할 때 주려고 아파트나 단독주택을 미리 사놓기 때문이다. 어떤 경우에는 그냥 투자 방편으로 부동산을 구입해 세도 안 놓고 가격이 오르기만 기다리면서, 언젠가는 그동안 든 모든 비용을 보상받을 거라고 믿는 사람도 있다.

그 결과 빈집이 급증했다. 2011년 이탈리아 전국에 빈집이 500만 가구에 달했다. 총 주택 수의 17퍼센트에 해당하는 수치다. 같은 해에 영국의 수치는 3퍼센트였다. 이렇게 수많은 주택이 장기간 시장에 나오지 않는 현상은 부동산 가격의 상승을 초래했고, 이것은 부동산이 최선의 투자라는 이탈리아인의 믿음을 더욱 확고하게 만드는 결과를 낳았다. 그러나 10년 넘게 경제가 침체하면서 보유한 부동산을 급히 처분해야 할 사람들이 생겨났고, 이와 함께 부동산 시장이 약해지면서 앞서 말한 선순환이 악순환으로 뒤집어질 위기에 처했다.

투자할 때 위험을 회피하는 이탈리아인의 접근 방식은 축구에서도 나타난다. 이탈리아 축구팀은 조심스럽고 신중한 경기로 유명하다. 이런 이탈리아 특유의 경기 방식은 1930년대에 발전하기 시작했고, 당시 국가대표팀 코치였던 비토리오 포초는 1934년과 1938년 월드컵에서 이탈리아팀을 승리로 이끌었다. 그의 전략은 탄탄하고 가차 없는 수비에 크게 의존했다. 그러나 앞으로 수십 년간 이탈리아 축구의 전형이 되는 '카테나초'(cat-enaccio) 경기 방식을 감독들이 받아들인 때는 제2차 세계대전 이후였다. '빗장', '자물쇠'를 뜻하는 '카테나초'는 빈틈없는 철벽 수비를 적절히 표현한 용어로, 무슨 수를 써서라도 패하지 않는 것을 목표로 했다.* 여전히 수비 중심의 심심한 경기가 많지만, 최근 들어 카테나초는 많이 약화되고 좀 더 모험적인 경기 운용 모습이 종종 보인다.

이탈리아가 전통적인 신중함에서 벗어나고 있다는 징조는 또 있다. 2013년 엔리코 레타가 총리로 선출되자 대다수 기존 정당들이 저마다 젊은 후보를 내세웠다. 한편 2013년 총선에서 코미디언 베페 그릴로가 이끄는 정당 오성운동이 폭발적인 지지를 얻었다. 오성운동 소속 상원의원과 하원의원의 평균 연령은 레타 내각에서 가장 젊은 장관의 나이와 같았다. 덕분에 이탈리아 의원의 평균 연령은 이전 의회에 비해 56세에서 48세로 낮아졌다.

최근 몇 년 사이에는 도박도 증가해서 이제 이탈리아 국민은 세계에서 가장 도박을 많이 하는 축에 속한다. 위험을 감수하는 경향이 늘어났다는 분명한 징조다. 국제 사행산업 컨설팅 업체 GBGC가 조사한 통계에 따르면, 2010년 이탈리아의 사행산업 순매출 총액(총매출에서 승자 지급액을

[*] 사실 '카테나초'는 이탈리아인의 발명품이 아니다. 이를 최초로 사용한 팀은 스위스 국가대표팀이고, 몇 해 동안 프랑스어 '베루'(verrou)라는 용어로 알려졌다. 이 경기 전략이 이탈리아로 도입된 것은 이를 채택한 축구팀 인터밀란이 1951~52시즌 세리에에서 우승해 '스쿠데토'(작은 방패)를 차지하면서부터였다.

제한 금액)은 약 210억 달러였다. 국민 1인당 연간 345달러를 도박에 잃었다는 뜻이다. 마카오나 네덜란드령 앤틸리스처럼 특별히 도박을 주력 산업으로 하는 작은 나라들을 제외하면, 이탈리아의 1인당 사행산업 지출비는 오스트레일리아, 캐나다, 일본, 핀란드에 이어 세계 5위다. 이탈리아인의 평균 도박 손실액은 남유럽에서 전통적으로 가장 도박에 열심인 스페인 사람들보다 훨씬 높다. 이탈리아 사행사업자 대변인들은 사행산업이 이탈리아에서 세 번째로 큰 산업이 됐다고 주장했다.

이와 같은 급격한 변화의 기원은 1990년대 중반으로 거슬러 올라간다. 그때까지 이탈리아인은 별로 선택의 여지가 없었다. 로또나 축구경기나 경마에 돈을 걸든지, 아니면 몇 개 안 되는 카지노에 가서 운수를 시험해볼 수 있을 뿐이었다. 이탈리아에서 가장 오래된 카지노는 — 세계에서 가장 오래라는 주장도 있다 — 1638년에 세운 '카지노 디 베네치아'다. 제2차 세계대전 후에 카 벤드라민 칼레르지(Ca' Vendramin Calergi) 궁전으로 장소를 이전했다. 1938년에는 이 카지노*의 분점이 리도에 들어섰다. 리비에라에 위치한 산레모, 발레다오스타 주의 생뱅상, 스위스 티치노 주 안에 있는 작은 이탈리아령 위요지(exclave) 캄피오네디탈리아에도 카지노가 있다.

그 외에도 복권이나 기타 방식으로 사행심을 조장하는 불법 사행산업이 존재한다. 스페인 정부는 사행심을 조장하는 것이 세금을 더 걷는 가장 손쉬운 방법이라는 것을 예전부터 잘 알고 있었다. 이탈리아 정치인들이 이를 따라 하지 않고 주저한 이유는 아마 1990년대 초까지도 정계에 강력한 영향을 끼친 교회 때문일 것이다. 하지만 기독교민주당의 권력 약화 이후 도박업이 폭발적으로 성장한 점은 그전에도 불법 사행산업의 규모가 상상 이상으로 컸음을 암시했다. 그렇다면 이탈리아의 도박산업 호황은 완전히 새로운 현상이라기보다는 기존의 불법 시장이 축소되면서 합법화된 시장이 일부 성장한 것이라고 볼 수 있다.

[*] 이탈리아어에서 카지노를 발음할 때 강세가 마지막 음절에 오면 도박장이라는 뜻이고, 끝에 강세가 없으면 사창가를 의미하므로 잘 구별해야 한다.

1994년 긁어서 확인하는 즉석 복권의 판매 허가로 사행산업 합법화는 스타트를 끊었다. 그리고 3년 뒤 국가로부터 정식 도박업 허가를 받은 사기업 시살(Sisal)이 '수페레나로또'(SuperEnalotto)를 선보여 엄청난 인기를 끌었다. 여섯 자리 당첨 번호를 맞춘 사람에게 때때로 거액의 당첨금이 주어지면서 큰 인기를 끌었다. 당첨자 없이 여러 주가 지나가면 당첨금이 커지면서 점점 더 많은 사람이 자기 운수를 시험해보려는 유혹을 받는다. 그러다 보니 이웃 프랑스나 스위스 사람들도 잔뜩 수페레나로또를 산다. 2009년에는 어느 익명의 토스카나 주민이 86주나 당첨자가 없어 1억 유로까지 늘어난 당첨금을 탔다.

그때쯤 도박 열풍은 이미 이탈리아 전국을 휩쓸고 있었다. 앞서 5년간 사행산업의 매출은 73퍼센트 증가했다. 같은 기간에 전 세계 도박 시장의 성장률은 불과 10퍼센트였다. 이탈리아 도박산업의 이런 급격한 성장은 경제가 거의 완전히 정체한 시기에 사람들이 (최대의 도박 수단인) 슬롯머신 및 기타 사행산업에 돈을 썼다는 점에서 더욱 주목할 만하다. 즉, 이탈리아 사람들이 갑자기 도박에 열성을 보이는 현상이 과연 정말 위험 감수 욕구가 커졌기 때문인지 의심스럽다는 이야기다. 일부 위험 감수 욕구의 증가를 보여주는 조짐이 있기는 하다. 특히 많은 이탈리아 젊은이들이 포커게임에 매료된다. 포커는 2008년 온라인 포커의 합법화로 크게 인기를 얻었고 포커 전문 위성 방송 채널도 생겼다. 그러나 도박의 인기는 이탈리아 경제의 장기 침체가 초래한 비정상적인 결과라고 풀이할 수 있다. 2000년대에 지속된 경기 침체는 여전히 이탈리아인의 생활 수준을 저하시키고 있다. 공과금을 납부하거나 주택담보대출을 갚을 현금이 없는 사람에게 로또는 아무리 당첨 확률이 낮아도 한번 크게 당첨되면 모든 문제를 한 방에 해결할 수 있다는 희망을 안겨준다.

그러나 한 가지만은 확실하다. 도박에 대한 사회적 용인과 정부의 부추

김이 이렇게 빠른 속도로 진행됐다는 사실은 고생스럽던 지난 수 세기 동안 이탈리아인에게 가장 중요한 도피처이자 위로의 제공자였을 로마 가톨릭 교회의 힘이 어느 정도 약해졌다는 징조다.

9
성스러운 질서

신앙이 별로 깊지 않은 이들을 포함해 수많은 이탈리아인이
가톨릭교를 필수 불가결한 국가적 자산으로 여긴다. 교회는 또 그 나름대로
상호 적응하는 과정에서 이탈리아인의 미덕과 악덕을 수용하여,
결국 종교는 신앙으로 맺어진 유대이기보다는 일종의 하위문화의 성격을 띠게 되었다.
— 조르다노 브루노 궤리.

시스티나 성당 굴뚝에서 하얀 연기가 나온 뒤 산피에트로 성당 발코니에서
새 교황의 선출을 선포할 때까지 대략 한 시간이 걸린다. 이 어색한 순간에
군중은 기대감에 찬 얼굴로 성당 앞 광장에 모여 기다린다. 2013년 프란치
스코 교황이 선출되던 날은 비가 내렸다. 그래서 전 세계 12억 가톨릭 신자
의 새로운 영적 지도자가 누가 될지 궁금해하며 기다리던 사람들은 더더
욱 오락거리가 필요했다. 그런 때는 뭐니 뭐니 해도 음악이 최고 아니던가?

몇 분 후 회색과 파란색이 섞이고 노란 안감을 댄 화려한 망토를 두른
바티칸 악단이 — 지금도 "교황령 악단"이라는 명칭으로 알려져 있다 — 광
장으로 행진해 들어왔다. 창을 든 스위스 근위대도 그 뒤를 따랐다.

여기까지는 별로 색다른 점이 없었다.

그런데 새로운 악단 하나가 광장에 늘어선 기둥 사이로 의기양양하게
걸어 들어왔다. 이탈리아의 준군사조직 카라비니에리 경찰악대였다. 바로
그 뒤를 이어 각각 이탈리아 육군, 해군, 공군, 카라비니에리, 재무경찰을 대

표하는 명예 근위대원 다섯 명이 모습을 드러냈다. 이들 모두가 산피에트로 성당 앞 넓은 광장에서 스위스 근위대 반대편에 정렬하고 나니, 외국 영토에서 차려자세로 서 있는 이탈리아 병사와 경찰관의 수가—그중 절반 이상이 무장한 상태였다—거의 200명에 달했다. 바티칸 악단은 이탈리아 국가를 연주하고, 카라비니에리 경찰악대는 바티칸 국가를 연주했다. 양쪽 지휘관은 서로 경례했다. 그러고 나서 이탈리아 고위 장교가 스위스 근위대의 지휘관과 자리를 바꿨다. 두 장교는 장검을 높이 치켜들고 "교황 만세!"를 외쳤다. 이에 도열한 병사들도 따라 외쳤다.

1929년 로마 가톨릭 교회와 통일 이탈리아 왕국을 화해시킨 라테라노 조약에 의거하여 이탈리아 군대가 새로 선출된 교황에게 국가 원수로서 경의를 표하는 것이라고 이탈리아 TV 평론가들은 시청자에게 설명했다. 그러나 만약 바티칸 시국과 이탈리아의 경계선을 흐려 군중을 어리둥절하게 만드는 것이 이 의식의 목적이었다면, 그보다 더 잘 연출된 의식도 없을 것이다.

세속주의가 좀 더 강한 나라 사람들은 무신론자인 핀란드계 이탈리아인 소일레 라우치가 유럽인권재판소에 낸 소송에 대해 이탈리아가 보인 반응을 이상하게 생각했다. 이 여성은 자녀가 다니는 학교 교실에 걸린 십자가가 종교색이 배제된 교육을 시킬 부모의 권리를 침해한다고 주장했다. 이탈리아는 모든 교실에 반드시 십자가를 걸어야 한다고 법으로 규정하고 있다. 이 법은 라테라노 조약과 마찬가지로 파시스트 집권기에 만들어진 것이다. 이탈리아 정부는 라우치의 소송을 비판하면서 십자가는 국가 정체성을 상징한다고 주장했다. 당시 교육부 장관이던 마리아스텔라 젤미니는 십자가는 상징물이며 "가톨릭 교회에 대한 신앙을 의미하지 않는다"고 말함으로써 정부의 입장을 간명하게 드러냈다. 재판소가 라우치의 손을 들어주자 이탈리아 사람들은 분개했다. 당시 시행된 여론조사에 의하면 이탈리아 국민 84퍼센트가 십자가를 그대로 걸기를 희망했다. 십자가는 교실뿐 아니라 법원, 경찰서, 기타 공공기관에 두루 걸려 있다. 그로부터 2년 후 유럽인권재판소의 원심판결은 항소심에서 뒤집혔다. 그동안 폴란드와 그 외 몇몇 정교회 국가를 포함해 10여 개국이 이탈리아에 가세해 원심판결을 비난했다. 유럽인권재판소의 항소법원인 '대재판부'(Grand Chamber)는 상징물을 교실에 거는 행위가 "학생에게 영향을 줄 수 있다"는 증거는 없다고 판결했다.

이탈리아와 바티칸 사이의 경계가 자주 흐려지는 현상은, 상당히 최근까지도 가톨릭이 이탈리아의 유일한 종교였고 모든 면에서 가톨릭이 종교생활의 유일한 방식이었다는 역사적 사실의 반영이다. 이런 종교성은 고집스럽게 이어져 아주 이상한 곳에서 발현된다. 예를 들어, 토니 블레어가 영국 총리직에서 물러난 직후 가톨릭으로 개종하자 중도 좌파 일간지 『라 레푸블리카』(La Repubblica) 홈페이지는 그 소식을 반기며 "블레어가 가톨릭 신자가 되다"라는 제목의 기사를 내보냈다.

이탈리아 남부의 이슬람교 공동체는 14세기 초에 거의 제거됐다. 프리드리히 2세에 의해 시칠리아에서 이탈리아 본토로 추방된 이슬람교도들은 오늘날 풀리아 주에 해당하는 지역에 위치한 루체라에 가장 큰 정착촌을 이루고 살았다. 1300년 나폴리 왕국의 프랑스 출신 군주 카를로 2세가 이 마을을 공격했다. 일부 주민은 알바니아로 도피했다. 그러나 루체라의 대다수 무슬림 주민은 살해되거나 노예로 팔려 갔다.

그리고 나면 유대인이 남는다. 기독교가 출현하기 이전에 로마에 꽤 많은 수의 유대인이 살았다. 다수가 무역상이나 노예로 로마에 유입되었다. 중세 초기에 이탈리아 반도에 살았던 유대인은 비교적 생활이 괜찮은 편이었고, 노르만인 치하의 시칠리아에 살던 유대인들은 아주 잘 살았다. 그러나 12세기 말에 교황 인노첸시오 3세가 간간이 유대인을 억압하기 시작했고 종교개혁 반대운동 시기에 핍박은 절정에 달했다.

역사상 가장 악명 높은 교황으로 알려진 보르자 가문 출신의 알렉산데르 6세는 15세기 말 스페인과 포르투갈에서 추방되어 로마로 온 수천 명의 유대인을 환영한 바 있다. 그러나 몇 년 지나지 않아 베네치아는 자기 치하의 유대인을 한 구역에 몰아넣고 흉측한 현실에 예쁜 이름을 붙여 세상에 선사했다. 바로 "게토"(ghetto)다.* 1555년 교황 바오로 4세는 로마에도 게토를 설치하고 유대인에게 식별 가능한 배지를 달도록 명령했으며, 성벽 건설에 무급으로 강제노역을 시켰다. 후임인 비오 4세는 교황령에서 유대인을 추방하라는 명령을 내렸다(그러나 사실랑 로마에서 완전히 추방되지는 않았다). 지역에 따라 유대인의 운명은 조금씩 달랐다. 스페인 통치자들은 유대인을 이탈리아 남부에서 쫓아냈고 나중에는 밀라노 공국에서도 몰아냈다. 그러나 페라라 공국이나 만토바 공국 같은 곳에서는 유대인에게 피난처를 제공했다. 19세기에 들어와서야 이탈리아 유대인의 사정은 전반적으로 개선됐고, 통일이 이루어진 후에야 비로소 완전히 해방됐다.

유대인은 이탈리아 통일운동뿐 아니라 19세기 말에서 20세기 초까지 정계에서도 지속적으로 중요한 역할을 담당했다. 초기 총리 두 사람이 유대인이었다(그중 한 사람인 알레산드로 포르티스는 임종 직전에 가톨릭으로 개종했다고 전해진다). 파시즘의 득세에 유대인 지식인의 역할이 결정적이었다는 점은 어두운 역설이다. 무솔리니의 수많은 연인 가운데 한 명으로 훗날 그의 전기를 쓴 유대인 마르게리타 사르파티는 파시즘 예술론의 발전에 크게 이바지했다.

1938년 히틀러가 압력을 넣기 전까지 원래 파시즘에는 반유대주의 색채가 없었다는 것이 이탈리아에서는 상식으로 받아들여진다. 히틀러의 압박을 받은 무솔리니가 유대인의 이탈리아 시민권을 박탈하고 공직과 기타여러 직업에 진출하는 것을 금하는 법을 제정했다는 것이다. 그러나 이것은 사실이 아니다. 파시스트도 나치와 마찬가지로 인종에 관한 온갖 이론

[*] 그러나 베네치아인들이 이 개념을 창조한
것은 아니다. 독일 군주들은 벌써 11세기부터
유대인을 특정 구역에서만 살도록 강제했다.

을 설파했다. 무솔리니의 첩 클라라 페타치는 일기에서 무솔리니를 철저한 반유대주의자로 묘사했다.[1] 파시스트가 나치와 달리 체계적인 유대인 말살에 동의하지 않은 것은 사실이다. 이탈리아가 제2차 세계대전에서 정전 협정을 체결한 후 독일이 이탈리아 반도의 상당 부분을 점령하면서 유대인은 재앙을 맞았다. 수많은 이탈리아인이 목숨을 걸고 유대인 친구와 이웃을 보호했지만 — 덴마크를 제외하면 독일 점령 국가 가운데 이탈리아 유대인의 생존 비율이 가장 높다 — 8,000~9,000명이 나치 강제수용소로 추방되었고, 살아 돌아온 사람은 극소수다.

오늘날 이탈리아 유대인 인구는 약 4만 명에 불과하다. 그러나 전후 이탈리아에 그들이 기여한 부분은 적은 인구에 비해 너무나 지대했다. 103세까지 살면서 말년까지 왕성하게 의학 연구 활동을 하는 놀라운 모습을 보여준 신경생물학자 리타 레비-몬탈치니는 이탈리아에 노벨상을 안겨주었다.* 문인 겸 화가 카를로 레비, 그리고 문인 겸 화학자 프리모 레비도 출중한 이탈리아 유대인이다. 『라 레푸블리카』와 『레스프레소』(L'espresso)를 소유하는 그룹의 창립자 카를로 데 베네데티, 그리고 유력 일간지 두 곳의 전 편집장 아리고 레비와 파올로 미엘리도 유대인이다. 소설가 알베르토 모라비아, 건축가 마시밀리아노 푹사스, 마피아를 고발하는 책으로 베스트셀러 저자가 된 로베르토 사비아노는 부모 중 한쪽이 유대인이다. 아넬리 집안의 상속자이자 현 피아트 회장인 존 엘칸 역시 반은 유대인이다.

지난 몇백 년 동안 로마 교황청의 방침을 따르지 않으면서도 신앙생활을 할 수 있는 유일한 방법은 '축복받은 발도'의 추종자가 되는 길밖에 없었다. 프랑스 리옹의 부잣집 아들 피에르 발도(Pierre Valdo)는 일찍이 자신의 재산을 전부 기부하고 가난을 통해 신에게 가까이 다가간다는 생각을 설파했다. 곧 그를 따르는 신도들이 생겼으나 지역 성직자들의 허가를 받아야만 설교할 수 있다는 규칙을 거부하여 1184년 이단으로 낙인 찍혔다. 이

[✿] 역시 이탈리아 유대인인 에밀리오 세그레와 프랑코 모딜리아니는 파시즘 정권의 핍박을 피해 미국으로 이주한 뒤 노벨상을 받았다.

종파가 보인 반가톨릭 경향은 루터나 칼뱅의 가르침보다 3세기나 앞선 전조 현상이었다. 여성 사제 서품으로 말하자면 수세기를 더 앞서갔다. 발도파에서는 남녀 구분 없이 설교자가 될 수 있었다.

사보이 가문이 발도파를 위해 피에몬테에 피난처를 제공했지만, 이후 몇몇 후계자는 발도파를 여러 차례 공격했다. 1655년에는 당시 사보이 공작 지위에 있던 인물이 발도파 대학살을 명령해 유럽 개신교도들을 소스라치게 했고, 존 밀턴은 이 소식을 듣고 '최근에 일어난 피에몬테 대학살에 관하여'라는 제목의 소네트를 지었다. 이 작품은 발도파를 종교개혁의 선구자로 암시한다.

> 복수하소서, 오 신이여, 당신의 학살당한 성인들의 뼈가
> 알프스 산 위에 차갑게 흩뿌려져 있나니,
> 모든 우리의 조상들이 나무와 돌을 숭배할 때에도
> 당신의 오래되고 순수한 진리를 지켜왔던 그들을

이때쯤 되면 발도파는 사상을 조금 조정하여 사실상 이탈리아에서 칼뱅주의를 대표하는 종파가 된다. 이들은 계속되는 박해와 차별에도 불구하고 오늘날 이탈리아와 프랑스 국경에 해당하는 알프스 지역을 본거지로 삼아 버티다가 1848년에 마침내 완전한 민권과 정치적 권리를 얻었다. 1970년대에 발도파 복음교회는 이탈리아 감리교와 함께 감리교·발도파 연합교회를 설립했다. 이 연합교회 신도는 약 3만 5,000명이다. 이와 별도로 미국에도 총 1만 5,000명의 발도파 신도가 있다. 이탈리아 이민자의 후손들이다. 미국에서 발도파 인구가 가장 많은 정착촌은 노스캐롤라이나 주의 발디스다.

나머지 이탈리아인이 가톨릭 교회의 가르침에 반대 의견을 표방할 유일한 방법은 프리메이슨에 가입하는 것이었다. 18세기에 영국 프리메이슨

단원들은 알려진 곳 가운데 최초인 프리메이슨 집회소(lodge)를 피렌체에 설립했다. 그러나 1738년에 프리메이슨에 반대하는 교황 칙서가 발표된 후 피렌체 집회소는 활동을 접었던 것으로 보인다. 비밀 서약에 따라 움직이는 프리메이슨은 이탈리아 통일을 도모할 인물을 지원하고 계략을 꾸미는 데 중요한 역할을 했다. 가리발디, 마치니, 카부르 등은 모두 프리메이슨 단원이었다. 실제로 초창기부터 이탈리아 프리메이슨은 영어권 프리메이슨보다 더 정치적이고 공모와 반교권주의에 경도되었다. 제2차 세계대전이 끝나고 나서야 이탈리아의 두 가지 주요 프리메이슨 조직 가운데 하나만 미국 지부의 인증을 받았다(그러나 영국, 스코틀랜드, 아일랜드 지부는 1972년까지 인증을 꺼렸다).

프리메이슨은 지금도 음지에서 이탈리아 사회에 중요한 영향력을 행사한다. 하지만 가장 명망 높은 집회소 '프로파간다 두에'(P2)를 장악해 이를 기반으로 비밀활동을 하다 몇 가지 스캔들에 휘말린 리치오 젤리 때문에 큰 타격을 입은 상태다. 가장 유명한 사건은 암브로시아노 은행의 붕괴와 그곳 은행장 로베르토 칼비의 이상한 죽음이다. P2 단원 중에는 고위 장성, 정보부 요원, 사업가, 정치인, 공무원, 시민사회 운동가들이 포함되어 있었다. 실비오 베를루스코니도 P2 단원이었다.

최근 들어 이탈리아 프리메이슨은 내부 분열을 겪고 있고, 남부의 집회소들은 조직범죄에 침투당했다는 이야기가 돈다. 특히 칼라브리아에서는 그 지역 마피아인 드랑게타의 고위 조직원들이 적법한 사업 영역에 더 깊이 파고들 방편으로 프리메이슨에 가입했다는 소문이 있다. 그러나 이탈리아 프리메이슨의 본거지는 움브리아 주 페루자다. 1993년 페루자 프리메이슨 조직의 우두머리는 왜 프리메이슨이 이곳에서 그렇게 번성했느냐는 질문에 이렇게 답했다. "간단합니다. 우리는 세속주의적이기 때문입니다. 교황령의 지배에 400년이나 시달렸기 때문이죠." 페루자 시민들은 봉기를 일으켜 교황청에서 보낸 총독을 쫓아내고 통일된 이탈리아 왕국의 일부가 되기를 자청하다가 1859년 교황의 군대에 학살당했다. 지금도 페루자는 매년 그 학살 사건을 기념한다.

이 때문에 교황령의 일부였던 이 지역이 제2차 세계대전 후 공산당을 가장 강력하게 지지하는 "붉은 벨트"를 이루었다고들 한다(하지만 교황의 지배를 받지 않은 토스카나도 붉은 벨트 안에 포함되므로 인과관계가 그렇게 단순치만은 않다).

교황이 휘두르는 속세의 권력과 영적 권력에 이중으로 속박당했다는 사실은 왜 하필 전통적으로 교황령에 속했던 지역에서 신성모독적인 욕이 흔한지를 설명해준다. 게다가 불경스러운 욕은 그 지역에만 한정되지 않는다. 이탈리아의 불경스러운 욕은 영어의 "지저스 크라이스트!", "하느님 맙소사!"보다 정도를 훨씬 넘어선다. "포르코 디오"(Porco Dio, 직역하면 "돼지 같은 하느님") 같은 표현부터 시작해서 성녀 마리아의 성기까지 거론하는 창의적이고도 외설스러운 욕까지 다양하다. 로마에서는 신성모독이 조금 덜한 편이다. 아마 근방에서 자칫 성직자가 들을 가능성을 늘 염두에 두었기 때문일 수 있다. 그래도 정서는 비슷하다. 교회 신부들을 가리켜 "바케로치"(bacherozzi, 바퀴벌레를 의미)라고 부르는 소리를 다른 어느 곳보다 이탈리아의 수도에서 가장 자주 들을 수 있다. 검은 사제복을 입고 종종걸음으로 오가는 모습에 빗댄 표현이다.

통일되기 전에는 이탈리아인 일곱 명 중 한 명이 교황의 피지배자였다. 그러나 교황령의 존재는 가톨릭이 이탈리아 반도와 주변 섬 주민에게 권력을 행사하는 몇 가지 독특한 방식 가운데 하나에 불과했다. 교황의 세속 권력은 유럽의 다른 어느 곳과도 비교할 수 없는 수준으로 이탈리아 반도의 정치와 외교에 깊이 개입했다. 이탈리아의 통일과 함께 제시된 헌법적 해결 방법 중에는 피에몬테 출신의 명망 있는 성직자 겸 저자 빈첸초 조베르티가 제시한 것으로 교황을 국가원수로 하는 연방국이어야 한다는 아이디어가 포함되어 있다. 이 제안은 실현되지 않았지만, 역설적이게도 열렬한 프리메이슨 단원 마치니의 확고한 의지 덕택에 로마가 이탈리아의 수도가 됐다.* 이 결정은 다른 어떤 결정보다도 가톨릭 교회가 새로 탄생한 이탈리아에 대단한 영향력을 발휘할 수 있도록 보장했다.

하지만 처음에는 전혀 그럴 것 같아 보이지 않았다. 로마를 빼앗기고 퀴리날레 궁전에서 쫓겨난 교황은 역사에 남을 만큼 오랜 세월을 삐친 상태로 보냈다. 비오 9세는 바티칸에 칩거했고, 그와 그의 후임 교황들은 자신들의 세속적 권한을 박탈한 나라를 거의 60년이나 상대하려 들지 않았다. 무솔리니가 집권하고 나서야 비로소 교황은 노여움을 풀었다. 그러나 화해를 위해 이탈리아의 파시스트 독재자는 광범위한 특권을 양보했다. 라테라노 조약은 두 개의 의정서로 이루어져 있다. 제1의정서는 바티칸 시국의 성립과 "로마 문제"의 해결에 관한 것이다. 제2의정서는 이른바 "정교 협약"(Concordat)으로서 국가와 교회의 관계를 규정한다. 이 조약에 따라 가톨릭은 국교가 되고, 학교에서 종교 교육―물론 가톨릭에 대한 교육을 의미한다―은 필수가 됐으며, 성직자는 공무원 지위를 획득하여 이들의 급료와 연금은 이탈리아 국민의 세금으로 충당하게 됐다.

이탈리아의 제2차 세계대전 개입이 참담한 결과를 가져온 상태에서 파시즘이 붕괴하자 이탈리아 정계에서 우파 쪽에 공백이 생겼다. 자유시장경제와 자본주의를 옹호하는 자유주의자들은 무솔리니의 집권 이전에 나름 중요한 역할을 맡고 있었지만, 그 사이 남부의 지주, 북부의 산업가, 전문직 종사자 같은 중상류층의 정당이 된 지 오래였다. 반면에 기독교민주당은 사회 전반에서 훨씬 광범위하게 지지자를 모을 수 있었다. 특히 농민이나 자영업자, 점원, 숙련 노동자, 공무원 같은 중산층과 저소득층의 지지를 받았다. 이제 완전히 망신거리가 된 정치 신조에 20년이나 사로잡혔던 사회에

[*] 로마를 수도로 확정하기 전에는 먼저 토리노, 그리고 피렌체의 순서대로 정부 소재지의 역할을 했다.

가톨릭 교회는 도덕적 리더십을 약속했다. 점령국들도 이를 좋게 봤다. 가장 위험한 경쟁자를 편드는 자는 교황이 전부 파문해버렸다는 점도 결코 사소하지 않다. 1948년 교황은 공산주의 사상을 전파하는 사람은 누구든 파문한다는 칙령을 내렸다.

기독교민주당으로서는 성공을 위한 훌륭한 조합을 찾아낸 셈이었다. 1945년부터 1981년까지 총리는 일제히 기독교민주당 소속이었다. 그리고 1994년 실비오 베를루스코니가 집권했을 때 처음으로 기독교민주당이 빠진 내각이 성립됐다. 이즈음 기독교민주당은 이미 붕괴한 상태였다.

교회의 영향력은 정부에만 미친 것이 아니었다. 교회와 기독교민주당은 사회 구석구석에 자신들이 믿음을 공유하고 지지하는 조직망을 갖췄다. 소규모 자작농을 위한 농민조합 '콜디레티,' 1950년 통합노조인 이탈리아 노동총연합(CGIL)에서 떨어져 나온 가톨릭계 이탈리아 노조연합(CISL), 기독교 이탈리아 노동자협회(ACLI)는 전부 가톨릭교도 노동자를 위한 네트워크를 제공했다. 제1차 세계대전 이후 설립된, '백색'으로 상징되는 이탈리아 협동조합연합(CCI)의 조직망은 규모 면에서 원조인 '적색' 좌파 협동조합을 능가할 정도로 세를 불렀다. 평신도 조직인 이탈리아 가톨릭행동도 큰 영향력을 발휘하며 전성기를 누렸다. 이 단체는 1954년에 4,000개 이상의 영화관을 운영하면서 가톨릭 교회가 승인하는 영화만 상영했다.[2]

1950년대는 이탈리아 근대사에서 가톨릭의 황금기였다. 경제는 호황이었고 어지러울 만큼 정권이 빨리 바뀌어도 집권당은 항상 기독교민주당이었다. 하지만 당시에는 잘 포착되지 않았지만, 교회의 영향력을 약화할 수 있는 요소들이 슬슬 나타나기 시작했다. 남부에서 북부로 수백만이 이주한 현상도 그중 하나였다. 동네 신부님들의 눈길이 닿는 환경에서 벗어나 소외감을 일으키는 새로운 장소로 이주한 노동자들은 신앙을 버린 것은 아니어도 종교의식에 열심히 참석하지 않게 됐다. 또 다른 요소는 서유럽 전체에 공통된 현상으로, 전반적으로 사회에 세속주의가 스며들고 있었다. 1960년대에 이르면 성직자가 되려는 사람의 수가 급격히 감소한다.

1974년 이탈리아 국민은 이혼에 명백히 찬성표를 던졌고, 1981년에는 앞서 3년 전에 제정된 낙태법을 무효화하려는 교회의 시도를 단호히 거부했다. 바로 이런 분위기 속에서 사회당 소속 베티노 크락시 총리는 교회와 국가의 관계 재정립을 위해 협상에 나섰다. 1984년에 새롭게 맺어진 정교 협정은 가톨릭 교회가 스스로 재정을 해결하도록 규정했다. 지금도 유효한 이 새로운 체제에 따르면 납세자는 납세액의 0.8퍼센트를 가톨릭 교회나 또는 다른 종파나 종교에 기부하겠다고 요청할 수 있다.* 여전히 국민의 세금으로 지원하는 것이기는 하지만, 적어도 무신론자나 개신교도들은 자기 신념에 따라 가톨릭 교회가 아닌 다른 곳에 세금을 쓰도록 의사 표현을 할 수 있게 됐다.

1990년대 초 기독교민주당의 붕괴 이후 가톨릭 교회는 자신들의 이익을 대변할 주요 정당을 상실하고 말았다. 그렇다고 그들이 의회에 행사하는 영향이 완전히 사라진 것은 아니었다. 기독교민주당 잔당은 1994~95년, 2001~06년 이렇게 두 차례에 걸쳐 실비오 베를루스코니 집권 연합에 들어갔다. 더 중요한 점은, 종교와 무관한 정당에 소속된 의원의 꽤 많은 수가 바티칸의 가르침에 따라 투표한다는 사실이다. 그런 의원은 대개 좌파보다 우파에 많지만, 어쨌든 이들을 전부 합치면 바티칸의 방침에 반하는 입법을 초당적으로 막을 만큼의 다수를 형성할 수 있다. 사실 교회의 정치적 영향력은 기독교민주당 집권 시절보다 오히려 요즘 더 강력하다고 말할 수 있다. 기독교민주당은 이혼과 낙태의 합법화를 막는 데 실패했지만, 최근 가톨릭 신자 상하원 의원들은 인공수정과 줄기세포 연구를 제한하고 동성 간 시민결합의 법적 지위 보장을 막아냈다(바티칸은 시민결합 제도를 인정

[*] 요즘은 인증된 자선단체로까지 선택의 여지가 확대됐다.

하면 동성결혼도 허용될 것이라고 우려한다).

그렇지만 가톨릭 교회는 9세기 이슬람 세력의 침략 이래 처음으로, 신 앙심 있는 이탈리아인이라 해서 전부 가톨릭교도는 아니라는 사실과 씨름해야 하는 상황에 놓였다. 최근 몇 년 동안 이민자가 극적으로 증가면서,* 정교회 교도, 오순절 교도, 복음주의 교도 수십만 명과 100만 명 넘는 무슬림이 이탈리아로 유입됐다.

즉, 이탈리아는 여러 측면에서 예전보다 덜 가톨릭적이다. 그럼에도 이탈리아는 가톨릭 전통이 강한 나라들 가운데 가장 가톨릭적이다. 최근 실시된 세계 가치관 조사에 따르면 이탈리아인 88퍼센트가 자신을 가톨릭 신자로 밝혔다. 스페인은 80퍼센트였다. 종교의식에 참석하는 사람의 비율도 높았다. 이탈리아인 31퍼센트가 적어도 일주일에 한 번 종교의식에 참석한다고 답했다. 그 수치가 47퍼센트에 달하는 미국에 비하면 낮은 편이지만, 22퍼센트인 스페인이나 23퍼센트인 영국보다 한참 높다.

소규모 자작농민조합 콜디레티는 농업이 제조업과 서비스산업에 차례대로 기반을 내줌에 따라 예전만큼 광범위한 영향력을 행사하지 못한다. 그러나 가톨릭 교회가 조직한 다른 대중적 조직체나 기독교민주당처럼 지금도 여전히 이탈리아인의 삶에 중요한 역할을 담당하고 있다. 이탈리아 노조연합은 지금도 이탈리아에서 두 번째로 큰 노조연합이다. 이탈리아 협동조합연합은 (조합원 수가 아닌) 매출 및 연관 사업체의 수로 따졌을 때 여전히 국내 최대의 협동조합연합이다.

성 바오로 수도회가 소유하는 독특한 진보 성향의 주간지 『파밀리아 크리스티아나』(Famiglia Cristiana)는 이탈리아에서 발행되는 잡지 가운데 매출액으로 5위다. 하나 정도만 제외하면 가십 중심 잡지와 비교해도 독자 수가 더 많고, 국제적으로도 잘 알려진 뉴스 주간지 『파노라마』나 『레스프레소』에 비하면 훨씬 독자층이 넓다. 가톨릭 교회에서 내는 일간지 『아베니레』(*Avvenire*)는 일곱 번째로 잘 팔리는 신문이며 인터넷 매체의 확장에도 불구하고 판매 부수가 늘어난 유일한 일간지다. 『아베니레』나 『파밀리아 크리스티아나』가 특정 정치 이슈에 관해 분명한 입장을 드러내면, 다른 언론매체들은 이를 널리 보도한다. 대부분의 사람들이 어떤 상황이 전개되는데 교회가 큰 영향을 미칠 거라고 생각한다(어느 정도는 자기만족이다).

이것은 공적 영역에 대한 지배층의 간섭을 쉽게 용납하는 경향과 밀접한 관련이 있다. 대체로 이탈리아인은 정치, 금융, 비즈니스에 성직자들이 개입하는 일을 놀라울 만치 태연하게 받아들인다. 스페인에서는 프랑코의 독재 이래 '오푸스 데이'와 그 회원들의 활동이 끊임없이 논란거리였다. 그러나 아주 최근까지도 가톨릭 단체 '친교와 해방'(Comunione e Liberazione)의 권력은 이탈리아에서 언급도 잘 안 되고 전반적으로 문제 되지 않았다.

'친교와 해방'은 롬바르디아 출신의 신부 루이지 주사니의 가르침으로부터 영감을 얻어 1968년 학생 봉기에 대한 반동으로 형성됐다. 오푸스 데이와 마찬가지로 동심원 구조를 이루고 있고 중심이냐 외곽이냐에 따라 책무가 달라진다. 동심원의 가장 바깥쪽에 자리하는 평신도들은 매주 모여 기도하고, 성가를 부르고, 주사니의 가르침에 관해 토의한다. 좀 더 헌신하고 싶은 사람은 이른바 '형제단'에 가입할 수 있다. '친교와 해방'의 가장 핵심 그룹은 성 요셉 형제단과 '메모레스 도미니'(Memores Domini)로 전자는 순종, 가난, 순결을 맹세하되 일반인처럼 평범하게 살아가는 평신도로 이루어져 있고, 후자는 전자와 비슷한 활동을 하지만 공동체를 이루어 생활한다. 친교와 해방을 열렬히 찬미했던 교황 베네딕토 16세를 위해 가사를 챙기고 요리를 했던 여성들은 전부 메모레스 도미니 단원이었다. '친교와 해방'에는 교구 사제단과 수녀회도 포함되어 있다. 회원 명부가 존재하지 않아서 정확한 회원 규모는 알 수 없다. 그러나 홈페이지에 따르면 '형제단' 단원만 약 6만 명이고, 전 세계 80여 개국에 회원이 있다.

본인은 아마 예상하지 못했겠지만, 주사니 신부의 가르침은 비즈니스 협회 '콤파니아 델레 오페레'(Compagnia delle Opere)를 탄생시키기도 했다. 이 단체는 '친교와 해방'의 핵심 그룹을 앞지를 정도로 놀랍게 성장했다. 협회의 설명에 따르면, 3만 6,000개의 기업이 가입했다고 한다.[3] 2012년 이들 회원 기업의 연간 총매출은 700억 유로였다.[4]

친교와 해방이 리미니에서 개최하는 연례 회의는 언론매체가 널리 보도하는 전국적인 행사다. 이제까지 노벨상 수상자, 외국 총리들, 명망 있는 이탈리아 정치인, 테레사 수녀 등이 연례 회의에서 연설했다. 그러나 '친교와 해방'이 최대의 정치적 영향력을 발휘해온 장소는 이탈리아의 비즈니스 중심지이자 단체의 탄생지인 롬바르디아의 중심지 밀라노다. 잘 드러나지도 않고 공식 발표도 없었지만, 보수적인 '친교와 해방'과 좀 더 자유주의적인 '가톨릭 행동' 사이에 여러 해 동안 중요한 갈등이 있었다. 1995년 메모레스 도미니 단원인 로베르토 포르미고니가 실비오 베를루스코니의 정당에 가입하여 롬바르디아의 주지사로 선출됐을 때 '친교와 해방'이 우세를 점했다. 그는 17년간 주지사직을 유지했고, 그동안 롬바르디아는 거의 '친교와 해방'의 봉토로 전락했다. '친교와 해방' 회원들이 요직을 장악했으며 수익성 좋은 계약들은 죄다 콤파니아 델레 오페레 회원 기업들이 가져갔다. 결국 포르미고니는 스캔들 범벅인 채로 주지사 자리에서 물러났다. 잘못을 일체 부인하던 그는 2014년 부정부패와 범죄음모 혐의로 법정에 섰다.

그러나 가톨릭 교회가 이탈리아에서 논란만 일으키는 것은 아니다. 자선단체 카리타스의 활동 덕분에 수많은 노숙인의 삶은 훨씬 덜 불행하다. 교회는 보건서비스 기관의 약 5분의 1을 운영한다. 이것이 얼마나 계속될 수 있을지는 별개의 문제다. 가톨릭계 병원들은 수녀들에게 크게 의존한다. 그런데 한때 그렇게 많던 수녀들이 지금은 크게 줄어들었다. 2010년에 이탈리아 각지의 수녀원에는 전 유럽 수녀 인구의 거의 3분의 1이 거처했다.

그러나 이들 가운데 다수는 노인이거나 외국인이며 총 숫자는 5년 전보다 10퍼센트 감소했다.

가톨릭 교회가 운영하는 학교에 다니는 학생도 전체 학생의 7퍼센트로 다른 유럽 국가들보다 비율이 낮은 편이다. 그러나 공립학교에서 의무적으로 종교 교육을 하게 되어 있으므로 독실한 부모들도 특별히 자녀를 따로 등록금을 내고 가톨릭 학교에 보낼 이유가 없다.

또한 이탈리아 가톨릭 교회는 아주 특이하게 국제 외교 무대에 등장했다. 바로 로마에 본거지를 둔 산테지디오(Sant'Egidio) 공동체다. 이 공동체는 1968년 학생운동과 함께 찾아온 정치적, 종교적 혼란 속에서 한 무리의 학생들이 설립했으며,* 이름은 모임 장소인 로마 트라스테베레 지구의 한 교회와 수도원에서 딴 것이다. 학생운동과 그 밖에 60년대가 표상하는 모든 것을 거부했던 '친교와 해방'과는 달리, 산테지디오 공동체는 3년 전에 종료된 제2차 바티칸 공의회의 개혁 방안을 실천하기로 작정하고 가난한 이웃을 위해 봉사하기 시작했다. 이들은 지금도 로마에서 가장 큰 무료급식소를 운영한다. 그러나 공동체가 국제적으로 확장되면서 회원들은 빈곤을 초래하는 폭력을 뿌리 뽑지 않으면 빈곤을 제거하려는 노력은 여러모로 헛수고임을 깨닫고 있다.

초기에 산테지디오는 큰 성공을 거둔 바 있다. 1992년 이들은 모잠비크에서 평화조약 체결을 중재하여 100만 명 이상의 사망자를 낸 내전을 종식시켰다. 4년 뒤에는 과테말라 내전을 끝내는 데에도 기여했다. 그 이후로는 산테지디오가 활동하기에 상황이 힘들어졌다고 말해도 좋을 것이다. 하지만 외교관들은 산테지디오 평화 중재자들이 격의 없는 접촉과 논의를 위한 소중한 소통 채널을 제공하며, 기밀 유지를 위해 이들의 성취가 보도되지 않는 경우도 있다고 말한다.

이탈리아에서 가톨릭교는 삶의 구석구석에 너무나 철저히 스며들어

[*] 공동체를 설립한 초창기 모임의 리더 안드레아 리카르디는 훗날 대학교수가 됐다. 그는 2011~2013년 마리오 몬티의 초당파 정권에서 해외개발과 인종통합을 담당하는 부서의 장관을 지냈다

있어서, 가장 세속주의적인 이탈리아인조차 교회의 역할에 관해 문자 그대로 미사여구를 써가며 입에 발린 말을 한다. 기자들은 어떤 비공개 회의가 있으면 기계적으로 이를 "콘클라베"(conclave)라고 표현하고, 그 회의에서 일정한 성과가 있었으면 "하얀 연기"가 나왔다고 말한다. 이탈리아인은 '세상에 없어서는 안 되는 사람이란 없다'는 생각을 표현하고 싶으면, "교황이 죽으면 또 다른 교황을 선출하면 된다"고 말한다. "왕처럼 호사스럽게 산다"는 이탈리아에서 의미심장하게도 "교황처럼 호사스럽게 산다"로 표현된다. 경찰과 검찰은 다른 공범에게 불리한 증언을 하는 마피아와 테러리스트를 가리켜 "회개한 자"라고 부른다. 그리고 아슬아슬하게 도주한 자는 "기적으로 구원받은 자"다. 한편 누가 로또에 당첨되면 친구들은 "운 좋네!"라고 말하는 대신 "축복받았네!"라고 말한다. 당첨이 안 되면 사람들의 반응은 "안 됐군!"이 아니라 "이런 죄 받을!"이다.

그러나 이탈리아인과 교회의 긴밀한 관계는 종교 자체와는 그다지 상관없는 것들로 엮여 있다. 그중 하나는 교회가 제공하는 서비스를 사람들이 감사히 여긴다는 점이다. 또 한 가지 요소는 교황에 대한 자랑스러움이다. 1978년 폴란드의 추기경 카롤 보이티와가 교황 요한 바오로 2세로 선출되기 전까지 450년 이상 모든 교황은 이탈리아인이었다. 그리고 그들은 큰 존경을 받았을 뿐 아니라 막강한 권력을 휘둘렀다.

이탈리아 가톨릭 교회는 이탈리아인의 타성 때문에 일정한 혜택을 보았다. 다수 이탈리아인이 가톨릭 신자인 것은 다수 영국인이 군주제 지지자인 것과 비슷하다. 널리 받아들여진 질서의 일부로서 이탈리아의 모든 것이 너무나 철저하게 교회와 결부되어 있어 거기에 도전하는 것은 거의 비애국적이고 반이탈리아적으로 보일 수 있다. 예를 들면, 부모는 자녀를 학교 종교 수업(물론 가톨릭 교리만 가르친다)에 들여보내지 않을 자유가 있다. 그러나 이 자유를 행사하는 부모는 적다. 2011~12년에 종교 수업에 참여한 학생 비율은 89퍼센트였다. 이 수치는 가톨릭 신앙생활을 하는 부모의 비율보다도 훨씬 높았다. 예상할 수 있듯, 종교 수업 이탈자 비율이 가장 높은 곳은 북부의 대도시다. 반면에 이탈리아 남부는 97.9퍼센트라는 중앙아시아 국민투표에서나 볼 수 있는 수치를 자랑한다. 이탈리아 전체로 보면 신뢰할 만한 여론조사의 첫 시행 후 19년 동안 참여율은 서서히 하락했지만, 그래 봤자 4퍼센트를 조금 넘는 정도로 줄었을 뿐이다. 이 수치는 가톨릭교도의 감소가 아닌 이민자의 증가로 거의 완벽하게 설명된다.

이탈리아인이 교회와 맺고 있는 관계가 그저 별생각 없거나 반사적이라는 점 때문에 가톨릭 지식인들은 신자들의 신앙의 질에 관하여 조바심을 낸다. 2006년 『파밀리아 크리스티아나』는 신도를 상대로 설문조사를 했다. 거기에는 청원 기도를 올린 적이 있느냐(71퍼센트가 있다고 답했다), 있다면 누구에게 올렸느냐는 질문이 포함되어 있었다. 놀라운 점은 하느님 아버지께 간청해 달라고 예수님에게 청원한 비율은 2퍼센트밖에 되지 않았고, 성모 마리아에게 청원한 비율도 단 9퍼센트였다. 전체 응답자의 3분에 1을 차지해 가장 비중이 높았던 답변은 1968년에 사망한 카푸친 형제회의 사제 비오 신부였다. 그는 초자연적인 능력을 지닌 것으로 유명한데 이것은 지금도 논란거리다.

가톨릭 교육의 권위자 토니노 라스코니 신부는 이 설문조사를 보고 당혹스러워하며 이렇게 말했다. "예수와 성모 마리아에게 기도하는 경우가 이렇게 드물고 오히려 성인들이 선호된다는 점, 그리고 사람들이 그 두 가지 개념이 다르다는 것을 이해하지 못한다는 점은, 수년 동안 행해진 교리 공부와 종교 수업에도 불구하고 우리 신도들이 너무나 아는 게 없다는 징조다."

비오 신부는 공중부양을 할 수 있었고, 악마와 몸싸움을 했고, 예지력을 갖췄으며, 손바닥에 예수가 십자가에 못 박혔을 때의 상처인 성흔이 있었다고 전해진다. 손과 발에 수년 동안 구멍이 있었다는 사실은 확실하다. 그러나 염산 같은 것으로 스스로 낸 상처라는 비판도 있었다. 오랫동안 바티칸은 그의 상처를 성흔으로 인정하지 않았고 한때는 그의 미사 집전을 중단시킨 적도 있었다. 그러나 2002년 비오 신부는 요한 바오로 2세에 의해 성인으로 시성되었고, 그가 살던 남동부의 산조반니 로톤도는 오늘날 세계에서 두 번째로 방문자가 많은 가톨릭 성지다. 카푸친 형제회는 비오 신부 위성 TV 채널을 운영한다.

스낵바 찬장이나 택시 계기반 같은 데를 잘 보면 종종 비오 신부의 수염 난 얼굴이 담긴 카드를 찾아볼 수 있다. 비오 신부가 상징하는 종류의 헌신을 꺼릴 것 같은 사람들도 의외로 지갑이나 핸드백에 신부의 얼굴이 담긴 메달을 부착하고 다닌다. 여러 해 교회 근처도 가지 않은 사람들이 왜 그렇게 비오 신부를 좋아하는지 궁금해질 수밖에 없다. 농민의 아들이라는 소박한 출신이라는 점에 동질감을 느낀 걸까? 아시시의 성 프란치스코와 시에나의 성녀 카타리나로 거슬러 올라가는 이탈리아의 신비주의 전통을 체현하는 인물이어서? 로마에서 내려오는 엄격하고 복잡한 명령들보다 그의 단순한 확신의 메시지를 이탈리아인들이 더 반겼기 때문일까? 그가 남긴 말 중에 가장 유명한 구절인 "기도하고 소망하라. 화내지 말라"가 근본적으로 낙천적인 이탈리아인을 사로잡았던 것은 확실하다. 아니면, 혹시 비오 신부의 특별한 매력이 무속적이라는 데 있는 것은 아닐까? 독심술이 가능하고, 미래를 예견하고, 동시에 두 장소에 있을 수 있다지 않은가. 그렇다면 사람들은 무의식적으로 그를 성인보다는 마법사로 바라보는 것일 수도 있지 않을까? 사람들이 갖고 다니는 카드나 메달도 헌신의 대상이라기보다는 부적이 아닐까?

이탈리아에서는 어딜 가나 붉은 산호나 플라스틱으로 만든 뿔 모양의 물건을 쉽게 찾아볼 수 있다. 악마의 눈길을 막아준다 하여 나라 전역에

이탈리아 사람들이라는 것

154

서 사용된다. 이탈리아 가톨릭교는 놀랄 만큼 다양한 미신과 공존한다. 타로 점술도 굉장한 인기다.* 도시마다 주요 광장 부근 길거리에 접이의자를 펴고 웅크리고 앉은 점쟁이가 긴장한 손님을 위해 카드점을 봐주는 모습을 쉽게 발견할 수 있다. 몇 시간씩 타로점을 봐주는 방송을 내보내는 TV 채널도 여러 개다. 어쩌면 자연스러운 일이겠지만 늘 화산 폭발의 위험에 노출되어 있는 나폴리는 미신의 중심지다. 나폴리는 '무나치엘리'(munacielli) 또는 '모나치엘리'(monacielli)라고 부르는 독특한 유령과 '스모르피아'(Smorfia, '찡그린 얼굴'이라는 뜻으로 그리스 신화에 나오는 꿈의 신 모르페우스의 이름에서 파생된 단어다)의 탄생지다. 스모르피아는 1에서 90까지의 숫자를 동물, 신체 부위, 행위, 개념 등 다양한 객체와 짝지어놓은 표다. 나폴리에서는 일상이나 꿈에서 나타난 이미지에 따라 이 표를 보고 번호를 골라 로토를 구매하는 것이 유행이다. 이를테면 흑단, 수입 인지, 아이들과 춤추기, 교황의 불알은 88번에 해당한다.

일부 성직자는 교리 공부에서 가르치는 내용과 자신을 단호히 가톨릭 신자로 규정하는 국민의 신앙생활 사이에 존재하는 괴리를 고민할지 모른다. 그러나 괴리는 공식적인 교회의 가르침과 현장에서 일하는 성직자들의 교리 해석 사이에도 존재하는 듯하다. 2007년 『레스프레소』는 전국 24개 성당에 기자들을 보내 바티칸이 확실하게 죄라고 간주하는 행위를 고해성사하게 했다. 기자 한 명은 연구원인 척하며 외국에서 배아줄기세포를 연구하는 연구직을 제안받았다고 고해했다. 그러자 신부는 "당연히" 그 직책을 맡아야 한다고 말했다. 아버지의 인공호흡기 스위치를 끄는 데 동의했다고 가짜로 고해한 또 다른 기자는 "그 일에 대해 더는 생각하지 말라"는 답변을 들었다. 고해한 내용 가운데 바티칸이 눈감아줄 수 있는 범위를 넘어선 유일한 이슈는 낙태뿐이었다.

하지만 잡지사가 취재한 사실이 신부들의 불복종의 증거인지, 교리에

[*] 이탈리아에서 타로 카드는 15세기에 처음 등장했다. 그러나 처음에는 게임 용도로 쓰이다가 300년 이상 지나서야 비로소 프랑스에서 점술에 이용했다.

대한 몰이해인지, 아니면 자신이 직접 겪어보지 못한 도덕적 딜레마에 직면한 사람에 대한 단순한 인간적 연민 때문인지는 논란의 여지가 있는 문제다. 대체로 가톨릭 교회는 개신교보다 인간의 약점에 관해 좀 더 너그럽고, 또 그러한 점은 이탈리아인의 칭찬할 만한 특성인 동정심, 즉 남을 재단하기를 주저하고 쉽게 용서하는 성향에 명백히 기여했다. 이 주제는 이 책에서 나중에 몇 번 더 등장할 것이다.

그러나 그와 함께 가톨릭 교회는 신도를 어린애 취급한다(이탈리아에서만 그런 것은 아니다). 종교개혁이 일어나던 당시 가장 논란이 된 이슈 하나는 직접 성서를 읽으면서 스스로 구원의 길을 찾을 권리가 신자에게 있냐, 아니면 가톨릭 교회가 주장하는 대로 성직자의 중재를 필요로 하느냐였다. 어떻게 살아야 할지 말해줄 궁극의 책임은 지상에서 하느님을 대리하는 자에게 있다. 이탈리아에서 교황은 "일 파파"(il Papa)라고 하는데, 대문자를 쓰고 강세의 위치가 약간 다르다는 것을 제외하면 "아버지"를 뜻하는 단어와 동일하다. 주교들은 신도를 양 떼에 비유한다. 그리고 신부들은 자기보다 나이가 많은 교구민도 "내 아들", "내 딸"이라고 부른다.

이탈리아는 다른 어떤 나라보다도 가톨릭교에 심하게 노출되었다. 따라서 예컨대 이탈리아어에 "책임"에 해당하는 단어가 없다는 점이나, "어떻게 되겠지"에 가장 가까운 표현이 "어떤 성인이 해결해주겠지"라는 점은 의외라 할 수 없다. 마찬가지로 적절한 남녀 역할에 대한 단호한 시각을 지닌 종교의 흔적이 이탈리아의 남녀 관계에 여전히 선명하다는 점 또한 놀랍지 않다.

10
이탈리아 페미니즘

이탈리아는 살기에 정말 즐거운 곳이다. 당신이 남자라면 말이다.
— E. M. 포스터, 『천사들도 발 딛기 두려워하는 곳』 중에서.

•

부모는 일고여덟 살 된 딸을 트렌토 시 동쪽에 있는 예쁜 산마을에 데리고 갔다. 이탈리아 북단에 있는 이 지역은 이탈리아어 사용 지역과 독일어 사용 지역이 갈리는 곳이지만, 경계가 흐릿했다. 소녀의 가족은 조부모가 살았던, 그러나 지금은 아무도 살지 않는 집을 가지고 있었다. 복도에는 젊은 여인의 사진이 걸려 있었다. 소녀의 아버지는 사진의 주인공이 "전쟁 때 희생된" 이모할머니 클로린다라고 딸에게 설명해주었다. 이후 소녀는 종종 그 과거와 조우했던 순간을 떠올리곤 했다. 그러다 10대 중반이 된 소녀는 어느 날 학교에서 이모할머니의 이름을 인터넷으로 검색했다. 그때서야 소녀는 클로린다 멩구차토가 영웅이었고 사후에 국가 최고의 용맹 훈장을 받았다는 사실을 알게 되었다.[1]

클로린다의 이야기는 할리우드 영화로 만들어도 될 만했다. 그림같이 아름다운 마을 카스텔로 테시노 출신의 농민 소녀가 게를렌다(Gherlenda) 파르티잔 부대에 들어갔다. "벨리아"라는 전투용 가명도 주어졌다. 이탈리아 저항운동에 참여한 여성 대다수가 주로 간호사나 전령으로 일한 데 반해서 클로린다는 애인 가스토네 벨로를 비롯한 남성 동지들과 나란히 전투에 임했다. 벨로가 부상당하자 클로린다는 그와 함께 자기 가족이 사는 작은 마을로 향했다. 그러나 도중에 두 사람은 체포당했다. 그 후의 일은 아마도 할리우드 제작자들이 좋아하는 종류의 해피엔딩은 되지 못할 듯하다.

독일군과 이탈리아 파시스트 협력자들은 이 19세의 처자를 나흘 동안 고문했다. 그러나 그들이 무슨 짓을 해도 그녀는 동지들의 행방을 밝히지 않았다. 그녀가 받은 무공황금훈장에 곁들여진 표창의 글에 따르면 클로린다는 고난의 막바지에 자기를 고문하던 자들에게 이렇게 말했다. "내가 당신들의 고문을 더는 견딜 수 없게 되면 비밀을 불지 않도록 이로 내 혀를 끊겠다." 그들은 심지어 셰퍼드 개를 풀어 그녀를 물어뜯게 했다. 그러나 표창의 글에 적힌 표현대로 "파르티잔의 암사자" 클로린다는 절대 굴하지 않았다. 결국 그녀는 산송장이나 다름없는 모습으로 마을에서 끌려 나와 총살당했다. 절벽 아래로 던져진 사체는 나뭇가지에 걸렸다. 이를 카스텔로 테시노의 교구 신부가 옮겨 클로린다의 고향 마을 특유의 화려한 전통의복을 입히고 장례를 치러주었다.

종전 직후 공산당의 영향과 함께 새 이탈리아 공화국 설립의 기반이 된 파르티잔 투쟁에 클로린다 멩구차토 같은 여성들이 이바지했다는 사실은* 이탈리아 여성들을 그리 쉽게 총체적으로 열외 취급할 수 없음을 의미했다.

역사적으로 이탈리아 여성이 처한 조건은 지역, 시대, 사회 계급에 따라 굉장히 달랐다. 17세기, 그리고 특히 18세기에는 이탈리아 상류계급 여성이 누린 자유가 다른 유럽 국가의 상류계급 여성과 동등했거나 더 폭넓었을 것으로 추측할 수 있는 충분한 증거가 있다. 베네치아의 상류계급 여성 엘레나 코르나로 피스코피아는 1678년 파도바 대학에서 여성으로서는

[*] 총 19명의 여성 파르티잔 대원들이
무공황금훈장을 받았다.

세계 최초로 박사학위를 받았다. 유럽에서 공식적으로 대학 교수직을 제안
받은 최초의 여성도 이탈리아인 라우라 바시였다. 이 여성은 1732년 불과
21세라는 나이에 볼로냐 대학의 교수가 됐다. 또한, 18세기 이탈리아는 시
인·철학자·물리학자인 크리스티나 로카티, 그리고 "아녜시의 마녀"(Witch
of Agnesi)* 라는 대수 곡선으로 유명한 수학자 겸 철학자 마리아 가에타
나 아녜시를 배출했다. 아녜시는 라우라 바시와 함께 금성에 자신의 이름
을 딴 분화구를 얻는 영광을 누렸다.

　　괴테의 『이탈리아 기행』(*Italienische Reise*)에 등장하는 인물 가운데 가
장 기억에 남는 한 사람은 괴테가 1787년 나폴리에서 만난 젊고 도발적인
귀족 여성으로 요즘 페미니스트만큼이나 대담하고 자기주장이 확실하다.†
그러나 그로부터 100년도 더 흐른 뒤 칼라브리아를 둘러본 또 다른 여행
객 노먼 더글러스는 바냐라 마을 언덕 위로 길을 질러가려다 겪은 일 덕분
에 이탈리아 남부 여성들의 처지에 관해 조금 다른 인상을 받았다.

그냥 길을 잘 아는 짐꾼이 필요했다. 곧 벽에 기대서서 별로 할 일
도 없이 빈둥거리는 건장한 젊은이 몇 명을 발견했다. 꽤 여러 명이
재미 삼아 나와 동행해줄 수 있다고 했다.

　　"내 가방도 들어줄 거죠?" 내가 물었다.

　　"가방이 있어요? 그럼 여자를 불러와야겠네요."[2]

이탈리아에서 여성 지위 향상에 관한 역사는 평탄하지 않아서 빠른 진전
이 있던 시기와 긴 정체기가 번갈아 이어졌다. 이탈리아 최초의 페미니즘
저서로 볼 수 있는 안나 마리마 모초니의 『여성과 사회관계』(*La donna e i
suoi rapporti sociali*)는 1864년, 즉 메리 울스턴크래프트의 『여성의 권리 옹

---

[*] 영어 "마녀"(witch)는 이탈리아어
'베르시에라'(versiera)를 영어로 번역하는
과정에서 오역된 것으로 보인다. '베르시에라'는
돛을 조절할 때 쓰는 로프를 가리키는 용어로
아녜시가 곡선을 묘사하는 데 사용했다.

[†] 괴테는 직접 밝히지 않았지만, 테레사
라바스키에리 디 사트리아노 공주로
확인됐다.

호』(*Vindication of the Rights of Women*)가 발표된 지 72년 후, 그리고 올램프 드 구주의 『여성과 여성시민의 권리 선언』(*Déclaration des droits de la femme et de la citoyenne*)이 발표된 지 73년 뒤에 등장했다. 그러나 그 후 이탈리아 여성 운동은 빠르게 성장했다. 20세기 초가 되면 이탈리아에서도 자생적으로 여성 참정권 운동이 일어나고, 더글러스가 칼라브리아를 여행하던 즈음에는 로마와 밀라노의 중산층 여성들은 이혼 합법화 운동을 벌였다.

잘 진행 중이던 여성 운동을 중단시킨 것은 파시즘의 득세였다. 무솔리니는 1932년 자신의 관점을 이렇게 요약했다. "국가에서 여성이 맡아야 할 역할에 관한 내 견해는 어떤 종류의 페미니즘과도 상반된다. 물론 여성이 노예여서는 안 되지만 내가 여성에게 참정권을 줬다가는 놀림감이 될 것이다." 몇 년 후 전쟁이 발발하기 직전, 파시즘 시대의 주요 지식인 페르디난도 로프레도는 "여성은 남성에게 완전히 예속된 상태로 돌아가야 한다"고 적고, 혹시 독자가 자기 메시지를 이해 못 했을까봐 염려라도 된다는 듯 그것은 여성이 "영적, 문화적, 경제적으로 열등한 존재"가 된다는 뜻이라고 부연했다.

이탈리아의 파시스트 의원과 공직자들은 로프레도가 설파한 내용을 오랫동안 실행에 옮겼다. 무솔리니 치하에서 여성은 중등교육 기관에서 상급직에 지원할 수 없었고, 공·사기업 직원의 여성 비율은 10퍼센트 이하로 제한됐으며, 직원 수 열 명 미만의 업체는 여성을 아예 고용할 수 없었다.

제2차 세계대전이 끝난 후 무솔리니가 상징하던 모든 것이 완전한 배격까지는 아니더라도 의심의 대상이 되었다. 독재자의 적들이 그의 유산을 없애기 위해 한 일 가운데 하나가 이탈리아 여성의 지위 향상이었다. 1945년 이탈리아 여성은 프랑스 여성보다 1년 늦게 참정권을 얻었다. 그러나 기독교민주당이 공산당을 누르고 부상하면서 여성의 역할에 관한 가톨릭 교회의 관점이 점차 큰 영향력을 발휘하게 되었다. 1939년 교황에 선출된 비오 12세는 "여성의 활동이 가정 내로 제한되는 전통은 공공보건과 도덕의 기본을 이룬다"고 말했다. 그는 교회가 노동자의 급료 인상을 지지하는 이유 하나는, 그렇게 해서 "아내와 어머니들이 가사를 돌보는 진정한 소명을 다할 수 있도록 방향을 재조정"하기 위한 것이라고 설명했다. 1940년대 말에서 1960년대 초까지 각 정권은 교회와 손잡고 하느님을 우러러보며 경건하게 두 손을 모은 성모 마리아 석고상의 아우라를 이상적인 이탈리아 여성상으로 선전했다.

그렇게 노력은 했지만, 바티칸과 기독교민주당은 시계를 거꾸로 돌리는 데 크게 성공하지 못했다. 사실상 초창기부터 성직자와 정치인들이 국내에 퍼뜨린 이상적인 이탈리아 여성상과 주로 영화를 통해 접할 수 있는 더 복잡한 여성의 이미지 사이에 뚜렷한 간극이 있었다. "로마의 암늑대"라는 별명으로 불린 격정적인 안나 마냐니는 1940년대 말 네오리얼리즘 영화에서 소극적이고 순종적인 것과는 완전히 거리가 먼 인물을 생생하게 연기했다. 마냐니가 연기한 이탈리아 여인들은 열정적이고 용감하고 강렬하며, 때로는 심지어 폭력적이다. 페데리코 펠리니의 아내 줄리에타 마시나는 남편이 감독해 오스카상을 받은 「카비리아의 밤」(Le notto di Cabiria)에 출연해 비극적으로 이용당하는 작고 여린 매춘부 역을 맡아 최고의 연기를 펼쳤다. 마냐니의 연기력이 절정에 달했을 무렵 인기를 얻기 시작한 육감적인 소피아 로렌은 노골적인 관능미라는 또 다른 요소를 더했다.* 1951년 미국에서 잡지 『플레이보이』(Playboy)가 발간되기 2년 전인 1951년에 벌써 로렌은 이탈리아 영화 「그 사람이야! … 그래! 그래!」(Era lui, sì, sì!)의 프랑스 버전에서 알몸 연기를 했다. 이후 20여 년간 지나 롤로브리지다, 실바나 망가노, 모니카 비티, 클라우디아 카르디날레 등 유명한 이탈리아 여배우들이 은막에서 섹시한 자태를 뽐냈다.

냉전 시대에도 이탈리아 여성의 법적 지위에 향상이 있었다. 그러나 제

[*] 마냐니는 1955년 영화 「장미 문신」으로
아카데미상 여우주연상을 받았다. 로렌은
6년 후 비토리오 데 시카의 「두 여인」으로
같은 상을 받았다.

한적인 성취였다. 1950년 사용자는 첫 자녀를 출산하고 12개월 동안은 여성 직원을 해고할 수 없게 되었고, 1963년에는 결혼한다는 이유로 여성 직원을 해고하는 일이 금지되었다. 그리고 1962년에 14세까지 의무교육이 실시되면서 이탈리아 역사상 처음으로 많은 소녀들이 중등교육을 받게 되었다는 점만큼 중요한 변화는 없을 것이다.

더 야심 찬 개혁은 1968년 학생 운동이 전 유럽에 사회적 지진을 일으킨 후에야 이루어졌다. 68 운동의 효과로 이탈리아에서 특별히 활기찬 페미니즘 운동이 일어났다. 초창기에 여권 운동가들은 스스로를 신좌파와 동일시했다. 그러나 곧 이들은 수많은 젊은 남성 급진 사회주의자가 자기들 아버지나 할아버지만큼이나 마초라는 점을 깨달았다. 이탈리아의 다수 페미니스트는 마르크시즘과 그 철학적 기반이 자신들의 목표 실현에 부적절하다는 견해를 갖기 시작했다. 이미 1970년에 '여성혁명선언'은 "우리는 사회주의와 프롤레타리아 독재에 의문을 제기한다"고 선언했다. 같은 해에 '여성혁명선언'의 공저자 카를라 론치는 소책자 『우리는 헤겔에 침을 뱉는다』(*Sputiamo su Hegel*)를 발간했다.

지금 이탈리아를 보면 여기가 한때 그렇게 호전적 유형의 페미니즘 운동이 일어났던 곳이라고 믿어지지 않는다. 다른 나라에서는 이미 수년 전에 공론의 대상이 됐던 젠더와 언어의 문제가 이탈리아에서는 거의 문제가 되지 않았다. 이탈리아 여성은 결혼한 후에도 자기 성을 그대로 유지할 수 있다. 그러나 권력과 권위를 가져다주는 직업을 가리키는 단어는 거의 남성형만 존재한다. 이를테면 스페인에서 여성 변호사는 여성형인 '아보가다'(abogada)로 부르지만, 이탈리아에서는 그냥 남성형인 '아보카토'(avvocato)를 사용한다. 그런 사례가 여럿이어서 공중인, 엔지니어, 건축가도 여성형이 거의 쓰이지 않는다. 드문 예외 중 하나는 '도토레사'(dottoressa)로, 학위를 취득한 여성이나 여성 의사를 가리키는 용어로 사용된다. 여성 변호사를 '아보카테사'(avvocatessa)라고 부르는 경우가 없긴 않지만, 대다수 여성 변호사들이 이를 꺼린다. 마치 영어로 액트리스(actress)라고 하면 액터(actor)보다 격이 떨어지는 듯한 어감을 주듯, 아마도 그런 비슷한 느낌이 들어서일지 모른다.

다시 말해서 상황은 혼란스럽다. 정치판은 더욱 심하다. 최근까지 장관직에 오른 소수의 여성을 '미니스트리'(ministri)라고 불렀고, 때때로 남성형인 '미니스트로'(ministro)라고 부르기도 했다. 그러나 여성 장관의 수가 늘어나면서 서면이나 구두로나 여성형 '미니스트라'(ministra)를 쓰기 시작했다. 그런데도 이탈리아 정부 홈페이지는 외교부, 국방부, 경제개발부, 교육부, 보건부 장관을 전부 남성형으로 표기했다. 다섯 명 모두 여성인데도 말이다.

텔레비전을 켜면 다른 여러 나라에서는 이미 1970년대부터 부적절하다고 간주해온 방식으로 여성을 버라이어티 쇼나 퀴즈 쇼에 이용하는 장면을 접할 수 있다. 사회자가 여성이면, 십중팔구 요란한 헤어스타일에 반짝이는 립스틱을 바르고 노출이 심한 차림을 하고 있을 것이다. 그러나 그조차 드물어서 대개 무대에 보이는 유일한 여성은 완전히 장식품 역할만 하는 이른바 '발레테'(vallette)나 '벨리네'(veline)뿐이다. 이들은 기껏해야 춤을 약간 추거나, 퀴즈의 답이나 참가자가 획득한 금액이 적힌 플래카드를 들고 서 있다. 무대 가장자리에 서서 예쁜 척하거나 공허하게 미소 짓는 것이 그들의 임무다. 소위 '벨리네'라고 불리는 TV 쇼걸들이 처음 등장한 것은 1988년 실비오 베를루스코니가 소유하는 채널에서 내보낸 시사풍자 방송 「스트리차 라 노티치아」(Striscia la notizia)에서였다. 사회자에게 보도자료(이탈리아 언론에서 업계 용어로 이를 '벨리네'라고 부른다)를 가져다주고, (남성) 사회자들이 앉아 있는 탁자에 관능적인 자태로 기대는 것이 그들이 하는 일이었다.* 「스트리차 라 노티치아」는 지금도 미디어세트

[*] 가장 유명한 전직 쇼걸은 엘리사베타 카날리스로, 1999년부터 2002년까지 비교적 오랫동안 '스트리차 라 노티치아'에 출연하다가 배우가 됐다. 특히 조지 클루니의 여자친구가 되면서 국제적으로 유명해졌다.

그룹의 주력 방송이며, 시즌마다 새로 한 쌍의—금발 한 명, 흑갈색 머리 한 명—벨리네를 뽑는 경연대회가 열린다.*

빌보드 광고나 인쇄 매체 광고도 섹스나 뷰티 용품이나 여성의 몸과는 전혀 무관한 제품을 팔면서 신체를 다양한 수준으로 노출한 여성의 이미지를 사용하는 경우가 많다. 그러나 2008년 드물게 한 가지 사례가 논란에 휘말렸다. 나폴리와 카타니아를 더 빠르게 연결하는 새로운 페리선을 홍보하는 광고에 풍만한 가슴을 깍지 낀 두 손으로 가린 여성의 이미지와 함께 "베수비오 산과 에트나 산—이렇게 가까워 본 적이 없다"라는 카피가 등장했다. 이듬해에 이 페리 회사는 태연자약하게 또 다른 자극적인 광고를 선보였다. 이번에는 젊은 여성들이 길게 줄지어 페리선 뒷문으로 향하는 모습을 담았다. 이들은 숏팬츠를 입고 있거나 아니면 엉덩이가 거의 다 노출된 상태였다. 이번 카피는 이랬다. "우리 배의 선미(船尾)는 이탈리아에서 가장 유명하다."

세계경제포럼은 매년 '세계 성별격차보고서'를 발간한다. 이 보고서는 여성의 경제활동 참여, 정치적 권리, 교육, 다양한 보건 관련 지표 등을 기준으로 하여 각국 여성의 지위를 평가하는 것을 목적으로 한다. 최근 몇 년간 이탈리아의 순위는 오르락내리락 했지만 2013년에는 평균치에 근접하면서 71위를 기록했다. 프랑스보다 26위 아래였고, 놀랍게도 스페인보다 41위나 뒤처진 순위였다. 이탈리아 여성들은 루마니아나 아프리카 11개국보다 지위가 낮았다.

이탈리아가 가장 낮은 점수를 받은 분야는 경제활동 참여였다. 유럽연합과 OECD 최근 통계에 따르면 이탈리아에서 취업한 여성의 비율은 전체 여성 인구의 약 절반으로, 규모가 좀 되는 다른 유럽연합 국가와 비교했을 때 가장 낮은 수준이다. 그 얘기는 다른 유럽연합국보다 전업주부의 비율

[*] 물론 매체에서 여성의 신체를 착취하는 나라가 이탈리아뿐인 것은 아니다. 영국 타블로이드 신문에 나오는 상체 노출 사진들은 이탈리아 신문에는 실리지 않는다.

이 훨씬 높다는 뜻이다. 하지만 취직하고 싶지만 취업 활동을 포기했다고 말하는 여성이 그렇게 말하는 남성의 두 배나 된다는 점을 감안할 때 이탈리아의 전업주부 500만 가운데 상당수가 마지못해 주부가 된 것이 확실하다. 2011년 설문조사에 따르면 이탈리아 전업주부들은 단순히 불만스러운 정도를 넘어 위기감을 느끼는 것으로 밝혀졌다. 이들의 불만족도는 스페인이나 프랑스의 전업주부보다 훨씬 높았다.

그러니 당연히 기업 이사회에도 여성이 적다. 2013년 이탈리아의 주요 기업 이사 가운데 단 8퍼센트가 여성이었다. 이 역시 일정 규모의 유럽 국가들 가운데 가장 낮은 수준이다. 스페인은 10퍼센트, 프랑스는 18퍼센트, 영국과 미국은 17퍼센트였다. 직장생활을 하는 여성을 노동시장이 어떤 방식으로 퇴출시키는가 하는 문제에 관한 상세한 분석이 고등교육에 관한 어느 연구 논문에 담겨 같은 해에 발표됐다.[3] 이즈음 이탈리아 대학 졸업자의 절반 이상이 여성이었다. 그러나 부교수 중 여성의 비율은 3분의 1이 안 되고, 정교수는 다섯 명 가운데 한 명꼴로 여성이다.

이 수치는 물론 학계의 연령 분포 문제, 그리고 여성의 높은 "이탈률"과 관계있다. 지금 정교수인 사람들은 대체로 연로해서 여성 대졸자가 지금보다 드물고 여성이 취직해 경력을 쌓는 일이 특이한 세대에 해당한다. 한편 대학들은 성관계 강요 혐의에 반복해서 연루되고 있다.

이것은 정확히 측정하기 어려운 현상이다. 그리고 이탈리아에만 국한된 문제도 아니다. 그러나 언론에서 다뤄지거나 사적인 대화에서 등장하는 빈도 등 정황상 비교적 광범위한 현상이라는 인상을 준다. 언론에는 주로 대학 교수들이 학생이나 박사과정 연구원에게 합격점이나 좋은 성적을 주는 대신 성관계를 강요하는 사례가 다뤄진다. 이런 조건형 성희롱은 고발되지도, 언급되지도 않고 넘어가는 경우가 많다고 보는 게 맞을 것이다. 협박이 성공하는 경우 쌍방 모두 일어난 일을 밝혀서 이득 될 게 없기 때문이다. 이탈리아의 고등교육 기관에서 일한 경험이 있는 외국인들의 진술로 판단하건대, 학계에서 일어나는 조건형 성희롱은 일상적으로 일어나지는 않아도 드물지는 않은 듯하다.

조건형 성희롱이 학계에서만 일어나는 것은 아니다. 2010년 이탈리아 통계청 조사에 따르면 인터뷰에 응한 여성 중 3.4퍼센트가 직장 일과 관련해 성관계를 요구당한 경험이 있다고 답했다. 취직이나 승진을 시켜주는 대신, 또는 최악의 경우 해고당하지 않으려면 요구에 응하라고 강요받은 것이다. 그렇다면 이런 현상이 다른 나라보다 이탈리아에서 더 심할까? 통계 수치가 정확하다면, 아마 그렇지 않을 것이다.

그러나 상당수의 이탈리아 여성이 조건형 성희롱을 유감스럽지만 피할 수 없는 엄연한 현실로 간주한다는 것이 내가 받은 주관적인 인상이다. 이것을 뒷받침하는 객관적인 증거가 아주 약간 있기는 한데, 바로 '여성과 삶의 질'이라는 여성단체가 시행한, 통계적 유의성을 지니기에는 표본의 크기가 다소 작았던 설문조사다.[4] 설문 대상은 여대생 540명으로, 이들에게 직장에서 성공하기 위해 성 상납을 할 의사가 있느냐고 물었다. 확실하게 싫다고 답한 사람은 불과 다섯 명에 한 명꼴이었다. 20퍼센트 가까이가 그러겠다고 응답했고 나머지 60퍼센트는 "잘 모르겠다"는 망설임 섞인 답변을 했다.

한때 그토록 활기차고 적극적으로 여성운동을 벌였던 나라가 어쩌다 이렇게 된 걸까? 사실 페미니즘의 전성기 이후 이탈리아에서 전개된 상황은 전 세계적인 추세와 어느 정도 유사하다. 남녀의 구분을 최소화하기를 더는 원치 않는 세대가 성년이 되었고, 화려한 패션이 다시 유행을 탔으며, 여성의 권리를 위해 거리에서 시위를 벌이는 것은 시대에 뒤떨어진 것처럼 보이기 시작했다. 그러나 이런 현상조차도 부분적으로는 여권 운동가들이 1970년대에 다수 여성의 권리 신장이라는 목표를 전부는 아니더라도 상당

부분 성취해놓은 덕분이다. 이탈리아가 낙태 합법화를 의외로 너무도 완벽하게 이뤄낸 점은 특히 두드러진다. 어쩌면 그렇게 탁월한 승리를 거두었다는 사실이 남녀 성 대결에서 투쟁하던 이탈리아의 여성 전사들을 안주하게 만든 것일 수도 있다.

그러나 일부 이탈리아 페미니스트의 견해는 그리 너그럽지 않다. 이들은 여성운동이 완전히 잘못된 방향으로 흘러가고 있다고 여긴다. 신좌파 남성들에 대한 실망도 일부 원인이 되어, 이탈리아의 주요 페미니즘 사상가들은 그간 동등한 권리의 요구보다 젠더 차이 분석과 여성성 예찬에 더 초점을 두는 쪽으로 방향을 틀었다. 이 경향은 다른 나라보다 더 심했다. 그렇다면 여성만의 자부심이라 할 만한 것을 위해 여성 해방을 희생시켰다는 해석도 가능하다. 그렇게 보면 1980년대 초 이래 실비오 베를루스코니가 어떻게 그리 손쉽게 70년대 여성운동의 성과에 매우 거스르는 여성성을 언론매체에 확산시킬 수 있었는지도 잘 설명된다. 그는 마치 적이 버리고 떠난 전장에 진격해 들어온 장군과도 같았다.

한 가지 부인할 수 없는 사실은 자기 전성기에 이 언론계 거물이 대변했고 또 실제로 사회생활과 사생활에서 스스로 실천한 가치관에 대한 저항이 거의 없었다는 점이다. 베를루스코니는 자기는 "여성을 사랑한다"고 늘 주장했지만, 그가 여성을 대하는 모습을 보면 아랫사람 다루듯 하거나 완전히 업신여기는 태도였다. 스페인의 사회노동당 지도자 호세 루이스 사파테로가 총리에 올라 장관직 절반을 여성으로 채우자 베를루스코니는 이를 보고 "너무 분홍색"이라고 말했다. 그리고 자기도 여성을 내각에 포함시킨다면서 상체 노출 모델을 했던 전직 쇼걸 마라 카르파냐를 기회균등부 장관으로 임명했다. 결국 붕가붕가 파티로 2011년에 스캔들이 절정에 달하면서 이탈리아 여성들은 마침내 거리 시위에 나섰고, 이 시위는 이탈리아 국내외 250개 이상의 도시로 확산됐다. 시위대가 내건 슬로건은 제2차 세계대전 이탈리아 레지스탕스에 관한 프리모 레비의 소설 제목 『지금이 아니면 언제?』(*If Not Now, When?*)에서 따왔다.

이 시위에 힘입어 더 광범위한 여성 운동의 부활을 도모하려던 계획은 수포로 돌아갔다. 그러나 되돌아보면 '지금이 아니면 언제?' 시위가 일종의 전환점을 가져다주었다고 볼 수도 있다. 당시 이탈리아 의원 가운데 겨우 5분의 1이 여성이었다. 국제의회연맹의 조사에 의하면 이탈리아의 여성 의원 비율은 이라크나 아프가니스탄보다 낮았다. 이후 2013년 총선에서 주요 정당들은 여성 후보를 공천하려는 진지한 노력을 기울였다. 베페 그릴로의 오성운동이 발표한 후보자 명단은 당원들이 온라인 투표로 선출한 후보로 이루어졌는데 40퍼센트가 여성이었다. 총선 결과가 나오자 새로 출범할 의회의 여성 의원 비율은 3분의 1에 가까웠다. 새 정권도 유례없이 여성 각료가 많았다. 그리고 이듬해 마테오 렌치가 엔리코 레타를 밀어내고 총리에 오르면서 내각의 절반을 여성이 차지했다.

변화는 다른 데서도 일어나고 있었지만, 렌치 정권의 여성 장관들만큼 관심을 끌지는 못했다. 앞서 제시한 여성 이사 비율 8퍼센트도 얼핏 미미해 보이지만, 사실 짧은 기간에 상당히 증가한 수치다. 이사를 선출할 때 최소한 후보 다섯 명 중 한 명은 반드시 여성이어야 한다는 법률이 2011년에 통과된 덕택이다.

또한, 폭력을 당하는 여성의 고통에 대한 인식과 폭력을 행사하는 남성에 대한 비판적 시각도 확대되고 있다. 2013년 여성에 대한 폭력 추방 캠페인은 의외의 아군을 얻어 큰 지지를 받았다. 산레모 가요제 기간이던 그해 밸런타인데이에 어느 코미디언이 선보인 스탠드업 코미디 덕분이었다. 코미디언 루치아나 리티체토는 변화의 상징 그 자체였다. 꽤 최근까지도 이탈리아에서 스탠드업 코미디는 남성의 전유물이었다. 그러나 아담한 체구에 장난기 가득한 리티체토는 유머를 이용해 수많은 남성 팬들에게 페미니즘 메시지를 전달했다. 코미디라는 형식이 아니면 아마도 그런 메시지를 받아들이지 않을 남자들이었다. 산레모 가요제에서 그녀가 펼친 담론은 사실 전혀 우습지 않고 진지했다. 그러나 길게 인용할 가치가 있다. 매끄럽고 설득력 있을 뿐 아니라, 여론에 굉장한 영향을 미쳤기 때문이다:

> 이탈리아에서는 남자가 여자를—아내, 딸, 애인, 여자형제, 전처를—평균 이삼일에 한 번꼴로 살해해요. 아마 주로 집에서 그럴 겁니다. 가정은 반드시 사랑만 가득한 황홀한 곳은 아니니까요. 남자는 여자를 자기 소유물로 생각하기 때문에 여자가 독립적인 인격체이고, 원하는 대로 자유롭게 살고, 심지어 다른 남자와 사랑에 빠질 수 있는 존재라고 상상하지 못하기 때문에 죽입니다. 그리고 우리 여자들은 순진해서 온갖 것을 사랑으로 착각할 때가 많아요. 하지만 사랑은 폭력과 구타와 아무 관계도 없어요. … 우리를 구타하는 남자는 우리를 사랑하는 게 아니에요. 그 점을 머릿속에 잘 새겨두자고요. 하드디스크에 잘 저장해 놓읍시다. … 우리를 구타하는 남자는 개새끼예요. 예외 없이 언제나. 최초의 손찌검이 있었을 때 바로 그 점을 깨달아야 해요. 안 그러면 두 번째 손찌검이 뒤따르고, 세 번째, 네 번째, 이렇게 계속되니까요. 사랑은 행복을 가져다주고 가슴을 부풀게 하지, 갈비뼈를 부러뜨리거나 얼굴에 멍을 남기지 않아요.

또 다른 변화의 징조는—나름대로 다른 것 못지않게 중요한 지표인데—미스 이탈리아 선발대회의 인기가 꾸준히 하락하고 있다는 점이다. 한때 미스 이탈리아 선발대회가 연중 가장 중요한 국가적 대행사 가운데 하나라 해도 과장이 아니던 시절이 있었다. 라이 방송국에서 나흘간 밤마다 특별방송을 내보내며 이탈리아에 흔한 미녀들의 무한한 공급을 축하했었다. 심사위원으로 위촉되는 것만 한 영광도 없었다. 조르조 데 키리코, 루키노 비스콘티, 마르첼로 마스트로얀니 같은 현대 이탈리아 문화계의 가장 저명한 인물들이 후보의 각선미에 점수를 매기는 과업에 동의했다. 2001년까지만 해도 미스 이탈리아 대회 방송의 시청률은 85퍼센트였다. 그러나 그 후 인기가 급락해서 2013년부터 라이는 대회 방송을 중단해버렸다. 이후 La7 채널이 대신 방송을 내보냈지만 시청률은 6퍼센트에 못 미쳤다.

이윽고 「스트리차 라 노티치아」 같은 방송도 변화의 기운을 눈치채고 덜 여성차별주의적인 접근을 시도했다. 뉴스를 소개하는 진행자 두 명은 여성에게 맡기고, 잘 생긴 청년들을 내보내 상반신을 드러내고 몸 자랑을 하게 했다. 그랬더니 시청률이 급강하해서 다시 황급히 여성 '벨리네'들을 내보냈다.

다른 것들은 변할지 몰라도 이탈리아의 '엄마 숭배'는 굳건히 이어졌다. 어머니들에 대한 경의 — 실은 모성에 대한 입에 발린 소리라 해야 맞다 — 는 거의 무한하다. 그리고 자녀를 낳고 — 기쁜 마음으로 — 기르는 일의 중요성은 기회가 있을 때마다 여성들에게 각인된다. 교회에서 성모 마리아를 숭배하는 일부터 시작해서 할머니, 동년배, 소녀잡지와 여성잡지, 텔레비전과 라디오 광고에 이르기까지 모든 것이 이 세상에 엄마가 되는 것보다 더 중요한 일은 없다는 메시지를 반복해서 강조한다. 아이를 순전한 축복이며 기쁨으로 보지 않는 시각은 이탈리아에서 거의 신성모독에 가깝기 때문에 자녀를 낳지 않은 여성은 대개 연민의 대상이다.

이런 문화의 한 가지 문제점은 괜히 출산휴가를 주어가며 여성 직원을 유지하는 대신 그냥 해고해버릴 이상적인 명분을 사용자에게 제공한다는 점이다. 법률의 규정과 무관하게 임신한 여성을 해고하는 일이 아직도 비일비재하다. 사용자들이 규제를 피하고자 1960년대부터 써온 수법은 날짜가 적혀 있지 않은 사직서에 미리 서명하는 조건으로 여성 입사 지원자를 채용하는 것이다. 그러면 사용자는 이를 보관해 두었다가 앞으로 필요에 따라 날짜를 기재할 수 있다. 여성에게 이 악랄한 서류를 강요하는 사용자는 무거운 벌금형을 받을 수 있지만 입증이 거의 불가능하다. 이 악습은 특히 중소기업에서 여전히 행해진다.

그런 부분을 제외하면, 이탈리아 사회는 설파하는 내용을 실천에 옮기고 있는 듯하다. 세계경제포럼 설문조사에서 이탈리아가 항상 두각을 보이는 분야는 모성 보호 관련 분야다. 이탈리아의 출산휴가 규정은 선진국 가운데 가장 후한 편이다. 그러나 일단 출산 관련 법정 혜택이 만료되면 젊은 이탈리아 엄마들은 육아, 가사, 직장 일(물론 직장을 유지할 수 있을 때 얘기다. 날짜 미기재 사직서 말고도 첫 아이를 낳은 여성에게 직장을 그만두라는 사회적 압력은 상당히 크다)을 병행하며 균형을 잡는 데 국가의 도움을 거의 받지 못한다. 어린이집도 모자란다. 무료 공립보육시설은 더욱 드물다. 3세 미만 아동 가운데 어린이집에 가는 비율은 20퍼센트 미만이다.

그러나 어린이집 부족은 공급뿐 아니라 수요와도 상관관계가 있다. 우선, 취업한 여성의 수가 유난히 적다는 것은 낮에 아이를 돌볼 수 있는 엄마가 많다는 뜻이다. 2011년 이탈리아 통계청 설문조사에서는 다른 원인도 드러났다. 어린이집에 자녀를 보내지 않는 어머니들을 인터뷰한 결과 3분의 1 이상의 응답자가 어린이집보다는 친척에게 아이를 맡기는 편을 선호했고, 또 모르는 사람의 손에 맡기기에는 자녀가 너무 어리다고 말한 응답자도 비슷한 비율로 나타났다.

자녀가 커가면서 엄마들을 집에 묶어 놓는 또 다른 요소들이 등장한다. 중학교 수업시간은 거의 모든 엄마가 전업주부였던 시절에서 전혀 바뀌지 않았다. 아이들이 하교해 집에서 엄마가 요리한 점심을 먹는다는 전제하에 수업은 전부 아침에 몰려 있다. 그러나 실은 바쁜 엄마가 냉장고에 넣어둔 샌드위치를 먹는 것이 요새 현실이다.

이탈리아 남편들은 가사분담을 거의 하지 않는다. 2011년도 공식 통계에 따르면 식사 준비를 돕는 남편은 절반도 훨씬 안 되고, 설거지를 하는 남편은 4분의 1 정도였다. 그러나 이탈리아 남편들이 가장 싫어하는 일은 다림질인 것으로 드러났다. 무슨 이유에서인지—흥미로울 정도로 원인 포착이 어렵다—다림질을 돕는 남편의 비율은 100명 중 한 명이었다.

엄마, 아내, 직장인으로서 해야 할 역할을 조화시키기 어렵다 보니 여성들은 부득이 선택을 해야 하는 상황에 놓인다. 그 결과 이탈리아 여성들은 대부분 아내와 엄마의 역할을 제한하는 편을 택하고 있다. 다른 남유럽 국가에서도 통계상 비슷한 반응을 관찰할 수 있다.

1970년대 말 이후로 이탈리아 여성은 결혼 시기를 점차 늦추었다. 자녀의 수를 줄이는 현상은 그보다 더 일찍 시작되었다. 이후 다른 요인들도 등장했다. 특히 점점 더 많은 청년들이 단기 계약직으로 취직했고 종신고용을 보장받지 못했다. 직업 안정성이 낮아지자 출생률이 급락했다. 1960년대 중반에 인구 1,000명당 신생아 수 20명을 넘기며 절정에 달했던 출생률이 1980년대 중반에 1,000명당 열 명으로 감소했고, 이후 감소 추세가 다소 완화되기는 했지만 2011년에는 1,000명당 아홉 명으로 떨어졌다.

말과 현실이 이렇게 노골적으로 다른 분야도 드물다. 말로는 어머니를 찬양하고 성모 마리아를 숭배하지만, 현실은 초등학교 정문에서 아이를 기다리는 엄마들 나이가 40대 인한 자녀 사회가 됐다. 이런 통계의 이면에는 또 다른 거대한 괴리가 존재한다. 교회가 용인하는 성생활과 이탈리아인의 실제 성생활 사이의 괴리다.

11
연인과 아들

이탈리아인이 더 잘함.
— 1986년 히트곡 「파파 돈 프리치」 뮤직비디오에서
마돈나*가 입었던 티셔츠에 박힌 문구.

어디서나 볼 수 있다. 가장 의외의 장소에서 발견할 때도 많다. 벽에 페인트로 칠하기도 하고 길바닥에 분필로 쓰기도 한다. 해변에서 조가비에 공들여 써놓은 것을 볼 때도 있다. 이것이 특히 흔한 장소는 학교 교문이다. 수줍으면서도 어지러울 정도로 정열적인 애정 고백은 열정의 대상인 그녀(때로는 그)가 평범하게 일을 보다가 발견할 수 있는 곳에 놓인다. 이런 식의 사랑 고백은 이탈리아의 풍경에서 꽤 유쾌한 부분이고, 일반적인 이탈리아식 신중함과 대조를 이룬다. 이 같은 '사랑의 그래피티' 중에는 시적이거나("당신은 내가 잠에서 깨는 순간부터 시작되는 꿈입니다") 감동적인 ("안나, 내게 돌아와 줘, 내가 이렇게 간절히 빌어") 것도 있다.

"라우라, 당신을 생명보다 사랑해." 내가 최근에 본 고백이다. 실제로 어떤 구애자는 자신의 사랑이 얼마나 열정적인지 증명하기 위해 목숨을 걸기도 한다. 한번은 고속도로를 가로지르는 구름다리 외벽에 거대한 글자로 적힌 메시지를 본 적이 있다. 그걸 쓰느라고 어떤 위험을 감수했는지 대체

[*] 마돈나의 본명은 '마돈나 루이스 치코네'다. 그녀의 조부모 가에타노와 미켈리나 치코네는 아브루초 주의 산마을 파첸트로에서 미국으로 이민했다.

누가 알겠는가. 몇 년 전에는 밀라노 인근의 한 도시에서 누가 밤에 공사 중인 고층건물에 설치한 비계 위로 기어 올라가 거대한 빨간 하트와 사랑하는 여인의 이름이 적힌 40제곱미터짜리 현수막을 걸어 놓은 일도 있었다.

'애정은 통제할 수 없다'는 이탈리아 속담이 있다. 그러나 다른 지중해 연안의 가톨릭 사회와 마찬가지로 이탈리아에서 애정에 관한 문제는 전통적으로 매우 엄격하게 통제되어왔고, 특히 이것이 육체적인 문제로 발전하게 될 때는 더더욱 그러했다. 최근 들어 교회가 젊은이들의 사생활과 성생활에 행사하는 통제력은 상당히 약해졌다. 최초로 성을 경험하는 연령의 평균값을 조사한 논문에 의하면 제1차 세계대전 시기에 출생한 여성들의 성 경험 연령이 22세였던 데 비해 1980년대에 출생한 세대는 18.5세로 크게 낮아졌다.[1] 반면에 남성은 17.5~18.5세로 옛날이나 지금이나 거의 변화가 없었다. 논문 저자가 언급하는 대로 20세기 전반부에 태어난 세대는 남녀 간에 성 경험 과정이 매우 달랐기 때문이다. 10대 후반 소년에게 보통 "연상이고 처녀가 아닌 여성이나 매춘부와" 경험하는 일이 일종의 통과의례였다. 이와 대조적으로 대다수 여성은 20대 초에 결혼할 때까지 성 경험이 없거나 "결혼하기 직전 약혼자와 첫 경험을 했다".

1970년대 이후 남유럽에도 성 혁명이 찾아왔다. 앞의 논문에 따르면 1960년대 말에 출생한 이탈리아 여성 열 명 가운데 오직 한 명만 성 경험이 없는 채로 결혼했다. 그러나 이 분야에 관한 믿을 만한 국제 비교를 보면 가톨릭 교회가 여전히 영향력을—'유산'이라고 표현해야 더 정확할지도 모르겠다—행사하고 있음을 읽어낼 수 있다.

듀렉스 콘돔 업체가 주도한 좀 더 최근의 연구는 세계 각국에서 처음으로 섹스를 경험한 평균 연령을 조사했다.[2] 조사된 수치는 일정한 패턴을 드러냈다. 혼전 섹스를 사회적으로 강력히 터부시하는 개발도상국들에서 평균 연령이 가장 높았다. 그다음으로 높은 집단은 전부는 아니어도 대체로 지중해 연안 가톨릭 국가들이었다. 평균치가 19.4세인 이탈리아도 여기에 포함되었다. 이 수치는 스페인보다 약간 낮았지만, 영국의 18.3세나 미국의 18.4세보다는 확실히 높았다.

여성의 경우만 따로 떼어서 보면 차이는 더 두드러진다. 외국에서 영화나 광고를 통해 접하는 이탈리아 여성의 이미지는 관능적이고, 육감적이고, 성적 욕망이 넘치는 암고양이 이미지다. 그러나 사실 이탈리아 여성들은 비교적 감정을 억제하는 편이라는 증거가 있다. 2010년 로마에서 열린 학회에서 지금까지 적어도 한 번 이상 자위를 한 적이 있다고 답한 응답자의 비율을 국제적으로 비교한 연구가 발표되었다.[3] 남성만 보면 남유럽이나 북유럽이나 비슷해서 대략 90퍼센트 이상이었다. 그러나 여성의 경우 뚜렷한 차이가 있었다. 북유럽 국가 여성은 다섯 명 가운데 네 명이 자위를 했지만 이탈리아에서는 50퍼센트 미만이었다.

이탈리아 10대 청소년이 가볍게 섹스를 하는 일은 바티칸—그리고 기독교민주당—의 영향력이 사방에서 강력히 발휘되던 시절에 비해 확실히 흔해졌다. 하지만 청소년들은 오래 사귄 여자친구, 남자친구를 옛날식으로 '약혼녀'를 뜻하는 '피단차타'(fidanzata), '약혼남'을 뜻하는 '피단차토'(fidanzato)로 부를 때가 많다. 요즘은 도시 중산층 젊은이를 중심으로 '일 미오 라가초'(il mio ragazzo, 내 남친) '일 미아 라가차'(il mio ragazza, 내 여친)가 점점 더 많이 쓰이는 추세지만, 약혼남, 약혼녀라는 용어는 아직도 놀라울 만큼 유지력을 발휘하고 있다. 어쩌면 그게 수많은 이탈리아 젊은이들이 맺는 관계의 속성, 즉 10년 이상 계속 사귀다가 자연스럽게 결혼이나—요즘 더 일반화된—장기 동거 파트너십으로 넘어가는 사실상의 약혼이라는 속성을 좀 더 정확하게 반영하는 용어이기 때문일지도 모른다.

"이탈리아인이 더 잘함"이라고 적힌 마돈나의 티셔츠는 이탈리아인에 대한 관념, 특히 이탈리아 남자는 애인으로 두기에 최고인 "이탈리아 종마"

라는 오랜 관념을 반복한다. 이탈리아인은 세상에서 가장 잘생겼을 뿐 아니라 가장 낭만적이고, 유혹적이고, 잠자리 기술이 훌륭하다는 시각은 자코모 카사노바의 시대에서 마르첼로 마스트로얀니 시대에 이르기까지 서구의 집단적 잠재의식 속에서 유지됐다. 사실일까 아니면 미신일까?

　듀렉스 회사의 또 다른 설문조사는 상호 모순적이고 혼란스러운 증거를 포착했다.[4] 이탈리아인 응답자의 3분의 2가 섹스 중에 항상 또는 거의 언제나 오르가슴을 경험한다고 답했다. 세계에서 가장 높은 수준이었다. 오르가슴을 느끼는 여성의 비율은 다른 나라에서와 마찬가지로 남성보다 낮았다. 그럼에도 이탈리아는 설문조사가 진행된 다른 어느 나라보다 오르가슴을 느끼는 남녀의 비율이 가장 높은 그룹에 속했다. 섹스 빈도도 비교적 높았고, 섹스에 들이는 평균 시간도 다른 나라보다 길었다. 따라서 종합하면, 이탈리아인이 반드시 "더 잘하는"지는 모르겠지만 꽤 잘하고 있는 것은 확실하다. 문제는, 같은 이탈리아 응답자들에게 성생활에 만족하냐고 질문했더니 완전히 만족한다고 말한 응답자의 수가 다른 어느 나라보다 적었다는 점이다. 통계에 드러나지 않은 또 다른 요소가 있을지도 모르고, 아니면 혹시 이탈리아인들이 (프랑스인도 낮은 만족도를 보였다) 비현실적인 기대를 지녔다가 실망한 것일 수도 있다.

　가톨릭 교회는 혼전 섹스, 특히 여성의 혼전 섹스를 강력히 비난하지만, 혼외 성관계에 대해서는 항상 좀 더 유연한 태도를 취해왔다. 특히 불륜의 당사자가 남편이고 적어도 외관상 가정이 깨지지 않는 경우 그러하다. 따라서 결혼 전에는 성 경험이 제한되지만, 일단 결혼하고 나면 훨씬 다양한 성생활이 펼쳐진다. 적어도 보카치오의 『데카메론』(놀랍게도 이 작품에 등장하는 불륜자 다수가 남성이 아니라 '몬나 기타' 같은 여성이다)으로 거슬러 오르는 장구한 문학 전통이 남긴 인상은 그렇다.

　1760년대에 토스카나 지방을 여행한 스코틀랜드 작가 토바이어스 스몰렛은 피렌체의 부잣집 여인들이 미소년 애인을 갖는 관습을 기록한 바 있다. 당시 그 애인들을 가리켜 '치치스베오'(cicisbeo)라 불렀다. 남편들은 아내와 애인의 관계를 알았고 또 용인했다. 치치스베오는 어디든 귀부인과 동행했으나 공공장소에서 애인에게 애정 표시를 하는 것은 실례로 간주되었다. "개선문이 하나 있었다. … 그리고 이곳이 여름밤에 마차를 세워 놓고 바람을 쐴 수 있는 훌륭한 휴식처"라고 스몰렛은 묘사했다. "모든 마차가 일제히 멈추더니 저마다 작은 친목회를 열었다. 귀부인들은 마차 안에 앉아 있고, 치치스베오들은 마차 양편의 발판 위에 올라서서 귀부인들을 즐겁게 해준다."[5]

때로는 치치스베오가 동성애자여서 여성 동반자를 성관계 없이 그저 재미있게만 해주는 역할을 한 경우도 있었다. 그러나 기본적으로 치치스베오는 여성의 정부였다. 이탈리아 여성인 테레사 귀촐리 백작 부인이 바이런 경의 정부라는 이야기는 잘 알려져 있다. 그러나 이탈리아 쪽 시각에서 보면 라벤나 출신의 이 귀부인이 비상하게 총명한 영국인 치치스베오를 하나 거느렸던 것으로도 볼 수 있다.

2006년 심리학 잡지 『리차 프시코소마티카』(Riza Psicosomatica)가 시행한 가벼운 설문조사도 이탈리아인이 간통을 대수롭지 않게 여긴다는 결론을 뒷받침했다. 설문조사의 목적은 이탈리아인이 어떤 악덕과 결점에 가장 죄책감을 느끼는지를 알아내는 데 있었다. 폭식과 과소비가 가장 높은 순위였고 혼외정사는 꼴찌였다. 몸매를 가꾸지 않는 일보다 혼외정사는 순위가 낮았다.

최근까지만 해도 이탈리아 문화에서 내연의 여자는 다른 나라보다 존재감이 훨씬 두드러져서 유명인 남성이 제2의 파트너나 제2의 가정을 두면 대개 공공연한 정보로 공유되었고, 그 사람이 사망하는 경우 기자들은 미망인뿐 아니라 내연의 여성에게 찾아가 질문하고 기사에 답변을 인용하곤

했다. 그 밖에도 중산층 남성이 일단 자녀가 태어나면 가정에서 멀어져 불륜 행각을 벌이다가 나이를 먹으면 다시 본처에게 돌아와 여생을 보낸다는 이야기를 자주 들을 수 있다.

그러나 애인을 기쁘게 해주는 일에는 돈이 든다. 정부를 거느리고 제2의 가정을 유지하는 비용은 훨씬 더 든다. 그래서 이런 식의 불륜 행위는 대체로 부유층에 국한된다. 게다가 부유한 이탈리아인은 부와 사회적 지위 덕택에 외국인과 접촉할 일이 더 많을 터이니, 전형적인 이탈리아인에 관한 외부인의 인식에 실제보다 더 지나치게 영향을 줄 가능성이 크다. 따라서 이탈리아인이 소문처럼 그렇게 결혼에 충실하지 않은 바람둥이들인지 의문을 제기하는 것은 정당하다. 내가 아는 유일한 국제 비교는 1994년에 이루어진 것으로 행동보다는 태도에 관한 연구다. 20여 개국 국민에게 혼외 섹스에 대한 의견을 물었다. 이탈리아에서 "항상 그르다"라고 답한 응답자의 비율은 67퍼센트였고, 이 수치는 영국과 동일했다. 다섯 명 중 네 명꼴로 불륜을 무조건 잘못이라고 답한 미국보다는 낮은 수치였지만, 러시아의 36퍼센트보다는 훨씬 높았다.[6]

부유층이 아닌 이탈리아 남성의 혼외 (또는 혼전) 섹스는 주로 매춘 여성과 이루어졌다. 그러나 1958년 사회당 소속 리나 메를린이 입안한 법이 통과되면서 성매매가 불법화되고 많은 업소가 문을 닫았다. 아직도 논란이 되고 있는 그때의 조치로 인해 성판매 여성들은 거리로 나와야 했고, 지금도 대다수가 길거리 성매매로 먹고산다. 일부는 자신의 집에서 손님을 받는다. 이들은 전통적으로 신문에 광고를 내는데, 대개 광고 문구 맨 앞에 대문자 A를 여러 개 삽입해 개인 광고란 맨 상단에 올라가게 한다. 요즘은 인터넷 광고가 늘어나는 추세다. 일간지 『코리에레 델라 세라』가 다양한 출처의 자료를 모아 정리한 2013년 수치에 따르면 이탈리아 전국에 약 4만 5,000명의 성판매 여성이 일하고 있으며, 그 가운데 8,000명이 이탈리아 국적자였다. 비이탈리아인 성판매 여성의 경우 절반 이상이 길거리 성매매를 하면서 포주의 보호와 착취의 대상이 되는 경우가 많았고, 업소에서 일했으면 받을 수 있었을 건강진단을 받을 확률은 낮았다.

이른바 '메를린법'의 결과 이탈리아에서 성매매 환경은 다른 나라보다 더 열악해졌고 관련 당사자들의 건강 위험도 높아졌다. 한편 메를린법 때문에 성매매의 확산이 억제됐을 수도 있다. 위의 수치가 맞다면, 이탈리아에 존재하는 성판매 여성의 수는 그 수가 20만에 달하는 스페인과 비교하면 4분의 1도 안 된다. 이 차이로 보아서는 이탈리아 남자들이 정말 그렇게 소문처럼 방탕한지 의문이 든다.

교회의 영향이 가장 뚜렷하게 드러나는 분야는 아마 피임일 것이다. 이탈리아에서 피임약 조제·판매·광고는 한때 전부 형법상의 죄여서 최고 징역 1년에 처할 수 있었다. 교황 바오로 6세는 회칙 '인간 생명'(Humanae Vitae)을 선포해 인공 피임법에 반대하는 바티칸의 입장을 다시 한 번 확고히 했지만, 그로부터 3년 뒤인 1971년에 이탈리아는 피임약 금지를 철폐했다.

대다수의 가톨릭 국가가 그렇듯 이탈리아에서도 바티칸의 구속은 널리 무시된다. 온갖 종류의 피임약과 도구를 구입할 수 있고, 때로는 국가가 그 비용을 지원하기도 한다. 그러나 피임이라는 이슈 자체가 너무 예민해서 이 문제를 다룰 때는 점잖은 무시와 신중한 누락이 동시에 동원된다. 2013년 국제 플랜드 패런트후드 연맹은 유럽 10개국의 젊은 여성들이 각종 피임 수단에 얼마나 쉽게 접근할 수 있는지 분석한 연구 결과를 발표했다. 정부의 정책 개발 현황, 성교육 정도, 맞춤형 상담 제공 여부 등을 기준으로 점수를 매긴 결과, 이탈리아의 평균 점수는 스페인의 절반이었고 프랑스와 비교하면 3분의 1에도 못 미쳤다. 이탈리아는 성과 생식에 관한 건강과 권리를 증진하는 정책에 우선순위를 두지 않거나, 또는 "제도적 의제에 그런 정책이 아예 없는" 세 나라 가운데 하나였다.*

[*] 이탈리아가 높은 점수를 받은 몇 안 되는 분야 가운데 하나는 성교육이었다. 그러나 여러 산부인과 전문의들이 지적하는 대로 그것은 국가의 공이 아니라 의료 전문가 집단이 앞장서서 학교에서 성교육을 장려한 덕택이었다. 이탈리아는 지금도 여전히 학교에서 성교육을 의무화하지 않은 소수 유럽 국가 중 하나다.

2009년 조사에 의하면,[7] 이탈리아의 콘돔 가격이 국제 평균 가격의 거의 두 배인데도 각 정권은 내내 아무 조치도 취하지 않았다. 그로부터 몇 년 후 성생활을 하는 10대 후반~20대 초반 이탈리아 남성 가운데 원하지 않는 임신을 막기 위해 콘돔을 쓰는 비율이 절반 이하라는 조사 결과가 나왔다. 콘돔이 비싸서가 아닐까. 경험 미숙, 무책임, 가톨릭 교회가 비난하는 인공 피임에 대한—의식적 또는 무의식적—거부감도 한몫했을지 모른다.

여성도 피임 도구 사용을 기피하는 경향이 있다. 이탈리아에서 가장 널리 사용되는 피임법은 피임약 복용이지만, 이탈리아 여성이 피임약을 복용할 확률은 다른 유럽 국가 여성에 비해 낮다. 2006년 설문조사에 따르면 이탈리아에서 세 번째로 선호되는 피임법은 여전히 체외사정이었다. 게다가 이것이 온라인 설문조사였음을 고려할 때, 인터넷을 사용하는 비교적 교양 있는 응답자 집단의 선호도였다는 점에서 더욱 의미심장하다.[8]

이 모든 상황을 종합하면 원치 않는 임신과 그에 따른 임신중절의 비율이 높아야 할 것처럼 보인다. 그러나 현실은 미스터리여서 앞서 언급한 설문조사에 따르면 이탈리아에서 원치 않는 임신은 다른 36개국보다 드물었다.[9] 임신을 중지하는 비율도 낮은 편이었다.

그러니까 이 나라에서는 젊은 남성들이 별로 조심하지 않는데도 그로부터 예견되는 결과가 발생하지 않는다는 것이다. 뭔가 앞뒤가 맞지 않는다. 최근 이탈리아에서 급속하게 인기를 얻고 있는 "사후 피임약"이 이 모순을 얼마간 설명해줄 수 있겠지만, 안정적인 관계에 있지 않은 젊은 남녀가 성관계를 맺는 빈도가 여전히 낮고, 상대를 안 가리는 무차별한 성행위가 드물기 때문일 수 있다. 이런 추측에 신빙성이 있는 이유는 실제로 젊은 이들이 성관계를 맺을 기회가 제한적이기 때문이다. 요즘 이탈리아 부모들은 그 이전 세대 부모들만큼 보수적이지 않다. 하지만 부모와 함께 살면서 같은 도시에서 대학에 다니고 30대에도 독립해 나가 살지 않으니 방탕한 성생활은커녕 성생활 자체를 하기가 쉽지 않다.

독특하게도 이탈리아어로 '사랑한다'고 말하는 데에는 두 가지 방식이 있다. 하나는 '아마레'(amare)이고, 다른 하나는 '볼레레 베네'(volere bene)다. 이탈리아인 사이에서조차 이 둘의 정확한 차이가 무엇인지 이견이 있고 사용 방식도 사람마다 다르다. 그러나 일반적으로 '볼레레 베네'는 친밀감과 에로틱함이 덜한 종류의 사랑을 뜻한다. 만약 당신이 배우자와 관련해 '볼레레 베네'라는 표현을 쓴다면 사람들은 당신과 배우자의 관계에 뭔가 문제가 있다고 생각할 수 있다. 친구나 동료한테 이 표현을 쓴다면 "굉장히 좋아한다"는 것 이상의 의미는 없다. 보통 가족과 친척에게 이 표현이 자주 쓰인다. 루치아노 파발로티가 다시 유행시킨 1940년대 유행가 「엄마」(Mamma)를 들어보면 바로 '볼레레 베네'를 사용해 '엄마, 너무 사랑해요!'라고 노래한다.10

다른 수많은 이탈리아 유행가와 마찬가지로 이 곡의 가사도 이탈리아인 모자들은 특유의 강한 결속감으로 묶여 있다고 여기는 다른 유럽인들의 인상을 재확인해준다. 「엄마」의 끝부분 가사는 이렇다. "나의 심장이 한숨처럼 내쉬는 이 사랑의 단어가 / 요즘은 잘 쓰이지 않을지 모릅니다 / 엄마! / 하지만 내게 가장 아름다운 노래는 당신입니다 / 엄마는 내 생명입니다 / 내 남은 인생에서 다시는 당신 곁을 떠나지 않겠어요."

이러니 이탈리아인이 아닌 가수들이 이 달콤한 발라드곡을 부를 때 그냥—대다수 청중이 못 알아듣는—이탈리아어로 부르든가, 아니면 자국어로 굉장히 다르게 번역해서 부른다는 사실이 별로 놀랍지 않다. 이탈리아어 버전에서는 성인 아들이 사랑하는 엄마에게 돌아와 다시는 엄마 곁을 떠나지 않겠다고 맹세하는 내용이지만, 영어 버전에서는 엄마와 멀리 떨어져 사는 점을 아쉬워할 뿐이다.11 "오, 엄마 / 우리가 다시 만나는 날까지 / 나는 추억 속에 살아요 / 우리가 다시 만나는 날까지." 게다가 영어 버전을 크게 히트시킨 가수는 여성으로, 이탈리아계 미국인 코니 프란시스[3]였다.

엄마에게 찰싹 달라붙어 떨어지지 않는 아들을 가리켜 이탈리아어로 '맘모네'(mammone)라고 부른다. 마마보이와 마찬가지로 남자에게 '맘모네'라는 말은 칭찬이 아니다. 이탈리아어에는 아들이 엄마에게 과도하게 의존하는 현상을 지칭하는 용어가 따로 있다. 바로 '맘미스모'(mammismo)다. 때로는 이런 용어가 있다는 사실 자체가, 고정관념이 옳아서 정말로 이탈리아 남자의 상당 비율이 자기 엄마와 독특하게 친밀한—그러나 건강하지 않을 수도 있는—관계를 맺고 있다는 증거로 제시된다.

하지만 과연 '맘미스모'가 고유하고 불변하는 이탈리아 국민성의 일부일까? 2005년 역사학자 마리나 다멜리아는 '맘미스모'가 에릭 홉스봄과 테렌스 레인저가 논한 "만들어진 전통"[12], 즉 예컨대 민족 건설 같은 특정한 정치적·사회적 목적을 위해 의도적으로 날조된 전설에 해당한다고 주장하는 책을 펴냈다.[13] 다멜리아는 '맘미스모'라는 용어가 기껏해야 1952년에 처음 사용되었다는 점을 알아냈다. 저널리스트 겸 소설가 코라도 알바로의 수필집 『우리 시대와 희망』(Il nostro tempo e la speranza)에서 한 수필의 제목으로 사용된 것이 최초였다. 이탈리아 엄마들이 자기 아들이 마치 "모든 것에 당연한 권리를 갖는" 것처럼 키우는 양육 방식은 "이탈리아의 전통적인 도덕 불감증, 시민교육의 결여, 정치적 미성숙에서 비롯된 것"이라고 알바로는 주장했다.

한편, 다멜리아의 시각에서 그런 주장은 이탈리아가 파시즘을 수용하고 제2차 세계대전의 재앙을 일으킨 원인과도 같은 결함들을 단순히 여성 탓으로 돌리는 것처럼 보였다. 그렇다 해도, 새 용어를 만들어 냈다고 해서 그 용어가 지칭하는 증후군까지 날조했다고 말할 수는 없다. 다멜리아의 책에도 분명히 나와 있지만, 모자 간의 비상하게 강력한 유대를 보여주는 사례는 이탈리아 역사상 더 이른 시기에도 찾아볼 수 있다. 가장 즐겨 회자되는 사례 중 하나는 이탈리아 통일을 이끈 사상가 주세페 마치니와 그의 어머니 마리아 드라고의 관계다.

예외는 있겠으나 대다수 지중해 연안 국가에서 엄마와 아들의 관계는 밀착되어 있다. 경제나 정치에서 권한을 빼앗긴 남유럽(과 북아프리카)의 여성들은 존중받는 어머니의 지위를 활용해—아들을 낳으면 더욱 존중받았다—전통적으로 아들에게 온갖 관심과 사랑을 주며 자신의 지위를 확고히 하고자 했다. 아들들은 엄마 숭배로 이에 보답했다. 여기에는 아들 숭배와 마찬가지로 엄마가 있을 최고의 자리는 자녀와 함께 집에 있는 것이라는 숨은 의미가 담겨 있었다.

'맘마 미아!'(엄마야!)라는 감탄사가 맘미스모가 이탈리아 언어에까지 깊이 침투한 증거라고 보는 견해가 많으나 그건 '마드레 미아!'(madre mia)를 연발하는 스페인도 마찬가지다. 그리고 자식에 대한 과도한 간섭과 보호로 말하자면 전형적인 유대인 엄마를 빼놓고 이야기할 수 없다.

맘미스모가 독특한 용어일 수는 있지만, 그것이 묘사하는 내용과 기타 지중해 연안 국가의 모자 관계는 정도의 차이만 있을 뿐 크게 다르지 않다. 그렇다고 맘미스모를 미신에 불과한 것으로 치부하는 것도 경솔한 일이다. 그러기에는 증거가 너무 많다. 물론 그 증거들이 다른 사회를 한 번도 경험해본 적 없는 내국인보다 외국인이나 외국에서 살아본 이탈리아인의 눈에 더 확연할 수는 있다. 결혼하고 나서야 시어머니가 바로 옆집에 살 거라는 사실을 알게 된 여성, 주말마다 자기 엄마랑 단둘이 시간을 보내는 남성, 이혼한 후 다시 엄마랑 함께 사는 남성 등의 이야기는 너무나 흔하다. 학술서적은 아니지만 좀 더 최근에 출간된 『맘미스모』의 저자는 '맘미스모'가 날조된 전설이기는커녕 "유행병"이라고 표현한다.[14]

미국 심리학 잡지 『사이콜로지 투데이』(Psychology Today)와의 인터뷰에서 제노바 출신의 심리치료사 로베르토 빈첸치는 그와 같은 결론에 반대했다.15 그는 맘미스모 증후군이 옛날만큼 심하지 않다고 보았다. 그러나 남편들이 아내보다 엄마에게 더 애정과 관심을 쏟고 우선순위에 둔다는 점이 "내가 치료하는 수많은 환자와 그들의 가족이 겪는 문제의 원인 중 하나"라고 시인했다. "건강한 가정이라면 부모와 자식 간에 '세대 간 장벽'이 존재해야 마땅합니다. 다시 말해서 두 가지 다른 종류의 애정이 존재한다는 사실을 인식해야 한다는 겁니다. 하나는 부부간의 애정이고 다른 하나는 부모와 자식 간의 애정입니다. 그런데 부모가 자식을 지나치게 사랑해서 아이의 성숙을 가로막으면 세대 간 장벽이 깨집니다. 확실한 정신병리적 징후이지요."

이탈리아 여성과 결혼해 베네토 주를 배경으로 이탈리아 가족생활에 관한 매혹적인 논픽션16을 펴낸 영국 작가 팀 파크스는 "앵글로색슨 사회에서는 전통적으로, 아니면 최소한 이상적으로는 한 가정에서 한통속이 되어 일을 도모하는 당사자는 부모다. 하지만 이탈리아에서 그런 관계는 주로 모자 사이에서 나타난다"고 관찰했다. 라틴 사회의 어머니들에게 성모 마리아가 전통적인 모델이라는 점은 다들 알고 있다. 그러나 사람들이 잘 눈치채지 못하고 있는 점은 성모 마리아의 남편 요셉과 라틴족 아버지들 간의 유사성이다. 파크스는 이렇게 말한다. "요셉은 단순히 허수아비일 뿐이다. 진짜 아버지는 하느님이고, 하느님의 가장 두드러진 특징은 늘 부재한다는 점이다." 파크스의 저서에서 가장 인상적인 부분은 아내와 아이들의 관계가 자신과 아이들의 관계에 비해 질과 내용 면에서 얼마나 다른지를 씁쓸하면서도 달콤하게 묘사하는 부분이다. 이것을 읽다 보면 왜 이탈리아 남편들이 아이들이 자랄 때 가정으로부터 멀어졌다가 나중에 돌아와 노후를 아내와 함께 보내는지 그 이유가 적어도 일부 설명되는 게 아니냐는 의문을 지울 수 없다.

이탈리아 사회에서는 역설적으로 맘미스모와 남성 우월주의가 공존하며, 특히 성별에 관한 고정관념이 공고하게 작동한다. 예를 들어 분홍색은 여성스러운 색이라는 고정관념 때문에 남성은 동성애자임을 드러내려고 하는 것이 아닌 한 분홍색 옷은 입지 말아야 한다고 생각한다. 몇 해 전 나는 런던에 다녀오면서 고급 신사복 매장의 거리 저민 스트리트에서 꽤 우아한 연분홍 넥타이를 사 왔다. 내가 그 넥타이를 매고 출근한 날 복도에서 스쳐 지나가던 이탈리아인 여성 동료가 내게 말했다. "이탈리아 남자들은 절대로 안 맬 넥타이를 매셨네요." 지금까지도 나는 그것이 내 용기를 칭찬한 말이었는지, 아니면 내 문화적 무지를 지적한 말이었는지 확신이 없다. 어쨌든 그 후로 다시는 그 넥타이를 매고 출근하지 않았다.

실비오 베를루스코니가 사파테로 내각을 "너무 분홍색"이라고 표현한 것처럼 여성과 관계된 이슈를 툭하면 분홍색에 빗대는 습관은 꽤나 일반적이다. 여성들도 자주 사용한다. 이를테면 성차별 철폐를 위한 적극적 조치의 일환으로 도입된 여성할당제는 이탈리아에서 보편적으로 "분홍 할당제"라고 부른다. '지금이 아니면 언제?' 시위 포스터의 배경색도 분홍이었다.

성별에 관한 경직된 고정관념은 이탈리아에서 — 스페인도 그렇지만—이성복장자나 트랜스젠더 성판매 남성 대한 관심을 불러일으킨 듯하다. 그들이 성별의 구분을 넘나들면서 일종의 도피처를 제공하는 까닭이다. 1990년대 말에 벌써 이탈리아 성노동자 20명 가운데 한 명이 이성복장자이거나 성전환자였다.[17] 이들을 자주 찾는 남성들이 자신의 성적 지향을 스스로 기만하고 있는 건 아닌가 하는 점은 논의의 여지가 있다.

통일 이탈리아의 첫 형법이 1890년 발효된 이래, 성인 간의 합의된 동성애 행위는 합법이었다.* 그러나 최근까지도 동성애는 강력히 터부시되었다. 요즘도 이탈리아인은 동성애자에 대해 비교적 보수적인 태도를 보인다.

[*] 묘하게도 그 이전까지 동성애는
북부에서는 불법이지만 남부에서는
합법이었다.

이탈리아 통계청의 최근 설문조사에 따르면 응답자의 4분의 1이 동성애를 질병으로 생각했다.[18] 응답자의 60퍼센트만 동성 간의 성관계를 받아들일 수 있다고 답했고, 그 가운데 절반은 "동성애자는 자신이 동성애자임을 남에게 밝히지 않는 것이 최선"이라는 의견을 밝혔다. 이탈리아 동성애자들은 그 충고를 따르는 듯하다. 같은 설문조사에 의하면 부모와 함께 사는 동성애자 가운데 단 25퍼센트만 부모에게 자신의 성정체성을 밝힌 것으로 드러났다.

반면에 성적 지향을 근거로 하는 차별에 대해서는 응답자의 절대 다수가 반대했다. 그리고 응답자의 거의 3분의 2가 동성 커플도 결혼한 이성 커플과 동등한 권리를 누려야 한다는 데 동의했다.

최근 몇 년간 성소수자 공동체에 속하는 인물 여러 명이 전국과 지역 단위 정치에서 두각을 나타내기 시작했다. 매우 흥미롭게도 전부 이탈리아 남부 출신들이다. 1992년 처음 의회에 진출한 니키 벤돌라는 자신이 게이라는 사실을 숨기지 않았다. 그러나 그 점이 의원으로서 경력을 다지는 데 장애가 되지 않았다. 그는 2005년 풀리아 주지사로 선출되었고, 4년 후 급진적인 좌파생태자유당(SEL) 당수가 되어 2013년 총선에서 40석 이상의 의석을 얻었다. 2003년 로사리오 크로체타는 시칠리아의 도시 젤라에서 공공연히 게이임을 밝히고 선출된 최초의 시장이 되었고, 이후 시칠리아 자치 정부의 수장에 올랐다. 2006년 연예인 겸 작가 블라디미르 룩수리아는 세계에서 두 번째로 트랜스젠더 의원으로 선출됐다.* 룩수리아는 2년 뒤 총선에서 의석을 잃었지만, 같은 총선에서 아브루초 출신의 선도적 레즈비언 권리 운동가 파올라 콘차가 의원이 되었다.

하지만 바티칸의 압력 때문에 의회는 레즈비언, 게이, 바이섹슈얼, 트랜

[*] 본명은 블라디미로 과다뇨. 신체적으로 남성이지만 오랫동안 여성으로 살았고 여성으로 간주되기를 원했다. 의원으로 재직하는 동안 의회의 여성화장실을 사용하다가 동료 여성 의원들의 항의를 받기도 했다.

스젠더를 괴롭히는 행위를 불법화하지 못했고, 동성 커플에게 제한적인 권리조차 부여하지 못했다. 1990년대 말 중도 좌파 정권의 주도로 증오 범죄 방지법을 도입할 때도 가톨릭 신자 의원들은 동성애가 증오 범죄의 대상에 포함되지 못하게 막았고, 2006~08년에 역시 중도 좌파 정권이 시도한 (이성애자 및 동성애자의) 시민결합에 법적 지위를 부여하려던 노력도 이탈리아에서 그 무엇보다 신성시되는 '가족'의 이름으로 전부 무산되고 말았다.[•]

[•] 2016년 2월 25일, 이탈리아 상원이 동성 간 시민결합을 법안 찬성 173, 반대 71로 통과시켰다. 서유럽 국가 중 가장 마지막으로 동성 시민결합을 인정 한 것으로, 동성 커플의 입양은 허용되지 않는다.— 옮긴이 주

12
가족

가족은 마음의 고향이다.
— 주세페 마치니.

나는 앞에서 일반적으로 이탈리아인은 신기술을 수용하는 속도가 느리다고 설명한 바 있다. 그러나 중요한 예외가 있다. 적어도 한 가지 방면에서 이탈리아인은 업계 용어로 '얼리 어답터'였다. 1990년대 초에 디지털 GSM 표준 방식이 도입되면서 휴대폰 가격이 내리고 사용도 편리해지자 이탈리아인은 앞다투어 휴대폰을 구입했다. 이탈리아의 이동통신 서비스 업체들이 단말기 할부 구매 옵션의 제공을 주저하고 소비자에게 일시불로 살 것을 강요하는데도 휴대폰은 영국이나 미국보다도 빠르고 널리 확산됐다. 1990년대가 끝나갈 무렵 이탈리아는 유럽연합국 가운데 휴대폰 사용자 비율 1위를 기록했다.

당시 길이나 버스에서 사람들이 그 거창한 초기 모델 휴대폰에다 대고 "프론토!"(Pronto! 여보세요!)를 외치는 모습을 흔히 볼 수 있었다. 하지만 특히 흥미로운 점은 그다음 말이었다. 이상하게도 다수가 "마 도베 세이?"(Ma dove sei? 어디야?) 하고 물었다. 장소와 무관하게 서로 이야기 나

눌 수 있다는 점이 휴대폰의 장점이거늘 상대방이 지금 어디 있는지는 대체 왜 묻는단 말인가?

바로 그 점이 과학기술 발전을 회의적으로 보는 나라에서 하필 휴대폰이 엄청난 속도로 퍼진 이유에 대한 첫 번째 힌트였다. 수많은 이탈리아인이 가족과 긴밀하게 연락(하고 감시)하는 용도로 휴대폰을 사용하는 것이다. 2006년 이탈리아 통계청 조사에 따르면 "가족 관계상 필요해서" 휴대폰을 샀다고 대답한 응답자가 4분의 3 이상이었다. 그 밖의 구매 이유 가운데 "업무상" 구입했다는 응답은 5위에 불과했다.

극성인 이탈리아 엄마들에게 휴대폰은 자식이 몰래 딴짓을 하거나 연애하지 못하도록 감시를 도와주는 확실한 도구였다. 이탈리아에서 휴대폰은 끈끈한 가족 관계에서 벗어날 수 있는 수단이기는커녕, 가족 구성원이 어디 먼 곳에 가도 가까운 관계를 유지시켜주는 역할을 했다.*

나는 이탈리아에서 가장 위험한 마피아인 칼라브리아의 '드랑게타'에 대한 수사를 지휘하던 검사와의 인터뷰를 생생하게 기억한다. 그를 만나기 위해 나는 몸수색을 받은 뒤 미로 같은 복도를 한참 지나, 엘리베이터를 타고 숫자가 적히지 않은 층에서 내려서, 다시 계단 몇 층을 걸어 올라가고, 마지막으로 복도를 몇 개 더 지나야 했다. 안전을 위해 방문자가 검사 집무실의 위치를 정확히 파악할 수 없도록 고안된 방식임이 분명했다. 인터뷰를 진행하는 중에 그의 휴대폰이 울렸다.

"여보세요? 네… 네… 네…"

검사는 몸을 돌리고, 손을 컵 모양으로 오므려 입을 가리고 낮은 목소리로 통화했다. 나는 통화의 상대방이 혹시 성질 급한 카라비니에리 경찰청장이거나, 마피아에 불리한 증언을 하는 대신 보호를 요청하는 겁에 질린 증인이 아닐까 하는 상상을 했다. 검사의 반응이 급격히 단호한 거부로

---

[*] 이탈리아는 스마트폰 시대에도 여전히 이동통신업체들의 천국이다. 닐슨 마켓리서치 회사의 조사에 따르면 2010년 스마트폰을 구입한 이탈리아인의 비율은 28퍼센트였다. 당시 미국은 17퍼센트, 영국은 12퍼센트였다. 유럽에서 이탈리아에 이어 두 번째로 스마트폰의 시장 침투율이 높았던 나라는, 역시 가족 관계가 끈끈하고 구두 문화가 발달한 라틴 국가 스페인이었다.

바뀌었다. 나는 그에게 나가 있겠다는 몸짓을 했지만, 이미 때는 늦었다. 그의 성질이 폭발한 것이다.

"네! 하지만 지금은 안 된다니까요, 엄마!"

이탈리아 가족의 강한 유대감과 사회적 중요성은 의심의 여지가 없는 것처럼 보인다. 무엇보다도 가족은 파란만장했던 반도의 역사 속에서 전통적으로 피난처의 역할을 했다. 가족은 본질적으로 국가 정체성의 확고한 일부가 된 나머지 이탈리아어 문법에까지 영향을 주었다. 예컨대 '내 책', '내 펜'이라고 할 때 소유격 앞에 정관사가 붙어서 '일 미오 리브로'(il mio libro) '라 미아 펜나'(la mia penna)라고 한다. 그러나 '내 아내', '내 형'처럼 가족 구성원을 지칭할 때는 정관사를 빼고 그냥 '미아 몰리에'(mia moglie), '미오 프라텔로'(mio fratello)이다. 허나 가족이 아니면 아무리 친한 친구나 애인이라도 소유격 앞에 다시 정관사가 붙는다.

이탈리아인은 기회가 있을 때마다 가족을 칭송하고 찬양한다. 선거 후보자들은 유세할 때 어떤 가족 정책을 계획하는지를 반드시 언급한다. 언론과 정부는 공식문서에서 '가구'(household)를 용어로 택해야 할 문맥에서도 '가족'(famiglie)을 사용함으로써 모든 가구는 가족으로 구성되는 것이 당연하다는 메시지를 퍼뜨린다. 고위 성직자들도 가족을 마치 하늘 높은 곳에서 인준받은, 불변하고 손댈 수 없는 어떤 것으로 상정한다.

그러나 걸핏 하면 대가족이 식탁에 둘러앉아 대량생산 식품이나 냉동 음식을 행복한 얼굴로 먹고 있는 이탈리아 텔레비전 광고처럼, 사람들은 사실상 향수에 빠져 있다. 가족을 최우선에 두는 경향이 이탈리아에서 극심한 것은 사실이지만, 전통적인 가족 형태는 빠른 속도로 붕괴하고 있다. 말과 실상의 괴리도 굉장히 크다. 이탈리아 사람들이 아무리 부인하고 싶어도 전통적인 이탈리아 가족상이 전설이 될 날도 얼마 남지 않았다고 보면 된다.

최근에 시행된 세계 가치관 조사를 살펴보자. 삶에서 가족이 얼마나 중요하냐는 질문에 이탈리아인 응답자 93.3퍼센트가 "매우 중요하다"고 답했다. 스페인보다 4퍼센트 포인트, 프랑스보다 7퍼센트 포인트 높은 수치다. 여기까지는 새로울 것이 없다. 이탈리아인은 이웃 라틴 국가들보다 더 가족을 중시한다. 그러나 같은 대답을 한 영국인의 비율은 이탈리아보다 0.3퍼센트 포인트 더 높았다.

가족은 이탈리아인의 삶의 모든 측면에 영향을 준다. 뒤에서 살펴보겠지만, 가족은 심지어 일견 별개로 보이는 이민자 문제나 정부 재정적자에도 큰 영향을 미치며, 범죄나 부정부패와도 관련이 있다. 그리고 이탈리아인이 가족을 그렇게 열성적으로 중시하는 한 가족의 중요성은 앞으로도 유지될 것이다.

그러나 지난 몇 년간 가족 제도는 상당한 변화를 겪었다. 가장 논란이 되었던 것은 이혼 제도의 도입이다. 아직 기독교민주당이 나라를 장악하고 있던 시절에 이혼이 합법화된 것은 1968년 학생운동 이후 확산된 페미니즘에 빚지고 있다. 가톨릭 교회의 거센 반대에도 불구하고 이혼에 관한 법안은 1970년대 말에 상하 양원을 통과해 법률로 제정되었다. 그러나 싸움은 거기서 끝나지 않았다. 가톨릭 평신도 단체들은 국민투표에 필요한 서명을 모았고, 이에 따라 1974년 이혼 문제가 국민투표에 부쳐졌다. 투표 결과, 국민은 새 법률을 강력히 지지하는 것으로 밝혀졌다. 가톨릭교에 대한 국민의 애착과 국민이 가톨릭 교회 지도자들의 가르침에 순종하느냐는 완전히 별개의 문제라는 것을 적나라하게 보여준 사례였다. 실제 투표자의 59퍼센트가 이혼 합법화에 찬성했다.

이탈리아 사회의 근대화를 향한 이처럼 거대한 일보 전진이 이루어졌지만, 가족법의 다른 측면들은 여전히 고루한 상태였고 이듬해가 되어서야 비로소 총체적인 가족법 개혁이 추진되었다. 남편이 한 가정의 가장이라는 원칙은 사라졌고, 아내는 새롭게 몇 가지 자유를 얻었다. 혼인 외 자녀도 혼인 내 자녀와 동일한 권리를 획득했다. 자녀 양육과 관련해 어머니도 아버지와 똑같은 권리를 누리게 되었다. 신부 지참금 제도도 폐지했다. 그리고 여성이 혼인 전부터 소유하던 재산은 혼인 이후에도 계속 소유할 수 있도록 법을 개정했다. 이제 이혼도 자유로워졌으니 이 부분의 개혁은 더욱 중요했다.

사람들은 이혼 합법화를 이탈리아 역사의 한 전환점으로서 축하(또는 한탄)했지만, 이후 꽤 여러 해 동안 실질적인 영향은 제한적이었다. 1995년까지도 이른바 조이혼율(인구 1,000명당 이혼 건수)은 유럽에서 구유고슬라비아 연방 다음으로 최저였다. 그 후 이탈리아의 조이혼율은 두 배로 증가했지만, 다른 유럽연합 회원국에 비하면 여전히 낮은 편이다. 이탈리아에 비하면 영국의 이혼 건수는 두 배 이상이고, 미국은 세 배 이상이다.

이탈리아에서 이혼이 점차 흔해지는 가운데 결혼은 감소 추세다. 벌써 1990년대 말에 이탈리아의 연간 결혼 건수는 비율로 따졌을 때—가족 관념이 부족하다고 비판받는— 영국인들보다도 낮았다. 2009년 이탈리아 인구 1,000명당 결혼 건수는 5에서 3.8로 감소했다. 같은 기간에 영국도 결혼이 감소하기는 했지만, 아직도 이탈리아에 비하면 결혼의 인기는 훨씬 높은 수준으로 이어지고 있다.

최근 들어 한부모 가정, 비혼 무자녀 가정, 동성 결합 가정 등 전통적인 의미의 가족이 아닌 가구도 빠른 속도로 늘고 있다. 2000년대 끝 무렵, 그런 비전통적 가정의 수는 약 700만에 달했다. 이탈리아 전체 가구 수의 20퍼센트를 차지하는 수치였다. 이 참된 생활 혁명의 중요한 원인 하나는 결혼할 의사는 있지만 그전에 우선 동거부터 하는 남녀가 급증했기 때문이다. 2000년대 말에 이루어진 결혼 가운데 38퍼센트가 일정 기간 동거했던 남녀의 결혼이었다.

그런데도 이탈리아 법률은 아직도 거의 배타적으로 전통적인 가족 안에서의 권리 보호와 의무 강제에 초점을 둔다. 시민결합(civil partnership)을 맺은 사람들은 가장 기본적인 권리조차 누리지 못하고 있다. 예컨대 병원에서 죽음을 맞는 파트너 곁에 함께 있을 권리가 없다. 이탈리아에서 흔히 있는 일이지만 만약 그 파트너가 이전에 다른 사람과 결혼했고 아직 이혼하지 않은 채 사망하면, 생존한 파트너는 사망한 파트너의 유산의 극히 일부밖에 받지 못한다. 이탈리아 법에 따르면 사망한 자의 유산 가운데 4분의 1을 적법한 배우자가 물려받으며, 그 배우자가 살고 있던 집도 함께 물려받는다. 유산의 절반은 자녀들에게 돌아가고 나머지 4분의 1만 본인의 유언에 따라 처분할 수 있다.*

단명한 로마노 프로디 정권은 2006~08년에 시민결합에 법적 효력을 부여하려고 시도했다. 그러나 가톨릭 교회가 여기에 거세게 저항했고 궁극적으로 승리했으며, 무엇보다도 이것이 결국 프로디 정권의 운명을 좌우하고 말았다.†

전통적인 가정은 이탈리아가 성취한 수많은 것들의 바탕을 이루었다. 가족기업은 1950~60년대에 경제체제 전환을 이끌어낸 동력이었다. 함께 일하는 형제와 자매, 부자와 모녀는 다른 직장에서 보스를 위해 일할 때와는 도저히 비교할 수 없는 수준으로 서로를 위해 더 열심히, 더 장시간, 더 양심적으로 일할 준비가 되어 있었다.

그 점은 지금도 변함이 없다. 소기업의 비중이 압도적인 이탈리아 경제는 지금도 가족기업에 의해 지탱된다. 골목마다 부부가 영세한 가게를 운영하고, 아버지와 아들이 어깨를 맞대고 협소한 작업장에서 무언가를 만드

[*] 자녀가 하나뿐인 경우 배우자와 자녀에게 돌아가는 상속분은 각각 3분의 1이며, 나머지 3분의 1은 본인의 유언에 따라 처리된다.

[†] 고(故) 줄리오 안드레오티 기독교민주당 소속 전 총리는 상원에서 프로디 내각에 대한 불신임안을 통과시키는 데 결정적인 역할을 했다. 이탈리아 정계에서 바티칸에 가장 충성하는 정치인으로 알려진 안드레오티는 로마 중심가에 있는 한 성당에서 아침 미사를 보는 동안 테베레 강 건너편에서 온 특사로부터 표결에 관한 지시를 받았다는 일화가 있다.

는 동안 어머니는 회계장부를 정리한다. 그런데 정말 그럴까? 정치인과 고
위 성직자들이 하는 얘기만 들으면 아마 그렇게 생각할 수 있다. 그러나 통
계 수치는 조금 다른 모습을 드러낸다. 2007년 국제 비영리단체 '가족기업
네트워크'는 서유럽 8개국을 비교 조사했다. 그 결과 이탈리아의 가족기업
비율 73퍼센트는 8개국 가운데 6위에 불과했다. 가족기업의 진정한 요새
는 가족기업이 전체 기업의 91퍼센트를 차지하는 핀란드였다.

하지만 이탈리아는 다른 두 가지 면에서 두드러진다. 첫째, 가족기업
소유자 가운데 앞으로도 소유권을 남에게 넘길 의사가 없다고 말하는 사
람의 비율이 높았다. 스페인에 이어 2위였다. 소유권을 넘길 생각을 하는
사람 중에서 친척에게 넘기기를 원하는 자의 비율은 독일과 함께 공동 1위
였다. 둘째, 이탈리아는 (연 매출 200만 유로 이상인) 대규모 가족기업의 비
율이 가장 높은 나라다. 다시 말해서 이탈리아인은 유난히 기업을 가족 구
성원만의 사업으로 유지하고 싶어 하며, 수많은 가족기업이 은행이나 외부
주주에게 지배권을 빼앗기지 않고 성공적으로 사업을 확대해온 것으로 보
인다.

사실 이탈리아의 거대 기업 가운데 몇몇 상장 기업을 포함해 꽤 많은
업체가 실질적으로 가족기업이다. 지금도 아녤리 가문은 2009년 피아트의
크라이슬러 인수로 설립된 피아트 크라이슬러 오토모빌스(FCA)의 최대
주주다. 누텔라 제조업체인 페레로(Ferrero)는 비상장기업으로, 주인 미켈
레 페레로는 창립자의 아들이자 현 CEO의 아버지이다. 수많은 유명 디자
이너 브랜드를 위해 선글라스를 제조하는 기업 룩소티카(Luxottica)는 창
립자 레오나르도 델 베키오가 계속해서 운영해오고 있으며 자신이 사망하
면 여섯 자녀에게 지배권이 넘어가도록 조처해놓았다. 실비오 베를루스코
니의 기업 왕국도 계속 가족 사업으로 이어질 전망이다. 베를루스코니와
그의 첫 아내 사이에서 태어난 딸이 지주회사 피닌베스트(Fininvest)를 경

영하고 있고, 아들은 베를루스코니의 텔레비전 그룹 미디어세트의 부회장이다. 금융투자지주회사 이탈모빌리아레(Italmobiliare)는 페센티 가문의 영토다. 그 밖에도 예는 수없이 많다. 베네통, 페라가모, 구찌, 베르사체, 펜디, 미소니 등 유명한 이탈리아 패션 업체 대다수가 가족기업이다.

그동안 핵가족이 너무나도 이탈리아 사회의 중심이었던 까닭에 가족의 붕괴가 일으킬 수 있는 파장은 가늠조차 할 수 없고, 이에 관한 논의는 전무한 실정이다. 다른 남유럽 국가와 마찬가지로 이탈리아 정부도 균형재정을 달성하기 위해 보건복지 서비스 예산을 삭감해야만 하는 상황에서, 이탈리아 최대의 복지 서비스 제공자인 가족의 기여도가 감소하기 시작한 현실을 정면으로 직시하려는 정치인이나 논평가는 극히 적다.

이탈리아 보건 당국이 이제까지 병원에 간호사를 많이 고용하지 않고 예산을 절약할 수 있었던 이유는 입원 환자의 간호는 가족과 친척의 몫이라고 여겼기 때문이다. 또한 이탈리아 정부는 그동안 다른 국가에 비해 노인복지시설에 지출할 필요성이 훨씬 적었다. 노인들이 자녀, 손자, 때로는 증손자와 계속 함께 살거나 아니면 아주 가까운 데 살았기 때문이다. 그러나 특히 도시를 중심으로 이와 같은 시스템이 무너지자, 노인들이 계속 자기 집에 살면서도 국가의 부담을 가중하지 않을 또 다른 시스템이 고안됐다. 붐비는 도시의 거리에서는 백발의 노인이 필리핀인이나 남미인 또는 동유럽인의 팔에 기대어 산책하는 모습을 쉽게 볼 수 있다. 전통적으로 노인을 돌봤던 여성이 사회에 진출하면서 직장 일을 계속하기 위해 이민자를 노인 도우미로 고용하게 된 것이다. 옛날식 생활방식이 유지될 수 없는 상황에서 이탈리아로 유입된 수백만 이민자가 없었으면 대체 어쩔 뻔했느냐는 질문은 공적으로 제기되지 않는다. 특히 우익 정당들은 이를 열심히 회피한다. 도우미를 고용할 만한 수입이 있는 중산층 유권자들이 바로 우익 정당의 지지층이기 때문이다.

이탈리아 가족 문화의 중요한 공헌 중에는 통계자료로는 잘 포착되지 않는 요소도가 있다. 이탈리아 사회는 다른 여러 유럽 국가보다 전반적으로 소외 현상이 덜하다. 또한, 이탈리아에 조직범죄가 횡행한다고 해도(조직범죄도 그 나름대로 가족 문화를 반영한다) 대다수 도시의 중심가는 비교적 안전한 편이고, 나중에 또 살펴보겠지만 폭력범죄의 수준도 다른 유럽 국가에 비해 훨씬 낮다.

밤에 이탈리아 대도시의 기차역에 가보면 부랑자, 알코올중독자, 마약중독자들 사이에서 잠을 청하는 가출 청소년 한두 명을 어김없이 볼 수 있다. 그러나 런던이나 뉴욕에 비하면 그 숫자는 훨씬 적은 편이다.

문제는 오히려 가출이 아니라, 다른 나라 같았으면 벌써 독립했을 나이의 자식들이 계속 부모와 함께 살고 있다는 사실이다. 그런 점에서 가족관계는 약화가 아니라 강화되고 있다. 이 같은 현상이 이탈리아와 다른 남유럽 국가에서 눈에 띄기 시작한 것은 벌써 1980년대 말부터였다. 2005년에는 18~30세 이탈리아 남성 가운데 82퍼센트가 부모와 함께 살았다. 미국은 같은 해에 그 비율이 43퍼센트였고, 프랑스, 영국, 독일도 전부 53퍼센트 이하였다.

부모의 곁을 떠나지 않는 자녀의 수가 증가하는 현상은 결혼율이 급감한 주요 원인 가운데 하나다. 이탈리아 부모들은 다른 나라에서는 상상하기 어려운 수준으로 결혼한 자녀를 도와주는데도 그러하다. 예를 들어 이탈리아 부모는 자녀가 결혼하면 사돈과 함께 자금을 합쳐 신혼집을 사 주는 일이 흔하다. 2012년 설문조사에 따르면 이탈리아 부모의 3분의 2가 이런 식으로 자녀를 지원했다.

그 얘기는 자녀들이 주택담보대출 계약금 마련을 위해 따로 저축하지 않아도 되고, 영국이나 미국의 신혼부부들처럼 대출금을 갚으려고 애쓰면서 대체 언제쯤에야 아이를 낳아도 될 만큼 돈이 모일지 고민하지 않아도 된다는 뜻이다. 영국 중산층 커플들은 자녀를 사립학교에 보내야 한다는 의무감 때문에 부담이 더욱 심하다. 이탈리아는 다른 대다수 유럽 대륙 국가와 마찬가지로 아이들이 자기가 사는 지역의 공립학교에 가는 것이 일반적이고, 따라서 특정 종교나 철학에 따라 자녀를 교육하고 싶어 하는 부모들만 사립학교를 선택한다.

어린아이를 돌보는 일도 가족 내에서 해결된다. 만일 젊은 부부의 집을 그들의 부모가 마련해주었다면 십중팔구 그 집은 부모가 사는 집 근처일 것이다. 그러면 할머니, 할아버지는 아이의 엄마, 아빠가 영화를 보러 가거나 친구를 만나러 나갈 때 손주들을 손쉽게 돌봐줄 수 있다. 조부모의 역할이 그 이상으로 커지는 경우도 많아서, 실제로 조부모의 30퍼센트가 낮동안 적어도 손주 한 명의 보육을 담당하는 것으로 드러났다.[1] 이 또한 가족 간의 강한 유대가 정부의 부담을 덜어주는 사례에 해당한다.

언론에 의해 '밤보초니'(bamboccioni, 몸집만 큰 아기)라고 놀림받기는 해도, 이탈리아 사회는 부모와 집을 떠나지 않는 청년들에 대해 대단히 관용적인 태도를 보인다. 2006~08년 프로디 정권 시절 재무장관이었던 고 토마소 파도아 스키오파는 '밤보초니'라는 말을 유행시키면서 부모가 자녀를 집에서 내보내야 한다고 감히 주장했다가 여론의 거센 분노에 직면했다. 자녀들이 부모와 함께 사는 이유는 오로지 국가의 왜곡된 노동시장 탓이라는 것이 이탈리아에서 일반적인 통념이다. 단기근로계약의 증가로 수입이 불안정해진 젊은이들이 독립하기란 불가능하다는 것이다. 따라서 자녀들은 부모와 사는 것밖에 다른 길이 없고, 부모 역시 그런 상황을 인내하는 것밖에는 다른 도리가 없다고 느낀다.

이 같은 논리에는 물론 일정한 진실이 담겨 있다. 그러나 2005년에 연구자 마르코 마나코르다와 엔리코 모레티가 이 문제에 관한 사회 통념을 깨는 연구 결과를 발표했다.[2] 우선, 이탈리아 부모는 자녀와 한집에 같이 살아도 그렇게 대단한 희생을 하는 게 아니라는 점이 드러났다. "이탈리아 부모는 성인 자녀와 함께 살 때 더 행복하다"고 두 학자는 결론에 적고 있다. "이것은 영국이나 미국과는 정반대의 현상이다."

그리고 부모만 자녀와 같이 살아서 행복한 것이 아니다. 대다수 자녀들도 부모와 함께 사는 것에 만족한다. 이탈리아에서 10대 자녀와 부모가 좋은 관계를 유지하고 있다는 점은 지금껏 여러 설문조사를 통해 확인된 바 있다. 그러나 33~37세 성인을 대상으로 시행하여 2005년에 "성인으로 사는 삶의 시작"이라는 의미심장한 제목으로 발표된 설문조사에서 매우 놀라운 결과가 나왔다.[3] 설문 대상자 가운데 여성의 12퍼센트, 남성의 17퍼센트가 부모와 함께 살고 있었고, 나머지는 나가 살았다. 부모와 따로 사는 이유는 결혼이나 동거, 또는 직장이나 공부 때문이었다. '독립된 생활을 하고 싶어서'라고 답한 사람은 전체 응답자 중 10퍼센트 이하였다. 이탈리아 젊은이들과 이야기해보면, 약간 죄책감을 띤 어조로 엄마가 세탁을 해주는 게 꽤 편하다고 시인하는 친구들이 많다. 게다가 요즘은 아들의 여자친구나 딸의 남자친구가 하룻밤 머무르는 것에 동의하는 부모가 많아졌다.

이탈리아에 '밤보초니' 부대가 생긴 주요 원인은 부모가 자식이 자기들 곁을 떠나지 않도록 "매수"하기 때문이라고 마나코르다와 모레티는 결론지었다. 부모 세대의 수입 증가와 부모와 자녀의 동거 증가는 거의 동시에 일어났다. 부모 세대가 자식이 자기들과 계속 함께 살게끔 자신들이 얻은 새로운 부의 일부를 자녀 세대에게 이전해주었다.

이 때문에 이탈리아 젊은이들은 자기 삶을 스스로 일구는 책임감을 잃어가고 있다. 이탈리아어조차 이것을 반영하고 끊임없이 강화한다. '라가초'(ragazzo)와 '라가차'(ragazza)는 각각 소년과 소녀를 가리키는데, 다른 나라에서라면 성인 남녀에 해당하는 사람에게도 이탈리아에서는 소년, 소녀라고 부른다. 대략 20대 후반을 넘겨야 라가초, 라가차라는 꼬리표를 뗄

수 있다.

자식이 자기와 같이 산다는 생각을 태연하게 (또는 기쁘게) 받아들이는 이탈리아 부모의 태도는, 어쩌면 이탈리아에서 노인의 힘의 세지는 경향의 또 다른 원인은 아닐까 싶다. 자식과 함께 살고, 또 많은 경우에 그 자식들이 노동시장에 참여하고 있지 못하다는 점에서, 부모는 의식적이든 무의식적이든 젊은이들에게 자리를 내주어야 할 자연스러운 세대 교체 압력을 억제하고 있다.

밤보초니는 젊지만 패기가 없다. 월세를 내고 식비를 벌 필요가 없으니 자신의 자격 요건이나 희망 사항에 딱 들어맞지 않는 일은 하지 않으려 한다. 마나코르다와 모레티는 사실상 높은 청년실업률이 밤보초니를 생성하는 것이 아니라 오히려 밤보초니가 부분적으로 청년실업률 증가를 유발한다고 결론 내렸다. 심지어 취업을 해도 부모와 사는 젊은 남녀는 특별히 더 높은 월급을 받으려고 안달할 이유가 없으니 직장에서 더 큰 책무를 맡거나 장시간 근무하려고 하지 않는다. 결정적으로, 타지 근무도 꺼린다. 이 모든 것이 이탈리아 경제의 경쟁력을 약화한다.

그러나 내가 보기에는 부모와 자녀의 동거가 사회의 발목을 잡는 또 다른 미묘한 이유가 있다. 앞서 말한 2005년 연구는 자녀와 같이 사는 부모가 얻는 가장 중요한 이점은 "부모의 행동 수칙에 자녀를 순응시킬 기회"가 생기는 점이라고 지적했다. 이전 세대의 사고방식에 물든 밤보초니는 스타트업 회사가 됐든, 샌드위치 배달 사업이 됐든, 개러지 록밴드가 됐든, 스스로 무언가를 계획하고 실행할 가능성이 낮다.

부모와 자식 간의 친밀감은 왜 이탈리아 도시의 길거리에서 후드티를 뒤집어쓴 뚱하고 불만에 가득한 청소년들을 보기 어려운지 그 이유를 설명해준다. 그러나 바로 같은 이유로 이탈리아에서는 혁신적인 청년 운동이 잘 일어나지 않는다. 펑크, 힙합, 고스 등은 전부 다른 나라에서 시작됐다.

그것들이 이탈리아로 들어오면 원본보다 훨씬 순한 버전으로 바뀐다. 일부 젊은이들이 이른바 '사회센터'(centri sociali) 운동에 참여하기는 한다. 버려진 건물을 무단 점유하면서 시작된 사회센터 운동은 보통 극우나 극좌 경향을 보인다. 이들이 가끔씩 폭력시위나 폭동을 일으킨다. 그러나 전반적으로 이탈리아 젊은이들은 도무지 반항이라는 걸 모른다. 한번은 잡지에서 "더럽고, 거친 록의 정신"이라는 사진 캡션을 보았다. 그 사진은 깔끔한 정장 재킷을 걸치고 디자이너 스카프를 목에 두른 젊은 남성의 사진이었다.

최근 들어 가족의 끈끈한 유대가 과연 이탈리아에 언제나 유리하게만 작용할 것인지 의문을 제기한 사람은 앞서 인용한 두 학자만이 아니다. 한때 이탈리아가 다른 잘사는 유럽 국가를 따라잡을 수 있게 해주었던 가족기업들도 이후 이탈리아의 극적인 낙오를 설명해주는 한 가지 요인으로 작용했다.*

기업을 가족 구성원에게 물려주는 일은 역동적인 경영을 위한 최선의 선택은 아니다. 게다가 가족기업들은 21세기 경영에서 중요성이 증가하고 있는 연구개발 분야에 적극적으로 투자하지 않는 경향을 보인다. 구두나 스웨터를 새롭고 우아하게 디자인하는 것과 혁신적인 신형 디지털 제품이나 전자제품을 개발하는 것은 완전히 다른 이야기다.

그러나 이탈리아 가족 문화를 향한 가장 심각한 비판은 또 다른 차원에서 이루어진다. 이 비판은 가족이 경제 번영에 미치는 영향에 대한 의구심보다도 훨씬 더 오랫동안 존재해왔다. 1958년 미국 사회학자 에드워드 밴필드는 남부 바실리카타 주의 농민에 대한 논문을 발표했다. 제목은 '낙후된 사회의 도덕적 근간'이었다. 제목부터 그렇지만, 논문에 담긴 내용은 꽤 비판적이었다. 밴필드는 그가 연구한 시골 농민이 공동선을 위해 공동으로 행동할 능력이 없어서 발전하지 못한다고 주장했다. 농민들은 이른바

---

[*] 1987년 이탈리아 정부는 이탈리아의 국내총생산 절대치가 영국을 앞질렀다고 주장했다. 일부 경제학자가 당시 그 주장에 이의를 제기했으나 진위 논란은 이후 이탈리아가 상대적으로 다시 뒤처지면서 흐지부지되었다. 그로부터 25년이 지난 2011년에 IMF가 계산한 이탈리아의 구매력 평가 기준 1인당 국내총생산은 영국보다 16퍼센트 낮다.

"도덕관념이 실종된 가족주의"에 빠져서 옳고 그름을 뛰어넘어 직계가족에 무조건 헌신했다. 그리고 다른 가족도 자기들과 똑같은 방식으로 행동하리라고 상정하면서—그 추측은 옳다—상호 이익이 될 기반을 찾기보다 남을 폄하하는 편을 선호했다. 가족에 대한 충성심은 동네, 지역, 주, 국가 등 다른 어떤 집단에 대한 충성심보다 우선했다.

밴필드가 제시한 강한 가족 유대와 반사회적 행동과의 상관관계를 논박하는 연구도 있다. 2011년 덴마크의 학자 마르틴 륑게는 전 세계 80개국에서 수집한 자료를 바탕으로 한 연구를 발표했다. 이 연구는 강한 가족 유대가 오히려 부정부패, 탈세, 임금 사기 등을 용인하지 않는 공민도덕과 더 높은 상관관계를 보였다고 결론지었다.[4]

이 결과가 전반적으로 옳을 수도 있다. 하지만 이탈리아에도 적용되는지는 의심스럽다. 아파트 단지 전체에 효력을 미칠 결정을 내리는 입주자 협회에서 현대를 살아가는 이탈리아 가정들의 상호 소통 방식을 목격한 적이 있는 사람이라면, 내 말이 무슨 뜻인지 이해할 것이다. 아내와 나는 고대 로마 성벽 바로 너머에 있는 오래된 건물 내의 한 아파트를 임대한 적이 있다. 아파트 소유주들은 해마다 모여 1940년대 이후로 새로 페인트칠 한 번 한 적 없는 공동공간의 한심한 상태를 의논했다. 하지만 매년 합의를 못 보고 이슈는 이듬해로 미루어졌다.

우리가 그곳을 떠나기 얼마 전, 복도와 계단을 새로 칠하기로 합의했다는 소문이 돌았다. 며칠 후 나는 아파트 주인과 마주쳤다. 그는 그동안 굳은 결의로 이 문제를 해결하려고 애써왔다. 나는 그에게 전날 밤에 열렸던 입주자 회의에 관해 물었다. 칙칙한 진흙색 공동공간을 드디어 새로 칠하게 된 건지 궁금했다.

"아니요!" 그가 큰 소리로 투덜거렸다. "사람들이 글쎄"—이 부분에서 그는 이웃들의 낭비 성향이 한심하다는 듯 눈을 굴렸다—"화려한 색상을 원한다네요!"

밴필드 말고도 이후 륭게의 견해에 반대되는 입장을 취한 논평가들이 있다. 이들은 바실리카타 주의 시골뿐 아니라 이탈리아 전역에 "도덕관념 없는 가족주의"가 퍼져 있으며, 그런 현상이 벌써 수세기 지속되었다고 주장한다. 가족과 씨족에 대한 충성심은 중세 이탈리아의 여러 도시를 피로 적신 파벌 간의 충돌에 근원을 두고 있다. 밴필드가 묘사한 내용과 동일한 태도를 15세기 피렌체의 박식가 레온 바티스타 알베르티의 글에서도 찾아볼 수 있다. 알베르티는 명성 높은 지성인으로 '르네상스 맨'의 전형으로 흔히 일컬어진다. 그의 1974년 판 『가족에 관하여』(*I libri della famiglia*)를 편집한 편집자들은 "레온 바티스타의 글 전체를 통틀어 여러 가족이 모여서 하나의 시민사회를 이루는 경우"를 도저히 찾아볼 수 없었다고 언급했다.

한편 '도덕관념 없는 가족주의'가 이탈리아에서 아무 변화 없이 하나의 확고한 속성을 이루고 있다고 상정하는 것 역시 옳지 않다. 20세기 중반의 남부 시골이라면 15세기 토스카나의 분위기가 남아 있을지 모르나, 오늘날 토스카나 주는 400~500년 전 이탈리아 남부와 거의 아무런 공통점이 없다. 수 세기 동안 이탈리아 중부의 농민들은 복잡한 상호 부조 체계를 구축하여 추가로 노동력이 필요한 시기가 되면 서로 도왔다. 이들은 또한 '벨리아'(veglia)라고 부르는 모임을 여는 전통을 만들어, 추운 겨울밤 여러 가족들이 서로 돌아가며 방문하여 카드놀이도 하고 담소를 나누며 시간을 보냈다. 토스카나, 움브리아, 에밀리아로마냐, 마르케 주에서 크게 발달한 주민들의 사회의식은 제2차 세계대전 이후 이들 지역에서 왜 그렇게 수많은 주민들이 공산주의를 포용했는지 설명해준다.

또한, 남부 지방이라고 해서 서로 끊임없이 불신하기만 했던 것은 아니다. 한때 공유지였던 곳을 지주들이 사유화하자 이에 대항하기 위해 때때로 농민의 일부가 저항세력을 조직했다. 1940년대 말 시칠리아, 칼라브리아, 바실리카타, 아브루초 등지에서 주민 수만 명이 집결하여 토지개혁을 주장하며 사유지를 점거했다.

그러나 그 후로 다시 이를 상쇄하는 힘이 작동했다. 한편으로는 이탈리아의 경제 기적이 촉발한 더 부유하게 잘살아보자는 욕망이 다시금 더 가족 중심적인 생활방식을 촉진했다고 주장할 수 있다. 그러나 다른 한편으로는 산업화와 도시화가 이탈리아인을 노동조합에 가입하게 했고, 떠나온 고향 마을에서보다 훨씬 더 광범위한 관계망을 형성하게 만들었다. 전에는 직계가족에만 애착을 가졌던 사람들이 스포츠 클럽, 동호회, 자선 단체에 가입하게 되었다. 그와 동시에 옛날에는 거의 가족의 중요성만 강조했던 가톨릭 교회가 사회의 중요성을 인정하고 교인들에게 이를 설교하는 쪽으로 방향을 전환했다.

이와 같은 역학은 1990년대 초 베를루스코니가 부상하던 시점까지 미세한 균형을 유지했다. 매우 실제적인 의미에서 베를루스코니는 도덕관념 없는 가족주의의 신버전을 주창한 장본인이었다. 초창기부터 그의 연설은 가족에 대한 비유로 가득했고, 사회가 필요로 하는 것에 관심을 기울이기보다는 각자 자기 가족의 이익을 앞세울 권리가 있다는 묵시적 메시지를 전달했다.

이탈리아에서 가족의 유대가 약화함에 따라, 도덕관념 없는 가족주의는 이른바 '메네프레기스모'(menefreghismo, "내가 알 게 뭐야"를 뜻하는 "me ne frego"에서 유래) 현상을 강화하고 확산하면서 단순한 이기주의로 변할 위험이 있다. 딴 데를 쳐다보면서 커피를 거칠게 서빙하는 바텐더, 돈을 받으면서 멍하니 허공을 응시하는 마트 계산원, 횡단보도를 건너려고 발을 내딛는데 당신을 향해 전속력으로 달려오는 운전사 전부 '메네프레기스모'에 빠져 있다. 메네프레기스모 그 자체만으로는 그냥 신경에 거슬릴 뿐이지만, 이것이 앞서 설명한 '푸르보', 즉 교활함과 결합하면 진정 유독한 조합을 이룬다. 그리고 그것은 이탈리아의 생활 구석구석에 영향을 끼치는 극도의 불신 현상을 일으키는 요인이 된다.

13
춤추지 않는 사람들

신뢰도 좋지만, 불신이 더 낫다.
— 이탈리아 속담.

이탈리아의 거리 풍경은 독특하다. 이탈리아 특유의 상점 입구 디자인이나 도로 표지판 때문일 수도 있지만 그것 말고 눈길을 사로잡는 것이 하나 더 있다. 바로 선글라스를 낀 사람들이다. 다른 지중해 국가와 비교해도 훨씬 많을 뿐 아니라, 심지어 한겨울에도 선글라스를 끼고 길을 걷거나 쇼윈도를 구경하거나 야외 좌석에 앉아 있는 사람을 볼 수 있다.

왜일까?

이탈리아의 연간 일조량이 풍부한 것은 사실이다. 의사들도 자외선을 차단하는 진한 선글라스 착용을 권고한다. 허나 햇볕이 못 견딜 만큼 강렬한 것은 아니다. 어쩌면 늦은 저녁 시간이나 너무 이른 아침에 지쳐 보이는 눈을 가리려고 선글라스를 쓰는 것일지도 모른다. 하지만 대개의 경우 진한 선글라스는 그냥 패션 액세서리에 불과하다. 어쨌든 왜 그렇게 수많은 이탈리아 사람이 눈을 가리고 다니는지 이것만으로는 충분히 설명되지 않는다. 예컨대 전체적으로 고도가 더 높은 스페인은 겨울에도 태양광선이 이탈리아보다 강렬한데, 정작 선글라스는 이탈리아에서 더 애용된다. 혹시 이탈리아인이 선글라스를 좋아하는 것은 포커 선수들이 선글라스를 쓰는 것과 같은 이유에서가 아닐까? 자기 얼굴의 절반은 숨기고서 자기만 다른 사람을 자유롭게 관찰하고 싶어서가 아닐까?

키케로는 "얼굴은 마음의 초상이요 눈은 마음의 통역자"라고 말했다. 그러니 눈에서 드러나는 표정을 감출 수 있다면 이탈리아에서 일상적으로 일어나는 조심스러운 상호작용에 임할 때 이득이 될 것이 분명하다.

세계 최대의 선글라스 제조국은 역시나 이탈리아다. 레이밴 선글라스를 보며 미국적인 것을 연상하는 사람이 많지만, 사실 레이밴 브랜드를 소유한 기업은 1961년 돌로미테 산악 지대의 소도시 아고르도에서 창업했다. 창립자 레오나르도 델 베키오는 고아원에서 어린 시절을 보냈다. 이제 본사를 밀라노에 두고 있는 그의 회사 룩소티카는 오클리 브랜드도 소유하고 있으며 베르사체, 돌체앤가바나, 샤넬, 프라다, 랄프로렌, 도나캐런 등 세계적으로 유명한 패션 업체들을 위해 선글라스를 제조한다.

이탈리아인이 가장 홍보하고 싶어 하는 자기 이미지는 따스한 심성으로 항상 미소 짓고 유쾌하게 웃으며 아무 근심 없이 화기애애하게 살아가는 모습이다. 웨이터가 여자 손님에게 농담하거나 치근덕거리는 이탈리아 말이다. 홀로코스트 영화 「인생은 아름다워」를 감독하고 남자 주인공으로 출연해 1999년 오스카 남우주연상을 탄 토스카나 출신의 말 빠른 코미디언 로베르토 베니니가 그려내는 이탈리아도 그런 이미지다. 실제로 이탈리아에 그런 면이 있다. 이탈리아인의 속성 가운데 가장 매력적인 부분은 그들의 낙천성이다. 이 낙천성을 지탱해주는 것은 어떤 역경에서도 최선을 다한다는 굳은 결의다. 이것은 이탈리아가 가진 여러 측면 중에서 중요하고도 유쾌한 부분이다.

그러나 이탈리아의 특성을 통째로 일반화하기에 앞서 우선 번역하기

까다로운 이탈리아 용어 두 가지를 익혀두는 것이 좋겠다. 하나는 '가르보'(garbo)이다. 사전적으로는 대개 '기품'이나 '예의'로 번역되지만, 이러한 번역은 어감만 시사할 뿐이다. 물론 기품 있게 행동하는 남녀에게 '가르보'를 갖추었다고 말한다. 허나 가르보는 이탈리아에서 의사결정자라면 누구나 갖추어야 할 중요한 자질이기도 하다. 선택의 여지를 열어두면서도 우유부단해 보이지 않는 능력, 반갑지 않은 소식을 전달하면서도 상대방의 마음을 너무 상하지 않게 하는 능력, 입장을 미세하게 바꾸면서도 태연한 얼굴을 유지하는 능력 등이 전부 가르보에 해당한다.

또 다른 전형적인 이탈리아 용어는 '스프레차투라'(sprezzatura)이다. 이 단어는 발다사레 카스틸리오네가 지은 16세기 초 궁중 예법에 관한 안내서 『궁정인』(Il cortegiano)에서 유래한다. 이 책을 보면 궁정에서의 삶이 그리 녹록지 않음을 알 수 있다. 르네상스 시대의 궁정 조신(朝臣)들은 우아하게 말하고, 똑바로 생각하고, 전사이자 스포츠맨으로서 기술을 연마하고 공적을 증명해야 했다. 스프레차투라, 즉 태연자약한 태도는 이 모든 것을 세상에 내보이는 방식이었다. 밤에는 촛불을 켜고 독서를 하고 낮에는 검술을 익히느라 진땀을 빼더라도 남들 앞에서는 짐짓 태평한 척하며 그 모든 것이 마치 자연스럽게 이루어진 듯한 모습을 연출하는 것이 핵심이었다.

다시 길거리로 되돌아가 주위를 자세히 살피면, 우리는 카스틸리오네가 묘사한 궁정인의 정신적 후예인 침착한 젊은이들이 르네상스 유적 옆에 모여 서서 서로의 귀에 무언가를 은밀히 속삭이는 모습을 볼 수 있다. 아니면 스낵바 밖에 세워놓은 컨버터블 승용차에 앉아 선글라스를 끼고 적의에 찬 세상을 응시한다. 머리가 헝클어진 것 같지만, 실은 일부러 세심하게 연출한 것이다. 완벽하게 손질한 구두와 벨트나 마찬가지로 헤어스타일 역시 기교의 산물이다. 이 현대 궁정인은 자기만큼이나 우아하고 아름다운 젊은 여성을 기다리고 있는 것인지도 모른다. 어쩌면 모종의 계약 체결을 도와줄 사람이나, 다가오는 지방 선거에 출마하려면 누구한테 잘 보여야 하는지 귀띔해줄 사람을 기다리는 것일 수도 있다. 그의 세계는 우아함과 책략으로 가득하지만, 가족과 학창시절 친구 몇 명을 제외하면 고립된 세계일 가능성이 크다. 마르첼로 마스트로야니가 페데리코 펠리니의 몇몇 영화에서 고독한 인물로 분해 그토록 생생하게 표현했던 바로 그 고립이다. 한편, 아뇰로 브론치노가 그린 초상화에 나오는 어린 조반니 데 메디치*가 엄마 옆에서 쿨한 눈매를 하고 말도 안 되게 조숙한 모습으로 앉아 있는 모습에서도 우리는 메시지를 읽어낼 수 있다. 메디치 혈통이면 심지어 어린아이조차도 대단한 감정 조절 능력을 갖추고 있다는 메시지 말이다.

사람들이 자주 오해하는 이탈리아인의 가장 역설적인 면모는 아마도 충동적인 겉모습일 것이다. 겉으로 드러나는 그들의 생동감 있는 표정, 박력 있는 손동작, 폭발하는 감정 밑에는 사실 깊은 신중함과 조심성이 존재한다. 파란만장한 역사와 동료 시민의 교활성은 이탈리아인을 치열하게 경계하는 국민으로 만들었다.

이탈리아에 막 도착한 외국 특파원이 가장 먼저 느끼는 점 하나는 일반인이 자기 성명이나 직업, 나이, 고향 등을 밝히기 꺼린다는 것이다. 휴대폰으로는 큰 목소리로 사생활의 가장 은밀한 부분까지—시동생과의 갈등이나 자기 건강 문제 등—세세히 통화하면서, 정작 다음 선거에서 누구에게 투표할 생각인지 물어보면 답변을 거부하는 경우가 많다. 아니면 대답은 하되 자기 신상에 관한 자세한 사항은 밝히기를 거부한다. 내 경험에 따르면 개인 신상을 밝히지 않는 이탈리아인의 습성은 질문의 내용과 무관하다. 사고 현장에서 무엇을 목격했는지, 토요일 경기에서 누가 이길 거라고 생각하는지 등등 무슨 질문을 해도 마찬가지다. 답변 내용이 이탈리아 언론 매체에는 실리지 않을 것이라고 약속해도, 그들은 영어로 "프라이버시"라는 단어를 내뱉으며 검지를 쳐들고 좌우로 까딱인다.

[*] 조반니는 16세에 추기경이 되었으나
2년 후 말라리아로 사망했다

어느 날 저녁 나는 그런 신중함이 가장 적나라하게 드러나는 일을 하나 겪었다. 런던에 있는 동료가 전화를 해서는 본사에서 몇 가지 상품을 기준으로 유럽 각국 수도의 물가를 비교하는 표를 준비하고 있는데 그 표에 들어가는 제품인 맥도널드 빅맥의 가격을 알아봐달라고 했다. 나는 조수를 시켜 로마의 한 분점에 전화를 걸게 했다.

"그걸 알려고 하시는 분이 누구죠?" 상대방이 물었다.

조수는 영국 신문에서 조사하는 거라고 답했다.

"그렇다면 아무 말씀도 못 드립니다."

전화를 받은 직원은 빅맥 가격만 얘기하면 됐지 따로 성명을 밝히거나 자기 의견을 말할 필요도 없었다. 조수야 사실 근처 맥도널드에 가서 계산대 위에 걸린 메뉴판으로 빅맥 가격을 확인해도 된다. 하지만 그냥 매장 직원이 자기 머리 위에 걸린 가격표에 적힌 금액을 불러주었으면 해서 전화를 했던 것이었다. 그러나 어림도 없었다. 결국 조수는 너무나도 공개된 지식에 속하는 정보를 얻기 위해 사무실에서 400미터쯤 떨어진 매장을 직접 방문해야 했다.

정보 제공을 주저하는 현상은 심지어 정보 제공이 그 존재 이유인 언론계에서도 벌어진다. TV나 라디오 뉴스는 간혹 편향된 경우가 있으나 대체로 명확하고 이해하기 쉽게 전달된다. 그러나 이탈리아의 잡지나 특히 신문은 읽는다기보다 차라리 암호해독에 가깝다. 특히 정치 기사는 더 그렇다. 읽는 사람은 기자가 사건을 뒤덮고 있는 장막의 일부만 살짝 들춰 보여주고는 자기가 아는 비밀의 전말은 밝힐 생각이 없는 듯하다는 인상을 받게 된다.

공정하게 말하면 이탈리아 기자들이 그러는 이유는 취재원을 보호하기 위해서이다. 또는—주로 상부의 지시에 따라—특정 정치인의 분노를 사지 않으려고 우회적인 표현을 쓰기 때문이다. 정치인 가운데 오랫동안 가장 막강한 미디어 권력을 휘두른 사람이 실비오 베를루스코니였음은 새삼 말할 필요도 없다. 그의 집권기에 이탈리아 언론은 자기들로서는 감히 못 내보내는 노골적인 비판을 담은 외국 매체의 기사를 게재하는 방식으로 장애를 극복했다.

"수 세기 동안 우리는 외국 군대를 불러와 우리 대신 전투에 임하게 했습니다." 베를루스코니 내각의 장관 하나가 저녁 만찬 중에 내게 말했다. "이제 우리는 그 일을 외국 특파원들에게 시킵니다."

루이지 바르치니는 이제 고전이 된 그의 이탈리아인 연구서에서, 이탈리아인은 공포심 때문에 "마치 숙련된 스카우트 단원이 숲을 살피듯 앞뒤 좌우를 살피고, 미세한 소리에 귀 기울이고, 숨겨진 덫이 없나 땅을 더듬으며 그렇게 조심스럽게 삶을 살아간다"고 적었다.

『피노키오의 모험』은 단순히 거짓말의 위험성에 관한 도덕적 우화가 아니다. 『피노키오의 모험』은 천진함이 얼마나 위험한지를 경고하는 우화이기도 하다. 여우와 고양이는 피노키오에게 금화를 기적의 밭에 심으라고, 그러면 금화에서 금방 나무가 자라나 돈이 주렁주렁 매달릴 거라고 꾀었다. 그 뒤에 무슨 일이 생길지는 설명하지 않아도 뻔하다.

이탈리아에 금방 도착한 외국인들은 흔히 이 근심 걱정 없고 상냥한 라틴족이 아무한테나 "차오"(ciao)라는 인삿말을 날릴 거라고 생각하지만 오해다. "차오"가 영어의 "하이"에 해당하는 것은 맞다. 그러나 미국에서는 잘 모르는 사람한테도 "하이"라고 할 수 있을지 몰라도 이탈리아에서는 그렇지 않다. "차오"는 일반적으로 허물없이 서로를 "투"(tu, 너)라고 부르는 사이에서 사용한다. 그러나 2인칭 존칭 대명사 "레이"(Lei)를 쓰는 사이라면 올바른 인사법은 "부온조르노"(buon giorno, 아침 인사)나 "부오나세라"(buona sera, 오후/저녁 인사)이다. 지역에 따라 "부온 포메리조"(buon pomeriggio)라는 오후 인사도 들을 수 있다. (또한 몇 시에 부온조르노가 부오나세라로 바뀌는지가 지역마다 꽤 다르다. 이탈리아 사람은 이것으로 이방인을 구분할 수 있다.) "차오"와 좀 더 정중한 인사의 중간쯤에 "살베"(salve)라는 표현이 있다. 상대방에게 존칭을 쓸지 반말을 쓸지 확신이 서지 않을 때 사용한다. 괜히 "차오"를 지나치게 남발했다가는 상대방으로부터 "살베"나 심지어 차가운 어조로 "부온조르노", "부오나세라"라는 인사가 되돌아오는 수가 있다. 말하자면 언어로 찬물을 끼얹는 셈이다. "당신은 지금 도를 넘었다. 나는 당신의 친구가 아니다. 그러니 친구인 척하지 말라." 그런 뜻이다.

물론 다른 문화에도 각기 나름대로 사회적 경계선을 긋는 방식이 있다. 프랑스에는 "튀"(tu)와 "부"(vous), 독일에는 "두"(du)와 "지"(Sie), 스페인에는 "투"(tú)와 "우스테드"(Usted)의 구분이 있다. 그러나 이탈리아인은 독일인과 비슷하게 이런 존칭, 비존칭의 구분과 더불어 해당 인물의 직함을 일종의 추가적인 표지로 활용하기를 즐긴다.

직함은 그냥 명함용이 아니다. 엔지니어, 변호사, 건축가는 직업이 곧 호칭이다. 회계사나 측량사도 마찬가지다. 꼭 학사 학위가 필요 없는 직업인 회계사나 측량사 "제오메트라"(geometra)도 마찬가지다.* 한편, 학사학위를 받으면 도토레(dottore)라고 불릴 자격이 생긴다. 이 경칭은 기자, 의사, 그리고 놀랍게도 고위 경찰관에게 자주 사용된다.

만일 대학 졸업자도 아니고 회계사나 측량사도 아니라면, 언젠가 프레지덴테(presidente, 사장님, 회장님)로 지칭될 희망을 품어볼 수 있다. 수많은 이탈리아인이 다국적 기업에서 동네 테니스 동호회에 이르기까지 무언가의 우두머리 노릇을 하고 있다. 이들은 전부 프레지덴테라는 호칭을 대단히 즐기며, 그렇게 불리는 것을 기뻐한다.

따라서 만약 누가 전문가 집단에 속하거나, 학부모 교사 연합회 회장을 맡고 있거나, 그것도 아니면 적어도 습관적으로 넥타이를 매고 다니는

[*] 제오메트라는 측량사와 건축가의 역할을 일부 겸하되 대졸 학력이 필요 없는 이탈리아 고유의 직종이다. 아름다운 건축물로 유명한 나라에서 대체 도시 외곽에 흉측한 현대 건물이 왜 그리 많은지 의문을 품은 적이 있는가. 건축 설계를 대개 제오메트라에게 맡겨서다.

데도, 벌써 수차례 들른 동네 음식점 종업원이 그 사람을 계속해서 시뇨레(signore)나 시뇨라(signora)라고 부른다면(두 용어가 비록 원래 영주와 귀부인에서 유래하는 것일지라도) 약간 기분이 나빠지기 시작할 것이다. 일단 도토레나 도토레사 칭호를 확고히 했다면, 그다음으로 도약할 단계는 프로페소레(professore) 또는 프로페소레사(professoressa), 즉 학교 교사나 교수를 가리키는 호칭이다. 때때로 상대방을 띄워줄 필요가 생기면, 상대를 임시로 그렇게 부를 수 있다.

진짜로 대학에서 가르치는 사람들은 당연히 그에 따른 적절한 경칭을 기대한다. 프랑스는 몇 년 전 '마드무아젤'(mademoiselle)이라는 표현을 폐지해서, 귀찮게 달라붙는 젊은 여점원을 물리치려 할 때 정도 말고는 더는 쓰지 않게 됐다. 그 후 이탈리아에서도 '시뇨리나'(signorina)를 폐지해야 할지 논쟁이 있었다. 이와 관련해 『라 레푸블리카』는 미혼 여교수에 대한 호칭을 주제로 하는 기사를 실었다.

기사는 "시뇨라인가 아니면 시뇨리나인가?"라는 질문으로 시작했다. "모르겠습니다. 상황에 따라 다르지만, 대체로 그렇게 불리는 것이 정말 싫습니다. 친구들은 저를 그저 미켈라라고 부릅니다. 다른 사람들은 그냥 '프로페소레사 마르차노'(마르차노 교수)라고 불러주면 좋겠습니다."

학계에서 호칭 문제는 잘 모르는 사람에게는 덫투성이다. 프로페소레나 프로페소레사는 영어권에서 쓰는 프로페서(professor), 즉 교수라는 용어와 똑같지 않다. 이탈리아에서는 대학 교수뿐 아니라 중고등학교 교사도 프로페소레와 프로페소레사다. 초등학교 교사는 마에스트로(maestro), 마에스트라(maestra)다. 그러나 초등학생들은 선생님을 '시뇨르 마에스트로', '시뇨라 마에스트라'라고 부를지라도, 일반인은 초등학교 교사를 그렇게 부르지 않는다. 호칭으로써의 '마에스트로'는 유명한 음악가, 특히 지휘자에게 사용되며, 그 외에는 드물게 저명한 미술가에게 사용된다.

호칭의 피라미드에서 가장 꼭대기에 놓인, 획득이 거의 하늘의 별 따기인 경칭은 '코멘다토레'(Commendatore)이다. 공식적으로 이 칭호는 이탈리아 공화국 공로 훈장이나 그 밖에 왕가나 교황이 내리는 훈장의 수훈자에게 사용된다.

이탈리아인이 호칭을 중시하는 것은 상대방의 지위를 가늠해 자신이 그에게 얼마나 영향을 미칠 수 있는지 판단할 필요 때문이라는 것이 내 생각이다. 이 부분에 관한 한 로마인을 능가할 자가 없었다. 교황청에 드나드는 다양한 고관들의 정확한 지위와 영향력을 가늠하는 능력이 수 세기 동안 로마인의 안녕을 좌우했다.

교황 요한 바오로 2세 서거 후 『가디언』은 장례식과 후임 교황 선출을 취재하는 과중한 업무를 분담할 종교 분야 특파원을 파견했다. 어느 아침 나는 바티칸에 가려고 택시를 타다가 파견 온 동료가 『가디언』 특파원 사무실이 있는 『코리에레 델라 세라』에 출입해야 한다는 점을 기억해냈다. 그래서 나는 휴대폰으로 『코리에레 델라 세라』 본사가 있는 밀라노에 연락해 로마 지사 경비실 전화번호를 받은 뒤 그 번호로 동료의 사무실 출입 허가를 요청했다. 그러고서 전화를 끊는데 자동차 룸미러로 택시 운전사가 나를 자세히 살피며 감탄하는 모습이 비쳤다.

"손님은 대단하신 분인가 봐요!"

이탈리아인은 외국인을 분류할 때 특히 어려워한다. 외국인의 억양만 가지고 그 사람의 지위를 알아내기도 어려울뿐더러, 로마 사람들은 외국인이 좀 허술한 차림으로 다닌다고 해서 꼭 가난하거나 지위가 낮은 사람이 아니라는 것을 경험으로 알고 있다. 내가 이탈리아에 처음 특파원으로 왔을 때 아침을 먹으러 가던 스낵바에서 처음에는 나를 '시뇨레'라고 불렀다. 그런데 내가 종종 양복과 넥타이 차림으로 다니는 것을 본 후로는 '도토레'로 급수를 높여 부르기 시작했다. 그러고는 우리 부부가 왜 외국 사람이 하나도 안 사는 동네에 와서 살게 됐는지 힌트를 얻을 요량으로 무심한 척 이런저런 질문을 던졌다. 나는 장난기가 발동해서 일부러 알쏭달쏭하게 답변했다. 그 부근에 사피엔차 대학이 있어서였는지 어느 날은 나를 '프로페소레'라고 불렀다. 그래서 나는 학자 타입이 아니라고 했더니, 궁금해서 어쩔 줄 모르겠다는 표정이 역력했다. 여름이 지나고 겨울이 돌아왔다. 어느 날 아침 개를 데리고 산책하는데 — 무섭게 생긴 스태퍼드셔 불테리어였다 — 갑자기 폭우가 쏟아져서 그 스낵바에 뛰어 들어가 따뜻한 카푸치노 한 잔을 주문했다. 나는 군대식 롱코트를 입고 있었다.

주인장이 내 돈을 받으며 말했다. "그럼 내일 또 봬요."

"내일은 못 옵니다. 나폴리에 가야 하거든요." 내가 답했다.

"혹시 그 조직범죄 회의에 가시나요?"

나폴리에서 이번에 조직범죄에 관한 중요한 국제회의가 열린다는 사실을 온 나라가 알고 있었다.

"네, 거기 갑니다."

그랬더니 주인은 발꿈치를 부딪치며 익살스럽게 경례를 했다. "그럼 잘 다녀오십시오, 사령관님!"

그들에게 드디어 수수께끼를 풀렸다. 그때부터 그 동네에서 나는 '영국인 카라비니에리 대원'으로 통했고, 영국 대사관 무관이거나 영국이 이탈리아 정보부에 파견한 사람일 거라는 추측을 받았다. 어쨌거나 이제 그들에게 나는 조심해야 할 사람이었다.

정중한 칭호는 남과 거리를 두고자 할 때도 사용된다. "부온조르노, 라조니에레"(안녕하세요, 회계사님) 하고 인사할 때 그 어조에 존중과 냉담을 절묘하게 조합해 담으면, 회계사인 상대방이 당신의 지위나 — 최악의 경우 — 재정 상태를 캐내려고 뻔한 질문을 하는 일을 막을 수 있다.

세상 어디나 마찬가지로 이탈리아인도 가족 이상으로 가까운 친구가 있지만, 세계 가치관 조사에 따르면 이탈리아에서 그런 우정은 지극히 예외적인 것으로 나타났다. 세계 가치관 조사는 응답자에게 개인적으로 아는 사람들을 얼마나 신뢰하는지 물었다. "완전히 믿는다" 또는 "다소 믿는다"라고 응답한 영국인은 97퍼센트였다. 미국은 94퍼센트, 스페인은 그보다 낮은 86퍼센트였지만, 이탈리아는 69퍼센트 미만이었다. 게다가 친구나 지인을 "완전히 믿는다"고 응답한 이탈리아인은 7퍼센트 이하였다. 루마니아에 이어서 세계에서 두 번째로 낮은 수준이었다. 어쩌면 이 놀라운 결과는 앞 장에서 언급한 "도덕관념 없는 가족주의"를 둘러싼 견해의 대립을 해소할 열쇠인지도 모른다. 밴필드가 포착한 반사회적 태도의 원인은 가족에게 너무 충실해서가 아니라 가족이 아닌 사람을 비상하게 불신하기 때문이라고 설명할 수 있다.

사회 전반에 퍼져 있는 불신은 이탈리아에 "마음을 느긋하게 먹으라"는 표현이 없다는 점과 일맥상통하는 데가 있다. "라샤르시 안다레"(Lasciarsi andare, 자제하지 말고 마음껏 하라)는 비슷한 영어 표현 "렛 원셀프 고"(to let oneself go)가 지닌 긍정적인 의미를 담고 있지 않다. 그래서인지 몰라도 이탈리아에서는 다른 지중해 연안국에 비해 공공장소에서 즉흥적으로 춤을 추거나 하는 사람을 찾아보기 어렵다.

나는 북아프리카의 여러 호텔 식당에서 라마단이 끝난 후 현지인 손님들이 기뻐 펄쩍펄쩍 뛰면서 살아 있다는 환희에 겨워 빙빙 원을 그리며 춤추는 모습을 본 적이 있다. 이스탄불 보스포루스 해협에 있는 한 식당에 갔을 때는 포도주 한 병을 다 비우고 전통술 라크를 한 번에 들이킨 커플 한 쌍이 벌떡 일어나 춤을 추었는데, 특히 두 손을 번쩍 들고 엉덩이를 빠르게 흔드는 여성의 몸동작은 환희와 에로티시즘의 조화를 생생히 보여주었다. 그리스인도 조금만 흥에 겨우면 금방 여럿이 서로 팔짱을 끼고 격렬하게 춤을 춘다. 스페인에서도 토요일 밤(일요일 새벽이라고 해야 더 정확

13 충추지 않는 사람들

217

할 것이다)이면 술 취한 젊은이들이 술집을 나서며 전통적인 '팔마스'(pal-
mas)—최면을 거는 듯한 빠른 리듬의 박수—를 치기 시작하고, 그중에
여성이 있으면 곧 플라멩코 스타일로 우아하게 팔과 몸을 움직이는 모습
을 흔하게 볼 수 있다. 이탈리아에서 여러 해를 살았지만 여기서는 그런 비
슷한 모습조차 보지 못했다. 물론 젊은이들은 어디나 마찬가지로 디스코나
댄스클럽에 간다. 하지만 지중해 연안국 가운데 독특한 고유의 춤이 없는
나라는 아마 이탈리아가 유일할 것이다.

　　민속 무용이 있는 지방이 있기는 하다. 그러나 스코틀랜드의 하이랜드
댄스나 스퀘어 댄스처럼 대체로 동작이 딱딱하고 제한적이다. 피에몬테에
는 전통적인 칼춤이 있고, 사르데냐의 민속 무용 '발루 툰두'(ballu tundu)
는 누가 누구의 손을 어떻게 잡느냐에 관해 복잡한 규칙을 자랑한다. 다른
지중해 국가에서처럼 육체적 황홀경을 보여주는 무용은 아마도 풀리아의
타란텔라(tarantella) 정도가 유일할 것이다(이 춤은 남부의 다른 지역에도
존재한다). 그러나 타란텔라는 플라멩코가 얼마간 그렇듯 행복감의 표현이
아니라 불행으로부터의 도피 성격이 강했다. 타란텔라를 추는 사람들은 빙
글빙글 돌며 최면 상태로 빠져들었고, 그러는 동안 남부 시골의 가차 없는
빈곤과 구조적인 억압에서 벗어날 수 있었다.

　　특별히 스트레스를 해소할 필요를 느끼지 않는 것일까. 이탈리아인은
대체로 술도 많이 마시지 않는다. 식당에서 저녁 식사를 즐기는 사람들을
관찰해보라. 4인이 와인을 한 병 이상 마시는 법이 없고, 식사가 끝나도 술
이 4분의 1 이상 남아 있을 가능성이 크다. 이탈리아어에는 "숙취"라는 말
이 없다. 와인을 따라주려고 하면 "고맙습니다만, 저 술 안 마십니다"라고
정중하게 사양하는 사람이 이렇게 많은 나라를 본 적이 없다.

　　이에 관해 이탈리아 사람들은 긴장을 풀려고 꼭 술을 마실 필요가 없
기 때문이라고 말한다. 수긍이 가는 말이다. 그렇지만 긴장을 푸는 것과 자

제력을 조금이라도 잃는 것은 또 다른 문제다. 경계를 늦추지 않아야 살아가는 데 유리한 사회에서, 사람들은 자칫 분별을 잃을 수 있는 상황을 꺼리는 것이 당연하다.

2008년 OECD 통계에 따르면 이탈리아에서 15세 이상 인구 1인당 순수 알코올 소비량은 8리터를 약간 넘었다. 이 수치는 독일(약 10리터)이나 영국(약 11리터)보다 낮았고, 11~12리터를 소비한 스페인과 포르투갈에 비하면 훨씬 낮은 수준이었다.

정말 취한 이탈리아 사람을 나는 딱 한 번 보았다. 그리고 함께 저녁 식사를 하던 이탈리아인이 자기 주량보다 많이 마시는 모습을 본 것도 딱 한 번이었다. 둘 다 이탈리아에서 알코올 소비량이 가장 높은 북동부에서 경험했다. 이 지역은 바람이 세찬 지역이다. 아드리아 해에서 불어오는 바람이 베네치아를 지나 축축하고 평평한 베네토의 벌판을 가로지른다. 베네치아와 베네토를 지나 알프스 산맥에 이르면, 여기야말로 추운 겨울에 그라파를 샷으로 한 잔씩 하기에 안성맞춤이다.

그 외 지역에서는 특히 모임이 있을 때 술보다는 음식에 방점이 찍힌다. 음식은 물론 어김없이 맛있다. 로마에 도착한 초창기에 만난 이탈리아인 중에 영국에서 자란 여성이 있었다. 그녀의 부모는 딸이 조상의 나라와 다시 관계 맺을 수 있도록 이탈리아로 대학을 보냈다. 대학에 진학한 지 얼마 안 되어 학생들이 여는 파티에 초대받은 그녀는 파티에 무알코올 음료만 있는 것을 보고 깜짝 놀랐다. 물론 여러 해 전의 이야기다. 요즘은 이탈리아 젊은 이들도 술에 많이 관대해졌다. 술에 취하는 일은 여전히 드물지만.

마약은 얘기가 또 다르다. 언론에는 놀라울 정도로 보도되지 않지만, 이탈리아의 마약 소비는 높은 편이다. 최근에 실시된 두 차례의 설문조사에 따르면, 지난 12개월 동안 어떤 형태로든 대마초를 소비한 성인의 비율이 유럽연합국 중에서 1~2위였다(모로코와 지리적으로 가까워서 대마와

역사적으로 관계가 깊은 스페인보다도 훨씬 높은 수준이었다). 합성마약
소비는 이보다는 덜하지만 코카인 사용은 유럽 평균치보다 훨씬 높다(그
러나 스페인보다는 덜하다).

그러나 2005년 어느 연구소가 코카인 사용에 관해 이전과 다른 접근
법을 취하여 공식 통계에 문제를 제기했다. 이 연구소는 사람들을 대상으
로 설문조사를 하는 대신에 포 강의 강물 샘플을 채취해 분석했다. 코카인
을 사용하면 소변에서 벤조일엑고닌(benzoylecgonine)이라는 주요 대사
부산물이 검출된다. 강물에서 검출된 이 성분의 양으로 미루어, 이탈리아
북부의 코카인 소비량은 공식 전국 평균 추정치의 거의 세 배에 달했다.

이듬해에 TV 시사풍자 탐사보도 프로그램 「레 이에네」(Le Iene)는
또 다른 방법을 시도했다. 이 프로그램의 리포터들이 정치인 50명을 속여
마약 테스트를 받도록 유도한 것이다. 그 결과 코카인을 사용한 지 채 이틀
도 되지 않은 사람이 네 명이나 나왔다. 그러나 그들의 신상은 공개되지 않
았고 테스트 결과도 보도되지 않았다. 왜냐고? 프라이버시 위반이니까.

14
편들기

축구에 대한 사랑은 이 지구상에서 유일하게 영원한 사랑에 속한다.
한 팀의 팬이 되면 평생 그 팀의 팬으로 남는다.
아내도, 애인도, 지지하는 정당도 바뀔 수 있다.
그러나 최애하는 팀은 절대로 바뀌지 않는다.*
— 루치아노 데 크레센초.

아내와 함께 이탈리아로 다시 이사 왔을 때 우리는 한동안 '에우르'(EUR)
에 있는 아파트에 살았다. 에우르는 원래 1942년 로마 만국박람회(Espo-
sizione Universale di Roma, 'EUR'는 여기서 따온 것이다) 행사장을 마련
하기 위해 무솔리니가 1930년대에 기획한 신도시다. 막상 1942년이 되자
무솔리니와 그의 동맹 히틀러는 다른 일에 신경 쓰느라 여념이 없었지만.
오늘날 에우르에는 정부 청사들과 이탈리아 최대의 은행 및 기업의 본사가
자리 잡고 있다. 하지만 직원들이 퇴근하고 나면 도시는 음산하게 텅 비어
버린다. 콘서트홀을 제외하면 사람 사는 기운이 느껴지는 곳이라고는 수많
은 성판매 여성과 이성복장자 들이 서성대는 공원 근처뿐이다. 그래도 에
우르 나름의 매력이 있다. 일단 해변에서 가깝다. 그리고 유럽에서 가장 훌
륭한 20세기 건축물 가운데 하나인 '팔라초 델라 치빌타 이탈리아나'(Pala-
zzo della Civiltà Italiana)가 있는 곳이기도 하다. 사람들은 이곳을 '각진 콜
로세움'이라는 별명으로 부른다. 에우르에는 드넓은 잔디밭과 생울타리로

[*] "최애하는 팀"은 원어의 어감을
전달하기에 형편없이 부족하다. 직역하면
"심장의 팀"(squadra del cuore)으로

옮겨지는 이 이탈리아어 표현은 그 안에
열정, 비탄, 맹목성, 무비판적 충성심을
한꺼번에 함축하고 있다.

둘러싸인 근사한 인공호수도 있다.

평상시에 이곳은 사람들이 조깅을 하거나 개를 산책시키거나 아니면 회사원들이 점심시간에 슬슬 걷는 곳이지만, 매년 봄철이면 주말마다 활기차게 북적이는 순간이 찾아온다. 그런 기간이 2주, 길어도 3주 정도다. 그러다 7월 말이 되면 사람들이 갑자기 거짓말처럼 사라져버린다.

여기에는 이유가 있다. 아직 오스티아 해변으로 놀러 갈 만큼은 덥지 않지만, 날이 호숫가의 산책을 즐기기에 알맞게 온화하기 때문이다. 그렇다 하더라도 로마 시민 수천 명이 동시에 에우르로 놀러 와 아이스크림을 사 먹고 산책하기로 마음먹는다는 사실은 매우 신기하다. 마치 "이번 주말에는 다들 에우르에 가시오" 하고 누가 명령이라도 내린 듯하다. 과장이 아니다. 정말로 약간 그런 느낌이 있다.

로마 시 전역에서 온갖 친구와 친지들이 열심히 의견을 나눈다. 그러고는 "대세는 현명하다"라는 원리에 따라 결국 봄이 되면 "다들 에우르에 가자"는 합의에 도달하는 것이다.

그리하여 한 장소로 모여드는 군중의 모습은 "함께 어울리는 즐거움"(il piacere di stare insieme)의 구체적인 증거가 된다. 사회적 공동행동을 좋아하는 습성은 이탈리아의 삶을 특징짓는 수많은 역설 가운데 하나다. 어디든 이탈리아인이 모인 데에 가서 자국민의 두드러진 국민성이 무엇인지 물어보면 '개인주의'라고 답하는 사람이 적어도 한 사람은 꼭 나온다. 그러나 그들이 말하는 개인주의는 영국인이나 미국인이 이해하는 개인주의와 의미가 조금 다르다. 이탈리아인이 말하는 개인주의는 "독립된 행동"과 "자기이익"의 결합물이다. 그렇지만 대다수 이탈리아인은 본능적으로, 그리고 충동적으로 여럿이 함께 어울리는 것을 좋아한다. 그렇다 보니 다들 각자 행동하고 싶어 하는 것 같아도 결국은 다 같이 한 장소에서 어울리고 있는 경우가 많다.

외국인들은 흔히 이탈리아와 스페인, 프랑스, 포르투갈을 비교하지만, 사실 이 나라들은 각각 문화가 상당히 다르다. 한편 일본과 이탈리아를 비교하는 사람은 영 찾아보기 어렵다. 하지만 "함께 어울리는 즐거움"을 비롯해 몇 가지 특징은 놀랄 정도로 이탈리아와 일본이 비슷하다. 두 나라 모두 체면을 중시한다. 일본도 이탈리아처럼 근래에 막강한 경제력을 자랑한 역사가 있다. 그러나 두 나라가 국제 무대에 끼치는 영향력은 경제력에 비해 작았다. 두 나라 모두 전통적으로 저축률이 높다. 두 나라 모두 반경쟁적인 카르텔 체제를 구축하는 경향이 있고, 부분적으로 그 때문에 박멸하기 힘든 조직범죄*가 형성되었다. 일본도 이탈리아처럼 지진이 심하다. 그리고 두 나라 모두 지형이 길고 좁아서, 인구의 대부분이 강이 흐르는 계곡이나 해안을 따라 이어지는 좁은 평지에 모여 산다. 나폴리 시의 배후지나 포 강이 바다에 이를 때까지 강 유역을 따라 끝없이 이어지는 광역 도시권을 한 번만 보면, 이탈리아인이 서로 밀집해서 사는 데 얼마나 익숙한지 금방 깨달을 수 있다.

이탈리아인은 모임에 가입하기를 정말 좋아한다. 앞 장에서 언급했듯이 이탈리아에 회장님이 그렇게 많은 이유는 동호회, 협회, 연합회 등 온갖 모임이 있기 때문이다. 스페인보다도 훨씬 많다. 반항적인 젊은이들이라면 코뮌과 성격이 비슷한 '사회센터' 운동에 참여한다. 다른 서구 국가에서 그런 운동은 벌써 1970~80년대에 유행이 지나갔다.

이렇게 열심히 모임을 형성하는 기질은 본능적으로 가족과 비슷한 집단을 복제하려는 것인지, 아니면 거꾸로 가족으로부터 무의식적으로 자기를 해방하기 위한 것인지, 나로서는 판단이 잘 서지 않는다. 어쩌면 두 가지 요소가 다 작용하는지도 모른다. 어쨌거나 독특한 점은—우리는 바로 이 지점에서 역설 속의 역설로 들어선다—그와 같은 경향이 강력한 불만의 전통과 공존한다는 점이다.

[*] 이 책의 16장 참조.

중세를 통틀어 이탈리아 중부와 북부의 정치 상황은 주민에게 상호 협조와 적대를 자유롭게 조합할 여건을 허락했다. 중부를 다스리던 교황권은 가끔 잔혹성을 보이기는 했어도 그다지 막강하지 않았다. 하나의 정부가 아닌 수많은 정부가 통치했던 북부에서는 자치 공동체들이 등장했다. 이 공동체들은 이후 공국, 공작령, 백작령 등으로 대체되면서 북부는 기운 조각보 같은 모습이 되었다. 수 세기 동안 로마와 북부의 도시들은 어느 귀족 가문, 씨족, 마을에 충성하느냐에 따른 격렬한 파벌 싸움에 시달렸다. 이것이 바로 로미오와 줄리엣, 즉 몬태규 가문과 캐퓰릿 가문의 세계다. 시에나에 존재하던 격한 파벌 대립은 오늘날 1년에 두 번 열리는 팔리오 경마에서 그 흔적을 찾아볼 수 있다.

무기와 요새를 갖춘 파벌들은 교황권과 신성 로마 제국 간의 더 광범위한 갈등 속으로 자연스럽게 흡수되었다. 이 갈등은 12세기에 황제 자리를 놓고 치열하게 다투던 두 독일 귀족 집안의 경쟁으로 구체화되었다. 하나는 벨프 가문이었고, 다른 하나는 자기 가문이 소유하는 소중한 성의 이름 "바이블링겐"(Waiblingen)을 전투할 때마다 구호로 외치던 호엔슈타우펜 가문이었다. 호엔슈타우펜 가문이 황제에 오르자 신성 로마 제국에 반대하는 무리와 교황을 지지하는 무리(두 세력이 항상 동일하지는 않다)는 '벨프'를 이탈리아식으로 표기한 '구엘프'(Guelfi)로 지칭되었고, 그 반대 세력은 호엔슈타우펜의 전투 구호 "바이블링겐"을 이탈리아식으로 표기한 '기벨린'(Ghibellini)으로 알려지게 되었다. 이탈리아의 모든 도시가 둘 중 한쪽 편을 들었다. 오르비에토는 구엘프, 거기서 불과 몇 마일 떨어진 토디는 기벨린, 크레모나는 구엘프, 포 강 상류의 파비아는 기벨린이었다. 포 강 반대편에 자리한 파르마는 구엘프와 기벨린을 여러 번 번갈아 가며 지지했다. 세월이 흐르면서 구엘프와 기벨린의 반목으로 여러 도시에서 수천 명이 목숨을 잃었다. 1313년 오르비에토에서 벌어진 두 파벌의 싸움은 나흘 동안 이어졌고, 구엘프의 도시 피렌체와 기벨린의 도시 시에나는 수십 년에 걸쳐 간헐적으로 전쟁을 벌였다.

사회 전체가 두 개의 파벌로 분열되는 경향이 이탈리아에만 있는 것은 아니다. 그러나 구엘프와 기벨린의 반목만큼 장기간 지속된 사례는 드물다. 오늘날에도 구엘프와 기벨린의 피비린내 나는 갈등이 남긴 유산을 찾아 볼 수 있다고 지적하는 이탈리아 문헌도 여럿이다. 이를테면 냉전 시대 내 내 있었던 기독교민주당과 공산당의 대립을 구엘프와 기벨린의 싸움의 재현으로 보는 시각이 있다. 교황과 동맹 관계에 있던 기독교민주당은 본질적으로 구엘프와 비슷하며, 공산당은 외국 세력과 발을 맞추었다는 점에서 기벨린을 닮았다는 것이다(기벨린이 신성 로마 제국과 한 편이었듯, 공산당도 소련의 지원에 기댔다).

그러나 그런 해석을 할 때는 제2차 세계대전의 종결과 함께 진압되었으나 아직 완전히 청산되지 못한 또 다른 갈등을 함께 고려해야 한다. 바로 파시즘 지지자와 반대자 사이의 갈등이다. 주로 우파 지식인들의 관점이지만, 이탈리아에서 제2차 세계대전은 나치 점령군에 대한 국민의 항거로 깔끔히 종결된 것이 아니라(전후 시기에는 주로 그런 버전이 제시되었다), 무솔리니 열혈 지지자와 공산주의 파르티잔 세력이 벌이던 골치 아픈 내전을 이탈리아에 진주한 연합군이 중단시킨 것이라는 주장이 있다. 이 관점에서 보면 1970년대에 네오파시스트와 좌익 혁명가들이 거리에서 살기등등하게 벌이던 싸움은 과거의 갈등이 부활한 것으로 볼 수 있다. 그리고 이 갈등은 1980년대 말부터 1990년대 초에 실비오 베를루스코니가 극우와 동맹을 맺고 집권하면서 기독교민주당과 공산당이 옆으로 밀려나는 역사적 사건이 있은 후에야 비로소 해소되었다. 이로써 베를루스코니는 구엘프와 기벨린의 역사 깊은 갈등에도 종지부를 찍었다고 주장할 수 있다. 2000년대에 이어진 그의 승승장구는 궁극적으로 구 공산당원과 일부 구 기독교민주당원까지 포함한 반대 세력 대부분을 중도 좌파 정당인 민주당(PD)으로 결집시켰다.

구엘프와 기벨린의 반목을 둘러싼 이슈는 이미 오래전에 의미를 잃었지만, 그 갈등이 남긴 상흔은 깊다. 2007년 60미터나 되는 현수막이 AC 시에나(축구 클럽의 원래 명칭과 창립 연도를 따서 이 팀을 '로부르 1904'라고도 부른다) 소유 부지 테라스에 내걸렸다. "기벨린 로부르 1904"라고 적힌 그 현수막은 3년이나 그 자리에 걸려 있었다. 팬 웹사이트에는 이에 대해 "시에나인의 영혼: 기벨린으로서의 자존감과 로부르 1904에 대한 애정"이라고 설명한 메시지가 올라오기도 했다.

물론 축구에 무관심한 이탈리아인도 있다. 다른 스포츠를 선호하는 사람도 점차 늘고 있고, 다른 나라에서는 비인기 종목인 경기를 좋아하는 사람도 있다. 예컨대 이탈리아에는 펜싱 경기를 즐겨 보는 사람이 다른 나라보다 훨씬 많다. 포뮬러 원 자동차 경주도 페라리가 이룩한 성취 덕분에 굉장한 인기를 누린다. 봄부터 가을까지 매주 일요일이면 전국 방방곡곡의 바에 설치된 TV에서 흘러나오는 포뮬러 원 자동차 엔진의 날카로운 고음을 들을 수 있다.

그러나 여전히 축구만큼 이탈리아인의 상상력을 사로잡고 열정에 불을 지르는 스포츠는 없다. 아마 스페인을 빼면 유럽에서 이탈리아만큼 축구에 정신을 못 차리는 나라도 없을 것이다. 또한 이탈리아만큼 성공적으로 경기를 펼쳐온 팀도 없다. 이탈리아 국가대표팀 '푸른 군단'(Gli Azzurri)*은 월드컵에서 네 번이나 우승했다. 브라질 다음으로 최다 우승국이다.

이탈리아에 최초로 축구를 소개한 것은 영국인들, 특히 이탈리아 경제가 급속히 성장하던 19세기 말 북부의 산업·상업 도시에 거주하던 영국인 주재원들이었다. 이탈리아에서 가장 오래된 제노바 클럽은 지금도 이탈리아식 표기인 '제노바' 대신 영어식 표기인 '제노아'(Genoa)를 사용한다. 이

---

[*] 녹·백·적 국기를 지닌 나라의 국가대표팀 색깔이 푸른색인 데는 이유가 있다. 제2차 세계대전 이후까지 이탈리아 국왕을 배출한 사보이 왕가를 상징하는 색이 청색이었다. 이탈리아 대표팀은 1911년 헝가리와의 경기에서 처음으로 푸른색 상의를 입었다. 이탈리아가 공화국이 된 이후에도 청색 유니폼은 그대로 유지되었다.

클럽은 1893년 '제노아 크리켓 & 체육 클럽'으로 창설했다가 후에 '제노아 크리켓 & 축구 클럽'으로 명칭을 변경했다. 하지만 크리켓은 이탈리아인에게 인기를 못 얻고 말았다(어쩌면 이탈리아인이 초창기에 제노아 클럽에 가입할 수 없었기 때문인지도 모른다). 반면에 축구는 순식간에 확산되었다. 1898년에 벌써 네 개 팀으로 이루어진 리그가 생겼다. '제노아' 클럽을 제외한 나머지 세 개 팀은 전부 토리노 시가 근거지였고, 이탈리아식 명칭을 사용했다. 선수들은 이탈리아인이 다수였지만, 코치——나중엔 감독이라고 불렀다——는 여전히 영국인 경우가 많았다. 심지어 지금도 선수, 기자, 공직자들은 이탈리아 축구팀 감독을 지칭할 때 국적과 무관하게 "미스터"라고 부른다. 역시 영어식 이름을 유지하고 있는 AC 밀란도 19세기의 마지막 연도에 창단했다. 마찬가지로 19세기 말에 창단한 유벤투스 FC도 정식 명칭이 영어인 '유벤투스 풋볼 클럽'이다. FC 인테르나치오날레 밀라노——줄여서 '인테르'라고 부른다——는 AC 밀란과 불화를 빚으면서 떨어져 나와 창단했다.

제노아 클럽은 초창기에는 압도적으로 우세했으나 1930년대 이후 운이 다했다. 제노아 클럽이 '스쿠데토'(scudetto)*를 마지막으로 획득한 것은 1924년의 일이었다. 그즈음 집권한 무솔리니는 새로 탄생한 파시스트 국가의 영광을 위해 이탈리아 축구를 이용하기를 열망했다. 이를 위한 첫 작업은 이미 국민 스포츠로 자리 잡은 축구에 이탈리아 기원설을 만들어주는 것이었다. 16세기에 안토니오 스카리노라는 사람이 피렌체에서 유행하던 '칼초'(calcio) 경기에 관한 글을 남겼다. 칼초는 '차기'라는 뜻이다. 사실 칼초는 축구와 닮은 점이 별로 없었으나 무솔리니는 그것으로 축구에 이탈리아어 명칭을 부여했고, 이 명칭은 지금까지 살아남았다. 파시스트들은 제노아와 AC 밀란의 영어식 이름도 이탈리아식으로 바꾸도록 강제했다. 원래 이름은 제2차 세계대전이 끝나고 나서야 되찾을 수 있었다.

[*] 직역하면 '작은 방패'이지만, 리그 챔피언십을 의미하는 용어다. 승리한 팀 선수들은 그다음 시즌 내내 가슴에 이탈리아 국기의 색으로 이루어진 작은 방패 모양의 패치를 셔츠에 달고 경기에 임할 권리를 획득한다.

무솔리니 정권의 열렬한 지원을 받은 이탈리아 축구는 점점 막강해져서, 1934년과 1938년에 연속으로 월드컵에서 우승했다. 1938년에 이탈리아팀 주장은 트로피를 받기 전에 — 조금 주저하는 모습이긴 했지만 — 파시스트 경례를 했다.

이탈리아에서 파시스트 시대를 상징하던 팀은 볼로냐팀이다(역설적이게도 볼로냐는 훗날 공산당의 근거지가 된다). 볼로냐 FC는 1929~41년 리그에서 다섯 차례 우승했다. 무솔리니로서는 불편하게도 그중 두 차례 우승은 유대인 코치 아르파드 베이스가 이끌었다. 그는 1938년 반유대인 법률이 통과된 후 해고됐다. 베이스는 이탈리아를 떠나 네덜란드에서 일자리를 얻었다. 그러나 나치의 네덜란드 점령 후 그와 그의 가족은 아우슈비츠에서 목숨을 잃었다.

제2차 세계대전 후 이탈리아 축구가 이전의 명성을 회복하기까지는 예술이나 경제 분야보다 훨씬 오래 걸렸다. 1940년대 말에는 토리노가 유례없이 리그를 장악했다. 토리노팀은 다섯 차례 연속으로 리그 챔피언십을 쟁취했고, 이탈리아 국가대표팀은 거의 전원이 토리노팀 선수로 구성되었다. 그러나 1949년 5월 4일 토리노팀 선수 18명을 태운 비행기가 토리노 근처의 한 언덕에 자리한 수페르가 성당 벽에 추락해 탑승자 전원이 사망함으로써 국가대표팀 주력 선수 대부분을 잃고 말았다. 이후 1963년에 AC 밀란이 유러피언컵(현 UEFA 챔피언스리그)에서 승리하면서 비로소 이탈리아는 세계 최정상의 자리를 되찾을 수 있었다.

1960년대는 밀라노팀들의 전성기였다. "마술사"라는 별명을 얻은 아르헨티나 출신의 감독 엘레니오 에레라가 지휘하던 인테르는 유러피언컵에서 두 차례 우승했고 1970~80년대에 수많은 우승컵을 획득했다. 그러나 이탈리아 최고의 팀 가운데 하나였던 인테르는 1990년대에 들어서면서 15년 동안 한 번도 우승하지 못했다. 한때 "마술사"의 마법에 걸린 듯 출중했던 클럽이 이제는 마치 저주라도 받은 듯했다. 경쟁 팀 팬들은 인테르 팬들의 구호 "절대 포기 못 해"를 패러디해서 "절대 이기지 못해"를 외쳐댔다.

1970~80년대를 풍미한 팀은 유벤투스다. 토리노가 근거지인 이 팀은 아홉 차례나 챔피언십을 거머쥐었는데, 1986년 AC 밀란을 인수한 베를루스코니가 고용한 마르코 판 바스턴 등 네덜란드 축구 스타 세 명이 국내 리그와 유러피언컵을 승리로 이끌면서 뒤처지기 시작했다. 흔히 그렇듯 이탈리아의 축구 경기장에서 벌어지는 일들도 국내 다른 분야에서 전개되는 상황을 반영하거나 반대로 거기에 영향을 미쳤다. 베를루스코니의 축구팀이 세 차례 연속으로 세리에 A*에서 우승하는 동안 베를루스코니는 1994년 총선에서 의외의 대승을 거두었다.

"이탈리아인은 전쟁에서 지는 일을 마치 축구에서 지는 것처럼 여기고, 축구에서 지는 것을 마치 전쟁에서 패하는 것처럼 받아들인다." 윈스턴 처칠이 했다고 전해지는 말이다. 처칠이 정말 그렇게 말했는지는 불분명하지만, 그 말에 일말의 진실이 담겨 있는 것만은 분명하다. 이탈리아 사람들 스스로도 이 문구를 자주 인용한다. 이탈리아인은 확실히 정치보다 축구에 더 존중심을 보인다. 아닌 게 아니라 전반적으로 축구계 사람들이 정치인들보다 훨씬 품위 있고 한결같으며 진지하다. 시간관념 없기로 악명 높은 지역에서조차 축구 경기는 성당의 미사처럼 꼭 정시에 시작한다. 이탈리아 축구는 전술적으로 너무나 복잡해서 다른 나라 관중은 물론 상대 팀 감독들마저 혼란에 빠진다. 프로 및 아마추어 분석가들이 경기를 분석하는 수준도 다른 어느 나라보다 훨씬 뛰어나다. 그리고 예외적인 경우를 제외하면 이탈리아 선수들은 소명의식을 가지고 지극히 진지하게 경기에 임한다. 열심히 연습할 뿐 아니라, 대다수는 음주도 잘 안하고, 음식도 조심한다. 이탈리아 축구선수가 나이트클럽에서 주먹 다툼을 하다가 체포되는 일은 거의 찾아볼 수 없다(사건이 생겨도 언론이 보도를 자제하기 때문일 수 있다).

[*] 이탈리아 프로 축구 가운데 최고인 1부 리그. 파시스트 정권이 이탈리아 축구에 기여한 또 하나의 유산이다. 현재와 같은 형태의 리그 구성은 1929년부터 시작되었다.

어쨌거나 이탈리아 축구에서 조지 베스트나 에리크 캉토나 같은 다혈질 선수는 찾아보기 어렵다.

이탈리아 선수들은 프로 기질이 부족해서가 아니라 오히려 너무 지나쳐서 문제라는 비판을 자주 받는다. 수비수가 교묘한 반칙을 하는 경우가 비일비재하고, 공격수는 정당한 태클로 공을 빼앗겼을 때마저 억울하다는 듯 과장된 몸짓으로 극적인 연출을 한다. 그리고 모든 선수가 괜히 반복해서 이의를 제기하며 심판을 압박하려 든다. 그러나 이런 문제가 이탈리아 안에서는 별로 지적되지 않는다. 역사학자 존 풋이 이탈리아 축구에 관한 역사서에서 언급한 대로,[1] 페어플레이는 이탈리아 축구에서 그다지 중요하지 않다.

이탈리아 수비수들은 언제나 한 수 앞을 예측하려고 애썼다. … 만약 예측이 틀리면, 교묘히 장소와 타이밍을 계산한 반칙이 늘 수비수의 핵심 무기가 되어주었다. 이것은 1990년대 이탈리아에서 "전술적 반칙"으로 알려지게 되었고, 모든 수비수는 이것을 경기의 일부로 이해하고 훈련했다. 그들은 언제 반칙을 하고 언제 하지 말아야 할지, 어떻게 하면 반칙을 하고도 심판에게 반칙 판정을 받지 않을지 등을 알고 있었다. 이탈리아 축구 해설위원들은 "페어플레이는 아닐지 몰라도…" 같은 토를 달면서 수비수의 반칙을 칭찬할 때가 많다. 이렇게 유용한 전술적 반칙이 있는가 하면, "쓸데없는" 반칙이라는 개념도 존재한다. 쓸데없는 반칙으로 퇴장당하는 일은 어리석고 프로답지 못하지만, "유용한" 전술적 반칙을 구사했다가 경고받거나 퇴장당하면 좋은 사례로 남을 뿐 아니라, 팀의 안녕을 위해 개인의 희생을 감수하는 것이므로 칭찬받아 마땅한 일로 여겨진다.

이탈리아에서 축구는 삶의 확고한 일부여서 자동차 경주조차도 축구의 경쟁 상대가 못 된다. 이와 관련해 전형적으로 떠오르는 이미지는 일요일 오후에 아내와 아이들은 해변에서 느긋하게 쉬거나 시골길을 산책하는 동안 아버지는 긴장한 표정으로 트랜지스터 라디오에 귀를 갖다 대고 "최애하는 팀"의 경기 상황을 확인하는 모습이다. 요즘 이런 장면은 낮에 TV에서 내보내는 흘러간 영화에서나 볼 수 있다. 2003년 루퍼트 머독 소유의 스카이 TV가 세리에 A 전 경기를 생방송으로 중계하면서부터 경기는 토요일 저녁, 일요일, 그리고 평일에도 일부 중계된다. 이탈리아 축구팬들은 일요일에 경기장에 가고, 이튿날 그 경기에 관해서 신문 기사를 읽는 것만으로는 만족하지 못했다. 그래서 이제 축구는 어떤 형태로든 일주일 내내 즐길 수 있게 되었다.

첫 발행과 함께 1896년 최초의 현대 올림픽 경기를 다루었던 『라 가체타 델로 스포르트』(*La Gazzetta dello Sport*)는 세월이 흐르면서 축구 전문 일간지로 변신했다. 『코리에레 델로 스포르트』(*Corrierre dello Sport*)는 1920년대에 창간했고, 『투토스포르트』(*Tuttosport*)는 제2차 세계대전 종료 후에 창간했다. 분홍색 신문지가 독특한 『라 가체타 델로 스포르트』는 1980년대 초에 전성기를 누리면서 전국 판매 부수 1위를 자랑했다. 이 신문사의 유명한 편집인이던 고(故) 잔니 브레라는 다른 여러 매체에도 활발히 기고하면서 이탈리아어의 어휘까지 더 풍부하게 만든 장본인이다.

브레라는 자기는 사투리로 생각한다고 주장하곤 했지만, 그가 쓰는 글을 보면 어휘력이 놀랄 만했다. 이를테면 브레라의 글에서 아르헨티나의 전설적인 스트라이커 디에이고 마라도나는 이런 식으로 표현되었다. "지옥문을 지키는 신화 속의 야수 케르베로스 같은 화려한 야수. 만약 그를 공정한 스포츠맨 정신으로 대했다가는 그가 당신의 목덜미를 물어뜯고 머리를 잡아 뽑아 젖은 잎자루에서 뜯긴 과일이 땅에 떨어지듯 그렇게 땅바닥에 떨어뜨릴 것이다."＊2 이 구절을 이탈리아 원문으로 읽어보면 대다수 이탈리아인은 사전을 찾지 않으면 모를 단어가 두 개나 나오고, 또 다른 단어 하나는 아예 사전에도 안 나온다.

브레라는 필요한 단어나 표현이 아쉬우면 사투리에서 빌려오거나 (그의 고향 사투리로 국한되지 않았다) 아예 새로운 표현을 만들어냈다. 그가 창조한 축구용어 중에 "리베로"(libero, 상대편의 특정 선수를 마크하지 않는 자유로운 수비수)라는 표현이 있다. 이 용어는 이제 세계 대다수 주요 언어 속에 그대로 차용되어 사용되고 있다.

애독하는 스포츠 신문을 첫 장부터 끝까지 다 숙독해버린 팬들은 월요일 밤마다 1980년 이래로 방영된 라이 텔레비전 방송 「일 프로체소 델 루네디」(Il processo del lunedi)를 시청하며 금단 현상을 달랠 수 있다. 이 프로그램은 시작하자마자 전국에서 인기를 끌었고, 진행자 알도 비스카르디는 전국적인 유명인사가 됐다. '일 프로체소 델 루네디'란 '월요일의 판정'이라는 뜻이다. 이 방송은 주말에 있었던 경기 중 논란이 됐던 순간들을 골라 '수페르모비올라'(Supermoviola) 기술을 이용해 치밀하게 분석했다. 비스카르디와 방송팀은 원래 군사 목적으로 개발됐다는 이 기술을 활용해 당시 TV 카메라로 볼 수 없었던 각도까지 가능한 모든 각도에서 논란이 된 순간을 느린 동작으로 재생했다. '수페르모비올라'는 논란을 마무리하는 궁극의 종결자였다. 부당하게 벌칙을 받았는지, 골이 제대로 들어갔는데 심판이 무효로 처리한 것인지 등등의 이슈에 움직일 수 없는 증거를 제공했다. 이 방송에서 야한 옷을 입은 아름다운 '발레테'†를 시켜 출연 손님을 소개하거나 광고를 전하게 한 것도 시청률을 높이는 데 기여했다. 지금은 모방 프로그램도 많이 생겼다. 축구와 섹스의 조합은 시청자를 끄는 데 여전히 최고의 장치로 간주된다. 그래도 요즘은 비록 요란한 헤어스타일에 반

이탈리아를 인간하다

[＊] 잎자루는 잎몸과 줄기를 연결하는 꼭지 부분이다. 이 용어를 과일에 사용할 수 있는지는 식물학자들에게 판단을 맡기겠다. 아니면 브레라는 그저 자기 명성에 걸맞게 모호한 표현을 골라 사용했을 수도 있다.　　　[†] 이 책의 10장 참조.

짝이는 립글로스를 바르고 가슴이 드러나는 드레스를 입고 있긴 하지만, 여성들이 방송에서 옛날보다는 적극적인 역할을 맡는다. 여성 진행자 몇 사람은 가장 마초 타입의 축구팬에게조차 축구에 대단히 박식하고 열정적인 진행자로 인정받고 있다.

그러나 모든 이탈리아 여성이 축구팬은 아니다. "텔레비전 방송 열 개 중 일곱 개가 축구 프로그램이에요. 믿어지지 않을 정도입니다." AS 로마 팀의 스타 선수 프란체스코 토티의 아내이자 쇼걸인 일라리 블라시가 불평했다. "방송을 보다가 졸기 일쑤예요." 다른 여성들도 이탈리아 텔레비전이 쏟아내는 축구 방송에 짜증을 냈다. 재방송과 경기 분석 방송으로도 모자라 유료 TV 방송은 클럽마다 완전히 한 채널씩 할당하기까지 했다. 라디오도 사정은 마찬가지다. 여러 도시에는 그 지역 팀만 다루는 FM 라디오 방송국들이 있다.

로마에서 택시를 타면 그런 라디오 방송을 들을 수 있다. 좋아하는 축구팀이 자기 삶의 중심인 사람이 아니라면 그런 방송을 듣는 일은 정말 지루하다. 전문가들이 해당 축구팀에 관한 온갖 사항을 토의하다가 분노와 발작의 중간쯤 되는 상태에 놓인 팬들이 걸어오는 전화를 받기를 반복한다. 아마도 로마는 축구에 미친 나라에서도 가장 축구에 미친 도시일 것이다. AS 로마*는 수도를, SS 라치오는 로마가 위치한 라치오 주를 대표하는 팀이지만, 아무래도 지역이 겹치므로 두 팀 간에 경쟁이 치열하다. 팬 라디오 방송이 전국에서 제일 먼저 시작된 곳도 당연히 로마였다. 현재 로마에서만도 AS 로마에 관한 내용만 다루는 라디오 방송국이 네 개가 넘고(매일 네 시간씩 AS 로마에 관한 방송을 하는 방송국까지 치면 다섯 개다), SS 라치오 전문 방송국은 두 개다. 청취율이 가장 높은 방송은 일일 청취자가 15만 명에 달하기도 한다. 이후 피렌체와 밀라노도 같은 콘셉트를 도입

[✻] 비교적 리그에 늦게 등장한 팀이다. AS 로마는 1927년 기존의 세 개 클럽이 모여 하나의 구단으로 창단했다. 옛 로마 제국의 영광을 재현하고 싶어 했던 파시스트 정권에게 제국의 중심지였던 수도 로마는 특별한 중요성을 지녔다. 그래서 그들은 로마의 축구팀이라면 카이사르의 후예에 걸맞게 출중해야 한다고 생각했다. 이탈리아에서 정치와 축구가 뒤얽히는 또 하나의 사례다.

했다.

　원래 팬 라디오는 치밀하게 조직되고 힘과 자금이 풍부한 로마 주재 팬클럽들이 고안해낸 발명품이다. 그렇다고 이것이 로마에만 있는 특유한 현상은 아니다. 세리에 A 소속 팀들은 '울트라스'(ultras)*로 통칭되는 골수 팬클럽을 저마다 하나 이상 거느린다. 가장 오래된 울트라스 집단의 기원은 최소한 1950년대까지 거슬러 올라간다. 울트라스는 자기들은 영국식 홀리건과는 다르며 훨씬 규율이 잡혀 있다고 자부한다. 이들이 시작한 드럼, 깃발, 현수막, 그리고 무엇보다도 불꽃을 활용한 응원 방식은 이탈리아 전역과 유럽 전체에 확산되었다. 그러나 최근 들어 울트라스도 영국이나 다른 나라에서처럼 폭력과 극우 정치의 온상이 되어 노골적인 인종주의 행태를 드러내는 일이 일상화되었다.

　하지만 이탈리아의 울트라스와 다른 나라의 열혈 서포터즈 간에는 여전히 차이점이 있다. 구단으로부터 인정을 받는 정도가 다르다. 울트라스 중에는 심지어 구단으로부터 보수를 받는 경우도 있고, 원정 경기가 있으면 교통비를 보조받는 일도 흔하다. 리더급 회원들은 무료 티켓도 자주 얻는다. 그리고 친구들도 무료로 경기 관람에 초대할 수 있다. 그러나 그런 혜택은 자기 팬클럽(과 자기가 응원하는 팀)의 상징 문양을 상품화해 버는 수입에 비하면 아무것도 아니다. BBC에서 제작한 라치오팀의 울트라스 '이리두치빌리'(Irriducibili)에 관한 다큐멘터리를 보면, 이들은 여러 곳에 본부를 두고 있으며 로마에만 14개의 상점을 소유하고 있다.

　응원단 리더는 선수들에게 일상적으로 접근이 가능하고 심지어 전술, 선수, 또는 클럽의 방침을 바꾸는 데까지 영향력을 발휘할 수 있다. 2004년 SS 라치오 응원단 '이리두치빌리'와 AS 로마 응원단 '울트라스'는 두 팀의 홈경기에서 막강한 힘을 과시한 바 있다. 전반전이 진행되는 동안 관중들 사이에 한 젊은 AS 로마 팬이 구장 밖에서 경찰차에 치여 죽었다는 소문

[*] 원래 프랑스어에서 유래하는 용어다.

이 돌았다. '이리두치빌리'와 '울트라스' 양 응원단이 무슨 이유에서인지 경기 전에 서로 미리 짜고 그 소문을 퍼뜨린 것으로 추정된다. 여하튼 후반전 개시 후 몇 분 지나서 '울트라스' 대표자 몇 명이 경기장 가장자리로 내려왔고, 로마팀의 주장 토티가 그들과 이야기를 나눴다. 그날 라이 방송에 나와 경기를 해설했던 『아이리시 타임스』(The Irish Times)의 로마 특파원 패디 애그뉴는 훗날 자신의 저서에 그 이야기를 담았다.[3] 울트라스 대표자와 이야기를 마친 토티가 즉시 감독에게 전달하는 내용이 애그뉴의 헤드셋을 통해 또렷하게 들려왔다. "지금 경기를 계속했다가는 저 친구들이 우리를 죽이려 들 겁니다." 심판들은 이의를 제기했으나 라치오팀 주장이 동의함으로써 경기는 중단되었다.

　"팬들의 권력이 승리했다"라고 애그뉴는 적었다. "곧이어 팬들의 폭력이 뒤따랐다. 로마와 라치오 양 진영의 폭력 분자들이 구장 밖에서 경찰 기동대와 연속으로 충돌을 벌였다." 이후 몇 년간 축구 관련 폭력 문제는 계속 악화 일로였으며 축구 팬들과 경찰의 대립은 축구 팬들 간의 대립보다 훨씬 심각했다. 2007년에는 급기야 경찰관 한 명이 시칠리아에서 경기 중에 일어난 폭동으로 목숨을 잃었고, 고속도로 주유소에서 경쟁 팀 서포터즈끼리 싸움을 벌이다 팬 한 명이 경찰의 총에 맞아 사망했다. 대응 조치를 촉구하는 여론이 거세지자 정부는 폭력 억제 방안과 개선책을 마련했지만, 축구 관련 폭력은 아직 완전히 제거되지 않았다.

　골수 팬들의 적이 경찰이라면, 일반 팬들의 적은 심판이다. 이탈리아에서 축구 심판이란 똑바로 볼 줄도 모르는 인간이며 모든 이의 경멸의 대상이다.[*] 애독자 수백만을 거느렸던 기자 잔니 브레라는 이렇게 표현했다. "대개 심판은 자신의 존재감과 자유의지를 스스로 증명해야 할 필요를 느끼는 좌절감에 젖은 사람이거나, 아니면 약자를 괴롭히기를 즐기는 사람이다." 펠리니와 함께 「달콤한 인생」, 「8과 1/2」의 각본을 함께 쓴 저널리스트

[*] 매우 드문 사례이지만 팬들에게 자부심, 존경심, 심지어 약간의 애정까지 느끼게 한 심판이 있었다. 바로 2002년 월드컵 결승전의 심판을 맡았던 빡빡 깎은 머리에 카리스마 넘치는 피에르루이지 콜리나다.

겸 작가 엔니오 플라이아노는 이탈리아인이 심판을 싫어하는 이유는 생각보다 훨씬 단순하다고 보았다. "그가 판결을 내리는 사람이기 때문이다."

지난 몇 년간 이탈리아인은 이 미운 존재들이 주변의 압력을 못 이겨 의식적으로—어쩌면 무의식적일 가능성이 더 크다—대규모 구단에 유리한 판정을 내린다고 믿게 되었다. 심지어 심판들의 그런 심리 상태를 가리키는 "노예 심리"라는 용어까지 등장했다. 사람들은 누구보다 힘자랑이 심한 유벤투스팀이 나오는 경기만큼 그런 현상이 더 확실하게 드러나는 사례도 없다고 주장했다. 이탈리아 통일의 주역인 피에몬테 주를 근거지로 하며 이탈리아 산업의 자존심인 피아트가 소유하는 유벤투스는, 그 어느 팀보다 국민성을 체화하는 팀으로서 전국에 수많은 팬을 거느렸다. 그렇다 보니 "이탈리아의 연인"이라는 별명까지 얻었다. 토리노와는 지리적으로 반도의 완전히 반대편인 칼라브리아 시골의 스낵바에 들어가도 흑백 줄무늬의 유벤투스 삼각기와 함께 그 지역 유벤투스 서포터즈 클럽의 집회소임을 자랑스럽게 선언하는 안내문을 볼 수 있다.

심판들이 '유벤투스가 지도록 내버려두는 것은 비애국적이다'라고 느낀다는 말이 터무니없게 들릴 수 있다. 그러나 가뭄에 콩 나듯 우승하는 피오렌티나, 칼리아리, 베로나팀 서포터즈들은 리그 역사상 승부를 가르는 중요한 순간마다 심판들이 유벤투스에 유리한 판정을 내려 논란이 된 사례가 얼마나 많았는지를 지적한다. 예를 들어 1981년 유벤투스와 로마의 격전에서 경기 74분에 심판이 로마의 골을 무효로 선언했으나 나중에 유효한 골이었던 것으로 밝혀졌다. 그 판정 덕분에 결과적으로 유벤투스는 리그에서 우승했다. 이듬해에도 같은 일이 벌어졌다. 심판이 피오렌티나의 골을 무효 처리함으로써 안 그랬으면 15분 후 피오렌티나가 리그에서 승리할 수 있었던 기회를 박탈하고 말았다. 게다가 의심스럽게도 유벤투스는 반칙 판정을 거의 받지 않은 반면, 상대 팀들은 눈에 띄게 더 많은 반칙 판정을 받았다. 세월이 흐르면서 의심은 더 커졌고, 라이벌 팀들의 서포터즈는 유벤투스 서포터즈를 만나면 "너희는 강도질만 할 줄 안다", "우리는 도둑이 되느니 차라리 2등을 하겠다"고 입을 모아 외쳐댔다.

2005년에야 비로소 유벤투스의 이례적인 행운이 심판들의 단순한 노예 심리 이상의 어떤 것 때문일지 모른다는 의문이 제기되기 시작했다. 그리하여 토리노의 한 검사의 지휘하에 "오프사이드"라는 암호명으로 수사가 이루어졌고, 이에 대한 첫 보고서가 발표됐다. 검사는 경찰이 수집한 증거들은 범죄의 증거로 볼 수 없다고 결론 내렸다. 그러나 그는 수집한 증거들을 이탈리아 축구연맹(FIGC)으로 이관했고, 2005~06년 시즌이 끝나고 며칠 후 도청된 전화 통화 내용이 언론에 누출됐다.

이탈리아는 물론 전 세계 축구 역사상 전례가 없는 스캔들이 터지는 순간이었다. 때때로 선수나 심판이 승부 조작을 하다가 발각되는 사건은 어느 나라에서나 일어나며 대부분 모종의 도박단과 연관되는 경우가 많다. 그러나 '칼초폴리'(Calciopoli)라는 명칭으로 알려지게 되는 이번 스캔들은 성격이 달랐다. 녹취된 통화 기록은 유벤투스 구단의 고위 간부들이 심판들에게 압력을 행사하여 유리한 판정을 내리게 했음을 시사했다. 다른 몇몇 구단도 여기에 연루되어 비슷한 혜택을 얻을 수 있었다. 이 스캔들의 특징은 여느 때처럼 그저 한두 개 경기만 승부를 조작한 것이 아니라, 세리에 A 전체를 조작했다는 점이었다. 이론적으로는 토너먼트 참가팀 모두가 똑같은 우승 확률을 가지고 시즌을 시작해야 했다. 그러나 실상은 꼭두각시 놀음이었다. 그 모든 화려하고 극적인 경기가 소수의 권력자와 음모자들이 쓴 각본대로 수년간 이행된 연극이었던 것이다. 그리고 연극은 경기장 밖에서도 계속되었다. 녹취 내용에 따르면 유벤투스 단장 루치아노 모지는 앞서 언급한 축구 방송 「일 프로체소」의 진행자 알도 비스카르디와 접촉하여, 방송에서 느린 동작으로 경기 장면을 재생하며 분석할 때 유벤투스에 유리하게 해설하도록 조처해놓았던 것으로 드러났다. 이탈리아에서 겉모습과 실상이 반드시 일치하지 않는다는 것이 어떤 것인지를 보여주는 전형적인 사건이었다. 30년 넘게 지속했던 비스카르디의 전국 방송 프로그램은 스캔들 발생 후 중단되었고, 어느 소규모 지역 방송국에서 마지막 방송이 나갔다.

칼초폴리 사건에는 희한한 점이 두 가지 있었다. 하나는 스캔들이 절정에 달했던 순간에 이탈리아가 월드컵에서 네 번째로 우승을 차지했다는 점이다. 또 하나는 스캔들 당사자 간에 돈이 오갔음을 증명하지 못했다는 점이다.* 그렇다면 무엇이 승부 조작 시스템을 작동시켰을까. 연루된 고위 간부들은 자기들의 권력과 영향력이 너무 막강해서 축구 관계자 전원의 경력을 좌지우지할 수 있다는 믿음을 축구계에 심어놓았고, '저들의 말이 곧 법'이라는 믿음은 다시 그들에게 목적 달성에 필요한 권력과 영향력을 부여했다. 그런 점에서 이 스캔들은 광범한 의미에서의 마피아가 어떻게 작동하는지를 보여주는 완벽한 사례이다. 포괄적(이면서 또 배타적)이고, 반경쟁적이고, 마치 가족 같은 조직 말이다.

[*] 칼초폴리와 관련해 두 개의 형사재판이 진행됐다. 하나는 모지와 그의 아들에 대해 각각 협박죄와 협박미수죄 혐의로 진행된 소송이었다. 모지 부자는 원심과 항소심에서 모두 유죄 판결을 받고 징역형을 선고받았다. 그러나 2015년 공소시효가 만료되어 이들을 처벌할 수 없게 되었다. 음모죄에 관한 또 다른 소송은 이 책을 집필하는 동안 결말이 나지 않았다. 항소심에서 모지에 대해 2년 4개월이 구형되었고, 안토니오 지라우도 유벤투스 전 상무이사에게는 1년 8월이 구형됐다. 그 외에도 유벤투스 고위 간부와 심판 다섯 명이 10월~2년 형에 처해질 상황에 놓였다. 그러나 2006년에 도입된 소급 적용 사면제도 때문에 범행을 부인하는 피고 중 어느 누구도 실제로 교도소에 갈 가능성은 매우 낮다.

15
제한적 관행

마피아와 마피아식 사고방식,
불법조직으로서의 마피아와 단순한 인생관으로서의 마피아를
우리는 오랫동안 혼동해왔다. 그것은 진정 실수다!
마피아식 사고방식을 지녔다고 해서 꼭 범죄자가 된다는 법은 없다.
— 마피아에 암살당한 검사 조반니 팔코네.

클라우디아의 남편은 세상을 떠나면서 아내에게 집 여러 채를 남겼다. 그
녀는 이탈리아 시골로 휴가 온 사람들에게 이를 임대했다. 우리는 공통의
지인의 집에서 만나기로 했다. 클라우디아는 그전에 먼저 손님을—돈 내
고 숙박하는 손님이 아니라 옛 친구들이었다—마중하러 기차역에 나가야
했다. 그녀는 일단 친구들을 집까지 데려다주고 오겠노라고 했다. 그녀가
친구들과 역을 벗어나는데 택시 기사들이 다가왔다.

"제가 역에서 손님을 직접 마중하면 자기들은 어떻게 영업을 하냐고
항의하더군요." 클라우디아는 택시 기사들의 위협적인 태도에 충격을 받은
것이 확실했다. 그들의 항의를 무시했다가 무슨 일을 당하지는 않을까 염려
했다. 이 일이 일어난 장소는 시칠리아나 풀리아도 아니고 토스카나였다.

내 친구 중에 이탈리아의 어느 섬에 사는 이가 있다. 탁자가 필요했던
그녀는 마침 그 섬의 다른 동네에서 원하는 물건을 발견했다. 하지만 그녀
가 사는 동네에도 가구점이 있었다. 그녀는 그 가구점 주인을 어릴 적부터

알고 있었으나 친한 사이는 전혀 아니었다. 그런데도 탁자를 그 집에서 사지 않는다는 것은 소비자로서 올바른 행동이기는커녕 엄청난 배신이었다. 그녀는 그 가구점의 손님이어야 했다. 다른 데서 가구를 샀다가는 아마 그가 앞으로 다시는 그녀와 말을 섞으려 들지 않을 가능성이 컸다. 그래서 그녀와 파트너는 섬 반대편에서 원하는 탁자를 구입하되, 그 탁자를 배달하는 경쟁 가구점의 트럭이 행여나 자기 동네 가구점 주인의 눈에 뜨일세라 몰래 샛길로 운반해야 했다.

이탈리아에 살아본 사람들은 다들 비슷한 경험이 있을 것이다. 같은 가게, 스낵바, 레스토랑에 드나들다 보면 점주들의 독점욕을 자극할 위험이 있다(특히 그들이 자진해서 값을 깎아줄 때—어차피 그런 할인을 거부할 방법이란 없지만—이를 받아들이는 경우 더욱 그러하다). 내 경우도 직업 때문에 그 점이 특별한 문제를 일으켰다. 직업상 출장이 잦은 까닭에 한참 만에 돌아와 단골 가게에 들르면 "잘 다녀오셨어요"라는 다소 냉소적인 인사를 듣기 일쑤다. 그런 때 미안해하는 어조로 외국 출장을 가야만 했다고 설명하면 대개 별문제가 없다. 그러나 짧게 인사만 하고 아무 설명도 덧붙이지 않으면 자칫 정성 없는 커피가 나오거나, 아니면 주인이 보란 듯 다른 손님 쪽으로 자리를 옮겨 이 사람이야말로 '진정한' 단골손님이라는 듯 과장된 따스함으로 대하는 모습을 보게 될 것이다.

이 같은 독점적 지위—또는 클라우디아에게 불평한 택시 기사들의 경우는 카르텔—유지의 욕구는 이탈리아 사회 곳곳에 깊숙이 자리하고 있다. 그 역사 또한 길다. 이탈리아 수공업 길드의 힘과 그들이 강제한 제한적 관행은 이탈리아 경제가 17세기에 쇠퇴한 이유 가운데 하나다. 그중 가장 열렬하게 보호된 카르텔은 베네치아 무라노 섬의 유리 공예업자 조합이었다. 이들의 노하우를 다른 지역으로 가져가려는 자는 극심한 벌칙을 받거나 심지어 죽임을 당했다.

길드의 정신은 지금도 노동조합과 '오르디니'(ordini) 및 '콜레지'(colle-gi)라고 부르는 직능단체 속에 남아 있다. 특히 해당 분야에서 일하는 사람은 직능단체의 회원이 되는 것이 필수다. 이탈리아에는 이런 단체가 30개 이상 있어서 다른 유럽연합 회원국보다 훨씬 광범위한 직업을 포괄하고 통제한다. 공증인과 건축가뿐 아니라 사회복지사, 취업 컨설턴트를 위한 '오르디니'도 있고, 간호사, 방사선 의료기사, 스키 강사를 위한 '콜레지'도 존재한다.

직능단체는 거대하게 얽히고설킨 제한적 관행의 일부다. 최근 불거진 터무니없는 사례 하나는 베네치아 거리 미술가들에 관한 것이었다. 알고 봤더니 거리에서 그림을 그릴 수 있는 면허는 상속으로 획득한다는 관행이 존재했다. 그림에 전혀 재능이 없어도 면허만 상속받으면 진짜 미술에 재능 있는 사람을 제치고 길거리에서 한자리 차지하고 앉아 그림을 그릴 수 있다는 얘기였다.

가톨릭 교회가 반자유주의적인 태도를 갖게 된 것은 교회의 관점이 근본적으로 독점적이기 때문인지, 아니면 주로 이탈리아인이 가톨릭 교회를 운영해서인지에 관한 논란이 있다. 교황 비오 9세는 교회가 배척해야 할 오류를 총괄하여 1864년에 「오류표」를 발표했다. 그는 이 목록에 자유주의를 포함시키고 저주했다. 교황의 입장은 자유주의를 중심 이념으로 삼은 신생 국가 이탈리아와 바티칸 사이의 거리를 한층 넓히는 구실을 하고 말았다.* 19세기 말부터 제1차 세계대전 발발 전까지 이탈리아에서 시도된 초기 자유시장 경제 정책은 특히 조반니 졸리티 정권하에서 번영을 불러왔다. 산업화와 함께 이탈리아 경제는 급격히 성장했다. 그러나 자유주의자들은 그 과정에서 부정부패의 대명사가 되어버렸다.

파시스트 정권은 이탈리아 전통에 좀 더 쉽게 들어맞는 경제 정책을 구사했다. 졸로티는 자유롭게 상호작용하는 시장의 힘이 임금을 결정해야

[*] 자유주의에 대한 바티칸의 저주는
1904년에 해제되었다. 사회주의가 더 큰
위협이라고 판단했기 때문이다.

한다고 여긴 반면에, 무솔리니는 고용자와 피고용자의 상호 협조를 강제하는 조합국가의 건설을 시도했다.

무솔리니의 몰락은 자유주의자들이 다시 주도권을 쥐는 기회가 될 수도 있었다. 그러나 제2차 세계대전이 끝날 무렵 그들은 부패의 기억으로 오염되어 있었을 뿐 아니라, 남부 지주, 거대 기업가, 금융업자로 이루어진 지극히 제한된 사회 계급만 대표하는 집단이 되고 말았다. 유권자의 지지율로 보았을 때 자유주의자들은 기독교민주당의 상대가 되지 못했다. 기독교민주당의 강력한 등장과 함께 공산당에 반대 입장을 취하는 다섯 개 정당이 연정을 맺고 권력을 나눠 갖는 시대가 40년 이상 이어졌다. 애초의 구상은 서유럽 최대의 공산당인 이탈리아 공산당이 절대로 집권하지 못하게 한다는 것이었다. 이를 위해서 이탈리아의 전후 정치인들은 앞서 설명한 '로티차치오네'(lottizzazione, 나눠 먹기) 체제를 개발했다.*

파시즘의 수많은 유산 가운데 하나는 거대한 공공 분야다. 이 공공 분야 전체를 반(反)공산당 기치를 내건 다섯 개 정당이 권력 순서에 따라 나눠 가졌다. 세월이 흐르면서 심지어 공산당도 권력, 영향력, 자금을 나누어 차지할 수 있는 이 편안한 시스템에 포섭됐다. 예컨대 기독교민주당 소속 인물이 민간항공 규제국 국장이 되면, 사회당 소속 인물이 항공교통 관제소 소장을 맡는 식이었다. '로티차치오네'는 공공 산업과 재정에만 국한되지 않고 훨씬 광범위하게 이루어졌다. 심지어 외교부 내에서 각 지역 담당자를 정할 때도 어느 정당 소속인지를 고려해 결정했다. 기독교민주당원이 라틴아메리카를 담당하면, 사회당원은 중동과 북아프리카를 맡는 식이었다. 국영 텔레비전 방송국 라이의 채널 배정도 매한가지였다. 라이 1은 기독교민주당, 라이 2는 사회당, 라이 3은 공산당이 가져갔다. 그 영향을 지금까지도 볼 수 있다. 예를 들어 라이 1 소속 중견 기자나 방송 기술자를 만나면 친척 중에 기독교민주당원이 있을 확률이 아주 높다. 라이 3은 베를루스코니 집권기인 2000년대에 (미디어 거물 출신 총리의 압력에 서서히 주눅이 들기는 했지만) 꾸준히 비판적인 보도와 분석을 견지했다.

　자유주의 경제를 선호하는 공화당과 자유당도 다섯 개 정당 연정 체제의 일부였다. 그리고 시간이 흐르면서 기독교민주당의 가톨릭 이념도 시장경제와의 편안한 공존을 택하게 되었다. 그러나 미국식 자본주의나 1980년대에 마거릿 대처 총리 집권기에 영국에서 등장한 자본주의에 비해 이탈리아 정당들은 중도의 입장에서 좀 더 협력적인 형태의 자본주의를 옹호했다.

　이탈리아에서 기독교민주주의는 번창했으나 사회민주주의는 빌리 브란트와 헬무트 슈미트가 60년대 말~80년대 초에 정권을 장악했던 독일과는 달리 성공하지 못했다. 이탈리아 사회민주당은 다섯 개 정당 연정에 포함되어 있었지만, 그 다섯 개 정당 중에서도 가장 형편없이 부패한 정당으로 유명했다. 한편 사회당은 당수 베티노 크락시가 1980년대 중반에 총리가 되면서 드디어 집권당이 되었다. 그러나 이들 역시 전후 이탈리아 정치의 고질병인 후견주의와 부정부패에 깊이 연루된 상태였고, 집권한 후 불의와의 타협은 더 심해졌다. 크락시는 이른바 "깨끗한 손"* 수사의 완벽한 희생자였다. 1993년 그는 추종자들과 함께 어느 호텔에서 열린 호사스러운 파티에 참석한 뒤 떠나다가 성난 시위대에게 동전 세례를 받았다. 이 사건은 이탈리아 정치사에서 전설이 되었다. 그 직후 크락시는 튀니스로 도피하여 거기서 불명예스러운 망명 생활을 하다가 7년 후 별세했다.

　전후 시대 내내 이탈리아 유권자에게 주어진 두 가지 주요 선택, 즉 기독교민주주의와 공산주의는 둘 다 본질적으로 반경쟁 이념이었다. 이것은 중요한 유산을 남겼다.

　1990년 초의 이른바 "제1공화국"의 쇠락은 이탈리아가 최근 경험한 경제 침체(2000년대 초가 되어서야 비로소 이것이 주기적 불황이 아니라

구조적 불황으로 인식되었다)의 전주곡이었다. 이탈리아의 근본적인 문제점은 경쟁력 하락이었다. 이 현상을 설명하고 분석하는 데 상당한 지력이 소모됐지만, 현저하게 비경쟁적인 형태의 자본주의를 문제점으로 지적하는 사람은 거의 없었다.

크락시가 밀어주던 후배 실비오 베를루스코니는 1993년 정계에 진출하면서 자유기업의 옹호자를 자처했다(1990년 초까지 그가 중도 우파가 아니라 중도 좌파였다는 사실은 이제 거의 잊혔다). 베를루스코니를 지지한 정치인, 언론인, 지식인 가운데 상당수가—베를루스코니의 제1차 내각의 대변인이었던 대담하고 총명한 줄리아노 페라라 같은 인물도—이념적으로 순수한 자유주의자였다. 그러나 베를루스코니가 자신을 아무리 자유주의자로 묘사한다 해도 실상 그는 자유주의와 거리가 멀었다. 그는 언제나 보호무역주의와 일관하는 일종의 "국가자본주의" 접근법을 선호했다. 2008년 그는 알리탈리아 항공사가 프랑스의 소유로 넘어가는 일을 막겠다고 공약하여 성공적인 선거전을 치렀다. 하지만 노골적인 보호무역주의는 이탈리아에서 우파만의 영역은 아니다. 불과 한 해 전인 2007년 중도 좌파 로마노 프로디 총리도 미국의 거대 통신회사 AT&T에 텔레콤 이탈리아를 매각하는 협상을 맹렬히 비판했다.

프로디와 베를루스코니의 태도는 일반 대중의 관점을 거울처럼 비추고 있다. 언론은 외국 기업의 이탈리아 기업 인수를 어김없이 패배로 묘사한다. 외국 기업이 새로운 노하우를 갖다줄 수 있다거나 외국인직접투자(주식 매입이 아니라 기업 경영에 직접 자금을 투자)가 성장을 촉진할 수 있다는 생각은 인정하지 않는다. 그와 같은 태도의 결과를 OECD에서 정리한 외국인직접투자(FDI) 관련 통계에서 확인할 수 있다. 2012년 말 이탈리아의 국내총생산 대비 FDI 비중은 유럽연합 회원국 가운데 그리스 다음으로 최저를 기록했다. 이탈리아보다 훨씬 후에 경제를 개방한 포르투갈과 스페인의 경우 FDI 비중은 이탈리아보다 2.5~3배 높았다. 이탈리아보다 외국의 노하우가 덜 필요하리라 추측되는 스웨덴이나 네덜란드의 수치는 이탈리아보다 네 배나 높았다.

OECD는 국경을 넘는 투자를 촉진하기 위해 각국의 외국인투자 규제 강도를 한눈에 살펴볼 수 있는 FDI 규제지수를 발표하고 있다. 흥미로운 점은 이탈리아의 규제 수준이 사실상 꽤 낮다는 점이다. 스웨덴, 덴마크, 영국보다도 덜하다. 그렇다면 이탈리아는 법률적 제약이 아니라 그보다 포착하기 힘든 모종의 방식으로 외부인을 가로막고 있거나, 아니면 투자자의 관점에서 심각한 단점이 많은 이 나라에 외국인들이 투자를 꺼리고 있다는 뜻이 된다.

이탈리아는 세계은행의 기업환경 평가지수에서 해마다 순위가 하락하고 있다. 2012년 이탈리아는 185개국 가운데 73위까지 하락했다. 루마니아보다도 한 순위 아래이고 아제르바이잔보다도 6위나 뒤처진다. 이탈리아보다도 토고에서 계약 이행을 강제하기가 쉬웠고(이탈리아 법원의 절차가 느리기 때문인 점도 있다), 사업장에 전기가 들어오게 하는 데에도 인도보다 오래 걸렸다. 게다가 부정부패가 만연하고, 사업상 조직범죄단과 연루될 위험성도 있었다.

몇 년 전 내가 이탈리아 변호사 사무실에 앉아 있는데 전화가 울렸다. 변호사는 약간 짜증스러운 어조로 지금 전화를 받기 어렵다고 말했다. 전화를 건 사람의 목소리가 흥분한 여성의 목소리라는 것이 내 귀에도 들렸다. 변호사의 얼굴빛이 점점 어두워졌고, 결국 그는 다른 방에서 전화를 받아야겠다며 나갔다. 5분 후에 그가 돌아왔다.

회사명이나 국적은 밝히지 않은 채 그는 의뢰인이 외국 기업이라고만 말했다. 이 기업은 이탈리아 남부에 작은 공장을 세웠고, 그곳 담당 관리자는 새 직원들에게 앞으로 의논할 일이 있으면 언제든지 자기 사무실로 찾아오라고 일러두었다. 얼마 후 정말로 직원 하나가 — 미숙련 노동자였다 — 찾아왔다. 그는 승진을 원한다고 말했다. 외국인 관리자는 그의 야심을 칭찬하며 무슨 직책을 원하는지 물었다.

"당신 자리요." 그는 그렇게 대답하고 일어나 아무 말 없이 사무실에서 나가버렸다.

충격을 받은 관리자는 직원들과 이야기를 나눈 뒤 문제의 인물이 그 지역 마피아 보스의 사위라는 사실을 알아냈다. 결국 더 상세한 요구가 들어왔다. 그 젊은 직원은 자기한테 두둑한 — 실은 어이없을 정도로 과도한 — 퇴직금을 주면 회사를 떠나겠다고 말했다. 만약 적절한 금액으로 합의를 보는 데 실패하면 회사에 어떤 일이 벌어질지는 상상에 맡겨두겠다고 했다. 변호사를 통해 약간의 협상을 한 후 합의를 보았다. 그런데도 그는 마음을 바꾸어 더 많은 액수를 요구했다.

이탈리아에 투자는 하고 싶은데 직접투자는 피하고 싶다면 물론 주식시장이 선택지가 될 수 있다. 그러나 대규모 투자를 원한다면 『파이낸셜 타임스』(Financial Times)의 묘사처럼 "서방 경제 중에서도 가장 이상하고 왜곡된 기업 문화"를 파악해야 한다는 것을 의미한다.[1]

이런 문화의 핵심에는 '주주협정'(shareholder pact)이라는 이탈리아 특유의 관념이 존재한다. 이탈리아의 대주주들 — 주로 은행이나 다른 기업 — 은 집단을 이루어 상장기업의 지배권을 확립한다. 다수 지분도 필요 없다. 일반적으로 3분의 1이나 4분의 1 지분만 있으면 충분하다. 다른 주주들이 의견을 일치시켜 그보다 더 높은 비중으로 투표할 가능성은 거의 없기 때문이다. 이 제도의 장점은 경영자들이 장기 전략을 추진할 수 있도록 안정성을 제공할 수 있다는 데 있다. 그러나 협정 참여자 간에 이해가 충돌하면 마비를 일으킬 수 있다.

특히 해당 기업이 교차 주식 보유의 복잡한 연결망에 얽혀 있을 때는 더욱 취약하다. 이것도 이탈리아식 자본주의의 특징이다. 밀라노 투자은행 메디오방카와 매스컴의 관심을 꺼리는 이 은행의 엔리코 쿠차 은행장은 여러 해 동안 그와 같은 교차 주식 보유의 핵심에 있었다. 비밀스러운 쿠차의 영향력은 이탈리아식 자본주의가 낳은 끼리끼리 세상의 구석구석에 미쳤다. 사람들은 이를 가리켜 '훌륭한 응접실'이라 불렀다. 세련된 응접실에서 대기업 경영자와 금융계 거물들이 모여 합의를 보는 동안 나머지 사람들은 문밖에서 발을 동동 구르며 기다리는 이미지에 빗댄 표현이다. 사실 그런 장소는 실재하지 않지만, 만일 이탈리아 산업과 금융을 지배하는 실력자들이 한곳에 모인다면 그곳은 메디오방카의 사무실이었을 터였다.

쿠차는 2000년에 사망했지만, 그로부터 13년이 지나서야 비로소 후임자들은 유로 위기를 맞아 자신들이 노출된 위험이 안심할 수 없는 수준이라고 판단했다. 메디오방카는 주요 소유 지분을 점차 줄여갈 것이라고 발표했다. 이탈리아에서 교차 주식 보유 문화의 종료를 알리는 사건이라 할 만했다. 하지만 엉킨 실타래가 풀리려면 시간이 걸릴 테고, 주주협정 제도는 한동안 존속할 것이 틀림없다. 밀라노 상장 기업 가운데 이런 식으로 지배되는 기업은 현재 서서히 감소하는 추세다.

제 분야를 고집스럽게 보호하는 "마피아 체제"의 예시를 찾으려면, 금융과 산업 분야를 벗어나 고등교육 분야를 살펴볼 필요가 있다. 이탈리아의 대학들은 후견주의(와 수많은 제한적 관행)의 최후의 보루다. '레토리'(lettori) 사례를 보자. 내가 1994년 최초로 이탈리아에 특파원으로 왔을 때 이 문제는 이미 새로운 사건이 아니었다. 그로부터 20년이 지났지만 이 일은 아직도 해결되지 못했다.

'레토리'는 이탈리아 대학생들에게 외국어를 가르치는 외국인 대학 강사들을 가리키는 용어다. 1980년대부터 레토리는 이탈리아인 강사들과 동등한 급여와 고용 조건을 요구하기 시작했다. 그것은 무기근로계약을 체결한다는 것을 의미했다. 레토리 집단을 대표해 이를 추진한 운동가들은 종신직 정교수 대다수가 이탈리아 대학의 관행에 도전할지 모르는 외국인에게 고용 보장 약속을 꺼렸던 것이라고 보고 있다.

1995년 유럽연합 집행위원회의 압박이 커지자 이탈리아 정부는 법을 개정했다. 새 법률은 레토리를 교원에서 기술직으로 재분류했다. 새 지위를 거부하는 자는 해직되었다(그러나 법원의 결정으로 대다수가 나중에 재임용됐다). 무엇보다도 이제 레토리는 교원이 아니었기 때문에 학생을 테스트하거나 점수를 매길 수 없었다. 따라서 사실상 레토리가 가르친 학생을 테스트하는 임무는 원어민보다 해당 언어 실력이 훨씬 떨어지는 이탈리아인 강사가 맡아야만 했다.

1990년대 중반 이후, 해고된 (또는 1995년 고용 조건을 받아들이되 항의할 권리를 유보한) 외국인 강사들은 기술자가 아니라 교원 신분이었던 기간에 받지 못한 체불임금을 요구하는 운동을 벌여왔다. 그러는 동안 유럽사법재판소는 이탈리아가 국적을 근거로 자신들을 차별했다는 원고의 의견을 받아들여 여섯 차례나 이들의 손을 들어주었다. 이탈리아 정부는 유럽 사법재판소의 요구를 이행하는 흉내를 내느라고 몇 차례 더 법을 개정하기는 했지만, 배상금을 받은 레토리는 거의 없다. 2010년에 도입된 법률은 레토리가 대학에 제기한 손해배상청구 소송을 무효화했고, 결과적으로 레토리 가운데 약 절반이 임금 삭감을 겪었다. 심한 경우에는 최대 60퍼센트까지 삭감되었다.

사정이 이러하니 왜 이탈리아인이 종종 어깨를 으쓱하며 "우리가 전부 좀 마피아 같죠"라고 말해서 외국인을 어리둥절하게 하는지 이해가 갈 것이다. 시칠리아 마피아 보스들 중에서도 모두가 인정하는 보스 베르나르도 프로벤차노의 아들 안젤로는 자기 아버지가 이례적으로 43년간이나 도망자로 살다가 2006년에 마침내 체포되자 그와 비슷한 소리를 했다. 당시 서른 살이던 안젤로 프로벤차노는 『라 레푸블리카』 기자와의 인터뷰에서 이렇게 말했다. "마피아는 마피아식 사고방식에서 유발됩니다. 그런 사고방식은 시칠리아에만 국한되지 않습니다."

이탈리아 전역에 마피아식 사고방식이 널리 퍼져 있다고 말할 수는 있다(그리고 그런 마피아적 요소는 다른 나라에서도 찾아볼 수 있다). 그러나 코사 노스트라 옹호자들이 자주 주장하듯 마피아 조직마저도 그저 하나의 사고방식일 뿐이라고 우길 수는 없다. 안젤로 프로벤차노 이를 가리켜 일종의 "정신 자세"이자 "확정된 경계선이 없는 유동적 마그마"라고 불렀다.[2] 의식적이든 무의식적이든 그의 그런 표현은 오랜 세월 정치인, 수사관, 여론을 혼란에 빠뜨리는 데 성공한 논리를 또 한 번 되풀이한 것이다. 그러나 사실상 시칠리아 마피아나 이탈리아의 다른 여러 조직범죄 집단들은 단순한 "정신 자세"를 한참 넘어서는 어떤 실체로 존재한다. 그리고 그들의 경계선은 전혀 유동적이지 않다.

16
명예의 사나이

우리는 마피아 단원이고 저들은 보통 사람들이다.
우리는 명예를 중시하는 사나이들이다.
무슨 맹세를 했기 때문이라기보다 우리야말로 엘리트 범죄자이기 때문이다.
우리는 일반 범죄자보다 훨씬 우월하다. 우리는 최악이다.
— 안토니오 칼데로네, 마피아 제보자.[1]

로베르토 사비아노의 비소설[2]을 바탕으로 하는 영화 「고모라」(Gomor-rah)를 본 독자에게는 의외일 수 있겠으나 이탈리아는 별로 범죄가 심한 나라가 아니다. 범죄의 정의는 나라마다 달라서 범죄율을 국제적인 수준에서 비교하기란 매우 어렵다. 그리고 어차피 우리가 접하는 수치는 실제로 발생한 범죄가 아니라 신고된 범죄를 기준으로 한다. 그마저도 국가마다 그 나라 시민이 얼마나 경찰에 신고를 잘하느냐에 따라 차이가 난다. 게다가 이탈리아의 범죄율은 지역에 따라 편차가 크다. 그렇다 해도 이탈리아의 전반적인 범죄율은 비슷한 크기의 다른 유럽 국가들과 비교했을 때 훨씬 낮은 편이다. 예컨대 유럽연합 집행위원회가 정리한 수치에 따르면 2009년 이탈리아의 강도범죄 발생 빈도는 프랑스의 절반에 못 미쳤고, 강력범죄 발생 빈도는 영국의 8분의 1에 불과했다.

그러니 외국인이 이탈리아를 마피아의 나라로 규정할 때마다 이탈리아인이 화를 내는 것도 무리는 아니다. 1977년 독일 시사주간지 『슈피겔』

(Der Spiegel)이 스파게티 한 접시 위에 권총이 놓인 사진을 표지 사진으로 사용한 적이 있다. 이탈리아인은 아직도 그 표지를 못 잊는다. 요즘도 이탈리아인은 외국인 특파원이 이탈리아에 대한 고정관념을 내비치는 것 같은 느낌이 오면, 자국에 대한 외국의 심한 편견의 증거로서 꼭 그 기분 나쁜 표지를 거론한다.

또한 그들은 조직범죄는 다른 나라에도 있다며 불평한다. 일본에는 야쿠자가 있고, 최근에는 러시아, 터키, 알바니아, 남미 출신 조직 폭력배들이 국경을 넘나들며 범죄 활동을 한다. 이 장을 쓰기 불과 몇 주 전에도 전년도에 스페인에서 활동한 482개 조직 폭력단에 대한 경찰 수사 결과를 담은 공식 보고서가 스페인 신문 『엘 파이스』(El País)에 실렸다. 그중 대다수가 스페인이 아닌 외국 출신이었다.

그리고 조직범죄라는 개념을 이탈리아인이 고안했다고 보기는 힘들다. 일본 야쿠자는 나폴리에서 활동하는 이탈리아에서 가장 오래된 마피아 조직 '카모라'(Camorra)보다 역사가 약 100년이나 길다. 게다가 이탈리아의 조직범죄가 심지어 자생적이 아니라는 증거도 있다. 이탈리아 남부의 조직범죄는 스페인 점령기에 스페인에서 들어왔다는 것이다. 그러나 스페인에서는 그다음 세기에 조직범죄가 사그라들었지만, 이탈리아에서는 성장하고 번창하여 단순한 조직범죄 이상의 어떤 것으로 변모했다.

이탈리아에는 나폴리의 '카모라', 최초로 마피아*라는 명칭으로 불린 시칠리아의 '코사 노스트라', 그리고 칼라브리아의 '드랑게타', 이렇게 세 개의 주요 범죄조직이 있다. 그 밖에도 규모는 좀 작지만 풀리아에서 활동하는 '사크라 코로나 우니타'(Sacra Corona Unita)가 있다.† 이들은 일반 범죄

[*] 원래 '마피아'는 시칠리아 마피아만을 가리키는 용어였으나 지금은 이탈리아 조직범죄 집단을 가리키는 일반적인 용어가 되었다.

[†] 1990년대 초에 드랑게타는 바실리카타 주에서 드랑게타 조직원을 중심으로 소규모 범죄조직 '바실리스키'를 결성하는 일을 도왔다. 이에 경찰은 "제5 마피아"를 척결하는 대대적인 작전을 벌였고, 그 결과 완전히 소탕되지는 않았지만 위협은 감소한 것으로 보고 있다.

조직과 적어도 네 가지 면에서 구별된다.

첫째, 이들은 야쿠자와 마찬가지로 비밀 결사조직이다. 1980년대에 로마에서 '반다 델라 말리아나'(Banda della Magliana)라는 범죄조직이 활동했지만 비밀 결사조직은 아니었다. 코사 노스트라처럼 신입 조직원에게 불타오르는 성모 마리아의 그림을 손에 들고 있게 하지도 않았고, 드랑게타처럼 가톨릭 교회의 전례를 흉내 낸 계급과 의식을 갖추지도 않았다.

둘째, 이탈리아의 4대 마피아의 조직원들은 다들 자신이 단순한 범죄조직 이상의 어떤 것에 소속되어 있다고 느낀다. 일상적인 활동에는 상당한 자율성을 누리지만, 하나의 위계질서를 갖춘 광범한 네트워크의 일부인 것이다.

코사 노스트라의 경우 최하위 점조직을 '코스카'(cosca)라고 부른다 (이 용어는 시칠리아 말로 잎사귀가 겹겹이 빽빽한 아티초크의 머리 부분을 가리킨다는 점에서 의미심장하다). 그 바로 위에는 이웃한 수 개의—일반적으로 세 개—코스카로 이루어진 '만다멘토'(mandamento)가 있다. 각 만다멘토는 '코미시오네 프로빈치알레'(commissione provinciale, 현 위원회. 특별히 팔레르모 현 위원회는 반구형 지붕을 뜻하는 '쿠폴라'[cupola]라는 별칭으로 언론에 알려져 있다)에 대표자를 보낸다. 마피아가 활동하는 시칠리아의 여섯 개 현에서* 각 현 위원회는 '주 위원회'에 보낼 대표를 정한다. 적어도 원칙적으로는 그렇게 기능하게 되어 있다고 여러 마피아 제보자들이 증언한다. 그러나 경찰의 작전 때문인지 조직 내부의 갈등 때문인지 몰라도 이 구조가 붕괴한 것으로 보이는 시기가 여러 번 있었다.

또 한 가지 강조할 점은, 코사 노스트라의 위계질서와 지휘 체계가 동일하지 않다는 점이다. 적어도 '위원회'들이 점조직 간의 협의, 분쟁 해결, 조직 전체에 공통으로 적용될 원칙의 합의 등을 위해 존재하는 것은 사실이다. 그러나 구체적인 활동을 명령하지는 않는다. 하지만 예외는 있었다. 예

[*] 시칠리아에 있는 총 아홉 개 현 가운데 메시나, 라구사, 시라쿠사는 마피아가 거의 없다.

컨대 1992년 반(反)마피아 검사 조반니 팔코네와 파올로 보르셀리노의 암살은 팔레르모 현 위원회의 결정이었다. 두 검사의 끔찍한 피살에는 암울한 역설이 담겨 있었다. 그 암살은 1986~87년에 있었던 이른바 '대규모 공판'(Maxiprocesso)에 대한 보복이었다. 이 재판에서 두 검사는 코사 노스트라가 위계 구조를 갖추고 있어서 마피아 보스가 특정 범죄를 직접 저지르지 않았더라도 그 범죄를 명령한 행위가 유죄일 수 있다고 법원을 설득하는 데 최초로 성공했다.

드랑게타의 내부 사정은 오랫동안 잘 알려지지 않았다. 다만 1950년대부터 매년 '드리네'(ndrine)라고 부르는 여러 점조직 보스들이 산루카 마을에 모여 폴시 성모 성소(Sanctuary of Our Lady of Polsi)를 순례한다는 사실은 알려져 있었다. 이 집회의 명칭은 적절하게도 '크리미네'(Crimine, 범죄)였다. 그러나 2000년대 초에 수사관들은 드랑게타가 칼라브리아 주에서 제일 큰 레조 칼라브리아 현에서 코사 노스트라의 '쿠폴라'와 비슷한 체제를 구축한 사실을 알아냈다. 녹음된 조직원들의 대화에 따르면 그들은 이를 '프로빈차'(Provincia)라고 불렀다. 이에 따라 옛 체제는 폐기되었을 것으로 추정했다. 그러나 2010년 수사에 따르면 '크리미네'는 꾸준히 존속한 것으로 확인됐다. 크리미네 집회의 회장으로 밝혀진 여든 살의 도메니코 오페디사노는 그때까지 경찰에게 전혀 알려지지 않은 채 무일푼의 농민인 척하며 조용히 살아왔던 것으로 드러났다. 그는 체포되어 징역 10년형을 선고받았다.

카모라는 위계질서가 덜 엄격하고 소조직 간의 분쟁이 잦다. 그럼에도 신입 단원은 자신이 커다란 체제의 일부라고 느낀다.

시칠리아 마피아나 드랑게타보다는 덜하지만, 나폴리와 캄파니아 주 일대에서 활동하는 카모라 역시 정치적 '엄호'를 얻으려고 시도한다. 이것이 마피아와 일반 범죄자들의 세 번째 차이점이다. 마피아는 끊임없이 자기들의 요구를 들어줄 정치인을 찾는다. 마피아가 일정한 투표수를 보장해주면 해당 정치인은 그 대가로 마피아에게 편의를 제공한다. 마피아가 당국을 괴란하는 수단은 이뿐만이 아니다. 마피아의 또 다른 특징은 끈질기게 국가의 역할을 대체하려고 시도한다는 점이다. 실제로 성공할 때가 많다. 모든 마피아 보스는 영역 지배에 집착한다. 가장 이상적인 상황은 자신의 담당 영역에서 자기가 동의하지 않는 일은 절대로 일어나지 않으며, 거기 사는 주민들이 자신을 최후의 종결자로 인식하는 것이다. 집에 도둑이 들거나, 자녀를 취업시키거나, 아파트 하수구가 막혀 뚫어야 할 때, 주민들은 행정 당국이 아니라 마피아 보스에게 탄원해야 한다.

1950년대 말에 작성된 사회학 논문이라면 이탈리아에서 마피아 시대는 끝났다고 결론 내리는 것이 당연했다. 당시만 해도 코사 노스트라와 드랑게타는 본질적으로 시골에 국한된 현상이었고, 엄청난 규모로 이루어지던 이촌 향도가 마피아의 권력 기반을 약화하리라는 가정도 어찌 보면 자연스러웠다. 그러나 그로부터 50년도 넘은 지금, 예상은 빗나갔다. 피에로 그라소* 전 마피아 담당 검사는 이렇게 말한 바 있다. "수십 년에 걸친 수사에 따르면 이탈리아에서 마피아는 사회, 정치, 경영 등 광범위한 분야의 구조적 요소임이 확실하다."

그러나 마피아의 활동 규모가 정확히 어느 정도인지는 여전히 불명확하다. 해마다 이탈리아의 여러 싱크탱크와 각종 단체는 조직범죄가 국가 최대 산업이라는 점, 마피아가 국내총생산에서 놀랍게 큰 비중을 차지한다는 점 등을 보여주는 충격적인 통계를 발표한다. 이들이 발표하는 보도자료는 좋은 기삿감이고, 국내외 언론 매체들은 어김없이 이를 보도한다. 그러나 연구자들이 대체 어떻게 그런 수치에 도달했는가 하는 질문은 당최 제기되지 않는다. 근년에는 조직범죄가 국내총생산의 9퍼센트 가까이 차지한다는 데에 의견이 일치되고 있다(하지만 10퍼센트가 훨씬 넘는다는 추

[*] 2013년 그라소는 정계에 진출하여
상원의장이 되었다.

측도 있다). 그러나 2013년 밀라노 가톨릭 대학과 트렌토 대학 연구자들이 발표한 논문은 해당 수치가 국내총생산의 1.2~2.2퍼센트라고 결론 내려 기존 통설에 이의를 제기했다.3

그럼에도 마피아가 나라의 일상에 끼치는 영향은 결코 만만찮다. 카모라 소속 하부 조직만 해도 100개가 넘는다. 마피아 하부 조직의 숫자는 그들이 버는 수입만큼이나 불분명하지만, 대략 2만 개가 넘을 것으로 추정된다. 소상인 동업자 협회에 따르면 전국의 약 16만 상점이 보호비 명목으로 금품(이탈리아어로 '피초'[pizzo]라고 부른다)을 갈취당한다. 전통적으로 마피아가 활동하는 지역에서 돈을 뜯기는 가게의 비율은 풀리아가 30퍼센트, 시칠리아는 70퍼센트에 이를 것으로 추정된다. 더 놀라운 점은 로마가 있는 라치오 주에서도 상점 열 곳 중 한 곳이, 그리고 롬바르디아와 피에몬테 주에서도 스무 곳 중 한 곳이 '피초'를 상납한다는 사실이다.

적어도 시칠리아 마피아들은 요즘 심각한 어려움에 빠진 상태다. 마약 시장의 선호가 코사 노스트라의 전문 영역인 헤로인에서 드랑게타가 수입을 독점하다시피 하는 코카인으로 옮겨 갔기 때문이다. 게다가 2006년 베르나르도 프로벤차노의 체포는 13년 사이에 벌써 세 번째로 '모든 보스들의 보스'(capo di tutti capi)가 잡힌 사건이었다. 그 후로 경찰은 하위급 보스들을 줄줄이 잡아들여, 적어도 당분간은 마피아 조직을 마비시켰다. 이에 따라 코사 노스트라는 은신하면서 세간의 이목을 피하려고 애쓰면서도, 팔레르모와 시칠리아 서부에서 '피초' 갈취 행위는 계속했다.

시칠리아 마피아와 미국 마피아의 연관성, 영화 「대부」의 인기, 그리고 '마피아'라는 용어를 일반화시킨 원조 마피아라는 지위 덕택에 코사 노스트라는 이탈리아의 다른 어떤 조직범죄 집단보다 훨씬 유명하고 언론보도도 훨씬 더 상세히 이루어진다. 전설의 시칠리아 마피아에 정신을 빼앗긴 전 세계 대중은 1990년대 이후 카모라와 드랑게타가 얼마나 크게 부상했는지 미처 눈치채지 못했다. 『고모라』의 저자 로베르토 사비아노는 은신 중 내게 응한 두 차례의 인터뷰에서, 카모라 조직원 100여 명에 대한 공판이 1980년대의 시칠리아 마피아 '대규모 공판'에 비견할 만했는데도 국제적 관심은커녕 이탈리아인들조차 무관심한 데에 실망한 것이 집필 동기 중 하나였다고 털어놓았다. 이른바 '스파르타쿠스 공판'은 나폴리 북서쪽에 위치한 마을 카살 디 프린치페를 근거지 삼아 활동하는 카모라 산하 조직 '카살레시'(Casalesi)에 초점을 맞추었다. 이 재판은 7년이나 이어졌지만, 국내 언론은 이를 거의 다루지 않았다.

사비아노의 저서는 카모라의 위협에 관하여 국내외의 관심을 불러일으키는 목적을 달성했다. 그러나 보람은 컸지만 대가가 심했다. 카살레시는 사비아노에게 사형을 선고했고, 그는 지금도 경찰의 보호 아래 생활 중이다.

카모라와 달리 드랑게타의 실체는 아직도 장막에 가려 있다. 드랑게타는 꾸준히 은밀하게 성장하여, 경찰과 검찰은 이들이 이탈리아 범죄조직 가운데 가장 부유할 것으로 추정한다. 이들의 하부 조직 몇 곳은 1970년대에 부유한 사업가를 납치해 칼라브리아 주 남부의 아스프로몬테 산악 지대에 감금하고 몸값을 받아내는 방식으로 상당한 자산을 축적했다. 석유 재벌의 손자 존 폴 게티 3세도 그런 피해자 가운데 하나였다. 납치 행각으로 번 현금은 마약 거래에 재투자되었다. 드랑게타는 이탈리아 마피아 가운데 최초로 콜롬비아 코카인 카르텔과 확고한 사업 관계를 확립했다. 이후 이들은 유럽으로 코카인을 수입하는 데 핵심 역할을 해왔다. 최근에는 멕시코 마약 카르텔과도 관계를 구축하고 있는 것으로 알려졌다.

하지만 칼라브리아 주는 이들의 활동으로 이득을 본 것이 없었다. 이탈리아가 장화라면 "발가락" 부분에 해당하는 칼라브리아는 이탈리아에서 캄파니아 주 다음으로 가난하다. 그리고 어쩌면 캄파니아 주보다도 더 극심하게 빈곤화 과정을 겪은 나머지, 칼라브리아에서 근무하는 한 신부는 이를 가리켜 "소말리아화"라고 일컫기도 했다. 사실상 이 지역 대부분은 이탈리아 정부의 통제에서 벗어나 있는 상태다. 이탈리아어를 이해하는 사람이 칼라브리아를 방문하면 그 지역 언론에 보도되는 드랑게타 관련 범죄 사건이 얼마나 많은지 깨닫고 깜짝 놀랄 것이다. 이 사건들은 다른 지역에서는 보도되지 않는다. 최근 칼라브리아의 살인율은 전국 평균의 세 배로, 캄파니아보다도 높다.

마약 밀매는 3대 마피아 모두에게 큰 수익을 안겨주었고 그 덕분에 국내외에서 사업을 확장할 수 있었다. 벌써 1960년에 시칠리아 출신 소설가 레오나르도 샤샤의 작품에 나오는 한 등장인물은 이렇게 추측한다.

> 어쩌면 이탈리아 전체가 시칠리아처럼 변해가는지도 모른다. … 과학자들은 야자수 경계선, 즉 야자수가 자라는 데 적합한 기후가, 내 기억이 맞다면, 매년 500미터씩 북상한다고 말한다. … 야자수 경계선 … 나는 그것을 커피 경계선, 진한 블랙커피 경계선이라 부른다. … 그것이 수은주처럼 솟아오른다. 이 야자수 경계선, 이 진한 커피 경계선, 이 스캔들 경계선이 이탈리아 전역에 걸쳐 북상 중이며 이미 로마를 통과했다.[4]

당시로서는 코사 노스트라 및 다른 마피아 조직이 반도에 확산되는 메커니즘이 아직 초기 단계였다는 점을 고려할 때, 이 구절은 탁월한 선견지명을 담고 있다. 남부 주민들이 북부로 이주한 것도 조직범죄가 북상하는 데 일조했다. 그러나 더욱 중요한 원인은 1956년에 통과된 법률이었다. 이 법은 마피아 조직원 용의자나 유죄 선고를 받은 조직원을 고향에서 강제로 떠나게 하여 북부에 수감했는데, 의도는 좋았으나 완전히 잘못된 결과를 초래했다. 한 추정치에 따르면, 이 법률로 인해 1975년까지 코사 노스트라, 카모

라, 드랑게타 소속 조직원 1,300명이 이탈리아 산업과 금융의 중심지 근방에 정착했다.[5]

그런데도 마피아는 남부에 국한된 현상이라는 통념이 아주 최근까지 존속했다. 특히 남부 이탈리아인보다 몇 단계 더 우월하다고 느끼는 북부 이탈리아인은, 자기들이 사는 곳의 일상은 조직범죄와 무관하다고 분개했다. 그런 신화가 깨진 계기는 2010년 이탈리아의 경제 수도인 밀라노 일대에서 드랑게타가 활동한다는 충분한 증거를 확보한 경찰이 용의자들을 체포하면서였다. 가장 인상적인 증거물은 카라비니에리가 밀라노 일대의 드랑게타 보스들의 저녁 만찬 회동을 몰래 촬영한 동영상이었다. 그들이 고른 회동 장소는 조반니 팔코네와 파올로 보르셀리노 검사의 이름을 딴 좌파 사회센터였다. 사실 그보다 몇 년 앞서 어느 기자와 검사가 공저한 책에서 드랑게타가 심지어 알프스 기슭의 프랑스어 공용 지역 발레다오스타 주에 이르기까지 이탈리아 곳곳에 침투했다는 증거를 지적한 바 있다.[6]

하지만 드랑게타나 다른 마피아가 스페인, 포르투갈, 그리스가 아니라 하필이면 이탈리아에서 뿌리내리고 그토록 번창한 특별한 이유가 있는 걸까? 최초의 마피아는 이른바 '캄피에리'(campieri), 즉 19세기 시칠리아의 신흥 소작인 계급 '가벨로티'(gabelloti)의 농지와 이익의 보호를 위해 고용된 용역들이었을 것으로 짐작된다. 이 초기 농촌 마피아들은 자기들이 유용한 역할을 담당할 수 있겠다는 점을 곧 깨달았다.

이탈리아의 여타 지역과 마찬가지로 당시 시칠리아의 사법 시스템은 느리고 부패했다. 더구나 앞서 묘사했던 불신 문화는 본토보다 심하면 심했지 결코 덜하지 않았다.* 바로 이 부분에서 마피아가 등장한다. 이들은 암묵적인 폭력으로 주민들 간의 계약 이행을 보장해주는 역할을 했다. 만약 어느 농민이 이웃에게 말을 팔겠다고 약속해놓고 노새를 주면 '명예의 사나이'들이 그 농민을 방문해 평생 잊지 못할 기억을 심어준다.

[*] 이 책의 13장 참조.

시칠리아에서는 합의 도달에 여전히 장애가 많다. 사회학자 디에고 감베타가 집필한 코사 노스트라에 관한 통찰력 있는 책에 따르면,[7] 1991년이 되어서야 팔레르모에 무선 호출 택시가 등장했다. 이탈리아 도시 중에 꼴찌였다. GPS를 쓰지 않던 시절에는 택시의 위치를 정확히 알 수 없으니 속이기가 쉬웠다. "기사 B는 기사 A가 먼저 호출에 응할 때까지 기다렸다가 A가 고객에게 제시한 픽업 시간보다 짧게 잡아 제시할 수 있다"고 감베타는 적고 있다. 그리고 팔레르모에 무선 호출 시스템이 도입되자 정확히 그런 일이 빈발했다.

그러나 감베타의 주장대로 팔레르모의 택시 기사가 특별히 나머지 지역의 기사들보다 더 부정직한 것이 아니라면, 진정 흥미로운 질문은 왜 그들이 나폴리나 밀라노와 동일한 방식으로 문제를 해결할 수 없었느냐는 것이다. 만일 어느 기사가 다른 기사의 속임수를 의심한다면, 그냥 픽업 주소로 이동해서 자기가 먼저 도착했을 경우 해당 손님을 자기 손님이라고 주장할 수 있다. 반복해서 부정행위를 하면 신고해서 무선 호출기를 차단하는 방법도 있다. 팔레르모에서 그럴 수 없었던 이유는 일부 기사들이 마피아의 보호 아래 처벌 걱정 없이 부정행위를 할 수 있었기 때문이다. 코사 노스트라의 중재가 항상 공정하다는 보장은 없었다.

한편, 중재자라는 역사적 역할이 이들 조직의 생존과 성장에 관해 완전한 설명을 제공하지는 않는다. 또 다른 이론은 시칠리아 마피아의 등장 시기와 이탈리아 국가의 수립 시기가 대략 일치한다는 점에 주목한다. 마피아라는 용어가 공식 문서에 최초로 언급된 것은 1865년의 일이다. 이에 관한 가장 단순하면서도 편리한 설명은, 생긴 지 얼마 안 된 국가는 힘이 약했고 가족과 조직에 대한 충성은 이탈리아의 다른 어느 지역보다 남부에서 강력했기 때문에 조직범죄가 남부에서 번창했다는 것이다. 그러나 또 다른 관점도 존재한다. 조직범죄를 통일에 대한 일정한 반작용으로 보는 관점이다. 이탈리아 통일을 추진한 사상가들은 대부분 북부 사람들이었고, 통일을 완수한 것도 역시 북부인, 특히 피에몬테 사람들이었다. 이후 정부와 군대를 장악한 피에몬테 출신들은 남부에 만연한 약탈 행위를 진압하기 위해 군대를 파견했다. 그와 함께 나폴리는 수도의 역할을 상실하고 시칠리아와 북아프리카로 이어지는 길목에 있는 지방 도시쯤으로 전락했다. 남부 사람들에게 그것은 통일이 아니라 식민화처럼 느껴졌을 것이 분명하다.*

[*] 지난 몇십 년 동안 수정주의 역사학자들은 남부의 역사가 북부의 관점에 의해 왜곡되었다고 주장해왔다. 일부 학자들은 남부에서 부르봉 왕가가 지배하던 지역들이 상대적인 번영을 누렸으나 통일 이후 주변화되었다고 강조한다.

17
로마에선 공짜가 없다

우리는 부패한 무리를 패배시키지 못했다. 그저 유형만 파악했을 뿐이다.
— 피에르카밀로 다비고, 1990년대 초 '탄젠토폴리'(뇌물의 도시)
부정부패 사건을 수사한 '깨끗한 손' 수사팀 검사.

1920년대에 주세페 프레촐리니가 피력했던 견해는 꽤 최근까지도 통념으
로 받아들여졌다. 그는 "이탈리아인의 주요 결점" 목록에 부정부패를 포함
시키며 "이탈리아에 불결한 마을이 그렇게 많은 이유가 물 부족 때문이듯
부정부패 역시 이탈리아가 빈곤하다는 데서 기인한다. 이탈리아 전역에 충
분한 돈과 깨끗한 물이 흐를 때 구원은 거의 완성될 것이다"라고 썼다.[1]

　　이와 같은 견해는 다른 지중해 연안국에서도 자주 들을 수 있다. 부패
는 단순히 경제 또는 빈곤의 문제라는 주장이다. 스페인과 포르투갈이 유
럽연합에 가입하기 전에 타국 외교관이나 특파원은 그 두 나라가 가입하자
마자 부유해질 것이며 일단 부유해지면 양국 국민이 북유럽 국민과 똑같이
행동하기 시작할 것이라는 의견을 마치 자명한 진리인 양 주장하곤 했다.
그러나 적어도 이탈리아를 보면 부정부패와 부유함—또는 빈곤함—의
상관관계가 생각보다 그리 단순하지 않다는 것을 알 수 있다.

　　이탈리아는 1980년대에 급속한 경제 성장을 겪었다. 앞서 살펴보았듯

80년대 말에는 이탈리아인이 영국인보다 잘살았다고 보는 관점도 가능하다. 그러나 나중에 '마니 풀리테'(Mani Pulite, 깨끗한 손) 수사에 의해 바로 그 시절이 부정부패가 절정에 달했던 시기였음이 밝혀졌다. 밀라노 검사들이 밝혀낸—그리고 사상 최초로 재판에 회부한—것은 다름 아닌 '탄젠토폴리'(Tangentopoli, 뇌물의 도시)라고 불리던 고질적인 뇌물 체계였다. 이탈리아 전후 정치 질서가 이 시스템에 의존하고 있었다. 요컨대, 공항 시설에서 양로원 화장지에 이르기까지 국민에게 공적으로 제공되는 모든 것의 가격이 부풀려진 상태였다. 그리고 부풀려진 가격과 적정한 가격의 차액은 공공계약 낙찰자를 선정할 권한을 쥔 정당들에게 지급할 '탄젠테'(tangente, 뇌물)로 유용되었다. 정당이 받은 현금은 대개 정당 유지비와 후원자에 대한 반대급부 제공에 사용되었고, 일부는 부도덕한 정치인들이 착복했다.

밀라노 검사들의 활약은 효과가 있는 듯했다. 해마다 국제투명성기구는 전 세계 거의 모든 나라의 부패 인식 지수를 발표한다. 이 지수는 거버넌스 및 기업 환경 분석 전문 독립 기구들이 인식하는 각국 정치인과 공무원의 부패도에 따라 정해진다. 지수가 높을수록 해당 국가의 공공 부문은 "청렴"하다. 2001년 이탈리아의 순위는 29위로 프랑스보다 6위 낮았다. 그러나 이후 순위가 급락했다. 2012년 이탈리아의 순위는 72위여서 프랑스보다 50위 낮았다. 레소토, 조지아, 우루과이도 이탈리아보다 순위가 높았다. 이탈리아보다 불가리아는 3위 낮았고 루마니아는 6위 높았다. 루마니아가 불가리아와 함께 여권 없이 국경을 넘나드는 솅겐 조약에 포함되지 못했던 이유가 부정부패에 대한 염려라는 점은 대단한 아이러니가 아닐 수 없다.

이탈리아의 부패 정도가 우려할 만한 수준이라 하더라도, 정말 '그 정도로' 부패가 심한지는 의심스럽다. '인식' 이외의 자료에 근거한 평가나 다른 의견 조사 결과들을 보면 모두 루마니아의 부패도가 이탈리아보다 심한 것으로 나온다. 그렇다고 선진국이자 G8 회원국인 이탈리아가 지금 그 점을 자랑할 입장은 못 된다. 더구나 다른 기관들이 행한 부패 평가 대부분에서도 이탈리아는 형편없는 점수를 받았다. 최하 −2.5에서 최고 2.5까지의 점수로 평가되는 세계은행의 2012년 부패통제 평가에서 이탈리아는 0보다 살짝 낮은 점수를 받았다. 스페인과 프랑스는 둘 다 1점 이상을 받았다. 루마니아는 −0.2였다. 같은 해에 세계경제포럼은 "비정상적 지급 및 뇌물" 항목에서 이탈리아에 1~7점 중 3.9점을 주었다. 이번에도 루마니아에 앞섰고, 스페인이나 프랑스에 뒤졌다. 2000~06년 각국에서 유럽연합 구조기금이 사용된 방식을 조사한 최근 연구에 따르면, 이탈리아에서 사기의 요소가 있는 것으로 의심되거나 확인된 사례의 비율이 거의 30퍼센트에 달하여 조사 대상 7개국 가운데 그 비율이 가장 높은 것으로 밝혀졌다.[2]

이탈리아에서 뇌물 수수가 이토록 빈번한 이유는 무엇일까? 이탈리아가 상대적으로 젊은 국가라는 점과 관계있다는 추측은 이탈리아 스스로가 잘 내놓는 이론이다. 이 관점에 따르면, 이탈리아인은 국가에 대한 충성심이 너무 미약해서 전반적으로 사회와의 유대감이 약하고, 공정성과 광범위한 공동체의 안녕을 해치는 결과를 초래하더라도 탈세나 뇌물 수수로 개인적 이득을 얻는 행위에 탐닉할 가능성이 높다. 하지만 그러면 독일은 어떤가? 독일과 이탈리아는 거의 비슷한 시기에 하나의 국가로 통일되지 않았던가. 게다가 독일은 가톨릭교도와 개신교도의 분열, 그리고 냉전 시기의 동서 분단 때문에 이탈리아보다 분열이 심하다고 주장할 수 있다. 독일도 뇌물이 없지는 않다. 그러나 부정부패가 이탈리아만큼 심각하지 않다.

한편 이 모든 것이 가족주의 때문이라는 시각도 있다. 의심할 나위 없이 이탈리아의 강력한 가족 간 유대에서 기인하는 부정행위는 분명히 있다. 그러나 앞에서도 살펴보았듯이 이탈리아의 부패도는 가족 유대가 마찬가지로 강한 다른 남유럽 국가들과 갈수록 차이가 벌어지고 있다. 이 책을 집필하는 동안 발표된 국제투명성기구의 최신 조사에 따르면 이탈리아는 포르투갈보다 39위, 스페인보다 42위 뒤처졌다. 두 나라 모두 이탈리아보다 가난하고, 민주주의의 역사도 짧다.

왜 어떤 나라는 다른 나라보다 부패가 심한가 하는 질문의 해답을 찾으려면 더 광범위한 사회, 문화, 정치 요소를 고려해야 한다. 경직된 이탈리아의 관료주의도 분명히 하나의 요인이다. 관료주의가 심하면 공무원들이 편의를 봐주겠다며 뇌물을 공공연하게 요구할 수 있다. 또한 주요 후원자와 피후원자 간에 중요한 거래가 이루어지는 현상도 스페인이나 포르투갈보다 이탈리아에서 훨씬 현저하다. 이탈리아는 다른 서유럽 대국들보다 경제 개발이 늦었고(스페인이나 포르투갈보다는 빨랐다), 제2차 세계대전이 끝난 시점에 아직 전반적으로 농촌 사회였다. 이 농촌 사회의 성격은 지금도 이어지고 있다. 아무리 초고속 열차가 다니고 화려한 TV 쇼를 제작해도 오늘날의 이탈리아는 어떤 면에서 제인 오스틴의 영국이나 에밀 졸라의 프랑스, 즉 삶에서 의지할 것은 재능보다는 가족의 사회적 지위나 힘 있는 후원자의 지원인 곳을 연상시킨다.

더욱 설명하기 어려운 점은 부패에 대한 이탈리아인의 관용이다. 유로존 부채 위기를 계기로 스페인에서도 부정부패가 잔뜩 폭로되었다. 그러나 두 나라에서 보이는 반응의 차이는 확연하다. 스페인에서는 정치인의 부정행위에 국민이 격분하지만, 이탈리아에서는 그럴 줄 알았다면서 어깨나 으쓱할 뿐이다. 그 이상의 반응은 드물다.

1990년대에 이탈리아에 첫 파견된 지 얼마 안 돼서 아내와 나는 파티에 초대받았다. 거기서 30대 후반의 한 여성과 대화하던 중에 어쩌다가 내가 특정 정치인을 부정적으로 이야기했던 모양이다.

"왜 그 사람을 싫어하지요?" 그녀가 분개하는 어조로 물었다.

"사기꾼이니까요." 내가 말했다.

"하지만 저는 정치인들이 정직하기를 원치 않아요." 그녀가 말했다. "그들이 정직하다는 것은 바보라는 뜻이에요. 나는 '푸르보'(약삭빠른 사람)들이 나라를 다스렸으면 합니다."

이 일이 있기 얼마 전 어느 기자가 특정 집단을 대상으로 부패에 대한 태도를 조사해 화제에 올랐다. 해당 집단은 한결같이 부패를 비난할 것으로 예상되는 집단이었다. 그리고 '깨끗한 손' 담당 검사들이 밀라노에서 열심히 수사를 벌이고 매일 같이 새로운 뇌물 스캔들이 밝혀지던 시기였다. 이 기자는 정치인과 기업인이 나가는 성당을 두루 돌아다니면서 기독교민주당 소속 정치인으로 가장하고 고해성사를 했다. 그는 이 경험을 책으로 펴냈다. 고해성사 중에 그는 사제에게 자신이 여러 해에 걸쳐 민간 업체에 공공계약을 낙찰시켜주는 대신 불법 정당 후원금을 요구하고 받아냈다고 고백했지만, 단 한 번을 제외하면 사제가 내린 보속은 미미했다.[3]

이 기자의 경험은 본질적인 부분을 건드린다. 즉, 인간이란 국적과 무관하게 주어진 상황에서 얻을 수 있는 것을 최대한 얻으려고 할 뿐이라는 점이다. 예를 들어 미국으로 이민 간 이탈리아인이 북유럽 출신 이민자나 아프리카 또는 남미 출신 이민자보다 특별히 더 부패했거나 덜 부패했다는 증거를 나는 본 적이 없다. 그 대신 미국에 간 모든 이민자는 현지의 엄격하고도 효과적인 부패 억제 장치에 직면한다.

이탈리아는 부패에 대한 법적 제재가 상당히 미약하며 어떤 경우에는 명백하게 부적절하다. 정치인과 범죄조직 간의 투표 거래 행위 금지 규정을 예로 들어보자. 형법은 해당 지역 유권자의 지지를 확보하는 대가로 그 지역 마피아에게 금전을 지급하는 행위를 불법으로 규정한다. 그러나 표를 돈으로 매수하는 사례는 드물다. 그보다 후보자들은 유리한 처우나 기밀 정보, 또는 수익성 높은 계약 체결 등을 약속해준다. 그런데도 그런 약속은 불법으로 규정되지 않는다(단, 나중에 약속한 급부를 이행한 사실이 밝혀지면 불법이다).

법적 제재는 무엇이 부패 행위에 해당되고 무엇이 해당되지 않는지에 관한 민감한 질문을 던진다. 이탈리아인은 영국이나 미국 로비스트들의 활동을 예로 들며 용인되는 행위의 경계선이 문화마다 다르다고 지적한다. 그런 주장에도 분명히 일말의 진실이 담겨 있다. 다른 선진국에서 적법하게 할 수 있는 행위가 이탈리아에서는 감옥에 갈 사유가 될 수 있다. 하지만 그와 반대로 다른 나라에서는 비난을 살 만한 행위가 이탈리아에서는 부패 행위로 규정되지 않는 관례로 버젓이 존재한다는 점 또한 엄연한 사실이다.

이탈리아어로 '코루치오네'(corruzione)라는 용어는 — 특히 공판에서 — 영어에서 부패를 의미하는 '커럽션'(corruption)이나 다른 언어에서 그에 상당하는 용어들보다 훨씬 협의로 사용된다. 이탈리아에서 '코루치오네'의 법률적 정의는 영어로 뇌물수수(bribery)에 해당한다. 광의의 부정부패 행위 가운데 몇 가지는 이탈리아 법률상 별개의 죄에 해당한다. 예를 들어, 공무원이 서비스를 제공하는 대가로 금품을 강요하면 '코루치오네'의 죄를 구성한다. 공금을 횡령하면 '페쿨라토'(peculato, 횡령죄)를 저지른 것이고, 직권을 남용해 남에게 해를 끼치는 행위는 '프레바리카치오네'(prevaricazione, 직권남용죄)에 해당한다.

친척에게 일자리를 주는 '네포티스모'(nepotismo, 혈연주의)는 불법이 아니다. 라틴어로 조카를 의미하는 '네포스'(nepos)*에서 유래하는 이 단어는 중세에 생겼다. 가톨릭 교회 고위 성직자(심지어 때로는 교황)의 이른바 "조카들"이 — 실상은 조카가 아니라 사생아 아들들이었다 — 수많은 특권과 한가한 일자리를 즐기는 현상에서 비롯된 단어였다.

혈연주의는 이탈리아에만 있는 현상은 아니다. 그러나 이탈리아에 만연해 있는 것은 확실하다. 최근 들어 가장 노골적인 사례는 북부동맹 창립자 움베르토 보시와 관계된다. 보시가 창당하던 1980년대는 그가 "도둑놈의 소굴 로마"라고 부르던 수도에서 온갖 부패 스캔들의 증거가 산처럼 쌓이면서 국민에게 끊임없이 혐오감을 일으키던 시기였다. 정직하고 근면한 롬바르디아, 베네치아, 피에몬테 주민은 자신들이 이룬 부를 좀 더 많이 보유할 권리가 있으며, 그렇지 않으면 형편없이 부패한 로마 정치인들이 그걸 낭비하거나 빼돌릴 것이라는 주장이 바로 북부동맹을 뒷받침하는 사상적 기반이었다.

그렇게 드높은 도덕성도 보시의 아들이 스물한 살의 나이로 롬바르디아 주의회의 의원 후보로 출마하는 것을 막지 못했다. 렌초 보시가 정치적으로나 지적으로 출중한 인물이었다면 선출이 확실시되는 북부동맹 후보로 나서는 것도 이해할 만했다. 그러나 이탈리아의 경제 중심지 밀라노가 있는 이탈리아 최대의 주에서 주의원 후보로 나선다는 사람이, 고등학교 졸업장 따기도 힘들 정도로 성적이 나빴다. 그는 선거일로부터 불과 몇 달 전 네 번째 시도 만에 간신히 졸업 시험에 통과했다. 그로부터 2년 후 보시 가족의 공금 횡령 스캔들 때문에 의원직을 사퇴하면서 렌초 보시의 정치인 경력은 갑작스럽게 중단되었다.

이탈리아에서 혈연주의는 종종 논의되고 보도되지만, 정실인사는 화제에 덜 오르는 편이다. 예컨대 지난 수십 년간 좌파 성향의 지방 정부들이 각종 공공계약을 좌파 협동조합에 몰아주었는데 그처럼 배타적이고 반경쟁적인 관계는 널리 용인된다. 우파 정치인들은 논란 많은 행동이 실비오 베를루스코니와 그의 추종자들만의 전유물이 아니라는 증거로 이를 종종 거론하나 아무도 큰 관심을 기울이지 않는다.

'호의의 교환'은 심지어 정실인사보다도 논란이 덜하다. 이 호의의 교환이야말로 이탈리아 생활의 핵심이며, 내 짐작으로는 온갖 부정부패의 근원이다. 몇 년 전 어느 사회연구기관이 이탈리아인은 얼마나 자주 다른 사람에게 도움을 청하는지 알아내고자 설문조사를 했다.[4] 그 결과 설문조사 이

전 3개월 동안 응답자의 약 3분의 2가 친척에게 도움을 청했고, 60퍼센트 이상이 친구에게, 그리고 3분의 1 이상이 직장 동료에게 도움을 청한 것으로 드러났다. 만약 상대방이 아무 대가를 바라지 않고 도움이 준다면 문제될 일이 없다. 그러나 이탈리아는 일단 베풀어진 호의에 대해서는 반드시 은혜를 갚아야 하는 고대의 전통이 확고히 살아 있는 곳이다. 유베날리스는 "로마에선 공짜가 없다"고 말했다. 트라야누스 황제의 시대에 기록된 이 말은 그때만큼이나 지금도 진실이다.

이런 호의 교환의 문화가 정실인사나 혈연주의와 결합하는 지점에 바로 '추천'(reccomandazione)이 있다. 때로는 권고, 신호, 암시 등 좀 더 무해하게 들리는 다양한 용어로 표현된다. 넓게 보아 '추천'이란 일방이 제3자를 위해 상대방에게 개입해 힘을 쓰는 것을 의미한다고 할 수 있다. 이를테면 어느 도시의 시장이 그곳에 들른 친구 아들이 공정한 가격에 좋은 서비스를 받을 수 있게 차량 정비소에 전화를 걸어주는 경우처럼 거의 무해한 사례도 많다. 그러나 영향력 있는 인물이 자기 친척, 동료, 고객을 병원 대기자 명단에서 남보다 위로 밀어올리거나 공공주택 청약에서 유리한 처우를 받도록 압력을 넣는 일처럼 결코 무해하지 않은 '추천'도 흔하다.

이런 광의의 '추천'이 너무나 만연한 나머지 이를 공공연히 자인하는 정치인을 종종 찾아볼 수 있다. 대법원 판결도 다소 불만스러운 어조였지만 이를 용인했다. 판사들은 이렇게 선언했다. "인맥을 통해 '추천'을 얻어내는 행동은 관습과 관행 속에 깊이 뿌리박고 있어서, 대다수 국민의 눈에 자기 권리를 추구하기 위한 도구이자 비효율적인 공공 서비스 기능을 납득할 만한 수준으로 회복시킬 필수불가결한 도구로 인식되고 있다."

좀 더 흔히 볼 수 있는 좁은 의미의 추천은 취직에 이용된다. 이것도 큰 문제가 아니던 시절이 있었다. 실제로 1960년대까지는 추천 시스템이 노동력의 유동성을 높이고 이탈리아를 좀 더 공정하고 능력주의적인 사회로 만드는 데 긍정적으로 기여했다고 볼 수 있다. 시골 주민이 고향을 떠나 타지에서 일자리를 찾겠다고 마음먹으면, 해당 교구 사제를 찾아가 잠재적 고용주에게 보여줄 추천서를 부탁할 수 있었다. 그러면 사제는 추천서에 이 사람은 성격이 좋고 전과 기록이 없다고 적어주고, 기타 상세한 사항을 추가할 수 있었다. 때때로 사제나 지방 관리가 영향력 있는 인물에게 직접 청탁을 넣어주기도 했다. 하지만 사제나 시장은 추천을 부탁하는 사람이 싫거나 정말 그 사람이 추천을 받을 만한 자격이 없다고 판단하면 추천을 거부할 수 있었다.

이탈리아 사회에서 정당이 가장 강력한 집단으로 떠오르면서 정치인들이야말로 핵심적인 '추천자'로 부상했다. 대부분의 일자리와 취업자가 도시로 집중되는 상황에서 누가 고용될 만한지 아닌지를 결정하는 핵심 중재자로서 기독교민주당의 고위 정치인들이 교구 사제들을 대체하게 되었다. 몇몇 정치인은 추천 요청을 심사하는 전담 보좌관을 두었다. 기독교민주당 소속 줄리오 안드레오티 전 총리의 보좌관 프랑코 에반젤리스티는 상사를 대신해 수혜자를 간택하던 전설적인 인물이었다.

그러나 이들이 적용하던 기준은 사제나 지방 관리가 적용하던 기준과 사뭇 달랐다. 취업을 위한 필수 조건은 더 이상 도덕적 성품이나 깨끗한 전과 기록이 아니라 특정 정당에 대한 충성도였다. 게다가 대개 정치인과 그들의 보좌관은―한때 추천자 역할을 맡았던 시골 사제나 경찰서장과는 달리―일자리나 그 밖의 일로 청탁을 받는 위치에 있는 자에게 막강한 압력을 넣을 수 있는 수단을 보유했다.

'깨끗한 손' 수사는 정당의 힘을 대폭 꺾어놓았다. 그러나 정치인과 여러 이익집단은 계속해서 '추천'이라는 방식으로 혜택을 배분했다. 최근 여러 설문조사에 의하면 이탈리아 전 국민의 절반가량이 '추천'에 의지해 취직한 것으로 드러났다. 정부가 지원하는 고용연구소 이스폴(Isfol)이 이행한 매우 상세한 조사에 따르면,[5] 응답자의 39퍼센트가 친척, 친구, 지인, 회사 동료 직원 등 모종의 연줄을 통해 현재의 직장에 취업한 것으로 밝혀졌다. 열린 경쟁을 통해 공공 부문에 취직한 비율은 20퍼센트였다. 설문조사 결과에서 가장 눈에 띄는 부분은 다른 나라에서라면 정상적으로 여겨질 취업 경로를 거치는 이탈리아인이 극소수였다는 점이다. 이력서를 제출하여 취직한 사람의 비율은 16퍼센트에 불과했고, 언론매체에 나온 구인광고를 보고 지원해 취직한 자의 비율은 고작 3퍼센트였다.

몇 년 전 시사주간지 『레스프레소』는 이탈리아 우정청이 특별히 '추천' 데이터베이스를 유지하고 있다는 사실을 알아냈다. 이 데이터베이스에는 피추천자와 그들을 밀어주는 추천자의 명단이 정리되어 있었다. 추천자 명단에는 바티칸의 추기경도 한 명 포함되어 있었다.

'추천'은 본질적으로 불공평하다. 능력 중심 사회로 가는 길을 가로막고 사람들을 좌절시킨다. 내가 개인적으로 아는 몇몇 이탈리아인은 직장에서 열심히 일했으나 연줄로 '추천받은' 자에게 추월당하거나 자리를 빼앗겼다. 내 지인 하나는 회사에 새로 부임한 최고 경영자의 내연녀에게 자리를 뺏기고 해임되었다.

'추천'은 자격미달자가 일자리를 차지하고, 최적이 아닌 업체가 계약을 따는 결과를 초래한다. 외국인 투자도 가로막는다. 그리고 일단 남에게 신세를 지면 상대가 설령 위법한 부탁을 하더라도 거절하기 어려운 입장에 놓인다는 점에서 부정부패도 심해진다.

부패는 경제를 위축시키고 이탈리아인을 불필요하게 가난하게 만든다. 뇌물이라는 이슈에 어깨를 으쓱하고 마는 이탈리아 사람들은 이 점을 간과한다. 예를 들어 공공계약을 따내기 위해 뇌물로 들어가는 비용은 그 공공계약의 액수에 더해지는 일이 다반사이고, 국민은 그만큼 세금을 더 내야 한다. 그러면 가계의 가처분소득이 감소해서 소비와 수요가 줄고, 따라서 성장이 더뎌진다. 부패는 경쟁을 억제하고 경제의 생산성과 효율성을 떨어뜨린다.

부패도를 국제 비교하는 일도 어렵지만 부패의 사회적 비용을 평가하는 일은 그보다 훨씬 더 까다롭다. 그러나 이탈리아 감사원의 최신 추산에 따르면 이탈리아가 부정부패로 치르는 사회적 비용은 나라의 막대한 공공 부채의 이자 비용을 전부 커버하고도 남을 정도였다.

2000년대에 이탈리아의 부패 수준이 타국보다 상대적으로 상승했다는 국제투명성기구의 견해를 수용한다면, 그 이유를 세 가지로 설명해볼 수 있다. 첫째, 이탈리아는 변하지 않았는데 다른 나라의 부패가 감소했다. 둘째, 이탈리아도 개선되었으나 다른 나라의 개선의 정도가 더 컸다. 셋째, 그냥 이탈리아의 부패가 더 심해졌다. 유감스럽게도 이 마지막 설명이 맞다고 생각할 만한 이유가 존재한다.

실비오 베를루스코니가 집권한 바로 그해부터 이후 10년간 그가 국정을 장악한 동안에 이탈리아의 국제투명성기구 부패 인식 지수가 개선을 멈추고 후퇴했다는 점은 특기할 만하다. 그의 리더십이 확실히 분위기를 바꾸어놓았다.

베를루스코니는 총리직에 있는 동안 판사 매수 혐의(2007년 무혐의로 풀려났다), 탈세(2013년 유죄 선고를 받았다) 등 온갖 화이트칼라 범죄 혐의로 끊임없이 수사나 재판을 받았을 뿐 아니라, 간간이 부정부패는 상대적이라는 취지의 발언도 서슴지 않았다. 한번은 이탈리아 방산업체 핀메카니카(Finmeccanica)가 인도에서 계약을 따내려고 뇌물을 공여했다는 혐의를 받자, 베를루스코니는 이렇게 선언했다. "에니, 에넬, 핀메카니카 같은 대기업이 불완전 민주주의 국가들과 협상해서 물건을 팔려면 용인해야 할 조건이 있게 마련이다."

게다가 베를루스코니는 집권기에 법을 여러 차례 개정하여 사법부가 자신을 기소하거나 유죄 선고하기 어렵게 만들어놓았다. 이 법 개정 때문에 부패 행위에 연루된 일반인마저도 법률로 제재하기가 더 어려워졌다. 예를 들어, 2002년 베를루스코니 정권은 회계 부정에 대한 최고형을 5년에서 2년으로 줄이고, 회계 부정 금액이 회사 자산의 1퍼센트 이상이거나 이윤의 5퍼센트 이상일 때에만 회계 부정을 저지른 당사자를 기소할 수 있도록 요건을 완화했다. 또한 베를루스코니가 총리로 있는 동안 국회는 특히 화이트칼라 범죄를 비롯해 각종 범죄의 공소시효를 단축하는 개혁안을 통과시켰다. 이탈리아 형사 절차는 느리므로 그렇게 공소시효를 단축해버리면 판결이 내려지기도 전에 종료될 재판이 많아진다는 것을 의미했다.

베를루스코니에 대한 재판 몇 건도 바로 그의 집권 당시 도입한 공소시효 단축 덕택에 중단되었고, 이는 해외에도 알려진 사실이다. 그러나 조금 덜 알려진 사실이 하나 있으니, 그와 같은 부당한 법률 개정이 사회 전체에 미친 영향이다. '깨끗한 손' 사건 담당 검사 가운데 한 명이던 게랄도 콜롬보는 2007년 검사직에서 물러나면서, 이탈리아는 지금 "부패의 르네상스"를 목격하는 중이라고 일갈했다. 그즈음 수많은 화이트칼라 범죄 공판이 판결도 나기 전에 중단될 것임을 당사자 모두가 아는 가운데 허무하게 진행되고 있었다. 결국, 부정한 행위를 해도 대가 치를 일을 두려워할 필요가 없다는 메시지를 국민에게 전달했던 셈이다.

베를루스코니는 정적들이 선거로 자신을 정계에서 축출하지 못하자 좌파 검사들이 법정에서 그 일을 성취하려고 자기를 부당하게 괴롭힌다며 법률 개정을 정당화했다. 사실 이 억만장자 미디어 재벌이 정계에 진출해 그렇게 주장하기 시작한 지 20년이 넘도록 정의의 문제는 이탈리아의 삶에서 늘 핵심적인 이슈였다.

18
용서와 정의

"실수를 범하는 것이 인간임을 인정한다면, 정의란 초인적인 잔인함 아닌가?"
— 루이지 피란델로, 『고(故) 마티아 파스칼』(*Il fu Mattia Pascal*) 중에서.

이탈리아에 배꼽이 있다면 아마 로마의 베네치아 광장일 것이다. 광장 한쪽에는 외국인에게 비토리오 에마누엘레 기념관으로 알려진 거창한 '조국의 제단'(Altare della Patria)이 있다. '제단' 오른편으로는 — 이탈리아 말고 다른 어느 곳에서 비종교적인 기념관을 제단이라고 부르겠는가? — 포룸 로마눔과 이탈리아에서 가장 유명한 관광 명소 콜로세움을 잇는 길이 지나간다. 왼편에는 무솔리니가 군중의 애국심에 불을 지르던 발코니가 있다. 그리고 하얗고 거대한 대리석 제단 정확히 맞은편으로는 이탈리아의 다채로운 과거를 드러내는 유물 가운데 다소 덜 알려진 건물이 하나 서 있다. 나폴레옹이 세인트헬레나 섬으로 유배된 후에 그의 모친 마리아 레티치아 라몰리노가 여생을 보낸 보나파르트 궁전이다.

"전부 여기 있어요." 동료 이탈리아 기자가 보나파르트 궁전의 커다란 창문으로 베네치아 광장을 명상하듯 응시하며 말했다. 그는 내 사무실 바로 옆에 있던 경리부 사무실에서 처리하는 실비 정산을 기다리며 감자칩

한 봉지를 꺼내 들었다. 처음에 나는 그의 언급이 창밖으로 보이는 저 모든 상징적 건축물을 가리키는 말인 줄 알았다.

"아니요, 사람들을 말하는 겁니다." 그가 말했다. "보세요. 이탈리아에 관해 알아야 할 모든 것이 바로 당신 눈앞에 펼쳐지고 있습니다."

겨울철이라서 관광객은 거의 없었다. 베네치아 광장은 다시 로마 사람들 차지였다. 혼잡했고, 여름철 성수기보다 더 심한 혼란의 도가니였다. 수많은 인파가 횡단보도를 태연히 무시하며 온갖 각도로 광장을 가로질렀다. 모페드, 스쿠터, 승용차, 승합차, 버스 등이 뒤엉켜 좌회전하거나 우회전하며 보행자나 다른 차량을 아슬아슬하게 스쳐 지나갔다. 광장 주변을 총알같이 쏘다니는 차량 중에는 배기량 50cc의 마이크로 자동차도 보였다. 이탈리아에서는 14세가 되면 (또는 광폭운전이나 음주운전으로 면허가 취소되어도) 마이크로 자동차를 몰 수 있다. 이 차종의 법정 제한 속도인 시속 45킬로미터를 훨씬 웃도는 속력이 나게 하는 조작은 쉬워서 일반 차량보다 사고 발생률이 두 배나 높다. 이 혼돈의 와중에 오로지 경찰관 홀로 디딤돌 위에 올라서서 교통정리를 하려고 애쓴다. 때때로 운전자—주로 스쿠터 운전자—가 경찰의 손신호를 무시하고 지나간다. 그러면 근처에 대기하던 다른 경찰들이 일제히 호루라기를 불어 운전자를 정지시키고, 그러면 곧 길에서 운전자와 경찰 사이에 격한 언쟁이 벌어진다. 운전자는 손바닥이 하늘을 향하도록 두 팔을 번쩍 쳐들고서, 어쩌면 이런 무자비한 오해가 있을 수 있냐는 표정으로 결백을 호소한다.

우리가 창문으로 내려다본 그 광경은 무솔리니가 유명한 발코니 뒤편 사무실에 앉아 생각하던 바로 그 이탈리아였다. 어느 독일인이 그에게 이탈리아를 통치하는 일이 어렵냐고 묻자 그는 이렇게 답했다. "전혀 어렵지 않습니다. 통치하는 것 자체가 무의미하거든요."[1]

베네치아 광장 부근의 거리를 찬찬히 둘러보면 노천카페들이 무허가 영업을 하고 있다는 사실을 알게 된다. 무허가 영업을 하게 되는 과정은 이렇다. 우선 일반 카페를 연다. 몇 달 지나서 카페 바깥에 화분 몇 개를 내놓는다. 아무도 뭐라고 하는 사람이 없으면, 화분들을 거대한 화초나 조그만 나무를 심은 대형 화분으로 교체한다. 그래도 별문제 없으면 대형 화분과 카페 입구 사이 공간에 테이블과 의자 몇 개를 내다 놓는다. 시간이 갈수록 밖에 나오는 테이블의 수가 점점 늘어나고, 결국 카페 주인은 그 구역 전체를 관목들로 막거나 말뚝을 박아 울타리를 쳐서 보호한다. 그렇게 해서 공공재산이 카페의 사유재산으로 둔갑한다. 수년에 걸쳐 이 시점에 이르면 이제 카페 주인은 노천카페 위에 차양을 치고, 겨울철에는 손님을 추위로부터 보호하기 위해 투명한 비닐이나 유리 벽을 두른다. 그렇게 조금씩 차근히 일을 진행하여 카페의 규모와 수익성을 두 배로 늘리는 데 성공한다.

먼저 일부터 벌이고 허가는 나중에 받든가 말든가 하는 것이 이탈리아의 방식이다. 해당 지역 담당 공직자에게 두툼한 돈 봉투나 안기면 모를까, 안 그러면 절대로 허가가 나지 않을 주택 개조나 증축 수백만 건이 이제껏 이런 식으로 이루어졌다. 그뿐만이 아니다. 주택 건축이나 심지어 주거단지 건설에도 이런 방식이 통용된다. 2007년에는 나폴리 인근에 400가구 이상이 거주하는 아파트 건물 50채로 구성된 주거단지가 발견되었다. 그 단지 전체가 무허가였다. 환경단체 레감비엔테(Legambiente)는 이탈리아 전국에 무허가 건물이 총 32만 5,000채에 달할 것으로 추산했다. 이탈리아인들 말마따나 사람들은 "법이 생기기가 무섭게 탈법할 길을 찾아낸다".

그렇지만 좀 더 자세히 관찰하면 이탈리아의 또 다른 면모를 볼 수 있다. 앞에서도 언급했지만 이탈리아인은 사생활의 여러 측면에서 엄격하게 원칙을 지킨다.* 대단한 역설이다. 이탈리아인은 법은 준수하지 않아도 관례는 융통성 없이 완고하게 따른다. 사람들이 일광욕하는 모습만 보아도 알 수 있다. 다른 나라에서는 대개 해변에 가보면 사람들이 뒤죽박죽 흩어

[*] 이 책의 8장 참조.

져 있어져 있다. 그러나 이탈리아에서 그런 모습은 소수의 이른바 "자유 해변"에서만 찾아볼 수 있다. 반면에 대다수 해변에서는 북한 고위 간부들이 좋아할 만한 풍경이 펼쳐진다. 똑같은 차양이 달린 똑같은 일광욕 의자들이 정연하게 줄지어 있고, 그 사이 사이에는 물가에 접근할 수 있도록 통로가 나 있다. 모든 사람이 자유롭게 바다에 들어가 헤엄칠 수도 없다. 바다로 통하는 입구는 해당 해수욕 구역 소유자가 관리한다. 지역 당국에서 관리하는 해수욕장도 있지만 대다수는 사설이다(하지만 보통 시 당국이나 시 의회의 면허가 필요하다).

어쩌다 법과 관례의 경계선이 희미해지는 경우, 사람들이 그 법을 준수할 확률은 커진다. 예를 들면 2005년에 정부는 공공장소에서 흡연을 규제하기로 했다. 사람들은 이를 지키는 이탈리아인이 있을 리 없다고 생각했다. 그런데 법률이 도입되기 여러 달 전부터 새 법이 합리적이며 국민 건강도 개선할 수 있다는 관념이 확산되기 시작했다. 2006년 새 법률이 발효하자 사람들은 식당, 스낵바, 기타 흡연 금지 장소 목록에 포함된 곳에서 일제히 흡연을 멈추었다. 법이 기적처럼 관례로 돌변했고, 그러자 모든 사람이 이를 준수할 마음을 먹게 된 것이다.

당시 흡연 규제에 대한 국민의 반응을 지켜본 이탈리아의 시사평론가들은 자국민이 대체 얼마나 무정부적인 존재인지 자문했다. 이 질문에 내가 답하려면 무정부적 성향으로 유명한 또 다른 국민, 스페인 사람들 곁에서 살았던 몇 년 전으로 되돌아가야 한다. 나는 마드리드의 교통이 얼마나 난장판인지, 특히 불법 이중주차가 일으키는 혼잡이 얼마나 심한지 생생하게 기억한다. 당시 과태료라고 해봤자 이탈리아와 마찬가지로 몇 푼 되지 않았고 제대로 징수되지도 않았다. 산부인과 병원 입구를 차로 떡 하니 막고 축구 경기를 보러 가거나 해야 그나마 단속에 걸릴 가능성이 컸다. 하지만 그동안 과태료가 많이 올라서 이제는 가계 살림에 꽤 타격을 입힐 수 있는 수준에 이르른데다가 징수도 철저해져서 마드리드 시내의 이중주차 풍경은 토요일 밤에도 보기 어렵게 됐다. 비싼 과태료에 대한 두려움 때문에 무정부적인 마드리드 시민은 법을 잘 지키는 운전자로 변신했다. 반면, 이탈리아는 거의 모든 지역에서* 그런 조처가 이루어지지 않고 있으며 여전히 보복보다는 용서를 훨씬 더 강조하는 분위기이다.

베네치아 광장에서 얼마 멀지 않은 곳에 아레눌라 길이 있다. 이 길 남단과 테베레 강이 만나는 지점 바로 근처에 위치한 웅장한 건물에 "사면법무부"라고 적힌 거대한 현판이 걸려 있었다. 이제 그 명칭은 더는 공식 명칭이 아니며 1999년에 "사면"이라는 단어는 삭제되었다. 그러나 애초에 그런 명칭을 붙였던 사고방식은 여전하다. 외부자들의 눈에 이탈리아의 형사법 제도는 사람들을 풀어주는 것 말고는 다른 목적이 없는 것처럼 보인다.

(때때로 장기간 공판 전 심리를 거쳐) 기소된 피고인은 1심에서 유죄판결을 받으면 차례대로 지방법원에 항소, 대법원에 상고할 권리를 자동으로 획득한다(검찰도 무죄 판결에 대해 항소 및 상고할 수 있다). 이 세 단계의 절차를 완전히 완료해야 피고인은 "확실하게 유죄"로 간주된다. 여기에 걸리는 시간이 평균 8년 이상이다. 15년 넘게 걸리는 경우도 여섯 사건 중 하나꼴이다. 그리고 마피아 단원이나 살인죄, 강간죄 등 중죄 혐의가 아닌 한 피고인은 최종 유죄판결에 이르기까지 재판이 진행되는 동안 자유롭게 지낼 수 있다.

최종적으로 확정되는 징역형은 상대적으로 가벼운 편이다. 싱크탱크 유레스(EURES)의 연구에 따르면 1994~2004년에 살인에 선고된 징역형은 평균 12년 6월 이하였다. 법정 최저형이 21년인데도 그랬다. 공금 횡령에 선고된 징역형은 평균 1년 4월이었다. 법정 최저형 3년의 절반도 안 되는 기간이다.

만약 유죄 판결을 받은 자가 최종 형 선고를 기다리는 동안 70세에 이

---

[*] "거의 모든"이라고 표현한 이유는 대체로 북부로 갈수록 법을 어기는 행동이 줄어들기 때문이다. 토스카나, 에밀리아로마냐, 피에몬테 주의 몇몇 도시의 시민들은 북유럽인에 못지않게 준법정신이 강하다.

르면 사실상 교도소에 갈 확률은 거의 없다. 그보다 낮은 연령의 피고인들도 마찬가지여서, 공소시효가 만료되거나 당국이 교도소에 빈자리를 만들려는 목적으로 조처를 취하는 경우 형을 살지 않는다.

당국이 활용하는 조처 가운데 가장 포괄적인 방법은 일반사면(amnistia)이며, 이 경우 유죄 판결과 형 선고가 모두 효력을 상실한다. 예컨대 충분히 납득할 수 있는 사례로서, 제2차 세계대전이 끝난 후 무솔리니 독재정권을 전복시키려다가 붙잡혀 재판을 받았던 사람들이 대거 일반사면을 받았다. 그러나 이후 약 40년간 이탈리아 정부는 일반사면 조치를 최소 13건 넘게 단행했다.

1990년 이후에는 유죄 판결은 유효하되 형 집행만 면제하는 특별사면(indulto)이 선호되었다. 지금껏 세 차례의 특별사면이 있었다. 그러나 그와 같은 조치의 효과는 예상외로 막대했다. 다른 나라 사법제도에서 일반사면과 특별사면은 이미 형을 살고 있는 자들에게 적용되지만, 이탈리아에서는 피고인이 아직 교도소에 수감되지 않은 경우는 물론 아직 재판도 받지 않았거나 형 선고를 받지 않은 경우에도 사면의 대상이 된다. 2013년 실비오 베를루스코니가 탈세 혐의로 유죄 확정 판결을 받았을 때 징역형 4년을 선고받았다. 그러나 이에 앞서 이미 7년 전, 당시 중도 좌파 정권이 내린 사면 조치로 인해 형이 선고되기도 전에 벌써 3년 감형 조치를 받았다. 그리하여 전 총리의 형기는 즉석에서 1년으로 줄어들었다. 게다가 그는 이미 70세를 넘겼으므로 가택연금과 사회봉사 중 하나를 선택할 수 있었다. 베를루스코니보다 덜 유명한 다른 인사들도 2006년에 이루어진 그 사면 조치로 계속 혜택을 입을 것이 분명하다.

이탈리아인이 건축 규정 위반이나 탈세를 자꾸 시도하는 이유 중 하나는 위법 행위를 용서하는 또 다른 형태의 법적 장치가 존재하기 때문이다. 바로 묵인(condone) 제도다. 정부는 때때로 비교적 낮은 과태료만 부과하고 불법 건축 및 개축, 또는 탈세에 대한 정식 처벌을 면제해주는 조처를 시행한다. 최근 몇십 년 동안 묵인 조치는 평균 5년에 한 번씩 선언되었다.

정부 입장에서는 그런 조치를 하면 바로 현금이 들어오므로 좋은 일이었다. 그러나 안 그래도 건축 허가를 안 받거나 탈세를 해도 별일 안 생긴다고 생각하는 이탈리아 사람들의 믿음을 더욱 굳히는 효과를 일으키고 말았다. 또한 이러한 적법화 조치는 보호 대상인 해변, 국립공원, 심지어 고고학 유적지에 지어진 보기 싫은 건축물들을 그대로 남겨둔다는 것을 의미했다. 지난 몇몇 정권은 묵인 제도를 활용해 재정을 확보하는 일을 거부한다고 선언했다. 그러나 앞으로 들어설 정권들도 과연 그런 미덕을 유지할 것인지는 지켜봐야 할 일이다.

이탈리아 사상 최대 부정부패 스캔들에 대한 언론의 관심이 잦아든 후의 사건 처리 과정은 이탈리아의 관대함에 대해 잘 말해준다. '탄젠토폴리' 사건은 국내뿐 아니라 해외에서도 큰 화제가 됐다. 엄청 많은 사람이 연루되어 대대적인 체포가 이루어졌는데, 아마 국제적으로도 공산권을 제외하면 유례가 없는 규모였을 것이다. 첫 번째 용의자의 손목에 수갑이 채워지던 1992년에 나는 이탈리아에 살고 있지 않았지만, 사건이 터지기 전까지 한 도시, 주, 심지어 국가의 운명을 좌지우지하던 각종 업계의 쟁쟁한 거물들이 줄줄이 수감되고 있다는 믿을 수 없는 소식을 전해 들으며 흥미로워했다.

당시 5,000명이 넘게 조사를 받았고, 그 가운데 밀라노에서만 2,735명이 기소됐다. 기소되거나 아직 기소되지 않는 사건 1,785건이 추가로 다른 관할로 이송되었으나, 그 사건들에 어떤 결말이 났는지는 내가 아는 한 체계적인 조사가 이루어진 바 없다. 그러나 적어도 밀라노에서 이루어진 수사 결과에 대해서는 상세한 기록이 남아 있다.[2] 수사 개시로부터 10년이 지난 시점에도 전체 사건 가운데 6분의 1이 아직 1심 판결을 기다리는 상태였다.

이탈리아의 형사재판이 얼마나 느리게 진행되는지 알 수 있는 부분이다. 또한, 대략 여섯 건에 한 건꼴로 무죄 판결이 내려졌다. 나머지 3분의 2 중에서도 감옥에 간 사람은 거의 없었다. 용의자의 일부는 사망했고, 상당수는 양형 거래를 통해 감형을 받아서 실제로 징역을 살지 않아도 되었다. 공소시효 만료로 면소 판결을 받은 사건도 전체의 약 6분의 1에 달했다. 2년 전, 그러니까 1990년대 초부터 시작된 여러 공판이 슬슬 종료되어가던 무렵, 『코리에레 델라 세라』는 탄젠토폴리 사건으로 수사받은 수천 명 가운데 실제로 교도소에 수감된 사람은 오로지 네 명뿐이라고 보도했다.[3]

면죄부는 이탈리아의 온갖 분야에 달콤하게 스며들어 사람들의 응석을 받아준다. 선거에서 진 정치인은 다른 나라에서처럼 어딘가에 은거하며 회고록을 쓰거나 하는 법이 없다. 미국인이 특히 좋아하는 '성공하지 못하면 물러나는'(up or out) 원칙은 이탈리아 정계에 전혀 적용되지 않는다. 패배한 후보자는 몇 년, 심지어 몇 달 만에 새로 창당한 정당의 당수로 재등장해 TV 쇼에 출연하는 등, 마치 아무 일도 없었다는 듯 계속 정치인 경력을 다진다. 공금을 횡령한 공무원이 기소되어 유죄 판결을 받아도 그 때문에 자동으로 해임되지 않는다.

이 모든 용서와 관대함은 부분적으로는 이탈리아인의 약한 마음에서 기인한다. 이탈리아인은 냉소적이기는 해도 대체로 다정한 사람들이다. 하지만 그것 말고도 최소한 두 가지 이유가 더 있다.

하나는 자녀 교육이다. 이탈리아에도 다른 나라처럼 엄격한 부모들이 있다(피에몬테 주 시골에서 일한 경험이 있는 한 교사는 그 일대의 아버지들이 이른바 '파드레 파드로네'[padre padrone]*라고 내게 말했다). 하지만 요즘 젊은 부모들, 특히 엄마들은 일반적으로 자녀의 응석을 지나치게 받아주는 편이다. 이탈리아에 사는 외국인들은 저마다 버릇없는 이탈리아 어

[*] 고압적이고 권위적인 아버지를 가리키는 표현이다. '파드레 파드로네'는 바로 그런 아버지 밑에서 자란 작가 가비노 레다(Gavino Ledda)가 지은 자전적 소설의 제목이기도 하다. 사르데냐의 양치기였던 그의 아버지는 아들이 읽고 쓰는 법을 익히기도 전에 학교를 그만두게 하고 폭력을 휘둘렀다. 레다는 강철같은 단호함으로 다시

린이들에 관한 에피소드가 하나쯤 있다. 나도 움브리아에 있는 어느 식당에서 친구들과 저녁식사를 하다가 그런 경험을 했다. 식당에는 피아노가한 대 있었는데, 어린 소녀가 피아노를 두드리기 시작했다. 유감스럽게도그 소녀는 전혀 피아노를 칠 줄 몰랐다. 덕분에 식사 내내 나를 포함한 손님30여 명은 아이가 피아노 건반을 주먹으로 마구 내려치는 소음을 들어주어야 했다. 아이의 부모는 아이를 제지할 생각조차 안 했다. 그건 식당 스태프도 마찬가지였다. 이탈리아인은 자기는 최대한 자유를 누릴 권리가 있다고 여기며 성장한다. 그리고 남에게도 같은 권리가 있다고 기꺼이 인정하는편이다.

두 번째 요인은 고해, 참회, 용서라는 상호의존적 개념을 강조하는 가톨릭 신앙이다. "고해한 죄는 이미 절반은 용서받은 죄이다." 용서에 관한수많은 이탈리아 금언 가운데 하나다. 그리고 수사당국에 협조하는 대가로유리한 처분을 받는 테러범이나 조직범죄자를 일컬어 '펜티티'(pentiti, 참회자)라고 부르는 점도 시사하는 바가 크다. 언론에서 범죄 사건이 보도될때마다* 기자들은 피해자에게 — 피해자가 죽은 경우는 유가족에게 — 용의자를 용서했는지 용의주도하게 물어본다. 용서할 마음의 준비가 되었다거나 아직 그렇지 못하다는 그들의 반응은 살인, 과실치사, 강도 같은 끔찍한 범죄를 다루는 기사의 헤드라인을 장식한다.

이런 현상의 긍정적인 측면은 일반적으로 이탈리아인이 영국인이나미국인보다 인간의 약점을 훨씬 더 기꺼이 포용한다는 점이다. 실수로 일방통행로에 들어선 운전자는 과태료를 물기보다는 훈방될 가능성이 크다. 버스나 기차에 무임승차하는 노인도 마찬가지다. 부정적인 측면은 자기 행동에 책임진다는 관념을 거부하는 행태가 이탈리아 문화에 만연해 있다는 점

교육받을 방도를 찾았다. 그는 대학 졸업 후 사르데냐로 돌아와 칼리아리 대학 언어학과 부교수로 부임했다. 1975년에 출간된 그의 이야기는 같은 제목으로 타비아니 형제에 의해 영화화되었다.

[*] 범죄 사건을 흔히 '흑색 뉴스'라고 부른다. 이탈리아 신문에서 스포츠와 비즈니스를 제외한 나머지는 정치 뉴스 섹션과 기타 모든 뉴스를 포괄하는 섹션으로 나뉜다. 경찰서와 법원을 출입하지 않는 기자의 담당 분야는 '백색 뉴스'라고 부른다.

이다. 규칙이나 법을 위반하고 결과를 책임지지 않는 습성은 '푸르보', 즉 교활한 자들의 전형적인 특성이다. 심지어 책임 회피는 미덕까지는 아니어도 일종의 감탄할 만한 능력으로 여겨진다. 그토록 수많은 이탈리아인이 베를루스코니를 떠받들고 꾸준히 표를 준 것도 바로 그 때문이다. 수차례 기소당했어도 계속 무죄 판결을 받고 자기가 주도한 법 개정을 통해 법망을 피해가는 재주를 높이 샀던 것이다.

그러나 근년에 가장 특이한 사법 사건은 베를루스코니와는 아주 다른 정치적 인물 아드리아노 소프리에 관한 것일지 모른다. 1968년 학생 혁명이 전 유럽을 휩쓸자 소프리는 급진 좌파 조직 '로타 콘티누아'(Lotta Continua, 부단한 투쟁)의 지도자로 떠올랐다. 하지만 대중이 혁명 요청에 응하지 않으리라는 점이 확실해지자 1976년 로타 콘티누아는 해체되고 소프리는 학자 겸 저널리스트가 되었다. 그로부터 12년 후, 소프리와 전 로타 콘티누아 조직원 두 명이 체포되어 고위 경찰관 루이지 칼라브레시를 살해한 혐의로 기소됐다. 1969년에 젊은 무정부주의자 피노 피넬리가 밀라노 경찰 본부에서 칼라브레시에게 심문을 받다가 그의 사무실 창문에서 추락해—스스로 뛰어내렸거나 아니면 경찰이 내던져서—사망한 사건이 있었다. 훗날 노벨 문학상을 받게 되는 다리오 포는 피넬리의 죽음에서 영감을 얻어 희곡 『어느 무정부주의자의 우연한 죽음』(Morte accidentale di un anarchico)을 썼다. 당연히 사람들은 칼라브레시가 피넬리를 죽였다고 의심했지만 증거는 없었다. 이후 그는 좌파에게 증오의 대상이 되었다. 몇 개월 후 그는 밀라노에서 집을 나서다가 총격에 사망했다.

로타 콘티누아의 소식지가 칼라브레시에 대한 집단 린치 분위기를 부추겼다는 이유로 큰 비난을 산 것은 맞다. 그러나 난데없이 소프리가 범인으로 지목받은 유일한 이유는 로타 콘티누아 전 조직원 한 명의 증언 때문이었다. 그는 자신이 저격수를 태운 차를 몰았다고 고백하고 경찰에 협조하는 대신 대폭 감형을 받아냈다. 하지만 그의 진술에는 알려진 사실과 불일치하는 부분이 많아서 1992년 대법원은 재심을 선고했다. 이 재심에서 피고인들은 무죄 판결을 받지만, 결국 이탈리아 사법제도에 내재하는 가장 유해한 한 가지 장치의 피해자가 되고 말았다. 그 재심에는 전문 법관뿐 아니라 시민 참심원들이 참여하고 있었다. 이탈리아에서 시민 참심원은 배심원과 비슷한 역할을 한다. 이들은 이탈리아 국기 색인 녹·백·적 띠를 두른 직업 판사 양편에 앉아, 다소 남의 눈을 의식하는 듯한 표정을 하고 있는 경우가 많다. 참심원들은 6 대 2로 전문 법관의 의견을 압도할 수 있다. 그러나 일단 판결이 내려지면 판결 이유를 작성하는 일은 전문 법관의 소관이다. 그 기회를 이용해 판사는 이른바 '자살 판결'(sentenza suicida)을 할 수 있다. 즉, 판사는 참심원의 판결이 자신의 견해와 어긋나는 경우, 사건이 대법원에 올라가면 반드시 다시 뒤집힌다는 취지의 내용을 판결문에 추가하는 뻔뻔하고도 터무니없는 행위를 할 수 있다.

그런 '자살 판결'이 대법원에 올라왔기 때문에 대법원 판사들은 무죄 판결을 뒤집고 또 한 번 재심을 선고하는 것 외에 다른 선택지가 없었다. 그렇게 열린 재심에서 피고인 세 사람은 유죄 판결을 받았다. 결국 1997년 일곱 번째로 열린 재판에서 5년 전 하급법원의 유죄 판결에 이의를 제기했던 바로 그 대법원이 이번에는 유죄를 확정했다.

소프리는 이후 10년간 수감 생활을 하다가 식도 파열로 목숨을 잃을 뻔한 뒤 요양을 위해 가택 연금되었다. 정식으로 형기를 마친 것은 2012년이었다.

소프리 사건에서 기이한 점은 '자살 판결'만이 아니다. 소프리의 유죄가 확정되자 이번에는 이 사건이 가톨릭 교리에서 기인하는 논리와 합선을 일으켰다. 소프리 지지자들과 우파의 일부는 대통령에게 열심히 사면을 호소했다. 그러나 가톨릭 신앙에서 오직 죄를 고해한 자만이 용서받을 수 있듯이 이탈리아에서 사면 조치는 유죄 판결을 받은 장본인이 직접 요청해야 내려질 수 있다. 하지만 사면을 요청한다는 것은 자신이 유죄임을 암묵적으로 인정한다는 뜻이었다. 소프리는 고집스럽게 자신의 결백을 주장했다. 따라서 그는 계속 벌을 받아야만 했다.

소프리 사건은 논란이 끊이지 않는 이탈리아 사법제도의 근본적인 문제점, 즉 자비로운 것 같아도 모질게 잔인할 수 있다는 점을 보여준다. 그리고 그 잔인함의 근저에는 지나치게 더딘 사법 절차가 자리 잡고 있다. 이탈리아 판사들은 정의만 구현하는 것이 아니라 아무 사전 훈련 없이 사법 장치 전반을 관리한다. 좌파든 우파든 이를 논하고 싶어 하는 정당은 도무지 찾아볼 수 없다. 더딘 사법 절차는 사법부에 내재하는 엄청난 비효율의 핵심 요인이다.

우선, 재판이 매일 연속해서 열리는 법이 없고 수개월이나 심지어 수년에 걸쳐 띄엄띄엄 열린다. 예컨대 11월에 1차 공판이 열리면 판사는 검사, 변호인, 기타 관련자와 의논해 전부 출석할 수 있는 날짜를 정한다. 대개 검사나 변호사는 동시에 다른 사건을 맡는 경우가 많아서, 보나 마나 다음 공판기일은 12월에 잡힐 가능성이 크고 성탄절로 휴정하기 전까지 공판은 두세 차례 이상 열리지 않을 것이다. 이듬해에 공판은 계속될 테지만, 1주일에 한 번이면 잦은 편이다. 이런 식으로 재판을 여는 데서 생기는 한 가지 문제점은, 절차를 질질 끌면 끌수록 관련자 모두가—특히 시민 참심원의 경우—복잡한 증거의 관계를 파악하기 힘들어진다는 사실이다. 또 다른 문제점은 재판 기간 내내 구치소에 수용되었다가 무죄 판결을 받는 경우 불필요하게 오랫동안 자유를 박탈당한다는 점이다.

민사재판은 형사재판보다 속도가 더욱 더디다. 외국 투자자들이 이탈리아에 투자를 꺼리는 요인 가운데 하나다. 예를 들어 사기를 당하거나 단순히 재화나 용역 제공에 대한 대가를 받지 못한 경우, 재판을 통해 돈을 돌려받으려면 10년 이상 기다려야 할지도 모른다. 2010년에는 아주 이상한 사례가 있었다. 로마 인근 어느 마을에 살던 94세 할머니가 자기 모친의 유서를 둘러싼 법적 분쟁이 해결되기를 40년이나 기다리다가 사망한 사건이다. 더딘 재판 진행 속도에 절망하여 할머니는 국가를 상대로 소송을 제기했다. 할머니는 승소해서 보상금 8,000유로 지급 판결을 받았다. 그러나 여러 차례 노력했음에도 할머니는 보상금의 극히 일부밖에 지급받지 못했다. 할머니가 받아낸 금액의 일부는 빚 수금업자들이 공공건물에 있던 복사기를 몰수해 매각한 대금이었다.

2012년 기준으로 형사 사건은 340만 건, 민사 사건은 550만 건이 밀려있었다.

이탈리아 사법제도의 본질적인 문제점 중 하나는, 적어도 형사법의 경우 두 개의 병존하기 어려운 체계가 불안정하게 뒤섞여 있다는 점이다. 이탈리아는 역사적으로 이른바 직권주의(inquisitorial system)를 채택해왔다. 이 경우 가장 중요한 단계는 수사 절차이며, 이 과정에서 '수사 담당 판사'(giudice istruttore)가 직접 경찰의 도움을 받아 누구에게 범죄의 책임이 있는지 판단하게 된다. 1970년대까지만 해도 피고인과 변호인은 따로 증거를 제출할 수 없었고 수사 담당 판사가 수집한 정보에 이의를 제기할 권리도 없었다. 따라서 재판은 형식적이었고 변호인의 역할은 처벌을 경감하기 위해 자비를 호소하는 데 그쳤다. 재판을 맡은 판사는 공판에 증인을 출석시켜 확인받지 않아도 수사 과정에서 녹취된 증거를 판결의 근거로 삼을 수 있었다. 재판을 맡은 판사가 '수사 담당 판사'의 결론과 다른 판결을 내리는 일은 대단히 드물었다.

1989년 사법 개혁은 혁명적인 의도를 담고 있었다. 나폴레옹 법전에 기초한 이탈리아의 직권주의를 미국이나 영국처럼 소송 당사자의 공격과 방어를 중심으로 심리를 진행하는 당사자주의(adversarial system)로 바꾼 것이다. 그러나 이탈리아에서 늘 그렇듯 중간 지점을 찾아 절충이─그 때문에 비용이 발생하더라도─이루어졌다. 개혁한 지 몇 해 지나지 않아 헌법재판소는 개혁의 근간을 약화시켰고, 무엇보다도 법정에 제시되지 않은 증거를 근거로 판결할 권리를 또다시 판사에게 부여했다.[4] 의회는 헌법재판소의 판결에 이의를 제기할 수 없으므로 그에 따라 헌법을 개정했다. 그리고 이것이 2001년 형사소송법 개정에 반영되었다. 그 결과 형사법 제도는 어색한 하이브리드가 되고 말았다.

이탈리아의 사법제도를 둘러싼 논란─그리고 1990년대 초 이후 이탈리아 정치사의 전반─을 이해하는 열쇠는 검사의 역할이다. 많은 이탈리아 사람이 검사가 옛 '수사 담당 판사'의 권력을 물려받아 피고인보다 훨씬 유리한 입장에 선다고 여긴다. 게다가 특히 나중에 법조계를 떠나 정계로 나가려는 검사들이 명성을 얻고자 권력을 남용해왔다고 주장한다. 이 문제를 둘러싸고 사람들은 두 편으로 갈린다. 검사를 비판하는 측은 '시민자유권 옹호자'(garantisti)를 자칭하면서 상대편을 '사법정치화 옹호자'(giustizialisti)라고 규탄한다.

1994년 베를루스코니의 정치판 등장은 정당 구분을 넘어섰던 논쟁에 선명한 정치색을 부여했다. 부동산 재벌에 미디어 재벌인 그는 공산주의로부터 나라를 구하고자 자신이 정계에 진출했다고 주장했다. 그가 말하는 공산주의란 옛 이탈리아 공산당의 후예들을 겨냥한 것이었다.[*] 베를루스코니 비판자들은 그가 파산과 징역을 모면하려고 정치인이 되었다고 생각했다. 아직 탄젠토폴리 사건이 종료되지 않은 시점이었다. 수많은 재계 유력 인사들이 수감되고, 베를루스코니의 정치 후원자였던 베티노 크락시는 외국으로 도피한 상태였다. 우파의 새 지도자로 등극한 베를루스코니는 자기도 곧 기소될지 모른다고 믿을 만한 충분한 이유가 있었다. 밀라노의 검

[*] 베를루스코니는 옛 공산당과 그 후예들을 절대로 구별하지 않았고, 좌파 정적들이 마르크스주의를 포기한 지 사반세기가 지났는데도 그들을 여전히 공산당으로 불렀다.

사들은 벌써 그가 자기 회사의 회계장부를 조사하던 재무경찰에게 뇌물을 공여했으며, 또한 역외회사 설립과 회계 부정으로 크락시의 사회당에 불법 자금을 댔다는 주장을 눈여겨 살피던 중이었다.*

베를루스코니는 이게 바로 자신이 좌파 검사들에게 마녀사냥을 당했다는 증거라며 검사의 권력을 약화하는 방향으로 사법제도 전반을 개혁해야 한다는 자기주장을 정당화했다. 갑자기 '시민자유권 옹호자'들의 대의명분이 그가 이끄는 정당의 대의명분, 우파 전체의 대의명분으로 확장되었다. 그 후로 좌파는 사법제도에 대한 비판만 나오면 정당한 지적일 수 있는 부분마저 무조건 묵살하게 되었다.

감청을 예로 들어보자. 감청은 1990년대 초부터 '시민자유권 옹호자'들의 타깃이었으나 감청·녹취된 대화가 베를루스코니를 기소하거나 무안을 주는 데 이용되자 그의 지지자들에게 중요한 공격 대상이 되었다. 검찰과 그 지지자들은 마피아의 나라에서 감청은 긴요한 무기라고 주장한다. 그러나 마찬가지로 조직범죄가 존재하는 미국에 비해 이탈리아 법원이 발부한 감청영장의 건수가 100배 이상이라는 막스 플랑크 연구소의 조사 결과에 비추어볼 때, 그와 같은 주장은 설득력을 지니기 어렵다. 도시별 감청 비용 공식 통계 또한 '사법정치화 옹호자'들이 견지하는 입장에 흠집을 낸다. 마피아 활동 지역과 감청 빈도의 상관관계가 제한적이었기 때문이다. 감청이 가장 많이 이루어진 도시는 예상대로 팔레르모였다. 그러나 그다음 순위는 북부 도시 밀라노와 바레세였다. 이탈리아에서 가장 평온한 도시에 속하는 트렌토는 11위였다. 드랑게타의 근거지 칼라브리아의 주도 카탄차로보다도 4위나 높았다. 사정이 이러하니 검·경찰이 까다롭되 덜 침습적인 수사 방법을 쓰는 대신 손쉬운 감청에만 의존한다는 의심을 면하기 어렵다.

[*] 재무경찰에 뇌물을 공여한 혐의는 무죄 판결을 받았다. 그 외에도 다른 혐의로 두 건의 공판이 열렸다. 그중 하나는 공소시효 만료로 면소되었다. 다른 하나도 베를루스코니 정권의 주도로 회계 부정에 관한 법률이 개정된 후 역시 면소 처리됐다.

'시민자유권 옹호자'들은 무엇보다도 감청·녹취된 내용이 언론에 유출되어 피감청자의 프라이버시가 이중으로 침해되는 데 치를 떤다. 아무 위법 행위도 저지르지 않은 사람이 우연히 용의자와 전화 통화를 할 때가 있기 때문이다. 다만, 녹취 기록이 검사의 수색영장, 구속영장 등의 영장 청구에 첨부되거나 수사 종료 후 기소에 필요한 서류에 첨부되는 경우에는 언론의 보도는 적법하다. 하지만 수사가 아직 진행 중일 때 감청 내용이 누출되는 사례가 매우 흔하고, 때로는 단지 자극적이거나 난처한 내용이라는 이유로 사건의 핵심과 전혀 무관한데도 보도되는 경우가 있다. 누출은 변호인, 재판소 직원, 경찰 등에 의해 이루어질 수 있다. 증명하기는 어렵지만 몇몇 흥미진진한 감청 내용은 총리들이 일부러 기자들에게 넘긴 것으로 널리 추측된다.

엄밀히 말해 증거 유출과 보도는 위법 행위다. 그러나 증명의 어려움 때문에 기자나 편집인이 기소된 경우는 거의 없다. 이탈리아에서 언론인은 정보원의 신분 공개를 거부할 권리가 있으므로 유출자의 정체를 밝히는 일은 불가능에 가깝다. 심리 중인 사건에 대한 언론의 논평을 금하는 원칙이 이탈리아에도 존재하지만 거의 매일 위반된다. 이 역시 1989년 사법 개혁이 얼마나 미흡하고 어정쩡한지를 드러내는 예다. 수사 자료 일체에 온전히 접근할 수 있는 직업 판사들이 판결을 내리던 시절에는 증거가 일부 유출되더라도 재판 결과에 영향을 미치지 않을 거라고 상정할 수 있었다. 그러나 앞서 언급했듯이 새 제도 아래서는 시민 참심원이 직업 판사와 함께 사건을 판결하는 사례가 많아졌고, 이때 시민 참심원은 직업 판사보다 언론의 영향을 받기가 더 쉬웠다. 교활한 검사라면 일부러 언론에 조금씩 정보를 흘려 피고인이 유죄라는 인상을 강화함으로써 법정에서 변호인이 그 인상을 깨지 못하게 만들 수 있다.

과거의 순수한 직권주의가 남긴 또 다른 부정적인 유산은 구속의 남용이다. 피의자를 구속하는 데는 타당한 이유가 있을 수 있다. 해외로 도주하거나 증거를 인멸하거나 증인을 위협할 염려가 있는 경우다. 그러나 이탈리아에서는 그런 위험이 특별히 크지 않아도 피의자들이 종종 구속된다. 그리고 수사에 협조하자마자 순식간에 풀려나는 속도로 미루어 구속의 목적이 피의자의 입을 열게 하는 데 있을 가능성이 크다. 구속의 오남용이 최초로 논쟁 대상이 된 것은 탄젠토폴리 사건이 일어난 시기였다. 이 사건으로 중역 회의실의 안락한 의자에 익숙하던 수백 명이 밀라노 산비토리오 구치소의 딱딱한 벤치에 앉아야 했다. 그래 봤자 결국 극소수만 징역을 살았지만 말이다. 사실 이탈리아에서는 범죄 피의자가 되면 유죄가 확정된 후가 아니라 확정되기 전에 수감될 확률이 훨씬 높다. 유럽 평의회가 발표한 2012년 형사통계연보에 따르면, 아직 확정 판결을 기다리는 피수감자의 비율이 총 피수감자의 40퍼센트로 유럽연합 회원국 가운데 2위였다.[5]

물론 검사가 맘대로 구속을 명령할 수는 없다. 구속영장 발부는 판사의 몫이다. 그러나 이탈리아에서 판사와 검사의 관계는 논란이 심한 이슈 가운데 하나다. 1989년 개혁은 판사와 검사의 기능을 분리했지만, 그들은 헌법상 여전히 같은 사법부의 일부다. 변호인은 자영업자이지만, 판검사는 공무원이다. 판검사는 같은 시험을 쳐서 법조계에 들어오며 경력을 쌓는 과정에서 판사직과 검사직을 번갈아가며 맡을 수 있다. 이를테면 페라라 시에 근무하던 젊은 검사가 바리 시의 판사직에 지원해 몇 년 일하다가 다시 로마에서 검사가 될 수 있다. 2005년에 베를루스코니 정권은 법조계 진입 후 5년 동안은 판검사직의 경력을 분리하는 법을 도입했으나 발효하기도 전에 중도 좌파가 새로 법을 통과시켜 무효화되었다.

일반인들은 지금도 여전히 판사와 검사가 비슷한 역할을 한다고 여긴다. 사실 일반인뿐 아니라 때로는 언론에서도 검사를 '판사'(giudici)로 지칭하는 경우가 흔하다. '시민자유권 옹호자'들은 판검사가 같은 집단의식을 공유한다는 점, 특히 판사가 검사의 구속영장 청구를 너무 쉽게 들어주는 점이 불만이다. 실제로 수년간 검사직에 있었던 판사가 검사의 입장을 직관적으로 이해하지 않는다면 그게 오히려 이상할 것이다.

그러나 사법부가 정말 베를루스코니의 주장대로 좌파의 소굴이었을까? 베를루스코니 지지자들은 심지어 '사법부 정당'이라는 표현을 써가며 비난했다. 그보다 좀 더 정제된 비판은 이탈리아 판검사들이 터키 군부와 비슷하다는 지적이다. 하나의 정당이나 조직에 소속되지 않고서도 단체 행동을 할 수 있는, 대체로 유사한 정치관을 공유하는 집합체라는 의미다.

이탈리아 판검사들 중에 다른 나라보다 좌파가 많다는 말은 아마도 사실일 것이다. 일반적으로는 법조인, 특히 판사들은 보수적이다. 이탈리아도 한동안 그랬다. 무솔리니가 물려준 사법부는 확실히 우파였다. 냉전 시대에 이탈리아 공산당은 사법부의 그런 보수성을 약화할 방편의 하나로 이른바 "직위 전쟁"을 개시했다. 프롤레타리아 계급이 — 현실적으로는 프롤레타리아와 연대하는 지식층 계급이 — 사회 각 분야의 고위직에 진출해 영향력을 행사한다는 전략이었다. 1968년 이후 학생 봉기로 힘을 얻은 신좌파는 이 아이디어를 수정된 형태로 받아들였다. 그리고 이후 여러 해에 걸쳐 수많은 급진 이상주의자들이 실제로 판검사가 되었다.

그렇지만 사법부에 마르크스주의자가 득실거린다는 베를루스코니의 말은 터무니없는 소리다. 그게 사실이라면 베를루스코니는 그렇게 여러 번 법망을 벗어나지 못했을 것이고, 아드리아노 소프리도 유죄 판결을 받지 않았을 것이다. 판검사의 절대 다수가 직능단체인 전국판검사협회 소속이다. 이 협회 내에는 좌파 성향의 민주판검사회와 우파 성향의 독립판검사회, 이렇게 두 개의 파벌이 존재한다. 하지만 이탈리아 판검사들은 자신의 정치 성향이 자기가 전문 법조인으로서 내리는 판결에 어떤 영향을 미칠 거라는 추측을 심히 불쾌하게 여긴다. 내가 인터뷰한 변호사 중 대다수는,

판사보다는 정치에 야심을 품고 언론에서 크게 다룰 만한 사건만 맡는 소수의 검사들을 더 비판했다.

"법원에 변호하러 가면서 판사의 정치 성향을 염려해야 하는 지경이라면, 벌써 일찌감치 이 직업을 포기하고 다른 일을 했을 겁니다." 어느 변호사가 내게 한 말이다.

현재 두 파벌 중에 독립판검사회의 힘이 더 세서, 판검사 자치체인 '최고사법위원회'의 위원 선출에서 민주판검사회보다 더 많은 위원을 선출시키는 데 성공했다. 탈세 혐의에 대한 유죄 선고에 불복하여 상소한 베를루스코니에 맞서 2013년 대법원에서 유죄 확정 판결을 받아낸 검사는 우파 독립판검사회 소속이다.[6]

19
이탈리아인이라는 정체성

이탈리아는 곧 베르디, 푸치니, 티치아노, 안토넬로 다 메시나를 의미한다.
… 나는 티치아노는 북이탈리아 출신,
안토넬로 다 메시나는 남이탈리아 출신이라는 식으로 생각하지 않는다.
두 사람 다 이탈리아인일 뿐이다.
— 리카르도 무티(지휘자).

2011년에 이탈리아는 건국 150주년 기념일을 축하했다. 비토리오 에마누엘레 2세가 통일 이탈리아 왕국을 선포한 날이 1861년 3월 17일이었다. 이날을 맞아 로마에서는 축하 기념식이 열렸고 공군 비행기 편대가 나라를 상징하는 삼색을 뿜어내며 하늘에 세계 최대의 이탈리아 국기를 수놓았다.

하지만 다른 지역에서는 해당 지역의 관점에서 이탈리아 통일의 이모저모를 돌아보는 전시회 등이 열리는 데 그쳤다. 상대적으로 젊은 국가임을 감안할 때 축하 행사는 의외로 그리 성대하지 않았다. 통일을 재앙으로 여기는 북부동맹이 당시 연정에 들어가 있었던 것이 부분적으로 영향을 미쳤을 것이다. 그리고 이때 이탈리아는 두 해 전 유로존에 번지기 시작한 경제 위기 상황에 깊이 빠져든 상태였다. 국내외 여론은 이탈리아의 절제된 축하 기념식을 보며 1860년대에 시작한 통일국가 건설이 완성되려면 아직도 멀었다는 징조로 받아들였다.

그런 관념을 이탈리아인도 스스로 강화하는 경향이 있다. 대개 이탈리아인은 외국인들에게 이탈리아 사람들 간에 존재하는 유사점보다는 차이점을 알려주는 데 더 열심이다. 그러니 외국인이 이탈리아에 관해 쓴 여러 저서에 주로 차이점이 강조되는 것도 무리는 아니다. 지금도 수많은 책이 이탈리아는 "지리적 표현"*에 불과하다는 관점을 바탕으로 집필되고 있다.

사실 "이탈리아"라는 표현은 시대에 따라 다른 방식으로 이해되어왔기 때문에 지리적 용어로서도 그다지 유용하지 않다. 과거에 포 강 유역은 갈리아의 일부로 인식되었다. 알프스 남쪽 전체가 하나의 자연스러운 지리적 영역이라는 생각은 로마 제국이 붕괴한 이후에야 형성되었고, 아마도 로마인이 건설했던 산길이 서서히 파손되면서 오늘날 이탈리아에 해당하는 지역과 나머지 유럽 간의 접촉이 제한되었던 일과 일부 관련이 있을 것이다.

앞에서도 설명했지만 지리와 역사라는 두 요소의 결합은 알프스에서 시칠리아에 이르는 영역에서 살아가는 주민들을 갈라놓았다.† 그러나 이탈리아 반도에 살았던 사람들이 알프스 이북에서 넘어오거나 지중해를 가로질러 온 침략자들을 이탈리아 내의 다른 지역 주민보다 더 이방인으로 간주했다는 증거는 충분하다. 심지어 이들이 일정한 결속감을 느꼈던 순간도 있었다. 예를 들어 14세기에 로마에서 집권하여 공화국을 선포한 콜라 디 리엔초는 "이탈리아" 각 지역의 대표자들이 모이는 의회를 소집했다. 당시 꽤 여러 지역 공동체가 그 의회에 대표자를 보냈다.

게다가 지금 우리가 이탈리아라고 부르는 지역에 공존하던 여러 소국들은 때때로 외세의 침략에 대항하기 위해 힘을 합쳐야 할 필요성을 인식했다. 이탈리아 북부의 도시국가들은 힘을 모아 1176년 레냐노 전투‡에서

[*] 클레멘스 폰 메테르니히 오스트리아 재상이 19세기 초에 이탈리아를 가리켜 경멸적으로 묘사한 말. 이탈리아란 하나의 국가나 민족이 아니라 여러 공국이 모여 사는 지리적인 공간에 불과하다는 의미이다.

[†] 이 책의 1장 참조.

[‡] 북부동맹은 이 전투를 "파다니아인"이 연합해 게르만 침략자를 무찌른 일례로써 국가주의 신화의 중요한 일부로 만들었다. 하지만 그와 같은 묘사는 "파다니아인"은 게르만 침략자였던 랑고바르드족의 후예라서 다른 이탈리아인들과는 인종적으로 다르다는 북부동맹의 나머지 역사관과 나란히 놓고 보았을 때 전혀 일관성이 없다.

프레데릭 1세를 물리쳤으며, 그로부터 약 300년 후인 1495년에는 베네치아 공화국과 밀라노 공국, 만토바 공국이 연합해 포르노보 전투에서 프랑스의 샤를 8세를 패배시켰다. 이즈음 여러 르네상스 지식인의 머릿속에 하나의 이탈리아라는 관념이 싹텄다. 마키아벨리는 이탈리아인들을 통합하고 이탈리아를 "야만인"들로부터 해방할 지도자를 소망하며 대작 『군주론』을 마무리했다.

그러나 이탈리아 민족주의 이념이 제대로 형체를 갖추기 시작한 것은 18세기 말의 일이었다. 하지만 19세기로 넘어온 지 한참 지나서도 통일된 국가라는 관념은 비현실적인 꿈처럼 보였다. 이탈리아 통일을 이룩하는 데 핵심 역할을 한 피에몬테 출신의 위대한 정치가 카밀로 벤소 카부르 백작마저 통일에 별 확신이 없었고, 남부를 새 통일국가로 통합시킨 가리발디의 시칠리아 원정을 방해하기도 했다. 일반인들도 확신이 없기는 마찬가지였다. 1870년에 열린 이탈리아 최초의 총선에 인구의 절반 이상이 참여하지 않았다.

그러나 그건 그때의 일이고 지금은 사정이 다르다. 내가 보기에 이탈리아를 소재로 글을 쓰는 외국인이나 여러 이탈리아인이 결정적으로 실수하는 부분은 다양성과 분열을 구분하지 못하고 있다는 점이다. 그 두 개념은 연관은 있으나 동일하지 않다. 예컨대 미국은 엄청난 다양성을 지닌 국가이지만 분열은 그리 심하지 않다. 그와 비슷하게 이탈리아 역시 지리, 언어, 인종, 문화 다양성이 대단하다. 하지만 그렇다고 반드시 분열되었다고 말할 수 없다.

이탈리아는 성향이 원체 자국 중심적이고* 다른 나라에 무관심해서 다른 유럽 국가에 존재하는 상당한 수준의 다양성 — 그리고 사회적 분열 — 을 거의 인식하지 못하는 듯하다. 프랑스나 스페인과는 달리 이탈리아에는 예컨대 바스크족처럼 아예 쓰는 언어조차 인도유럽어족이 아닌, 꽤

---

[*] 2005년 미국 항공우주국에서 소행성 '아포피스'가 이번 세기 내에 지구와 충돌할 수 있다고 발표하자, 『코리에레 델라 세라』는 다음과 같은 헤드라인을 내보냈다. "2036년 소행성이 이탈리아와 충돌한다."

큰 규모의 소수집단이 존재하지 않는다. 그리고 이탈리아인은 확실히 지역주의 전통이 깊어서 자기가 사는 동네나 도시에 대한 애착이 강하다. 그런 애착을 가리키는 특별한 용어가 있는데, '캄파닐리스모'(campanilismo)라고 한다. 이 단어는 '종탑'을 가리키는 '캄파닐레'(campanile)에서 유래하며, 이탈리아에서 교회 종탑은 역사적으로 지역 사회의 중심이 되는 장소다. 그러나 캄파닐리스모 때문에 더 큰 지역 단위에 대한 충성심은 약한 편이라, 1970년 이래 각 주가 통치 면에서 상당한 재량권을 발휘해왔는데도 스코틀랜드나 카탈루냐처럼 독립운동이 형성된 적은 없었다.

1940년대에 일어난 시칠리아 독립운동은 마피아와 연관을 맺고 있었고, 그나마도 제2차 세계대전이 끝난 후 자취를 감추었다. 사르데냐 독립운동도 오랜 세월 광범위한 지지세력이 존재했지만, 운동 내부의 심한 분열로 별 희망은 없다. 근년에 가장 중요한 지역 세력으로 부상한 집단은 북부동맹이다. 북부동맹 지도자들은 종종 분리주의자를 자처하지만, 사실 그들이 염려하는 것은 북부 주민이 내는 세금이 남부와 중부에 "낭비되는" 일이다. 2012년 창립자 움베르토 보시와 그의 가족이 금융 스캔들에 연루되면서 북부동맹이 타격을 입자, 보시처럼 역사에도 없는 파다니아를 창조하느니 차라리 옛 베네치아 공화국을 부활시키자는 운동이 베네토 주에서 고개를 드는 조짐이 보였다. 이 운동이 지지 기반을 넓히게 될지는 아직 두고 볼 일이다.

여러 면에서 외국인이 밖에서 들여다보는 이탈리아는 이탈리아인이 스스로 인식하는 것보다 훨씬 더 동질적인 나라다. 다른 면에서는 아무리 달라도, 이탈리아인 대다수가 공유하는 가장 두드러진 공통점은 아마도 가족 간 유대일 것이다. 이런 성향은 필시 시칠리아에서 가장 강하고 최북단 지역에서 가장 덜할 테지만, 그 차이란 미미하다. 1980~90년대에 베네토에서 활동하던 범죄조직 '말라 델 브렌타'(Mala del Brenta)의 보스 펠리체 마니에로[1]의 삶을 소재로 한 TV 영화에서는 바로 이 점을 부각한 장면이 나온다. 영화에서 마니에로가 코사 노스트라 조직원으로부터 마약을 사기 위해 약속된 장소에 도착한다. 마니에로는 자기와 동행한 사람을 사촌이라고 소개했다. 그러자 시칠리아 출신인 코사 노스트라 조직원은 비꼬는 투로 말했다. "당신들도 우리와 별로 다르지 않네요, 그죠?" 돈과 관련된 문제라면 마니에로 같은 북부 사람도 가족 말고는 아무도 믿지 않는다는 점을 지적한 말이었다.

너무 당연해서 그런지 몰라도 이탈리아인은 자기들 거의 전부가 가톨릭 문화 속에서 성장했다는 점을 곧잘 놓친다. 이탈리아인 모두가 가톨릭 신자라는 뜻은 아니다. 하지만 심지어 무신론자조차 가톨릭적인 사고방식과 선입관을 널리 받아들인다. 가톨릭교도와 개신교도가 역사적으로 깊은 갈등을 겪었던 독일이나 벨기에, 네덜란드 등의 저지대 국가들과는 대조된다.

이탈리아의 어린이 대다수가 똑같은 교육을 받는다는 사실도 잘 언급되지 않는다. 80퍼센트 이상이 공립학교에 다니고 나머지 아이들도 극소수 외에는 모두 가톨릭 교회에서 운영하는 학교에 다닌다. 공립학교의 수준은 평균적으로 사립학교보다 높아서, 영국처럼 대중이 다니는 공립학교와 엘리트가 다니는 사립학교 간에 존재하는 은근한 구별은 없다.

언어는 여전히 분열이 심하다. 그러나 과거에 비하면 훨씬 나아졌다. 통일이 이룩되던 당시 국가 공식 표준어로 채택된 토스카나 방언을 구사할 수 있었던 이탈리아인은 10퍼센트 이하였을 것으로 추정된다. 심지어 새 통일 국가의 첫 군주 비토리오 에마누엘레 본인도 토스카나 방언을 유창하게 구사하지 못했다. 이후 몇 년 동안 의무 병역 제도가 표준어를 확산시키는 데 크게 기여했으며, "경제 기적" 시기와 1969년대 말에 각각 일어난 이촌 향도 현상으로 남부 주민 수백만이 북부로 이주한 것이 표준어 확산에 도움이 됐다. 1972년까지 한 주에서 다른 주로 이주한 인구는 900만 이상에 달하는 것으로 추산된다. 그로 인해 각기 다른 지역 출신의 남녀가 결혼하는 일도 잦아져서, 예컨대 아내가 풀리아 출신, 남편은 피에몬테 출신이라면, 부부가 서로 표준어로 의사소통을 했다.

그러나 1980년대 초까지도 표준어만 쓰거나 표준어를 주로 쓰는 국민의 비율은 30퍼센트 이하였다. 이후 그 비율이 꾸준히 증가한 이유는 텔레비전에 있다. 2007년 이탈리아 국립통계청 자료에 따르면 표준어를 사용하는 인구가 46퍼센트까지 늘어났다. 연령대에 따라 차이가 극명해서, 24세 이하의 표준어 사용 비율은 거의 60퍼센트였다. 앞으로 표준어 사용자 비율은 계속해서 증가할 것이다.

지역 사투리를 사용하는 이탈리아인이 아직도 얼마나 많은지를 상기시키는 일이 종종 일어난다. 얼마 전 칼라브리아 주 시골 출신 여성이 미스 이탈리아에 뽑혔다. 방송에 나온 그녀의 표준어는 미흡한 점이 많았다. 그녀가 실수할 때마다 재미있다는 듯 다소 얕보는 투로 지적하는 인터뷰 진행자들의 태도를 보면 한 가지는 확실했다. 오늘날 이탈리아에서 사투리 사용은 교육 수준이 낮다는 증거, 또는 약간 창피한 일로 간주된다는 점이다. 적어도 이탈리아에서 이제껏 방언이 (혹시 사르데냐와 베네토 정도를 제외하면) 독립운동의 효과적인 기반을 이룬 적은 없었다.

"이탈리아라는 것은 없다"라는 주장의 또 다른 변주는, 국내 이주에도 불구하고 이탈리아는 남부와 북부의 엄청난 부의 격차로 몸살을 앓고 있으며 심지어 이 격차가 점점 더 벌어지고 있다는 주장이다. 실제로 역사상 이탈리아 남부는 나머지 지역과 정치적·사회적으로 분리된다. 역사학자들은 남부가 북부보다 항상—적어도 로마 시대 이후부터 지금까지—빈곤했느냐 여부를 놓고 지금도 언쟁을 벌인다. 그러나 확실한 것은 시칠리아, 아말피, 살레르노, 나폴리는 모두 중세에 영광의 순간을 누렸다는 점이다. 9세기에 세계 최초의 의과대학이 생긴 곳은 다름 아닌 살레르노였다.*
세계에서 가장 오래된 공립대학은 나폴리에 세워졌다. 1224년에 프리드리
히 2세가 설립한 이 대학은 지금도 설립자의 이름을 대학명으로 유지하고
있다. 이후 나폴리는 한동안 부와 권력을 누렸고, 특히 패션과 식문화에 관
해 유럽의 유행을 선도했다. 한때는 파리에 이어 유럽 대륙에서 두 번째로
큰 도시였던 적도 있다. 19세기 초 이탈리아에 놓인 최초의 철도는 포 강 유
역을 지나간 것이 아니라 이탈리아 남부를 관통했다. 이탈리아가 통일되던
즈음 나폴리는 이탈리아에서 산업화가 가장 많이 진행된 도시였다. 그럼에
도 남부는 전체적으로 나머지 지역보다 여전히 가난했다(하지만 교황령이
나 심지어 토스카나와 비교해도 그리 심하게 빈곤하지 않았다).

확실한 것은 통일이 남부에 별 도움을 주지 못했다는 점이다. 피에몬테
가 주도하던 초기 통일 국가 정부는 높은 세금을 부과하고 교회가 소유하
던 토지를 몰수하여 반란을 촉발했으나 정부는 모반자들을 그저 도적 떼
로만 치부했다. 1860년대 중반쯤에는 남부 지역의 반란을 잠재우기 위해
이탈리아군 10만 명이 투입되었고, 해군은 팔레르모를 폭격해 항복시켰다.
통일 이후 10년간 남부에서 사형당한 자가 1만 명에 이르렀다. 북부인들은
자신들의 법을 강제한 것은 물론, 그간 남부를 경쟁으로부터 막아주었던
부르봉 왕가 시절의 보호주의 정책을 철폐함으로써 남부의 신흥 산업을 파
괴했다. 남부가 별개의 독립국으로 남았더라면 지금보다 더 부유한 지역이
되었을지 모른다는 추측은 상당히 일리가 있다.

남부 사람들 간에 존재하는 불평등은 또 별개의 이야기다. 비록 남부
가 한때 북부 못지않게 번성했는지 몰라도, 노예들이 일하던 대농장 라티
푼디움(latifundium)이 로마 시대에 이탈리아 남부에 조성된 이래 항상 엄
청난 빈부 격차가 있었다는 증거가 있다. 다른 유럽 지역과 마찬가지로 지
주들이 공유지를 사유화하던 18세기에 남부 시골의 빈곤은 심화되었다.

---

[*] 이 학교에서 가장 저명한 교수 중 한
명은 여성인 투로툴라(Trotula)였다. 그녀가
저술한 것으로 알려진 최초의 산부인과학
논문이 1100년경에 발표되었다.

소농 계급은 농지를 빼앗긴 일을 망각하지도 용서하지도 않았고, 한때 내 것이었던 땅을 되찾자는 염원은 이후 수 세기에 걸쳐 간헐적으로 일어난 농민 봉기의 일관된 주제였다.

남부 시골의 빈곤은 1880년대부터 시칠리아와 본토 남부 지역에서 일어난 이민 붐의 핵심 요인이었다. 이후 수년간 남부 주민 수백만 명이 새로운 삶을 찾아 대서양을 건너 미국, 캐나다, 브라질, 아르헨티나 등지로 이민했다. 파시즘 시대에 엄격해진 미국 이민법과 남미의 위축된 경제 상황 때문에 이탈리아의 이민 유출은 잠시 주춤했지만, 제2차 세계대전이 끝난 후에 또 100만 명 이상이 이민을 떠났다. 이때 수많은 칼라브리아 주민이 특히 호주와 캐나다로 이민했다.

그러나 이즈음에 이르러 이탈리아 당국은 "남부 문제"를 해결하기 위해 진지한 노력을 기울이게 된다. 1940년대 말에는 어정쩡하고 불완전한 토지 개혁을 일부 시행했다. 하지만 1950년에는 남부에 투자하기 위한 공공투자 기금 '카사 페르 일 메초조르노'(Cassa per il Mezzogiorno)가 설립되었고, 전쟁 중에 파괴된 경제가 회복됨에 따라 민간 투자자들도 북부보다 인건비가 낮은 남부에 투자하는 데 점차 관심을 보였다. 그것은 남부가 여전히 가난하다는 증거이기도 했다. 1973년까지도 나폴리는, 위생이 열악한 소위 "제3세계"지역에서나 발생하는 것으로 여겨지던 콜레라의 온상지였다. 이탈리아에 사회복지제도가 갖추어졌을 때, 남부에 주어진 복지 혜택과 특히 장애연금의 상당 부분이 진짜 장애나 기타 자격에 맞게 제공되기보다 극빈층에 대한 구제책으로 쓰였다.

남북 불균형은 지금도 확연하다. 그러나 지역 간 불균형은 이탈리아에만 있는 현상은 아니며, 수많은 이탈리아인의 인식과 달리 격차는 1950년대에 정점을 찍은 이래 꾸준히 감소했다. 1954년 당시 이탈리아에서 가장 부유했던 피에몬테 주의 1인당 소득은 평균 국민소득보다 74퍼센트 더 높았다. 가장 빈곤했던 칼라브리아 주는 48퍼센트 낮았다.[2] 2010년에 이르면, 평균 국민소득과 비교해 가장 부유한 발레다오스타 주의 평균 소득은 36퍼센트 높았고, 가장 빈곤한 캄파니아 주는 36퍼센트 낮았다. 다시 말해서, 122퍼센트 포인트의 격차가 56년 만에 72퍼센트 포인트로 감소한 것이다.

이웃 나라들도 지역 간 불균형 문제가 심하기는 마찬가지였다. 프랑스나 스페인도 가장 부유한 지역이 가장 가난한 지역보다 거의 두 배로 부유했다. 영국의 빈부 격차는 이탈리아보다 훨씬 심했다. 지역 간 불평등을 측정하는 것은 경제학자에게 무척 까다로운 작업이다. 비교 대상 지역의 범위를 어떻게 잡느냐에 따라 결과가 달라질 수 있기 때문이다. 해당 지역의 평균 소득이 비교적 높아도 그 지역 내에 일부 극빈한 곳이 있을 수 있고, 빈곤한 지역에서도 몇몇 특정 구역은 매우 부유할 수 있다. 이 문제를 해결하기 위해 OECD는 이른바 '지니 계수'를 이용해 지역 간 불평등 지수를 계산한다. 이에 따르면 이탈리아는 OECD 회원국 평균보다 지역 간 불평등이 덜했다. 영국, 미국, 캐나다, 심지어 오스트리아보다 지역 간 경제적 분배가 균등한 편이었다.

물론 통계와 정서는 별개다. 자신을 남과 다르게 느낀다면 평균치니 지수니 하는 것은 별 의미가 없다. 그렇다면 이탈리아인은 스스로 얼마나 이탈리아인이라고 느낄까?

내 경험으로는 사회경제적으로 양극단에 있는 사람들이 이탈리아라는 관념에 가장 애착이 덜했다. 피에몬테를 제외한 나머지 지역의 귀족은 이탈리아가 통일되면서 이전에 누리던 특권을 상실했다. 뱀 머리였던 사람들이 갑자기 용 꼬리가 된 것이다. 한편, 가장 교육 수준이 낮고 빈곤한 사람들은 자기가 사는 지역 밖으로 나가는 일도 드물고 가족, 친지와 지역 방언으로 소통할 가능성이 높다. 그러나 이 나라의 두터운 중산층을 구성하는 수백만 국민은 이탈리아인이라는 강한 자기정체성을 지닌다는 충분한 증거가 있다.

이탈리아에서 국민 정체성은 다른 나라에서보다 더 자주 강조되는 편이다. 신문은 "우리 이탈리아인"(noi italiani)이 개발도상국을 좀 더 원조해야 한다는 기사를 내보내고, TV 일기예보는 "우리나라"(il nostro paese)로 강풍이 몰아칠 것으로 예상된다고 표현한다. 광고 시간에는 소파, 식기, 심지어 승합차 대여에 이르기까지 "이탈리아인이 가장 사랑하는" 제품이라는 카피가 따라붙는다.

다른 분야에서도 민족 정체성은 강력하게 작동한다. 예컨대 이탈리아계 아르헨티나인 축구선수 마우로 카모라네시가 2006년 월드컵에서 이탈리아 국가대표팀 선수로 뛰는 것을 이상하게 여긴 사람은 아무도 없다. 카모라네시는 이제껏 이탈리아 대표팀 선수로 출전한 이탈리아계 외국 국적자 35명 가운데 하나다.

다른 나라 같으면 외국인으로 간주될 이들이 이탈리아에서는 심지어 의석도 차지할 수 있다. 이탈리아 법으로 국적은 출생지주의가 아니라 혈통주의를 따른다. 따라서 부모 가운데 한 사람만 이탈리아인이어도* 자녀는 이탈리아 국적을 획득할 자격이 생긴다. 조부모 가운데 한 사람만 이탈리아인이면 (이탈리아에 가본 적도 없고 이탈리아어를 한마디도 못 해도) 이탈리아 국적자가 될 수 있다는 뜻이다. 정부는 해외에 사는 이탈리아인의 등록 명부를 관리하고 있다. 여기에 등록된 자의 수가 400만이 넘으며, 피선거권을 행사할 수 있는 연령에 도달하면 이들도 상원이나 하원에 출마할 수 있다. 이들은 유럽, 남미, 북·중미, 기타 지역, 이렇게 네 개 지역을 대표할 수 있다.

몇 년 전까지만 해도 심지어 전 세계 교포들을 대상으로 '세계 이탈리아 미녀 선발대회'가 열렸다. 루디알바, 스테파니, 킴벌리 등 당선자들의 이름을 보면 이탈리아스러운 이름과는 거리가 멀었다.

이탈리아인의 속성은 이탈리아에서 자라며 획득하는 것이기보다 혈통으로 물려받는 것이라는 관념은 1980년대 초부터 유입되기 시작한 이민자들을 통합하는 데 장애물로 작용했다. 또한 혈통주의는 해외에 사는 이탈리아인보다 문화적으로 훨씬 더 이탈리아적인 이민 2세 청소년 수만 명이 어정쩡한 상태로 성장하고 있음을 의미한다. 예컨대 이들은 이탈리아 여권이 없어서 학교에서 다른 유럽 국가로 수학여행을 갈 때 따로 비자가 필요하고, 이것이 제때 발급되지 않으면 여행에 참여하지 못한다. 국적을 얻으려면 만 19세 생일 이전에 신청해야 하고, 그 기한을 넘기면 영원히 이탈리아 국민이 될 수 없다.

예전부터 이탈리아에는 드물게나마 늘 외국인이 존재했다. 1871년에서 제2차 세계대전 발발까지의 기간에 이루어진 인구조사에 따르면 외국인 비율은 0.25퍼센트에 불과했다.[3] 제2차 세계대전 이후에는 식민지에서 돌아온 이탈리아인이 데려온 하인들이 최초의 비유럽인 이민자를 구성했다. 그다음 이민의 물결은 계절노동자들이었다. 1960년대 말부터 토마토 수확기에 시칠리아는 튀니스인을, 캄파니아는 사하라 이남 아프리카인을 각각 고용했고, 트렌티노에서는 사과 수확을 도와줄 동유럽 사람들을 고용했다. 이 외국인 노동자들은 수확기가 끝나면 다른 일자리를 찾아 체류하곤 했다. 같은 시기에 이탈리아로 유입된 필리핀 이민자는 대부분 가사도우미로 일했다. 1970~80년대에 이민 온 비유럽연합 국가 출신 이민자 가운데 일부는 북부의 공장에서 일했다.

1994년에 내가 특파원으로 처음 이탈리아에 왔을 때는 전체적으로 여전히 백인 일색이었다. 그로부터 3년 후 시행된 인구조사에 따르면 거주·비거주 외국인을 합쳐도 외국인은 전 인구의 1.1퍼센트밖에 되지 않았다. 우리 옆집에 살던 백작과 백작 부인이 거느렸던 집사는 스리랑카인이었고, 근처에 에리트레아인이 소유하는 스낵바가 하나 있었다. 그 시절 로마에서 내가 살던 동네의 다문화주의란 그 정도에 불과했다.

하지만 1년쯤 지나자 우리 부부가 살던 아파트 부근 광장이 카보베르데 출신 여성들의 모임 장소로 변했다. 당시 그들은 육아 및 가사 도우미로 많이 고용됐다. 그리고 그 다음번 인구조사에서 외국인 비율은 두 배로 늘었다. 이후 이 수치는 급증하여 2014년에 이르면 외국에서 태어난 인구의 비율은 약 8퍼센트로 추산된다.

가장 큰 외국인 집단은 루마니아인이다. 그러나 루마니아는 2007년 유럽연합에 가입했기 때문에 이탈리아에서 자유롭게 취업할 수 있게 되었다.* 그다음으로 큰 집단은 순서대로 모로코인, 알바니아인, 중국인, 우크라이나인, 필리핀인이다. 놀라운 점은 이 목록에 사하라 이남 아프리카 국가가 하나도 없다는 점이다. 그러나 이탈리아 국내외에서 주로 떠올리는 이미지는 주로 아프리카 사람들이 낡아 빠진 보트를 꽉 채운 채 지중해를 건너오는 모습이다. 이 괴리를 설명해주는 한 가지 해석은, 그렇게 이탈리아로 건너오는 아프리카인 가운데 다수가 곧 다른 유럽 국가로 이동한다는 것이다. 이탈리아에 머무는 이민자의 대다수는 다른 방식으로 이탈리아에 도달한다. 일부는 육로로 유럽연합 국가에 진입한 뒤 이른바 셰겐 지역의 열린 국경을 이용해 이탈리아에 이른다. 여행 비자나 사업 비자를 받아 입국한 뒤 체류 기간을 넘기는 경우도 있다.

이민자 유입이 노동 수요에 대한 반응이라는 점은 의심의 여지가 없다. 하지만 이탈리아에 오는 외국인 중 상당수가 무단 또는 불법으로 입국한다는 점 때문에 (2009년 베를루스코니 정부는 적절한 증빙서류 없이 입국하는 행위를 형법상의 범죄로 규정했으나 이후 불법 이민은 다시 비범죄화되었다) 이민자 증가에 불만인 사람들에게 비판의 빌미를 제공하고 있다. OECD는 이탈리아의 적법 이민자와 불법 이민자 비율이 최대 20 대 3인

[*] 루마니아는 2007년에 유럽연합 가입국이 됐으나 과도기적 조처에 따라 루마니아 국민이 이탈리아에서 취업할 수 있는 권리는 2012년에야 발효됐다.

것으로 추산한다.

이탈리아인은 자기 나라에는 인종주의가 없다고 즐겨 말하고, 정말로 그 점을 굳게 믿는다. 그럴지도 모른다. 이탈리아인들 스스로 이민 나가 편견을 경험한 바 있으므로 다른 민족보다 외부자를 덜 차별해야 이치에 맞을 것이다. 이를테면 미국으로 건너간 이탈리아 이민자들은 자기들을 늘 "깡패"(wops)라 부르며 마피아와 연관 지으려 드는 편견에 맞서야 했다.

그러나 눈과 귀가 있는 사람이라면 이탈리아에 인종주의가 존재한다는 사실을 알 수 있다. 특히 두 가지 방면에서 두드러진다. 하나는 북부동맹 지지층이고, 다른 하나는 축구 경기장이다. 콩고민주공화국에서 태어나 이탈리아에 귀화한 세실 키엥게는 2013년 이탈리아 최초로 흑인 장관이 되면서 북부동맹 소속 당원들로부터 온갖 모욕에 시달렸다. 당시 상원 부의장이던 로베르토 칼데롤리*는 키엥게를 보면 오랑우탄이 생각난다고 말해 물의를 일으켰다. 벌써 그전에도 오래전부터 흑인 축구선수들이 원정 경기를 오면—심지어는 그들의 홈 경기에 가서도—'울트라스'가 자리한 관중석 쪽에서 바나나가 날아오거나 원숭이를 흉내 내는 소리가 터져 나오곤 했다. 그러나 축구협회는 팬들의 인종주의를 점점 더 엄격하게 규제하고 있으며, 좀 불안정하기는 해도 탁월한 기량을 자랑하는 이탈리아 최초의 흑인 스트라이커 마리오 발로텔리†의 활약은 이탈리아 축구에서 인종주의를 누그러뜨리는 데 한몫했다.

사실 이탈리아에서 직설적인 인종차별보다 더 자주 직면하는 것은 인종 문제에 대한 불감증이다. TV를 예로 들어보자. 2013년 어느 날 저녁에 방영된 게임쇼에서 이탈리아 최고의 TV쇼 진행자에 속하는 파올로 보놀리스가 필리핀 사람을 웃음거리로 만든답시고 검은색 가발을 쓰고 필리핀 억양을 흉내 냈다. 배경음악으로 필리핀 국가가 흘렀다. 보통 때였어도 필리핀 사람들이 기분이 나빴을 텐데, 하필이면 필리핀에서 바로 닷새 전 슈

[†] 발로텔리 팔레르모에서 태어났고 부모는 가나 출신이다. 그는 세 살 때 롬바르디아에서 유대계 이탈리아인 가정에 입양되었다. 발로텔리는 양부모의 성이다.

[*] 이 책의 4장 참조.

퍼 태풍 하이옌의 강타로 6,000명이 사망하고 심한 피해로 고통받던 시기에 수백만 시청자 앞에서 그런 개그를 선보인 것이다.

"영국에서도 인종주의를 겪어봤습니다." 로마에서 나와 함께 일했던 젊은 아프리카 여성이 말했다. "하지만 거기서는 자기가 인종주의자라는 사실을 본인도 알고 남도 압니다. 그런데 여기 사람들은 제게 지독히 인종주의적인 소리를 하면서도 인종주의를 의도하지 않았다고 생각해요. 참 당혹스럽습니다. 흑인 여성에게 그런 소리를 하면 안 된다는 사실을 아예 인식하지 못하는 겁니다. 그럴 때면 어떻게 반응해야 좋을지 모르겠습니다."

이탈리아에 이민자가 짧은 기간에 급속히 늘어서 이탈리아인이 외국인의 기분을 민감하게 헤아리는 법을 익힐 시간이 없었던 것이 아마 한 가지 원인일 것이다. 초콜릿 광고에 흑인 아동 피규어를 사용하고, 뉴스에서 용의자가 이탈리아인이 아닐 때만 꼭 인종을 밝히고, 직원을 착취하는 상사를 '흑인 노예상'(negrieri)으로 묘사하는 등 인종주의에 관한 의식 결여로 눈살이 저절로 찌푸려지는 사례가 많다.

2005~07년 세계 가치관 조사에서 이탈리아는 엇갈리는 평가를 받았다. 이탈리아에서 인종주의적 태도는 다른 유럽 국가와 비교해 중간 정도였다. 이탈리아 응답자의 11퍼센트가 자기와 다른 인종인 사람을 이웃으로 두고 싶지 않다고 답했다. 영국은 5퍼센트 미만, 프랑스는 약 23퍼센트가 그렇게 답했다. 영국이나 프랑스가 이민자에 적응하는 데 이탈리아보다 훨씬 오랜 세월을 보냈다는 점을 고려하면 이탈리아인의 태도는 희망적으로 볼 수 있다. 앞으로 이민자가 이탈리아 사회로 더 통합될수록 초기 이민자들이 겪었던 편견은 감소할 것으로 기대된다.

그러나 아직은 지켜봐야 한다. 특히 스페인에 비하면 조금 덜 희망적이다. 스페인은 최근에 이탈리아보다 훨씬 더 급속한 이민자 유입을 겪었다. 그러나 세계 가치관 조사에서 다른 인종인 이웃을 원하지 않는다고 말한 응답자의 비율은 7퍼센트 미만이었다. 물론 스페인 사람들이 진심으로 외부자를 환영하는지, 아니면 그렇지 않다는 점을 다른 나라 국민보다 인정하기 꺼려서 그렇게 답했는지는 확실치 않다.

이탈리아에서 인종주의가 감소할지 예측할 때 염려되는 요소 한 가지는 이민자들이 이탈리아 사회의 일원이 되고자 할 때 직면하는 객관적인 어려움이다. 연속적인 불법체류자 사면 조치로 새로 도착한 이주자들 대다수가 이탈리아에 체류할 권리를 얻었지만, 혈통주의 원칙 때문에 이탈리아 국적을 취득하기는 훨씬 더 어렵다. 실제로 이민 1세는 이탈리아 국적자와 혼인하지 않으면 국적 취득이 거의 불가능하다. 이민 2세는 국적을 신청하려면 18세까지 기다려야 한다.

또 한 가지 회의적인 요소는 식민국가였던 과거에 대한 성찰이 없다는 점이다. 이탈리아에서 이 문제는 뜨거운 논쟁거리이기는커녕 아예 별 이슈라고 할 수조차 없다. 아주 최근까지 이탈리아인들은 에티오피아, 에리트레아, 소말리아, 리비아 등과 아무 상관도 없는 것처럼 굴었다. 소위 "아프리카의 뿔"이라 불리는 지역의 역경이 혹시 19~20세기 이 지역에 대한 이탈리아의 정복 및 착취와 관련 있지 않은가 하는 점을 이탈리아 언론은 절대로 거론하지 않는다. 그리고 최근 논문에 따르면 1945년부터 2005년까지 60년 동안 이탈리아의 식민역사를 주제로 한 영화와 소설은 각각 단 한 편뿐으로,[4] 엔니오 플라이아노의 소설 『죽여야 할 시간』(*Tempo di uccidere*)과 그 소설을 바탕으로 제작한 동명의 영화였다. 같은 주제로 외국인이 만든 영화들은 국내에서 무시됐다. 리비아 정부가 자금을 대고 할리우드 배우들이 다수 참여한 영화 「사막의 사자」(Lion of the Desert)는 리비아를 무력 점령한 이탈리아에 대항한 리비아 저항세력 지도자 오마르 무크타에 관한 이야기로 호평받았으나 이탈리아에서는 개봉되지 않았다.

이처럼 자신들의 식민역사를 직시하기를 꺼리는 태도는 요즘 아주 서서히나마 변화하고 있다. 2000년대 중반 이후 이민자 출신 작가를 비롯한 몇몇 이탈리아 소설가들이 식민 시대에 관심을 보이고 있다.

한편 로마족에 대한 이탈리아인의 태도는 이전보다 더 불관용으로 기울어졌다. '칭가리'(Zingari, 집시)로 불리는 집단은 15세기부터 이탈리아에 살았다. 자신을 로마족과 별개로 여기는 신티족은 북쪽에서 왔다. 그 외 나머지 로마족 집단은 발칸반도에서 이주해 와 이탈리아 중부와 남부에 정착했다. 그러나 근년에 이탈리아의 로마족 인구는 두 배로 늘었다. 우선 구유고슬라비아 지역에서 로마족 유입이 있었다. 1970년대부터 천천히 시작된 이 추세는 1990년대에 전쟁으로 인해 극적으로 증가했다. 가장 최근의 대규모 유입은 2007년 루마니아의 유럽연합 가입 이후 이루어졌다. 그럼에도 불구하고 이탈리아에 사는 로마족과 신티족을 합치면 약 15만, 즉 총인구 비율로 따지면 0.25퍼센트로, 유럽에서 가장 낮은 비율에 속한다.[5]

집시에 대한 편견은 이탈리아에만 국한된 현상도 아니고, 이탈리아 정부만 로마족에 관한 정책 수립에 어려움을 겪는 것도 아니다. 하지만 한 가지 묘한 점은 이탈리아에서 신티족과 로마족을 전부 '노마디'(nomadi, 유랑자)로 간주하기를 고집한다는 점이다. 정치인, 공무원, 언론인뿐 아니라 로마족을 지원하는 사람들도 이 용어를 널리 사용한다. 1965년부터 정부의 공인을 받아 로마족을 돕는 오래된 가톨릭 자원봉사단체의 이름도 '오페라 노마디'이다.

로마족을 애초에 방랑하며 살게 만든 요인이 차별과 핍박 때문이라는 점은 차치하고라도, 이탈리아에 사는 수많은 신티족과 로마족이 가능하면 자진해서 사회에 통합되려고 애쓰는 마당에 정착한 지 오래된 발칸반도 출신 로마족에게까지 굳이 "방랑자"라는 표현을 쓰는 것은 그냥 오해만 일으키고 끝나는 게 아니다. 거기에는 새로 유입되는 로마족을 캠프에 수용해야 한다는 견해가 함축되어 있다(유랑인들이니 곧 이탈리아 말고 다른 데로 또 옮겨 가고 싶어 할 거라는 야무진 소망이 담겼을 수도 있다).

각 지역 당국이 로마족의 "유랑" 문화를 존중한다는 구실로 지역 법규에 따라 수용 캠프를 짓기 시작하던 1980년대 이래, 로마족에 대한 이탈리아 정부의 공식 방침의 핵심은 분리정책이었다. 2007년 로마 외곽에서 이탈리아 여성이 잔혹하게 살해당하는 사건이 발생하면서 사람들의 분노가 폭발했다. 경찰이 로마족 이민자를 체포하자, 각 주요 도시 외곽에 무허가 집시 캠프가 느는 추세 때문에 이미 우파로부터 압력을 받고 있던 중도 좌파 정권은 당황했다. 정부는 유럽연합 가입국의 국적자도 안보에 위협이 되면 이탈리아에서 추방할 수 있다는 법령을 서둘러 발표했다. 그리고 로마 일대의 캠프에서 6,000명 이상이 퇴거당했다.

이듬해 집권한 베를루스코니 정권은 "캄파니아, 라치오, 롬바르디아 주의 유랑자 공동체 캠프와 관련한 비상사태"를 선포함으로써 한 걸음 더 나아갔다. 이후 피에몬테와 베네토 주도 여기에 추가되었다.

중앙정부 관련 당국은 언론이 "로마 비상사태"라고 부르던 그 비상조치를 이용해 무허가 캠프를 철거하고 그곳에 살던 이들을 일반 주거 지역에서 멀리 떨어진 로마족 전용 수용 캠프로 강제 이주시켰다. 여러 인권단체가 비판한 대로 그와 같은 조처는 인종차별일 뿐 아니라 로마족이 취업을 통해 이탈리아 사회로 통합되는 것을 불가능하게 만들었다. 2013년 대법원은 비상사태 선포의 근거가 된 법률이 차별적이라고 판결했지만, 정부의 공식 방침에는 거의 아무런 영향을 끼치지 못했다.

"로마 비상사태"는 이민과 범죄를 관련짓는 데 이바지하며 널리 논란을 일으켰다. 베를루스코니는 2000년대 내내 선거전을 치를 때마다 이민자와 범죄의 연관성을 강조했다. 공식 통계에 따르면 내국인보다 외국인이 체포되는 비율이 훨씬 높았다. 그러나 안정된 생활을 확립한 이민자의 범죄율은 나머지 인구의 범죄율보다 높지 않았다. 예상대로 주로 문제가 된 것은 아직 불법체류자여서 취업할 권리를 얻지 못한 사람들이었다.

아주 최근에 와서야 정치인들은 세계 최저의 출산율과 급속한 인구 노령화를 겪는 이탈리아에 이민자가 얼마나 중요한 역할을 하는지 공개적으로 인정하기 시작했다. 이민자 없이는 사회보장제도에 기여하는 인구와 연금 등의 혜택을 수령하는 인구 사이의 불균형으로 제도 유지가 곧 어려워질 것이다. 게다가 대중의 인식과는 달리 이민자는 현지인의 일자리를 빼앗지 않는다. 대개 이민자는 이탈리아인이 꺼리거나 자격이 안 돼서 못 하는 일을 한다. 예컨대 건축 분야에서 필요한 숙련노동은 알바니아 이민자들이 제공한다. 이탈리아의 한 은행이 시행한 조사에 따르면 이민이 초래한 효과로서 이탈리아인은 예전보다 더 높은 자격을 요하는 일자리로 옮겨갔고, 그에 따라 소득도 높아졌다.[6]

이민과 이민자에 대한 이탈리아인의 부정확한 인식은 그뿐만이 아니다. 2012년 한 싱크탱크가 의뢰한 여론조사에서 사람들에게 이탈리아에 사는 외국인을 몇 명으로 어림잡는지 물었다. 평균적인 답변은 100~200만 사이였다. 실제보다 절반도 안 되는 수치였다. 한편 응답자들은 불법 이민자의 수는 과대평가하고 이민자들의 국내총생산 기여도는 크게 과소평가했다. 설문조사 당시 이탈리아 인구에서 외국인이 차지하는 비율은 약 8퍼센트였으나 이들의 GDP 기여도는 12퍼센트가 넘었다.[7]

에필로그

얼마 전 한 줄기의 광명이 비치는 듯하던 때가 있었다.
신이 우리의 속죄를 한 인물에게 맡긴 것처럼 보였다.
그러나 그 사람은 생애의 절정에 오른 순간, 운명에 의해 버림받았다.
그리하여 활기를 잃은 이탈리아는 이제 상처를 치유해줄 사람을 기다리고 있다…….
— 니콜로 마키아벨리.

이탈리아만큼 행복감과 연관 지어지는 나라도 드물다. 이탈리아라는 말만 들어도 사람들은 밝은 햇살, 파란 하늘, 반짝이는 바다, 맛난 음식, 잘 차려입은 잘생긴 사람들, 사이프러스 나무가 서 있는 둥글둥글한 언덕, 서구 최고의 미술품으로 가득한 박물관을 연상한다. 그래서 이탈리아인이 별로 행복하지 않다는 증거를 접하면 누구나 깜짝 놀란다. 경제 외적인 행복 측정에 대한 경제 전문가들의 관심이 증가하는 추세에 발맞추어 시행된 여러 여론조사에 따르면 이탈리아인의 불만족도는 높은 편이었다.

당시 15개국이던 유럽연합 회원국을 대상으로 한 2002년 및 2004년 설문조사에서 이탈리아의 행복 수준은 최하위였다. 일반적인 "생활 만족도"는 밑에서 네 번째였다.[1] 2007년과 2011년 삶의 만족도 조사에서도 비슷한 결과가 나왔다. 2007년에는 15개국 가운데 꼴찌였고, 2011년에는 끝에서 세 번째였으나 2004년 이후 새로 가입한 구공산권 국가들이 더 아래 순위를 차지한 덕분이었다.[2]

이탈리아가 불행할 만한 확실한 이유가 한 가지 있었다. 이탈리아는 예전보다 가난해지고 있었다. 베를루스코니가 집권했던 10년은 경제에 치명적이었다. 그의 집권기가 끝나가던 무렵, 이탈리아보다 경제 지표가 열악한 나라라곤 극심한 지진을 겪은 아이티와 로버트 무가베 치하의 짐바브웨뿐이던 순간마저 있었다. 베를루스코니가 총리직에서 물러난 2011년에 이탈리아의 1인당 실질 국내총생산은 그가 집권하기 한 해 전이던 2000년보다 낮았다.[3]

다른 측면에서도 이탈리아는 후퇴했다. 예컨대 2000년대에 확산된 디지털 기술에도 불구하고 관료주의는 개선되기는커녕 더 심해졌다. 한 논문에 따르면 이탈리아 시민이 공공 서비스를 받기 위해 줄 서서 기다리는 시간이 2002~12년 사이에 증가한 것으로 드러났다. 우체국에서 대기하는 평균 시간은 39퍼센트 늘어났다.[4]

그런 문제점들이 전부 베를루스코니의 탓만은 아니었다. 다른 남유럽 국가와 마찬가지로 이탈리아도 유로화를 도입할 때 독일을 비롯한 다른 유로존 참가국과 동등한 입장에서 경쟁해야 한다는 점을 충분히 인지하지 못했다. 과거에는 통화가치를 절하하는 방식으로 경쟁력을 회복하고 수출을 늘릴 수 있었다. 하지만 유로존에 참여하면서 그런 일은 불가능해졌다. 더구나 이탈리아는 스페인이나 포르투갈과는 달리 막대한 공공부채가 있었다. 재정 건전성을 확보하지 못한 채 근대적 복지국가를 지향해온 것도 그런 결과를 낳은 요인 중 하나였다. 하지만 낭비와 부정부패도 톡톡히 한몫을 했다.

그래서 2009년 유로 위기의 충격이 나라를 덮쳤을 때 이탈리아 경제는 상당히 심한 침체를 겪었다. 실업률이 증가하고 파산이 속출하는 가운데 연로한 지배층이 권력을 내놓을 기미가 전혀 보이지 않자, 재능 있는 이탈리아 젊은이들은 나라를 탈출하려 했다. 2003~14년 외국으로 이민한 이탈리아인은 두 배로 늘었다. 특히 이민한 남녀의 절반 이상이 35세 이하였다.[5] 1950~60년대에 다른 유럽 국가로 이민한 이탈리아인이 주로 비숙련 또는 반숙련 노동자였던 데 비해 최근 유출된 이민자는 다수가 대졸자로, 영국, 미국, 캐나다, 독일, 스칸디나비아 등지의 노동시장에서 취업 기회를 노렸다.

이탈리아의 저명한 상법 전문가 귀도 로시는, "법규를 지키지 않는 것과 변화를 꺼리는 것"이 자기 나라의 최악의 병폐라고 말한 바 있다.[6] 동의하지 않을 수 없다. 그러나 그게 반드시 불변하는 속성은 아니다. 예컨대 최근 들어 이탈리아인은 교통법규를 더 잘 지켜야만 하는 처지에 놓였다. 2003년 베를루스코니 정권 당시 교통부 장관은 모든 운전자에게 일정한 점수를 배정하고 교통법규를 위반할 때마다 감점하여, 일정 점수 이하가 되면 면허를 취소하는 제도를 도입했다. 이 제도와 또 다른 몇몇 조처를 함께 시행하자, 교통사고로 인한 사망자의 수가 대폭 감소했다. 2012년에 이르자 사망자는 거의 절반으로 줄었다.[7] 그리고 변화에 대한 이탈리아인의 태도 역시 조심스럽게 낙관해도 될 만한 이유가 있다. 앞서 언급했듯이 이 책을 집필하는 동안 39세의 총리가 등장해 장관직 절반에 여성을 임명했다.

마테오 렌치를 비롯해 그가 속한 세대의 지도자들은 미래에 신선한 영감과 자신감의 원천이 될 새로운 꿈을 이탈리아에 심어주어야 하는 과제에 직면해 있다. 꿈을 잃은 나라는 이탈리아뿐이 아니다. 내 고향 영국도 제국을 상실한 이래 마거릿 대처가 등장해 경제와 사회에 자유시장주의를 퍼뜨리기 전까지 (그게 좋은 일이었냐 아니었냐에 관한 논쟁은 지금도 계속되고 있지만) 목적지를 잃고 방황했었다.

이탈리아는 제2차 세계대전 당시 무솔리니 치하에서 제국의 꿈을 키웠지만, 이후 그 꿈은 새로운 이념으로 대체되었다. 그중 하나는 파르티잔 운동의 정신을 전국으로 확장시킨 반파시즘이다. 다른 하나는 유럽과 북미의 관계를 중시하는 대서양주의다. 냉전기에 이탈리아는 유럽에서 미국 최고의 우방국에 속했다. 어쩌면 영국보다도 더 든든한 우방이었다고 볼 수 있다. 이탈리아가 유럽경제공동체(EEC) 창립 회원국이 된 1957년 이후로 대서양주의는 유럽주의와 융합되었다. 2010년까지만 해도 설문조사를 해보면 유럽연합에 대한 이탈리아인의 신뢰는 독일인보다 높았다.

이탈리아의 유럽주의는 대서양주의와 마찬가지로 어느 정도 자기이익 추구에서 비롯되었다. 이탈리아에 마셜 플랜의 혜택을 베풀었던 미국에 고분고분하게 구는 것이 현명한 일이었듯, 이탈리아 물건을 내다 팔 광대한 시장을 제공하고 이탈리아의 가난한 지역에 넉넉한 보조금까지 주겠다는 이웃 나라들의 연합체에 열의를 보이는 것 역시 자연스러운 일이었다. 유럽경제공동체 가입은 급속한 경제성장의 시발점으로부터 2년 후에 이루어졌다. 1963년까지 이어진 이 경제성장 기간에 이탈리아의 연간 GDP 증가율은 6.3퍼센트였다.[8]

하지만 이탈리아가 유럽연합 프로젝트에 열정적이었던 데는 또 다른 좀 더 숭고한 이유가 있었던 것으로 짐작된다. 프랑스와 독일이 100년 사이에 세 차례나 파괴적인 전쟁을 치른 뒤 전쟁의 재발을 막기 위해 함께 새로운 유럽 건설에 착수했다는 것은 자주 들어서 아는 얘기다. 그러나 그보다도 훨씬 오랜 세월 동안 다른 유럽 국가와의 군사 분쟁에서 희생되어온 이탈리아도 비슷한 동기를 품었다는 사실은 거의 언급되지 않는다.

냉전기 내내 유지되었던 이 모든 사상에 최근 검은 그림자가 드리워졌다. 1994년에 들어선 베를루스코니의 제1차 내각에 네오파시즘의 정치적 후계자들이 포함되면서 반파시즘은 사망했다. 이탈리아와 미국의 특별한 관계도 2001년 이후 조지 W. 부시 대통령의 정책과 이라크 침공에 다수 이탈리아 국민이 부정적인 반응을 보이면서 틀어져서, 회복에 시간이 걸릴 것으로 보인다. 이탈리아의 유럽주의도 유로존 위기를 거치며 크게 위태로운 상태에 놓였다. 2007년 5월에서 2012년 11월 사이 유럽연합기구를 신뢰하지 않는다고 응답한 이탈리아인의 비율은 28퍼센트에서 53퍼센트로 거의 두 배나 늘었다.[9]

2012년 초에 이탈리아인의 사기는 제2차 세계대전 이후 최저 수준으로 저하되었다. 이미 그 전년도부터 이탈리아는 국가부도 사태로 치닫는 듯했다. 투자자들은 베를루스코니 정부의 경제 운용 능력을 불신했고, 국채 이자가 천정부지로 치솟았다. 그러다 2012년 1월 13일, 이탈리아인 선장이 몰던 유람선 코스타 콩코르디아 호가 토스카나 제도 질리오 섬 인근에서 암초와 충돌해 전복하면서 32명이 목숨을 잃었다. 이 사건은 마치 이탈리아의 실패에 대한 비유처럼 보였다.

이탈리아의 미래를 바라보는 데는 두 가지 관점이 존재한다. 특히 중년층 이상에서는 자국이 쇠퇴할 운명이라고 보는 사람이 많다. 1950~60년대와 1980년대의 경제 번영은 신기루에 불과하며, 독일이 주도하는 유로존에서 이탈리아는 절대 자기 위치를 고수할 수 없고, 나라가 지금보다 더 가난해지지는 않더라도 유럽에서의 위상은 계속 하락할 것이라는 관점이다.

"우리는 노쇠한 나라입니다." 어느 저명한 정치평론가가 나와 점심을 나누며 한 말이다. "우리가 바랄 수 있는 최선은 잘 쇠퇴하는 것뿐입니다."

또 다른 저명한 언론인 한 명도 최근 『무일푼: 우리는 한때 가난했고, 다시 가난해질 것이다』(*Poco o niente: Eravamo poveri. Torneremo poveri*)라는 비관적인 제목을 단 저서를 펴냈다.[10]

500년도 더 전에 마키아벨리는 이 에필로그 앞머리에 붙인 인용구의 출처가 되는 구절에서 한결 더 낙관적인 전망을 표했다. "이탈리아의 영혼에 담긴 미덕을 발견하려면, 이탈리아는 지금처럼 극단의 상황에 처해야 할 필요가 있다."

2014년 이탈리아 영화 「그레이트 뷰티」(*La grande bellezza*)가 오스카 외국어 영화상을 수상하면서 나라에 사기를 북돋워 주었다. 파올로 소렌티노가 감독한 이 영화는 천박하고 타락한 로마 사교계의 왕 노릇이나 하다가 소설가로서의 삶을 희생시켜버린 젭 감바르델라에 초점을 맞춘다. 그는 첫사랑에게 육체적인 애정 표현을 하지 못하던 젊은 시절을 회상한다. 그것은 그가 새 작품을 못 내놓고 있는 상황에 대한 은유이기도 하다.

영화가 개봉됐을 때 이탈리아의 주요 영화평론가 대다수는 좋은 평가를 하지 않았다. 펠리니의 대작 「달콤한 인생」의 싸구려 리메이크로 간주했다. 나 역시 앞에서 3분의 2까지는 마음에 들지 않았다. 그러나 영화를 본 뒤 며칠간 수수께끼 같은 구성과 소렌티노가 창조해낸 인상적인 이미지들이, 위대한 창작물이 흔히 그렇듯 뇌리에 남아 울림을 일으켰다.

「그레이트 뷰티」는 여러 가지로 해석될 수 있다. 어떤 사람에게 이 영화는 로마의 쇠퇴에 관한 영화다. 실제로 이 영화가 오스카상을 받은 것은 렌치 정부가 국가 부도를 모면하기 위한 조치를 취한 지 바로 며칠 후의 일이었다. 그로부터 며칠 뒤 상수도 일부 구간에서 비소와 석면이 검출되었다. 한편 이 영화를 삶의 목적, 또는 삶의 무목적성을 반추하는 실존주의 작품으로 보는 사람도 있다. 이 관점도 이탈리아에 전환점이 되어줄 수 있는 어떤 기운을 포착하고 있었다.

영화 속에서 편집자의 제안으로 난파된 코스타 콩코르디아 호를 보러 간 젭은 드디어 다시 소설을 쓸 수 있을 것 같다는 뜻을 비친다. 그런 다음 "뿌리는 중요하다"라는 성스러운 고령의 수녀의 조언을 받고, 그는 이루어지지 않은 첫사랑의 장면으로 되돌아간다.

나이 든 수녀와 해변 바위 틈에 서 있는 젭의 이미지 위로 주인공의 독백이 흐르며 영화는 마무리된다.

언제나 이렇게 끝난다. 죽음과 함께. 그러나 그전에 삶이 있었다. 이런저런 시시한 것들 밑에 파묻힌 삶. 그 모든 것은 수다와 소음 아래로 겹쳐 놓인다. 침묵과 감상, 감정과 공포, 초췌하고도 불안정한 아름다움의 순간들, 그리고 비참한 초라함과 한심한 인성—그 모든 것들이 세상을 살아가는 당혹감 아래 묻혀 있다. 그 너머, 그 너머에 존재하는 것이 있다. 나는 그 너머에 존재하는 것은 다루지 않는다.

그리고 젭은 미소 지으며 이렇게 말한다. "그러므로 이 소설을 시작하도록 하자. 어차피 이건 그냥 속임수다. 그렇다, 속임수에 불과하다."

예필로그

옮긴이의 글

15년 전 여름이었다. 유학 시절 함께 공부한 친구 알레산드로의 고향인 북부 이탈리아 바레세 (Varese)를 방문했다. 그는 먼저 학위를 마치고 귀국해 바레세에서 차로 1시간 거리인 밀라노에서 직장을 잡았다. 내 연락을 받고 반가워하며 단연코 자기 집에서 묵어야 한다고 고집했다. 여기서 "자기집"이란 약혼은 했지만 아직 결혼하지 않은 알레산드로가 생활하는 부모님 소유의 집을 의미했다. 그 집 부모님께 죄송했지만, 거절하면 무척 섭섭해할 친구에게 흔쾌히 그러마 대답했다. 그 덕에 나는 며칠간이나마 전형적인 이탈리아 소도시 중산층 핵가족의 삶을 경험할 수 있었다.

대학원 시절 미국인 학생들 절대다수가 티셔츠 바람으로 강의에 들어올 때 늘 홀로 콤비 양복 상의와 하얀 와이셔츠를 꿋꿋이 챙겨 입고 나타나던 알레산드로는 더운 여름날인데도 역시나 와이셔츠에 카키바지차림으로 나를 마중 나왔다. 손에는 휴대폰이 들려있었고 10분에 한 번씩은 전화가 걸려왔다. 그는 매번 일생일대의 사업이 걸려 있다는 듯 신중하고 심각한 얼굴로 전화를 받았다. 도착한 부모님 댁은 단정한 단독주택으로 남유럽이 흔히 그렇듯 실내가 돌바닥으로 되어 있었고 해가 들어 실내 온도가 올라가지 않게 커튼을 쳐놓아 어두웠으나 그 때문인지 바깥보다 시원했다.

회사원으로 일하다 은퇴하신, 점잖지만 사교성 있으신 알레산드로의 아버지는 저녁 식사가 끝나면 금발 미녀들이 잔뜩 쏟아져나와 들러리를 서는 버라이어티 쇼를 몇 시간씩 틀어놓고 박장대소하셨다. 친구 어머니가 만들어주신 수제 토마토소스에 살짝 버무린 스파게티는 소박하면서도 일품이었고, 화장실은 대체 하루에 몇 번을 청소하시는지 들어갈 때마다 세면대에 물기 한 방울 없이 반짝반짝하게 해놓으신 것을 보고 무척 놀랐다. 나중에 들으니 깨끗한 집은 구세대 이탈리아 주부들의 자부심이라 했다.

당시 알레산드로는 30대 중반이었지만 독립하지 않고 부모님과 함께 사는 전형적인 이탈리아 청년이었다. 어머니가 정원에서 무언가를 고치고 있는 일꾼들을 위해 커피를 내어가자 친구는 저 일꾼들이 이탈리아 남부에서 올라온 노동자라 했다. 자기 아버지도 원래는 남부 출신으로, 수십 년 전 일자리를 찾아 북으로 이주해 성공한 사례에 속한다는 말을 덧붙였다.

그러나 얄궂게도 친구는 이탈리아의 사회문제를 툭하면 가난한 남부 탓으로 돌리는 극우 정당 북부동맹에 동정적이었다. 남부보다 차라리 북부에 면한 이웃 나라 스위스에 동질감을 느끼(고 싶어하)는 북부 사람답게 남부의 골칫거리인 마피아 얘기를 수치스럽게 생각했고, 영국의 유명 시사 주간지에서 베를루스코니와 마피아의 관련 혐의를 기사로 내보냈을 때는 근거도 없이 그런 소리를 한다고 버럭 화를 내기도 했다. 이주한 지 불과 한 세대 만에 남부인의 자녀는 완벽한 북부인이 되어 있었다.

알레산드로는 바레세에서 함께 자라고 공부한 남자친구들과 정기적으로 모였다. 마침 내가 갔을 때 모임이 있어서 함께 만났다. 호숫가에 면한 피자집에 모인 그의 친구 중에는 배우자나 여자 친구와 함께 온 사람도 있었는데 묘하게도 여자, 남자들이 따로 앉았다. 여성들은 나와 얼굴이 마주치면 옅은 미소만 지을 뿐 사실상 나와 상대하려 하지 않았고 남자들은 도리어 조금 지나치다 싶을 정도로 내게 관심을 보여 나를 불편하게 했다.

노을이 지고 해가 사라질 무렵 한 무리의 모기떼가 나타났다. 이것들이 무시무시한 공격을 감행했다. 그러자 웨이터가 불쑥 비장한 얼굴로 양손에 모기 스프레이를 들고 나타나 손님 주변과 식탁 위로 마구 분사하기 시작했다. 식탁에는 물론 피자가 잔뜩 놓여있었다. 나는 재빨리 사람들의 얼굴을 살펴보았으나 어느 누구도 개의치 않는 표정이었다. 모기약을 피자 토핑으로 삼았던 일은 아마 그때가 처음이자 마지막이었던 듯하다.

내가 이 자리를 빌려 이렇게 기억의 단편을 늘어놓는 이유는 그때 그 냥 그런가 보다 했던 두서없던 기억들이 이번에 이 책을 번역하는 과정에서 다시 모락모락 떠오르면서 그 의미와 사회적 맥락이 퍼즐 맞추듯 차근차근, 좀 더 명확히 이해되기 시작했기 때문이다. 이탈리아의 남녀 관계와 마초 문화, 부모와 자녀의 관계, 몸치장의 중요성, 경박한 TV 문화, 남북 갈등의 심각성, 투박한 임기응변식 문제 해결 등 내가 잠시나마 관찰할 수 있었던 요소들이 존 후퍼의 책 속에 꼼꼼히 체계적으로 담겨 있었다. 그리고 저자가 상세히 설명하는 내용을 잘 읽어보면 이탈리아와 한국이 참 여러모로 닮은꼴이라는 생각도 자주 일어났다. 끈끈한 가족 관계, 부동산에 대한 집착, 체면과 연줄을 중시하는 부분 등이 특히 그러했다.

책을 읽고 나면 무엇보다도 이탈리아가 힘들고 사연 많은 역사를 겪어 온 나라임을 깨닫게 된다. 그러나 이탈리아는 그 어려움을 잘 헤쳐나와 이 제껏 살아남았다. 살아남았을 뿐 아니라 버젓한 근대국가로 발전하여 주요 선진국 G7 회원국이 되기에 이르렀다. 물론 저자의 설명대로 지금 직면하고 있는 문제는 산더미다. 하지만 툭하면 바뀌는 정권과 그렇게 취약하고 불안정한 제도 속에서도 이 나라가 용케 버텨가는 것은 내내 그래왔듯 아마도 실용성을 중시하는 태도와 불완전하나마 임기응변으로 그때그때의 상황에 맞는 해결책을 어떻게든 찾아내는 영리함이 비결일 것이다. 이탈리아의 그러한 점을 매력으로 생각하는 독자들이라면 비판과 애정이 조심스레 균형을 이루는 이 정성스러운 책에서 많은 것을 얻어가리라 확신한다.

2017년 여름,
노시내

주

1장

1   Luigi Barzini, *The Italians*, reprint edition (New York: Simon & Schuster, 1996).

2장

1   Einhard, *The Life of Charlemagne*, trans. Samuel Epes Turner (1880).

2   *Annales Regni Francorum*, trans. Richard E. Sullivan, in *The Coronation of Charlemagne* (1959).

3   Einhard, *Life of Charlemagne*.

3장

1   Robert D. Putnam with Robert Leonardi and Raffaella Y. Nonetti, *Making Democracy Work: Civic Traditions in Modern Italy* (Princeton, NJ: Princeton University Press, 1993).

2   Examples taken from John J. Kinder and Vincenzo M. Savini, *Using Italian: A Guide to Contemporary Usage* (Cambridge: Cambridge University Press, 2004).

3   Paolo Conti, "De Rita: Non siamo crudely. Ma ci sentiamo superiori," *Corriere della Sera*, January 12, 2010.

4   Marco Manago, *Italiani in fila* (Rome: Serarchangeli, 2009).

5   Quoted in Indro Montanelli, *L'Italia dei notabili, 1861~1900* (Milan: Rizzoli, 1973).

4장

1   Enrico Borghetto and Francesco Visconti, "The Evolution of Italian Law: A Study on Post-Enactment Policy Change Between the First and Second Italian Republic," paper prepared for the XXVI SISP Annual Meeting, 2012.

2   "I am the way, the truth, and the life," John 14:6.

5장

1 Simona Ravizza, "Copiare a scuola è sbagliato. Come spiegarlo ai figli?," *Corriere della Sera*, May 25, 2013.

2 관련 표에 해당 연도가 표시되지 않았으나, 보고서에 담긴 다른 통계로 미루어 1999년도일 것으로 추측된다.

6장

1 Sandro Veronesi, *La forza del passato* (Milan: Bompiani, 2000); trans. Alastair McEwen, *The Force of the Past* (London and New York: Fourth Estate, 2004).

2 "Berlusconi: 'Mio padre mi ha insegnato ad avere il sole in tasca,'" *Il Giornale*, March 19, 2008.

3 2008년 총선 캠페인 음악 동영상은 유튜브에서 볼 수 있다.

4 Silvio Berlusconi Fans Club: www.silvioberlusconifansclub.org

5 "Fisco: Berlusconi, se tasse oltre 1/3 ti ingegni per elusione; premier visita commando Gdf e scherzo, ma non sia ricambiata," *Ansa*, April 2, 2008.

6 "Fisco: Berlusconi, se tasse a 50~60% evasione guistificata," Ansa, April 2, 2008.

7 Brian Solomon, "The Rise and Fall of Silvio Berlusconi's Fortune," *Forbes*, November 10, 2011.

8 Nando Pagnoncelli, "Europee: La crescita di Grillo. Forza Italia ancora sotto il 20 per cento," *Corriere della Sera*, May 3, 2014.

9 John Hooper, "Italy's Web Guru Tastes Power as New Political Movement Goes Viral," *Guardian*, January 3, 2013.

7장

1 www.mcdonalds.it/azienda/storia/cifre

2 "Why Are There No Starbucks in Italy?," OutFront, CNN, March 20, 2013.

3 Alberto Capatti and Massimo Montanari, *La cucina italiana: storia di una cultura* (Rome: Laterza, 1999); trans. Aine O'Healy, *Italian Cuisine: A Cultural History* (New York: Columbia University Press, 2003).

8장

1 *La vita quotidiana nel 2005.* Istat, April 6, 2007.

2 Survey conducted by Jupiter Research, quoted in Michael Fitzpatrick, "This Is Social Networking, Italian Style," *Guardian*, November 6, 2008.

3 "Household Wealth in the Main OECD Countries from 1980 to 2011: What Do the Data Tell Us?," OECD, unstats.un.org

9장

1 Clara Petacci, *Mussolini segreto*, ed. Mauro Suttora (Milan: Rizzoli, 2009).

2   Carlo Falconi, *La Chiesa e le organizzazioni cattoliche in Italia, 1945~1955* (Turin: Giulio Einaudi, 1956), quoted in Paul Ginsborg, *A History of Contemporary Italy: Scoeity and Politics, 1943~1988* (London: Penguin, 1990).

3   "Un criterio ideale, un amicizia operative," Compagnia delle Opere, www.cdo.org

4   Giambattista Anastasio, "Il sistema di potere del movimento nelle prime regione d'Italia," *Il Giorno*, April 22, 2012.

10장

1   www.psicolab.net/public/pdfart/11286.pdf

2   Norman Douglas, *Old Calabria* (New York: Cosimo Classics, 2007).

3   Romana Frattini and Paolo Rossi, "Report sulle donne nell'università italiana." *Meno di Zero* III, nos. 8~9 (Jan.~June 2012).

4   qn.quotidiano.net/2008/09/20/119692-delle_studentesse_italiane.shtml

11장

1   Mercantonio Caltabiano, "L'età al primo rapport sessuale," 2013, www.neodemos.it

2   "The Face of Global Sex 2012," Durex.

3   Mercantonio Caltabiano and Letizia Mencarini, "Le prime fasi della vita sessuale e di coppia," paper delieevered to the Decima Conferenza Nationale di Statistica, Roma, December 15~16, 2010.

4   "Sexual Wellbeing Global Survey 2007~2008," Durex.

5   Tobias Smollett, *Travels Through France and Italy* (1766). Letter XXVII.

6   "International Social Survey Programme: Family and Changing Gender Roles II," 1994.

7   "PriceRunner Safe Sex League Table," 2009.

8   "Il 37 percento delle italiane fedeli al coito interrotto," *Corriere della Sera*, October 10, 2006.

9   "The Face of Global Sex 2012," Durex.

10   "Mamma," composed by Cesare Andrea Bixio with Italian lyrics by Bruno Cherubini (1941).

11   "Mama," lyrics by Harold Barlow and Phil Brito (1946).

12   Eric Hobsbawm and Terence Ranger, *The Intervention of Tradition* (Cambridge: Cambridge University Press, 1983).

13   Marina D'Amelia, *La Mamma* (Bologna: Edizioni del Mulino, 2005).

14   Fabrizio Blini, *Mamma mia* (Milan: Baldini Castoldi Dalai, 2007).

15   Raeleen D'Agostino, "Global Psyche: Forever Mamma's Boy," *Psychology Today*, March/April 2008. A transcript of the full interview in accessible at www.roberto-vincenzi.com/intervista_mammismo.htm

16   Tim Parks, *An Italian Education* (New York: Grove, 1995).

17   "Indagine conoscitiva su aspetti sociali e sanitari della prostituzione,"
      Commisione Affari Sociali, Camera dei Deputati, 1999.

18   "La popolazione omosessuale nella società italiana," *Istat*, May 17, 2012.

12장

1   Francis X. Rocca, "Italy's Family Ties: Rome's Austerity Package Threatens the
     Country's Traditional Social Structure," *Wall Street Journal*, July 15, 2011.

2   Marco Manacorda and Enrico Moretti, "Why Do Most Italian Young Men
     Live with Their Parents? Intergenerational Transfers and Household Structure,"
     discussion paper no. 2115, Centre for Economic Policy Research, London, June
     2005.

3   Alessandro Rosina, Letizia Mencarini and Rosella Rettaroli, "Inizio dell'età
     adulta," 2005.

4   Martin Ljunge, "Was Banfield Right? Family Ties and Civic Virtues," University
     of Copenhagen, 2011.

14장

1   John Foot, *Calcio: A History of Italian Football* (London: Fourth Estate, 2006).

2   Gianni Brera, "Quel calico lineare e sovrano," *La Repubblica*, February 3, 1987.

3   Paddy Agnew, *Forza Italia: A Journey in Search of Italy and Its Football* (London: Ebury
     Press, 2006).

15장

1   Adrian Michaels, "Barbarian at the Gate," *Financial Times*, March 15, 2008.

2   Francesco Viviano, "Io e mio padre Provenzano. Così faccio I conti con la
     mafia," *La Repubblica*, December 1, 2008.

16장

1   Pino Arlacchi, *Gli uomini del disonore* (Milan: Il Saggiatore, 1992); trans. Marc
     Romano, *Men of Dishonor: Inside the Sicilian Mafia* (New York: Morrow, 1993).

2   Roberto Saviano, *Gomorra: viaggio nell'impero economico e nel sogno di dominio della
     Camorra* (Milan: Mondadori, 2006); trans. Virginia Jewiss, *Gomorrah* (London:
     Macmillan, 2007).

3   "Gli investimenti delle mafie," Progetto PON Sicurezza 2007~2013,
     Transcrime— Università Catttolica del Sacro Cuore di Miilano, February 2013,
     www.investimentioc.it

4   Leonardo Sciascia, *Il giorno della civetta* (Turin: Giulio Einaudi, 1961); trans.
     Archibald Golguhoun and Arthur Oliver, *The Day of the Owl* (New York: Knopf,
     1963).

5   George Armstrong, "Mafiosi Widen Their Horizons—By Order," *Guardian*, April 1, 1974.

6   Nicola Gratteri and Antonio Nicaso, *Fratelli di sangue* (Cosenza: Pellegrini Editore, 2006).

7   Diego Gambetta, *The Sicilian Mafia: The Business of Private Protection* (Cambridge, MA: Harvard University Press, 1996).

17장

1   Giuseppe Prezzolini, *Codice della vita italiana* (1921).

2   "Identifying and Reducing Corruption in Public Procurement in the EU," European Commission, June 30, 2013.

3   Pino Nicotri, *Tangenti in confessionale: Come i preti rispondono a corrotti e corruttori* (Venice: Marsilio Editori, 1993).

4   Giovanni Cerruti, "Il Belpaese dei felici e raccomdandati," *La Repubblica*, July 1, 2008.

5   Filippo Ceccarelli, "Siamo tutti raccomandati," *La Repubblica*, November 16, 2007.

18장

1   Emil Ludwig, *Mussolinis Gespräche mit Emil Ludwig* (1932); trans. Paul Eden adn Paul Cedar, *Talks with Mussolini* (1933).

2   http://old.terrelibere.org/doc/storia-di-tangentopoli.

3   Luigi Ferrarella, "Mani pulite, 2,565 imputati," *Corriere delle Sera*, February 17, 2000.

4   William T. Pizzi and Mariangela Montagna, "The Battle to Establish and Adversarial Trial System in Italy," *Michigan Journal of International Law* 25, no. 429 (2004); Giulio Illuminati, "The Frustrated Turn to Adversarial Procedure in Italy," *Washington University Global Studies Law Review* 4, no. 3 (2005).

5   http://wp.unil.ch/space/files/2014/05/Council-of-Europe_SPACE-I-2012-E_Final_140507.pdf.

6   "Mediaset: il ritratto delle toghe in aula; Il lapsus del presidente Esposito, l'incubonotturno di Ghedini," *Ansa*, August 1, 2013.

19장

1   *Faccia d'angelo*, broadcast by Sky Cinema 1 on March 12 and 19, 2012 and by La7 on December 15, 2013.

2   Ginsborg, *History of Contemporary Italy*.

3   Asher Colombo and Giuseppe Sciortino, "Italian Immigration: The Origins, Nature and Evolution of Italy's Migratory Systems," *Journal of Nodern Italian Studies* 9, no. 1 (2004).

4   Paolo Jedlowski and Renate Siebert, "Memoria coloniale e razzismo," in Andrea Mammone, Nicola Transfaglia and Giuseppe A. Veltri, eds., *Un paese normale? Saggi sull'Italia contemporanea* (Milan: Baldini Castoldi Dalai, 2011).

5   Nando Sigona, "Rom e Sinti come 'problema': discorso pubblico, politische e prassi," in Mammone e al., *Un paese normale?*

6   Francesco D'Amuri and Givanni Peri, "Immigration, Jobs and Employment Protection: Evidence from Europe Before and During the Great Recession," Banca d'Italia Working Paper 886, October 2012.

7   "Rapporto Unioncamere 2011." 유니온카메레 2012년 보고서에서는 수치가 정확히 12퍼센트였다. www.starnet.unioncamere.it/Rapporto-Unioncamere-2012_5A33.

에필로그

1   Aqib Aslam and Luisa Corrado, "No Man Is an Island: The Inter-Personal Determinants of Regional Well-Being in Europe," Cambridge Working Papers in Eocnomics, April 2007.

2   Europound, "Third European Quality of Life Survey—Quality of Life in Europe: Subjective Well-Being" (Luxembourg: Publications Office of the European Union, 2013).

3   www.economywatch.com/economic-statistics/Italy/GDP_Per_Capita_Constant_Prices_National_Currency.

4   "Burocrazia, se cambiare diventa un'impresa," *Avvenire*, October 18, 2013.

5   "47° Rapporto sulla situazione sociale del Paese/2013," Censis, 2013.

6   "Face Value: The Troubleshooter," *Economist*, December 9, 2006.

7   "Meno morti sulle strade italiane: i nuovi dati Istat," June 24, 2013.

8   Ginsborg, *History of Contemporary Italy*.

9   Ian Traynor, "Crisis for Europe as Trust Hits Record Low," *Guardian*, April 24, 2013.

10   Giampaolo Pansa, *Poco o niente: Eravamo poveri. Torneremo poveri* (Milan: Rizzoli, 2011).

찾아보기

존 후퍼(John Hooper) 지음

『이코노미스트』의 이탈리아 특파원 겸 『가디언』과 『옵저버』 남유럽 담당
편집기자. 로마에서 15년 넘게 살고 있다. 케임브리지 대학교에서 역사를
전공한 뒤 BBC에서 기자 생활을 시작했다. 프랑코가 사망한 후 스페인에
파견되어 『가디언』 특파원으로 10년간 근무했다. 그 경험을 바탕으로 펴낸
첫 논픽션 『스페인 사람들』(The Spaniards: A Portrait of the New Spain)으로
앨런 레인 상을 수상했다. 이후 개정증보판 『새로운 스페인 사람들』(The
New Spaniards)이 출간되었다. John-hooper.com / @john_hooper

노시내 옮김

연세대학교에서 법학을 공부하고 조지워싱턴 대학에서 정책학
박사학위를 받았다. 미국, 일본, 오스트리아, 스위스 등지를 떠돌며
20년 넘게 타국생활 중이다. 『누가 포퓰리스트인가』, 『진정성이라는
거짓말』, 『자본주의를 의심하는 이들을 위한 경제학』 등의 책을 옮겼고,
『빈을 소개합니다』, 『스위스 방명록』을 썼다.

이탈리아 사람들이라서
지나치게 매력적이고 엄청나게 혼란스러운

존 후퍼 지음
노시내 옮김

초판 1쇄 인쇄 2017년 8월 16일
초판 1쇄 발행 2017년 8월 23일

발행처   도서출판 마티
출판등록   2005년 4월 13일
등록번호   제2005-22호
발행인   정희경
편집장   박정현
편집   서성진
마케팅   최정이
디자인   오새날

주소   서울시 마포구 동교로12안길 31, 2층 (04029)
전화   02. 333. 3110
팩스   02. 333. 3169
이메일   matibook@naver.com
블로그   blog.naver.com/matibook
트위터   twitter.com/matibook
페이스북   facebook.com/matibooks

ISBN 979-11-86000-50-2 (03920)
값 18,000원